W0333413

Helga Bemmann

Theodor Fontane

HELGA BEMMANN

Theodor Fontane

Ein preußischer Dichter

ULLSTEIN

Die Deutsche Bibliothek – CIP-Einheitsaufnahme

Bemmann, Helga:
Theodor Fontane: ein preußischer Dichter / Helga Bemmann. – Berlin:
Ullstein, 1998
ISBN 3-550-06967-7

Copyright © 1998 by Ullstein Buchverlage GmbH & Co. KG, Berlin
Alle Rechte vorbehalten
Satz: Dörlemann Satz, Lemförde
Druck und Verarbeitung: Wiener Verlag, Himberg bei Wien
Printed in Austria
ISBN 3 550 06967 7

Gedruckt auf alterungsbeständigem Papier
mit chlorfrei gebleichtem Zellstoff

Inhalt

Teil eins
1819–1859

Teil zwei
1860–1877

Teil drei
1878–1898

Teil eins

1819–1859

Geboren
»im märkischen Sande«

In der Löwen-Apotheke von Neuruppin, einer Kleinstadt in einer der schönsten Gegenden der Mark Brandenburg, herrschte am 30. Dezember 1819 höchste Aufregung. In der Apothekerfamilie war das erste Kind zur Welt gekommen, ein Sohn, der den Namen Heinrich Theodor erhielt. Es sollte eines von vier Kindern der Familie Fontane sein, deren Elternteile beide der französisch-hugenottischen Kolonie in Preußen entstammten. Der Vater, Louis Henri Fontane aus Berlin, ehemaliger Schüler des Gymnasiums zum Grauen Kloster, danach Apothekergehilfe in Berlin und Danzig, hatte am 24. März 1819 die ihm zugeneigte Emilie Labry geheiratet. Deren Ahnen hatten wie die seinen einst als Franzosen protestantischen Glaubens ihr Land verlassen, um in Preußen Zuflucht vor Verfolgung zu finden – und eine neue Heimat.

Die Vorfahren des »im märkischen Sande« geborenen Theodor Fontane waren nicht ausschließlich Apotheker wie sein Vater; es gab unter ihnen Zinngießer, Kaufleute und Strumpfwirker, sogar ein königlicher Zeichenlehrer,[1] Erzieher der Kinder der Königin Luise, war darunter. Die Fontanes, die sich ursprünglich Fontaine, also mit einem »i« im Namen schrieben, besaßen Geschäfte und Häuser und galten als wohlhabend. Das »i« entfiel, der Name wurde eingedeutscht in dem Maße, wie die aus der Saintonge und dem Languedoc stammenden Franzosen in deutsche Familien einheirateten.

Die Eltern Fontanes hatten für heutige Begriffe jung geheiratet. Er war 23, sie 21 Jahre alt, als sie sich auf eigene Füße stellten und in Neuruppin die 1698 privilegierte Löwen-Apotheke erwarben, die sie günstig zu kaufen bekamen. Günstig – das hieß immerhin für die beträchtliche Summe von 14750 Reichstalern, damals schon ein Vermögen. Eine Apotheke galt als gute und sichere Erwerbsquelle, als solide Existenzgrundlage für eine Familie, und zu tun war nicht übermäßig viel. Aber es herrschte nicht immer eitel Sonnenschein, was die pekuniären Verhältnisse des Monsieur Louis Fontane betraf. Das lag weniger an der Apotheke, die ihr gutes Geld brachte, als an der Lebensunerfahrenheit der Eltern. Der Vater, ein charmanter Südfranzose leichtlebigen Gemüts, akzeptierte nur widerwillig die von kleinstädtischem Milieu eines ländlich bescheidenen Garnisonstädtchens gezogenen Schranken und neigte dazu, mehr auszugeben als er einnahm. Man lebte über die Verhältnisse. Der Herr Apotheker hielt sich Pferd und Wagen, mit dem man nobel vorfahren konnte, auch ausfahren, das große Pläsier der Familie, war aber zum Kummer seiner Frau ein leidenschaftlicher Kartenspieler – das mit wenig Glück und demzufolge hohen Verlusten.

Bei den Fontanes war es eine Art Familiengesellschaftsspiel, Mutmaßungen darüber anzustellen, mit welchen vornehmen Familien in der alten Heimat man eventuell »verwandt« sein könnte. Sollte der Minister Louis Marquis de Fontanes, Großmeister der Pariser Universität, zu den Ahnherren gehören? Oder der Erzbischof von Lyon, seines Zeichens Kardinal? Nichts von alledem, wie sich versteht, traf zu. Zuletzt lief es darauf hinaus, daß Emilie im Vergleich der gesellschaftlichen Stellung ihrer Vorfahren mit denen Louis Fontanes spöttisch darauf beharrte, daß Seidenfabrikant wie ihr Vater doch etwas Besseres sei als Strumpfwirker oder Zinngießer. Für den heranwachsenden Jungen bedeuteten derlei Verwandtschaftsspiele nichts, seine Sorge war vielmehr, wie er der Tortur von Kamm und Bürste entkommen konnte, die von seiner Mutter als Haarpflege ausgegeben wurde und weiter nichts war als eine schmerzhafte, sinnlose Quälerei. Aber es ging um seine schönen blonden Locken.

Platz zum Spielen war für Kinder in den Gärten und Anlagen genug vorhanden. Es gab den Ruppiner See, den Wallgraben und den Tempelgarten. Die Stadt hatte etwas Ländliches und Kleinstädtisches, doch zugleich etwas bemerkenswert Reizvolles, eben das, was man das märkische Kolorit nennt. Das Neuruppin, in dem Fontane seine frühesten Kinderjahre verbrachte, war die frühklassizistische Stadt Schinkels, nach dessen Plänen wieder aufgebaut, mit langen breiten Straßen, kleinen Häuserreihen, die sich um riesenhafte Plätze wie verloren, wie aus der Puppenstube ausnahmen. Die überdimensionierte Weiträumigkeit war den Erfordernissen einer Garnisonstadt verpflichtet. In der Neuruppiner Bürgerschaft lebte noch der Stolz darauf, daß Friedrich der Große als Kronprinz einst in den Mauern der Stadt ein Regiment befehligt hatte. Louis Fontane hat dies wahrscheinlich nicht sonderlich imponiert. Für ihn gab es nur *einen* Großen, nur *eine* gloire, und das war Napoleon. Daß über dem Sofa in seinem Zimmer später der Kupferstich von Frédéric le Grand und seinen Generälen, hoch zu Roß auf der Rückkehr vom Manöver nach Potsdam, hing, widersprach dem nicht.

Die alte Klosterkirche, das Wahrzeichen der Stadt, hatte damals noch nicht ihre beiden Türme. Die Silhouette von Neuruppin ist auf dem alten Stich von Merian um 1650 noch beherrscht von der Kirche St. Marien, die bei dem großen Brand von 1787 mit dem gesamten mittelalterlichen Stadtkern vernichtet wurde. Von 714 Häusern brannten 401 nieder, dazu fast alle öffentlichen Gebäude. Was ist bei Fontane in den »Wanderungen« in dem Kapitel über das heimatliche Neuruppin an Sehenswürdigkeiten überhaupt erwähnt? Nicht allzuviel: nur das Rathaus, im Schatten hoher Linden gelegen, mit der Hauptwache im Erdgeschoß, das Gymnasium mit der Bronzestatue Friedrich Wilhelms II. und natürlich die gotische Klosterkirche nahe am See, ein Backsteinbau aus dem 13. Jahrhundert, der den Brand überstand.

In Neuruppin gab es keine französische Kolonie, der kleine Theodor wuchs ausschließlich mit deutschen Spielgefährten auf, einzig deutsch wurde gesprochen, auch zu Hause. Französisch hat er demzufolge als Kind nur wenig aufnehmen können. In der Schule, in der er seit 1825 unterrichtet wurde, zeigte er sich nach eigenen Worten als »gelehrig« und machte gute Fortschritte. Nachmittags nahm seine Mutter in einigen Fächern den Unterricht selbst in die Hand, übte mit ihm Schreiben und Lesen. Bei den Geschichten aus dem Schullesebuch, dem »Brandenburgischen Kinderfreund«, mußte er sich zu Hause mehr Mühe geben als bei Lehrer Gerber in der Schule. Gut lesen und schreiben können war ein Erbgut in der Familie der Mutter, in der es Schreiblehrer und Sprachmeister gegeben hatte. »Meine Mutter« – Fontane schildert sie als leicht nervöse Frau – »war aber nicht leicht zufriedenzustellen«, denn sie ging davon aus, daß Lob und Anerkennung den Charakter verdürbe. Sie zeigte schon beim geringsten Fehler die rasche Hand nach dem Prinzip, ein Schlag zuviel könne nie schaden. Ein Grundsatz, der den allgemeinen Auffassungen der Zeit von Kindererziehung entsprach. Im übrigen erfolgte die Erziehung Fontanes im Elternhaus weder besonders streng noch besonders systematisch.

Von seinen Eltern gibt Fontane folgende Charakteristik: »Mein Vater war ein großer stattlicher Gascogner voll Bonhomie, dabei Phantast und Humorist, Plauderer und Geschichtenerzähler, und als solcher, wenn ihm am wohlsten war, kleinen Gasconaden nicht abhold; meine Mutter andrerseits war ein Kind der südlichen Cevennen, eine schlanke, zierliche Frau von schwarzem Haar, mit Augen wie Kohlen, energisch, selbstsuchtslos und ganz Charakter, aber von so großer Leidenschaftlichkeit, daß mein Vater, halb ernst-, halb scherzhaft von ihr zu sagen liebte: ›Wäre sie im Lande geblieben, so tobten die Cevennenkriege noch.‹«

An Emilie Fontane machte sich neben ihrem feinen Wesen und ihrem Sinn für Reputation auch ein nüchterner Zug bemerkbar, ein Erbteil ihrer Mutter, die einer märkischen Beamtenfamilie entstammte. Sie hielt mehr auf Grundsätze, auf geordneten Lebensstil und Konsequenz im Verhalten, während Louis Fontane vieles gehen ließ, sich über die Mißlichkeiten des Lebens hinwegzusetzen vermochte, selbst Geldangelegenheiten wie seine Verluste im Spiel mit philosophischer Gelassenheit zu erörtern pflegte, eher heiter als betrübt, womit er bei seiner Frau auf kein Verständnis traf. »Was ernst ist, ist eben nicht heiter!« hieß es dann.

Louis Fontane war und blieb der Mann der großen Pläne. Ursprünglich hatte er die Absicht, beide Apotheken von Neuruppin zu kaufen. Es gab etwa zweihundert Schritt vom »Löwen« entfernt noch eine zweite, wesentlich ältere, schon 1571 privilegierte Apotheke. Beide sollten unter einem Dach vereinigt werden, und die Behörden sollten ihm mit der Genehmigung des Kaufs zugleich ein entsprechendes Reskript betreffs Privilegierung ausstellen. In diesem Sinne richtete er Anfang Juli 1820 ein Gesuch an das zuständige Ministerium und unter gleichem Datum auch an die Regierung nach Potsdam.[2] Doch der Plan, beide Apotheken in seinen Besitz zu bringen, schlug fehl. Die Behörden waren gegen eine »Vereinigung beider Officinen« und verweigerten die »Ausfertigung eines Privilegii exclusivi« mit der Begründung, daß der Staat sich überall die Erteilung anderweitiger Apothekenkonzessionen vorbehalten müsse, wo dies das Bedürfnis der Einwohner eines Ortes erforderlich mache. So blieb es beim Besitz des »Löwen«, und als sieben Jahre um waren, hieß es auch von hier wieder ausziehen.

Das war 1826. Der Vater suchte nach einer noch rentableren Apotheke, um den Ansprüchen der inzwischen größer gewordenen Familie gerecht werden zu können, aber auch um die aufgelaufenen Verbindlichkeiten abzudecken. Es glückte ihm, die Neuruppiner Apotheke recht günstig für 23000 Reichstaler zu verkaufen, was ihm ermöglichte, seinem Vater in Berlin den gewährten Kredit zurückzuzahlen und drängende Gläubiger zufriedenzustellen. Für einen Neuerwerb blieb noch immer eine ansehnliche Summe zurück.

Als plötzlich »vermögender« Mann kann er sich auf der Suche nach einer neuen Apotheke viel Zeit nehmen. Ein dreiviertel Jahr reist er umher, im Brandenburgischen und noch weiter in Sachsen, Thüringen und Pommern. Von ihm aus, so der Sohn später, hätte es noch weiter gehen können, denn der Vater hatte »eine ganz aufrichtige Passion für Pferd und Wagen, und sein Lebelang in der Welt umherzukutschieren, immer auf der Suche nach einer Apotheke, ohne diese je finden zu können, wäre wohl eigentlich sein Ideal gewesen«. Kurz vor Weihnachten – das Reisen auf dem Kutschbock machte im Winter keinen Spaß – begab er sich mit der Fahrpost in Richtung Odermündung. In Swinemünde fand sich eine verwitwete Apothekersfrau, die gern verkaufen wollte. Man einigte sich auf 6000 Taler. Die Fontanes waren nunmehr Besitzer der Swinemünder Stadtapotheke.

Ende Mai 1827 begann das große Einpacken. Zuvor erschien noch eine Annonce im *Ruppinischen Anzeiger*, daß bei Herrn Apotheker Fontane ein Teil Mobiliar zum Verkauf stünde. Im gleichen Blatt empfahl sich Familie Fontane den Neuruppinern und den Bewohnern der Umgebung anläßlich ihrer Abreise auf das Herzlichste.

Mit vier Kindern und einer wendischen Amme für das Jüngste, den sechs Monate alten Max, ging es via Anklam nach Swinemünde. Die Mutter kam nicht mit, sie mußte sich, mit ihren Kräften und den Nerven völlig am Ende, in ärztliche Behandlung begeben und sich danach mehrere Wochen erholen.

Das erste Abenteuer erwartete die Kinder schon in Gestalt des neuen Hauses. Es stand ohne Untermauerung direkt auf Dünensand, hatte ein Riesendach mit fünf Böden und ein mittelalterlich gewölbtes Laboratorium, das an eine Alchimistenküche erinnerte. Der Rauchfang über dem Herd in der Küche war der blanke Ruß, im Kinderzimmer fehlte ein großes Stück Diele, der Ostseesand kam direkt in die Wohnung – zum Spielen geradezu ideal. Ansonsten war im Zuschnitt alles eng und klein, um nicht zu sagen dürftig.

Das nächste Abenteuer begann mit der Renovierung der reichlich abgewohnten Unterkunft. Ein schräg gegenüber wohnender Malermeister bekam den Auftrag, die Fassade mit himmelblauem Ölfarbenanstrich zu versehen. Das Haus hätte damit das, schreibt Fontane, was sein Eigentliches war, das Groteske, verloren. Im »Salon« der Mutter nahmen sich dagegen die gediegenen Möbelstücke im Schinkelschen Stil aus der Erbschaft des Großvaters nahezu ideal aus und ergaben ein gemütliches Ambiente, wenn die Damen aus der Nachbarschaft zum Kaffee kamen. Das Prunkstück in Vaters Zimmer war die alte Gehäusewanduhr, das Fontanische Familienerbstück. Diese Uhr aus dem 17. Jahrhundert kam aus dem Besitz von Großvater Barthélemy Fontane auf den Sohn Louis, von diesem auf den Sohn Theodor und von diesem wiederum auf den Sohn Friedrich. Louis Fontanes Zimmer war dekoriert mit vielen Bildern, »meist in Pastell: Engelsköpfe, Musen und Horen im Tanz oder auch junge Mädchen, mit Tauben und Kaninchen spielend. Dazwischen hingen englische Stiche: die Quelle der Egeria, die Kaskaden von Tivoli und ähnliches.«

Trotz der häuslichen Gemütlichkeit bestehen die Spannungen zwischen den Eltern in Swinemünde fort, was den Kindern, namentlich dem Ältesten, nicht verborgen bleiben konnte. Er sah eines Tages, als er zu seinem Vater ins Zimmer kam – die Stunde seiner Nachmittagsruhe war längst vorüber –, daß sein Vater geweint hatte. Wegen seiner geschäftlichen Phantastereien hatte es wieder einmal eine »Szene« gegeben. Das Tragische war, daß er seine Schwächen kannte, sie auch eingestand, aber nichts daran ändern konnte, weswegen »man ihm doch nie böse sein konnte«. Als Kind stand Fontane ganz auf der Seite seines geliebten Vaters. Die Art seiner Mutter empfand er als zu herb. Erst in seinen späteren Lebensjahren, sagt er, sei ihm die »Superiorität« seiner Mutter – «sie war ganz Charakter« – zu Bewußtsein gekommen und daß sie in allen Dingen recht gehabt und richtig gehandelt habe. Er gibt aber in dem Zusammenhang auch zu bedenken, daß es aufs Rechthaben und Rechtbehalten im Leben allein nicht ankomme. Das Herz sei es, was mitspreche.

Swinemünde an der Ostsee war, als die Familie dort einzog, »ein unschönes Nest, aber zugleich auch wieder ein Ort von ganz besonderem Reiz«. Im Gegensatz zu Neuruppin bewegte sich hier Leben. Vom elterlichen Haus am Kirchplatz führte eine kurze Straße direkt hinab zum »Bollwerk« der Uferstraße. Auf den floßähnlichen Bretterstegen, die vom Ufer aus in den Strom hineinführten, konnte man den Mädchen beim Spülen der Wäsche und den Schiffsleuten zusehen, wenn sie beim Ausbessern ihrer Kähne mit kochendem Pech hantierten, das beißend in die Nase stieg und sich um die Mittagszeit mit dem Geruch von Speck und Bratkartoffeln mischte. Alles war interessant – die ankernden Schiffe, der englische Schiffsbagger, der die Swinemünder Fahrrinne offenhielt, und die einlaufenden Handelsschiffe, um die sich abenteuerliche Geschichten rankten. Anders als in Neuruppin traf der heranwachsende Fontane in Swinemünde, damals eine Stadt von etwa 4000 Einwohnern, auf eine Bevölkerung »von ausgesprochen internationalem Charakter«. Es waren Schweden, Dänen, Holländer und Schotten, die sich einst hier niedergelassen und den Aufschwung der Stadt mit herbeigeführt hatten. Zwanzig Familien etwa bildeten die Honoratioren der Stadt. Die Fontanes zählten bald dazu.

In Swinemünde besuchte der Apothekersohn nur wenige Monate die Stadtschule. Sie wurde von seiner Mutter wegen ihrer dürftigen Wissensvermittlung für nicht geeignet empfunden. Ihm selbst ist daran nur eine vage Erinnerung an eine »große

Stube mit einer schwarzen Tafel, stickige Luft trotz immer offenstehender Fenster und zahllose Jungens in Fries- und Leinwandjacken, ungekämmt und barfüßig oder aber in Holzpantoffeln« geblieben.

Die Eltern meldeten den Ältesten ihrer derzeit fünf Kinder – zu Theodor, Rudolph, Jenny und Max war in Swinemünde noch Elise gekommen – von der Schule ab Er bekam nun Unterricht durch Privatlehrer, die man sich mit anderen Familien teilte, und durch die Eltern. Latein, Französisch, Geschichte und Geographie übernahm der Vater, Lesen wie bisher die Mutter. Eine der kauzigen Unterrichtsstunden bei seinem Vater schildert Fontane in seinem Buch »Meine Kinderjahre«:

»Mein Vater griff ganz willkürlich Dinge heraus, die er, von lange her, auswendig wußte oder vielleicht auch erst am selben Tage gelesen hatte, dabei das Geographische mit dem Historischen verquickend, natürlich immer so, daß seine bevorzugten Themata schließlich dabei zu ihrem Rechte kamen. Etwa so.

›Du kennst Ost- und Westpreußen?‹

›Ja, Papa; das ist das Land, wonach Preußen Preußen heißt und wonach wir alle Preußen heißen.‹

›Sehr gut, sehr gut; ein bißchen viel Preußen, aber das schadet nichts. Und du kennst auch die Hauptstädte beider Provinzen?‹

›Ja, Papa; Königsberg und Danzig.‹

›Sehr gut. In Danzig bin ich selber gewesen und beinahe auch in Königsberg – bloß es kam was dazwischen. Und hast du mal gehört, wer Danzig, nach tapferer Verteidigung durch unsern General Kalckreuth, doch schließlich eroberte?‹

›Nein, Papa.‹

›Nun, es ist auch nicht zu verlangen; es wissen es nur wenige, und die sogenannten höher Gebildeten wissen es nie. Das war nämlich der General Lefèvre, ein Mann von besonderer Bravour, den Napoleon dann auch zum Duc de Dantzic ernannte, mit einem c hinten. Darin unterscheiden sich die Sprachen. Das alles war im Jahre 1807.‹«

Der unkonventionelle Unterricht bei seinem Vater, der das die »sokratische Methode« nannte, verlief bei Dr. Lau, dem Privatlehrer, der von sich sagte, daß er ein Schüler des Philosophen Schleiermacher sei und den »West-östlichen Divan« nicht nur besitze, sondern ihn sogar auswendig kenne, in strengeren Bahnen. Er sah darauf, daß zu den Geburtstagen der Eltern auf ordentlich linierten Briefbögen Glückwünsche geschrieben wurden. Als Fontane junior für seinen Vater einmal eine solche Epistel verfassen sollte und ihm nichts Rechtes einfiel außer einigen Verlegenheitsversen, wurde er unfreiwillig zum Gebrauchslyriker.

> Lieber Vater,
> Du bist kein Kater.
> Du bist ein Mann,
> Der nichts Fettes vertragen kann;
> Doch von den Russen hörst du gern,
> Wie sie den Polen den Weg versperrn ...

In diesem Stil ging es über zwei Seiten lang fort. Dr. Lau, zufrieden mit dem Opus, schlug auf den Tisch. »Das ist gut, das wollen wir nehmen; darüber wird sich dein Vater freuen. Nur das mit dem Kater müssen wir fortlassen.« Die gestrichene Stelle lautete in der Neufassung, in Anspielung auf ein Amt, das Louis Fontane kurz zuvor beim Magistrat bekommen hatte, nun so: »Lieber Vater, / Du Stadtberater«.

Die Jahre in Swinemünde in dem von einer Linde und einem Nußbaum behüteten Haus waren Theodor Fontanes schönsten seiner Kindheit. Um Ostern 1832 herum fanden sie ihr Ende. Er hat nun, sein Vater schrieb es ihm auf einen Zettel, Abschiedsbesuche zu machen bei Kommerzienrat Krause, bei Scherenbergs und anderen ihnen gut bekannten Familien der Stadt. Der Grund: Er soll ein den Eltern als gute Erziehungsanstalt bekanntes Gymnasium besuchen. Sie entschieden sich für die alte Heimat, das Neuruppiner Gymnasium. Das war eines der ältesten der Mark, hervorgegangen aus der Ruppiner Lateinschule, mit einer nunmehr schon fünfhundertjährigen Vergangenheit. Der amtierende Rektor Thormeyer stand im Ruf einer pädagogischen Kapazität. »Eine Kolossalfigur mit Löwenkopf und Löwenstimme« und ein »Schulmonarch, wie er im Buche steht«.

Drei Tage dauerte die Reise mit der Fahrpost von Swinemünde nach Neuruppin, wo er bei der befreundeten Superintendentenfamilie einquartiert wird. Im Gepäck, außer seiner persönlichen Kleidung, auch die sehr teuren, wertvollen Geschenke vom letzten Geburtstag: Schellers Lexikon, Stielers Atlas und Beckers Weltgeschichte – Standardwerke der wissenschaftlichen und geographischen Universalbildung. Als er mit der Mutter zur Anmeldung beim Rektor erscheint, besteht er die nur kurze Prüfung in Latein. Er muß ein kleines Stück lesen und übersetzen. »Ich tat ganz, wie er geheißen, und es ging auch wie Wasser.« – »Sehr brav, er ist reif für die Quarta«, lautete das Urteil.

So positiv wie der Rektor den Wissensstand seines neuen Zöglings einschätzte, sah der Betroffene seine damaligen Kenntnisse durchaus nicht. »Was ich dahin mitbrachte, war etwa das Folgende: Lesen, Schreiben, Rechnen; biblische Geschichte, römische und deutsche Kaiser; Entdeckung von Amerika, Cortez, Pizarro; Napoleon und seine Marschälle; die Schlacht bei Navarino, Bombardement von Algier, Grochow und Ostrolenka; Pfeffels ›Tabakspfeife‹, ›Nachts um die zwölfte Stunde‹, Holteis Mantellied und beinah sämtliche Schillersche Balladen. Das war, einschließlich einiger lateinischer Brocken, so ziemlich alles, und im Grunde«, fügte er augenzwinkernd hinzu, »bin ich nicht recht darüber hinausgekommen.«

Auf dieser »Anstalt von milderer Observanz«, über deren Portal die lateinische Inschrift »Civibus aevi futuri« – Den Bürgern des künftigen Zeitalters – zu lesen war, scheint es Fontane nicht sonderlich gefallen zu haben. Ihn störte die allzu autoritäre Art der Wissensvermittlung; Spaß machte ihm wohl nur das Fach Geschichte. Schon in Swinemünde hatte der Zehnjährige auf die Frage, was er einmal werden wolle, geantwortet: »Geschichtsprofessor.« In Neuruppin hatte er als Tertianer in Geschichte solches Renommee, daß er anderen Schülern das Nötige für die Prüfungen einpauken konnte. Fontane besaß als Zehnjähriger schon ein Heft mit nacherzählten Episoden aus der brandenburgischen Historie, von ihm selbst angelegt. Von seinem jüngeren Bruder Rudolph und Mitschülern ließ er sich durch Unterschrift bestätigen, daß er es »gans allein« geschrieben habe, »denn er ist ein ehrlicher Neuruppiner«.

Etwas über ein Jahr besuchte er das Gymnasium seiner Vaterstadt, dann stand erneut ein Wechsel ins Haus. Seine Eltern hatten ihn für die Klödensche Gewerbeschule in Berlin angemeldet, eine der damals als modern geltenden Bildungseinrichtungen, vergleichbar dem Realgymnasium. Somit begann nun im Herbst 1833 für ihn ein neuer und damit zugleich der letzte Teil seiner Schulzeit.

Die Schule von Direktor Klöden in der Berliner Niederwallstraße, deren praxisbezogener Unterricht nach Ansicht seines Vaters bessere Berufschancen eröffnete als die aufs Altphilologische ausgerichteten herkömmlichen Gymnasien, galt als Pionierleistung des naturwissenschaftlich orientierten Bildungswesens in Preußen. An der Klödenschen Gewerbeschule waren ausgezeichnete Wissenschaftler als Lehrer tätig; aus ihr sind eine beachtliche Anzahl namhafter Forscher und Industrieller hervorgegangen. Und trotzdem vermochte Fontane sich dort nicht recht wohlzufühlen. Mag sein, daß er seine alte Klasse vom Neuruppiner Gymnasium vermißte oder sich mit den Lehrmethoden nicht anfreunden konnte – der »Hang nach Arbeit und solider Pflichterfüllung«, sein bestes Erbstück von seiten der Mutter, habe ihn jedenfalls nicht ergriffen. Wenn seine Schule ihn schon nicht in Euphorie versetzte und er dort nicht viel gelernt habe, wie er meinte, so hatte er doch das Glück, in seiner Klasse einen Spielkameraden seiner Kinderjahre wiederzufinden, Hermann Scherz. Mit ihm, Sohn eines Rittergutsbesitzers, schloß er Freundschaft fürs Leben. Beide unternahmen 1844 eine gemeinsame Reise nach England, besuchten zusammen die Schlachtfelder in Böhmen nach dem deutsch-österreichischen Krieg von 1866, und Fontane war oft zu Gast in Kränzlin bei Neuruppin, wo die Familie seines Freundes zu Hause war.

Der häufige Wechsel der Schulorte, das Hin und Her zwischen Gymnasium und Gewerbeschule, war aus Fontanes Sicht der Grund dafür, daß er nie richtig dazu gekommen sei, »eine Sache wirklich zu lernen«, ja daß er »um alles richtige Lernen überhaupt« gekommen sei. Er beklagt, in Latein und Griechisch zu wenig mitbekommen zu haben, unzureichend seien auch seine Kenntnisse in Optik, Hydraulik, Anthropologie und Kristallographie gewesen. Ein besonders gravierender Mangel in seinen Augen war, daß bei Klöden an der Gewerbeschule kein

Geschichtsunterricht erteilt wurde. Für einen jungen Menschen, der sich mit wahrer Leidenschaft zur Geschichte hingezogen fühlte und für den historische Stoffe Anregung fürs Dichten waren, gewiß ein Nachteil. Die Poesie ging jedoch auch ohne die Schule ihren Weg. Es entstand sein erstes Gedicht, angeregt durch das dramatische Poem Adelbert Chamissos über das Schicksal eines Schiffsbrüchigen auf der Felseninsel Salas y Gomez im Stillen Ozean. »Natürlich waren es auch Terzinen; Gegenstand: die Schlacht bei Hochkirch.«[3]

Anderthalb Jahre ging es gut mit dem neuen Leben in Berlin. Ostern 1835 wurde er ordentlich versetzt. Unbeständigkeit aber trat ein, als er aus der Schülerpension zu Tante Pinchen und Onkel August, einem Halbbruder des Vaters, in die Burgstraße zog. Er kam in ein bohemehaftes Milieu, in dem der Schein mehr galt als das Sein. Onkel August, ein gescheiterter Schauspieler, war jetzt Inhaber eines Geschäfts für Malutensilien. Er selbst malt und zeichnet, nicht unbegabt, spielt vorzüglich Klavier und nimmt es mit dem Geschäft und den Geschäften nicht allzu ernst. Das Leben zu genießen ist sein eigentliches Pläsier. Darin zeigte sich, ähnlich wie bei Louis Fontane, väterliches Erbteil, nur mit dem Unterschied, daß der alte Herr, Barthélemy Fontane, vermögend war, die Söhne jedoch nicht und obendrein nicht einmal das Geld zusammenhalten konnten. Tante Pinchen, früher ebenfalls am Theater, vermochte den Haushalt nicht so zu führen, wie es nötig gewesen wäre – nämlich sparsam. Die wackligen Finanzen des Paares erforderten noch 1835, daß sie mit ihrem Untermieter die Wohnung in der feinen Burgstraße hinter dem Schloß aufgeben mußten. Ein neues Domizil finden sie in der Großen Hamburger Straße parterre in einem häßlichen Neubau, billig, weil die Behausung trocken zu wohnen war. Das Zimmerchen, das der Neffe erhielt, war so feucht, daß das Wasser in langen Rinnsalen die Wände herablief. Die Nachbarschaft bestand aus ähnlichen »Umsiedlern«, lauter gescheiterten Existenzen. Die Hausmitbewohner auf seinem Flur waren Sonderlinge, bankrotte Kaufleute, in Unehren entlassene Beamte, sogar eine Dame des öffentlichen Gewerbes war darunter.

Dem bohemehaften Lebensstil von Onkel und Tante paßte

sich Fontane junior auf seine Weise an. Er schwänzte je nach Laune die Schulstunden, mitunter ganze Tage, durchstreifte die grüne Umgebung Berlins, Jungfernheide und Grunewald, um Moose und Flechten zu sammeln. Bald legte er sich nach Onkels Vorbild die Attitude des Gentlemans zu, was sich darin ausdrückte, daß er an den Nachmittagen, wenn er als Botaniker nach Hause gekommen war, sich in seiner Konditorei Anthieny an der Ecke Schönhauser und Weinmeisterstraße, »wohin Direktor Klöden und die gesamte Lehrerschaft nie kommen konnte«, zu Lesestunden niederließ. »Da trank ich dann, nachdem ich vorher einen Wall klassisch-zeitgenössischer Literatur: den *Beobachter an der Spree*, den *Freimütigen*, den *Gesellschafter* und vor allem mein Leib- und Magenblatt, den *Berliner Figaro* um mich her aufgetürmt hatte, meinen Kaffee.« Was interessierte ihn? Zunächst die Theaterkritik, da er selbst schon viel ins Theater ging, und natürlich alles Literarische. Die führenden Köpfe der schreibenden Zunft, die in den Journalen publizierten, hießen Wilhelm Gubitz, Franz von Gaudy, Julius Minding, August Kopisch und Ludwig Rellstab. Daß der Schüler Fontane so gut in der zeitgenössischen Literatur Bescheid wußte, hat er weitgehend den Zeitungen zu verdanken.

In der freien Natur der Berliner Wald- und Wasserlandschaft wie in der Konditorei hat er sich wohlgefühlt, das Fach Deutsche Grammatik mit der sinnlosen Auswendiglernerei dabei nicht vermißt. Onkel und Tantchen ließen ihn gewähren. Erziehungsabsichten ihm gegenüber hatten sie ohnehin nicht. Dazu waren sie selbst zu wenig Pflichtmenschen, um an seinem Lebenswandel Anstoß zu nehmen, zum andern hatten sie genug eigene Probleme. In puncto Geld versteht sich. Verschwundene Mündelgelder sorgten für Skandal und makabre Szenen und führten zum Zusammenbruch des Haushalts. Gerichtliche Schritte von seiten der Geschädigten drohten. Onkel und Tante hatten es eilig, Berlin und Preußen hinter sich zu lassen.

Fontane focht das alles nicht mehr sonderlich an. Seine dreijährige Schulzeit an der Klödenschen Gewerbeschule ging Ostern 1836 ohnehin zu Ende. Damit hatte er die mittlere Reife erworben und mit dem Zeugnis zugleich die Berechtigung für den einjährig-freiwilligen Militärdienst.

Der dichtende Apothekerlehrling

Am 18. April 1850 äußerte sich Theodor Fontane in einem Brief an den schon damals berühmten Sagenforscher Gustav Schwab über den Grund seiner Berufswahl folgendermaßen: »Apotheker. Warum ich das bin? Mein Vater sprach: ›car tel est notre plaisir‹[4], zudem war er selbst Apotheker, ein andrer Grund liegt nicht vor. Mit 16 Jahren trat ich in die Lehre; mein Lehrer war human; meine eigensten Neigungen stießen nicht geradezu auf Widerstand, so hielt ich aus.«

Eine Lehrstelle fand sich in der Apotheke »Zum weißen Schwan« in der alten Spandauer Straße in Berlin. Unmittelbar nach den Ostertagen 1836 meldete sich Lehrling Fontane bei Apothekenbesitzer Wilhelm Rose. Obwohl er seinen neuen Chef in dem Brief an Schwab human nennt und diese Eigenschaft aus eigenem Erleben auch belegen kann, mißfallen ihm an seinem neuen Lehrherrn schnöde bourgeoise Züge. Er nennt es »Geldsackgesinnung«, daß Leute vorgeben, Ideale zu haben, immerfort vom »Schönen, Guten und Wahren« reden und doch nur das Geld meinen. Bei Rose kam noch ein typisch berlinischer Zug hinzu: die Überzeugung von der Bedeutung der eigenen Person und der Unübertrefflichkeit des eigenen Denkens und Tuns. »Vier und ein halbes Jahr lang hab ich ihm in die Karten sehen können. Er war der Mann der ewigen sittlichen Entrüstung, und doch, wenn beispielsweise *feinere*, also auch kostspieligere Drogen, an deren Beschaffenheit etwas hing, zu Kauf standen, ... so wurde daran nicht selten gespart, gespart also an Dingen, an denen schlechterdings nicht gespart werden durfte.« Es sei denn, könnte man hinzufügen, auf Kosten der Kunden, der Kranken.

Daß Fontane seine Zeit in der Schwanen-Apotheke nicht nur damit zugebracht hat, Pulver zu mischen oder Kamillentee und

Lippenpomade zu verkaufen, vielmehr auch Lebenskenntnisse erwarb, Charaktere studieren konnte, ist im zweiten Band seiner Erinnerungen, »Von Zwanzig bis Dreißig«[5], mit Humor und versöhnlichem Blick geschildert: So, wenn Rose von seinen vielen Reisen nach Italien, Frankreich oder England schwadronierte und sich zu Vorträgen darüber präparierte, dabei durchs Haus schnaufte und sich, wenn der Abend kam, in dem kleinen achteckigen Turmzimmer seines Hauses, von dem man einen Rundblick auf Altberlin hatte, vor dem geladenen Damenzirkel in die Brust warf.

Davon abgesehen hat Fontane sein Handwerk bei Rose recht gut erlernt, ein Beweis dafür, daß seine naturwissenschaftlichen Kenntnisse doch nicht so fragmentarisch und die Schule nicht so schlecht gewesen sein können, wie er selbst immer meinte. Er ist in der Ausbildung sogar so gut, daß Wilhelm Rose ihn ein Vierteljahr eher zur Abschlußprüfung anmelden kann. Das Interesse für die Naturwissenschaften, geweckt durch die Schule und die väterliche Apotheke, sowie die Beschäftigung mit der Flora und Fauna in den Berliner Wäldern zahlten sich für den Lehrling nun aus in drei geschenkten Lehrlingsmonaten und damit drei höheren Löhnen, die, ein Vierteljahr früher als gedacht, ihm in seiner neuen Position als Gehilfe gezahlt wurden.

In seinen freien Stunden geht er, wie er es als Schüler schon tat, in die Konditorei, um zu lesen, was es in der auswärtigen Politik und der Literatur Neues gab. Das von ihm favorisierte Blatt ist der *Berliner Figaro*, eine 1831 gegründete Tageszeitung mit einem umfänglichen kulturellen und literarischen Teil. Auch in dem an der Spandauer Straße Ecke Heidereutergasse gelegenen Roseschen Hause waren die schönsten Stunden für ihn, wenn er sich dem Gedruckten ungestört hingeben konnte.

In besseren Kreisen gehörte es damals zum guten Ton, daß man einem Lesezirkel angehörte. Bildung wurde großgeschrieben, auch bei Roses, die zusammen mit einigen anderen angesehenen Berliner Familien einem solchen Zirkel angehörten, zum Lesen der abonnierten Blätter aber so gut wie keine Zeit hatten, so daß der junge Fontane der einzige war, der wirklich Nutzen daraus zog. Apotheker Rose verhielt sich gegenüber den literarischen Neigungen seines Lehrlings sehr wohlwollend, wenn er es auch nicht gern sah, daß dieser bis nach Mitternacht las und dabei alle Flammen brennen ließ, die sein teures Geld kosteten. Für gewöhnlich ginge das nicht – so seine Ermahnung – für gewöhnlich sei darauf zu achten, daß die jungen Leute sich mit dem »alten Hagen«, dem Apothekerlehrbuch, zu beschäftigen hätten und nicht mit Gutzkow. Aber in der Schwanen-Apotheke bei Roses dürfte so etwas am Ende vorkommen, das sei eben *das*, wodurch man sich von dem Gros der übrigen unterscheide.

Die für den jungen Fontane interessanteste Lektüre unter dem Lesezirkelangebot war der von Karl Gutzkow herausgegebene *Telegraph für Deutschland*. Durch dieses Journal, in dem auch der Freiheitsdichter Georg Herwegh schrieb, machte er sich mit den Ideen des »Jungen Deutschland« vertraut, einer neuen Literaturströmung, zu der Heine und Börne, Wienbarg, Laube und Mundt gehörten, kritisch-freisinnige Dichter und Literaten des Vormärz, die ihr Ideal in einem einheitlichen deutschen Vaterland sahen – freiheitlich in der Gesinnung und unter den Farben Schwarz, Rot, Gold. »Beinah alles, was ich vom ›Jungen Deutschland‹ weiß, weiß ich aus *der* Zeit her«, heißt es beim alten Fontane, der sich nocht gut daran erinnerte, daß er damals von Ludolf Wienbarg eine Geschichte gelesen habe, von der er ganz hingerissen gewesen sei. Ihr Titel: »Byrons erste Liebe«.

Nicht nur zum Lesen, auch zum Schreiben hat er in dem biedermeierlichen Milieu der Schwanen-Apotheke hinreichend Zeit. Wie er es anstellte, neben der Pharmazie auch der Poesie zu ihrem Recht zu verhelfen, schildert er so: Für die Gehilfen und Lehrlinge wechselte alle vier Wochen der Dienst. Wer »Frontdienst« hatte, mußte vorn im Laden stehen und alles aktuell Anfallende erledigen. Wer zur »Reserve« gehörte, wurde mit anderen Arbeiten beschäftigt. Die Kundenbedienung entfiel dann für ihn. In der »Reserve« war Fontane mit der Zubereitung eines Queckenextrakts, den sein Prinzipal in größeren Mengen nach England exportierte, beauftragt. Die in einem eingemauerten großen Zinnkessel kochende Queckensuppe war ständig umzurühren. Schönere Gelegenheit zum Dichten sei ihm nie wieder geboten worden. »Die nebenherlaufende, durchaus mechanische Beschäftigung, die Stille, und dann wieder das Auffahren, wenn ich von der Eintönigkeit eben schläfrig zu werden anfing – alles war geradezu ideal, so daß, wenn zwölf Uhr herankam, wo wir unser Räuberzivil abzulegen und uns für ›zu Tisch‹ zurechtzumachen hatten, ich die mir dadurch gebotene Freistunde jedesmal zum Niederschreiben all dessen benutzte, was ich mir an meinem Braukessel ausgedacht hatte.« Auf diese Weise entsprossen aus der profanen Quecke, dem Feld- und Wiesenunkraut, in der Apothekersprache graminis herba, die wundersamen Verse vom trauten Liebchen, der Lerche und dem Wandersmann.

So kam der Herbst 1839. Für das Jahresende meldete Herr Rose seinen Lehrling zur Prüfung an. Es war der 19. Dezember, halb vier, als Fontane bei Dr. Natorp in der Alten Jakobstraße mit etwas klammen Gefühlen erschien. Nach zwanzig Minuten war er bereits wieder draußen, mit dem Ergebnis »Bestanden«. Das Zeugnis, ausgestellt vom königlichen Stadtphysikus Natorp unter dem 9. Januar 1840, bescheinigte, »daß der Fontane sehr gute Kenntnisse der Chemie, Pharmazie, Botanik und Latinität besitze, daß sonach seiner Ernennung zum Apothekergehilfen, auch mit Erlaß des letzten Vierteljahres der Lehrzeit gesetzlich nichts entgegenstehe«.

Dem denkwürdigen Tag der bestandenen Prüfung gibt Fontane in der Rückschau eine besondere Weihe. Er läßt in seinen Erinnerungen »Von Zwanzig bis Dreißig« dieses Datum mit dem Erscheinen seiner ersten größeren Arbeit zusammenfallen, obwohl beide Ereignisse eine Woche etwa auseinanderlagen. An seiner Hochstimmung änderte es nichts. Demnach hat sich an jenem Tag folgendes begeben: Er ging von Dr. Natorp nicht gleich wieder nach Hause. Am Wege lag die d'Heuresesche Konditorei, in die er einzutreten beschloß, um zu sehen, ob der *Berliner Figaro* vielleicht seine Erzählung »Geschwisterliebe« abgedruckt hatte. Und siehe da, es war so. Am Köllnischen Fischmarkt, im ältesten Teil Berlins, saß er am Tisch und hielt das Gedruckte mit Stolz in der Hand. »Geschwisterliebe. Novelle von Th. Fontane«, vier Spalten mit dem Vermerk darunter: »Fortsetzung folgt«. Seine Geschichte, die in Neuruppin spielt, erzählt von einem unzertrennlichen Geschwisterpaar, zwei Waisen, zwischen denen es zum Konflikt und zum Abbruch der Beziehungen kommt, als die Schwester heiratet. Erst am Sterbebett der Schwester, nach einer Totgeburt, versöhnen sie sich wieder.

Der *Figaro* erhielt von ihm in der Folgezeit mehrfach noch Gedichte, die auch abgedruckt wurden. Etwa vier Wochen nach der »Geschwisterliebe« liest er sich wieder im Blatt, diesmal mit zwei neuen Gedichten: »Wie kann's auch anders sein!« und »Der kranke Baum«.

Der Herbst ist wieder kommen
Und hat den Wald entlaubt;
Wieviel er auch genommen,
Mir hat er nichts geraubt.

Ich trug ja keine Blüten,
Kein hoffnungsgrünes Blatt,
Da mich des Winters Wüten
Zu tief verwundet hat.

Wann hab ich ausgelitten?!
– Ein Sturmwind braust daher! –
Erhört er meine Bitten,
So währt's nicht lang mehr.

Ein Dutzend Gedichte wird der *Figaro* von ihm in diesem Jahr noch bringen. Sie heißen »Das Wasserröslein«, »Das letzte Lied« und »Im Walde« – sämtlich epigonal gereimte Empfindungen im Volksliedton um Liebe, Sehnsucht und Abschied, wie er sie in den Journalen las und wie sie dem Geschmack der Zeit entsprachen. Viel wehmutsvolle Verse sind darunter, doch auch schon ein Stück Heldendichtung wie »Simsons Tod«. Mit beachtlicher Selbstsicherheit geht er auch schon an größere epische Formen heran, erzählt von »Heinrichs IV. Liebe« und verfaßt einen kleinen, höchst konfliktreichen märkischen Roman unter dem Titel »Du hast recht getan!«

Nicht alles, was er an die Redaktionen verschickt, wird angenommen und veröffentlicht, für seine Mutter aber ergeben die mit viel Phantasie und Emphase verfertigten Verse seiner Lehrlingszeit ein schönes Geburtstagsgeschenk. Im September 1840 überreicht er ihr die kleine Sammlung von 43 Gedichten. Auf dem Titelblatt war in schwungvoller Handschrift zu lesen: »Gedichte von Theodor Fontane. Seiner inniggeliebten Mutter gewidmet«.

Mit Abschluß der Prüfung war der Apothekerlehrling nicht nur zum Gehilfen, vielmehr auch vom »jungen Herrn« zum »Herrn« aufgestiegen, der seinen Lebensstil nunmehr seinem Lebensgefühl anzupassen trachtete. Er bevorzugte jetzt Berlins vornehmste Konditorei Stehely am Gendarmenmarkt, unmittelbar hinter dem Schauspielhaus gelegen. Dort gab es die meisten Zeitungen, vor allem außerpreußische und ausländische, die sich kleinere Konditoreien finanziell gar nicht leisten konnten. Bei Stehely verkehrten Geheimräte und Schauspieler, Schriftsteller und Universitätsprofessoren, Zeitungskorrespondenten und Studenten, auch Offiziere kamen nach Dienstschluß. Es waren alle politischen Richtungen vertreten – Liberale, Konservative und Radikale – mit den dazugehörigen Blättern, von den *Halleschen Jahrbüchern* bis zum *Rheinischen Beobachter*. Stehely war ein Teil der öffentlichen Meinung, und wer hier verkehrte, rechnete sich dazu. So hatte es der an den Neuigkeiten des Tages interessierte Apothekerjüngling eilig, an seinen freien Nachmittagen seine Schritte Richtung Charlottenstraße Ecke Jägerstraße zu lenken, um bei Stehely einen freien Platz in dem langgestreckten Lesezimmer zu finden oder im legendären »Roten Zimmer«, wo ausschließlich die Zeitschriften auslagen. »Und mit der Feierlichkeit eines Kirchengängers, ja sogar in der sonntäglichen Aufgeputztheit eines solchen, begab ich mich, wenn dieser freie Nachmittag da war, regelmäßig zu Stehely, um hier allerlei Zeitungen: die Kölnische, die Augsburger, die Leipziger Allgemeine etc., zu lesen.«

Es dürften nicht nur literarische Interessen gewesen sein, die den wißbegierigen jungen Mann an den Kaffeehaustisch zogen, wo man Lokales und Weltgeschehen gratis aus erster Hand bekam. In den Sommermonaten des Jahres 1840 lag in der preußischen Residenz so etwas wie Aufbruchstimmung in der Luft. Anfang Juni war König Friedrich Wilhelm III. gestorben, man erwartete von dem neuen Thronfolger Reformen, hin zu den so lange ersehnten bürgerlichen Freiheiten. »Die Menschen fühlten etwas, wie wenn nach kalten Maientagen, die das Knospen unnatürlich zurückgehalten haben, die Welt plötzlich wie in

Blüten steht. Auf allen Gesichtern lag etwas von freudiger Verklärung und gab dem Leben ... einen hohen Reiz.«

Fontane zählte sich 1840 zu jenen, die das Anbrechen einer neuen Zeit begrüßten. Er habe sich »unendlich beglückt« gefühlt, daß er an diesem »erwachenden politischen Leben« habe teilnehmen können. Rund 55 Jahre später, als er sein Erinnerungsbuch »Von Zwanzig bis Dreißig« niederschrieb, rückte er zum Teil von diesen Empfindungen seiner Jugend ab und brachte der strengkonservativen Haltung Friedrich Wilhelms III. nachträglich Verständnis entgegen – »... und bekenne mich mit Stolz und Freude zu einer beinah schwärmerischen Liebe zu diesem lange nicht genug gewürdigten und verehrten Könige«.

Die ersten literarischen Erfolge des Apothekergehilfen hatten ihm bescheidene Aufmerksamkeit in Berlin gesichert. Ein Schulfreund von der Gewerbeschule, Fritz Esselbach, nahm ihn mit in den Lenau-Klub, einen jener vielen Literatur- und Debattierzirkel, die einen gut Teil des bei der Jugend vorhandenen Dranges nach politischer Betätigung ersetzten. Parteien, in denen man sich hätte engagieren können, gab es nicht. Vorsitzender, wenn man von solch einem Amt sprechen kann, war bei den Lenau-Jüngern Hermann Maron, Gelegenheitsdichter und Journalist, der sich in späteren Jahren als bankrotter Geschäftsmann eine Kugel durch den Kopf schießen wird. Jetzt, 1840, treffen sich bei Maron in der Auguststraße, einer abgelegenen Kleine-Leute-Wohngegend nahe Oranienburger Tor, auf Sonnabendsitzungen sechs bis acht junge Männer, um sich mit den Dichtungen des Schutzpatrons ihrer Gesellschaft vertraut zu machen. Unter den sonderbaren Charakteren und künftigen Genies des Kreises war auch der spätere Publizist und London-Emigrant Julius Faucher. Von Nikolaus Lenau, der das Idol aller jungen Leute jener Zeit war, kannte Fontane damals noch nichts. Faucher war es, der ihn auf sein Zimmer Hofseite Unter den Linden einlud und ihm aus den »Schilfliedern« vorlas. Die romantisch-schwermütigen Verse, insbesondere die »Nächtliche Wanderung«, »Das Posthorn«, »Das Mondlicht« und die zwei Strophen des Poems »Bitte« machten auf Fontane einen überwältigenden Eindruck.

Weil' auf mir, du dunkles Auge,
Übe deine ganze Macht,
Ernste, milde, träumerische,
Unergründlich süße Nacht!

Nimm mit deinem Zauberdunkel
Diese Welt von hinnen mir,
Daß du über meinem Leben
Einsam schwebest für und für.

Drei Tage nach der Lesung bei Freund Faucher war er bereits im Besitz eines Bandes mit Lenau-Dichtungen. Das damals erstandene Exemplar habe ihn, bekennt er, durch sein ganzes Leben begleitet.

Als Mitglied des Lenau-Klubs war Fontane zur gleichen Zeit auch Anhänger eines anderen, ähnlichen Vereins, der sich nach August von Platen nannte, dem Dichter der »Polenlieder«. Die Verbindung dahin ergab sich rein zufällig auf einer Silvesterfeier. Ein junger Maler sprach ihn auf seine Gedichte im *Figaro* an, erzählte von einem Platen-Klub, dessen Haupt er wäre, und so fand sich Fontane bald in einem Kreis von Studenten wieder, die den jungen Schwarmgeist aus der Schwanen-Apotheke mochten und als ebenbürtig respektierten. Er bekam von ihnen sogar, als die Zeit da war, nach Vereinsbrauch spaßeshalber ein Diplom mit Orden verliehen. Weil in den lyrischen Hymnen Fontanes auffällig häufig der Mond schien, begann die Urkunde mit den Worten: »Unser Lieber und Getreuer, geboren zu Neu-Ruppin bei *Mondschein.*« An dem Abend der Überreichung waren die Kumpanen sehr liebenswürdig zu ihm, ließen ihn aber fühlen, daß er seine Siege mehr seinem »Massenangebot« als dem Wert seiner Dichtungen zu verdanken habe. Das änderte aber nichts an Fontanes glühender Liebe zu dem romantisch rebellischen Dichter von Platen, der einst als Page und Unterleutnant im Dienst des bayrischen Königshauses gestanden hatte und 1824, in Verachtung despotischer Kleinstaaterei, nach Italien ging – ein Sänger der Freiheitsliebe, dessen Dichtungen die Jugendzeit Fontanes begleiteten. Die »Sonette aus Venedig«, Muster klassischer, klangreicher Verskunst, kannte er auswendig.

Mit dem Herbst 1840 ging Fontanes Teilnahme am literarischen Leben Berlins zu Ende. Er schied aus der Roseschen Apotheke aus, um eine neue Stelle im Haus von Dr. Kannenberg in der Stadt Burg bei Magdeburg anzutreten. Der Ort mit seinen zehntausend Einwohnern, Garnison und gewerblicher Wirtschaft hatte einmal Anfang der dreißiger Jahre Schlagzeilen in Preußen gemacht, als der »Städtische Sicherheitsverein«, dem nach preußischer Gesetzeslage »Schüler und Studenten sowie vom täglichen Erwerb lebende Personen« nicht angehören durften, mit außergewöhnlicher Härte gegen demonstrierende Handwerksgesellen vorgegangen war.

Als Fontane per Postkutsche in Burg eintraf, lagen diese Ereignisse schon zehn Jahre zurück. Der Alltag der Stadt bot nichts Sensationelles, weder gab es Dichterklubs noch vornehme Konditoreien mit Lesezimmern und jenem so magischen Fluidum geistiger Auserwähltheit. Für sein neues Dasein konstatierte er daher nichts als »grausame Langeweile«, die noch um einiges öder war, da Fontane sich nicht für die landläufigen Formen der Geselligkeit eignete, weder dem Kartenspiel noch den Kegelabenden etwas abgewinnen konnte, obwohl er, wie er betonte, »immer eine herzliche Vorliebe für natürliche Menschen gehabt, auch jederzeit auf dem denkbar besten Fuße mit ihnen gelebt habe«.

Ehe es überhaupt zu Bekanntschaften in Burg kommen konnte, saß er schon wieder in der Postkutsche zurück nach Berlin, im Reisegepäck ein zwanzig Seiten langes Opus, betitelt »Burg an der Ihle«.

Eine Roma unsrer Zeit, liegt auf sieben Hügeln Burg,
Wie ein mäß'ger Rinnstein schlängelt sich der Ihlestrom
hindurch;
Seine beiden Kirchen strecken je zwei Türme hoch empor,
Gleich den Scheren eines Krebses; – jeder hüte sich davor.

Die übermütigen Spottverse auf die Stadt und ihre Einwohnerschaft enthalten die Antwort darauf, warum er ihr so schnell wieder den Rücken gekehrt hat. Die Liberalen am Ort – »Da auch Sie ein Freiheitsjünger, harret Ihrer unser Klub« – erschienen ihm eher als Karikaturen, der örtliche *Kurier* als Winkelblatt – »Der Kurier jagt schon seit Jahren nur allein auf Burger Grund, / Darum schon sind andre Blätter gegen solche Zeitung Schund.« Die ehrbaren Burger Bürger gar sind mit Heinescher Ironie als Schafe tituliert, deren einziges Sinnen und Trachten nur auf die Wolle für die ansässigen Tuchfabriken aus war.

> Einem ries'gen Stall von Schafen gleicht fürwahr die ganze
>   Stadt,
> Die in einer Pfarrerwohnung ihren würd'gen Hirten hat,
> Will er mit dem reinsten Wasser die geliebte Herde tränken,
> Pflegt er ihr am Sonntagmorgen eine Predigt einzuschenken.

In diesem Stil, im Versmaß des griechischen Trochäus beschwingt dahineilend, teilte er noch einige Hiebe in Richtung Stadttheater aus. Eros und die Komödiantinnen sind das Thema:

> Wien mit seinem Stephansturme, mit dem weltbekannten
>   Prater
> Hat noch eine dritte Zierde in dem großen Burg-Theater; –
> Eine Komödiantenbande führt in Burg die Musen ein,
> Muß nicht ihre Bretter-Bude auch ein Burg-Theater sein?!
> Ja! es haben große Mimen endlich sich nach Burg verirrt,
> Denn es wird mit Schillers »Jungfrau« heute abend debütiert,
> Und es heißt, die Damenflora sei so schrecklich unschulds-
>   voll,
> Daß man noch im Zweifel wäre, wer die Jungfrau spielen soll.

Als er diese Passagen in der Reisekutsche vor zwei mitfahrenden Damen – es seien Schauspielerinnen gewesen, sagt er – zum Besten gab, erntete er stürmische Heiterkeit. Auf diese Weise wurden die »Spaziergänge eines Wiener Poeten« vom Vormärz-Dichter Anastasius Grün, die Fontane sich für seine Epistel zum Muster genommen hatte, unter dem Rumpeln der Kutsche zu »Spazierfahrten eines Neuruppiner Poeten«.

Neujahr 1841 ist Fontane wieder in Berlin. Bis er sich eine neue Stelle gesucht hat, kann er bei seinem Schulfreund Fritz Esselbach in der Alten Jakobstraße in der Luisenstadt unterkommen. In jenen Tagen hielt sich gerade ein Apotheker aus Leipzig in Berlin auf. Den suchte er im Hotel auf, sprach ihn an und hatte damit eine neue Anstellung. »Ich machte meinen Diener und empfahl mich strahlenden Gesichts.«

Aber schon Stunden später ist alles anders. Fontane muß sich mit Fieber ins Bett legen. »Typhus« konstatiert am nächsten Tag der Arzt. Sieben Wochen lang liegt er in der kleinen Stube bei seinem Freund darnieder, erst danach kann er zu seinen Eltern nach Letschin fahren. In dieser kleinen Gemeinde im Oderbruch unweit von Bad Freienwalde hatte sein Vater 1838 erneut eine Apotheke gekauft, nachdem er die vorige wieder einmal schuldenhalber zu veräußern gezwungen war. Es würde seine vierte und letzte Niederlassung sein. Sein Sohn Theodor sollte in den gesundheitlichen und beruflichen Krisen seines Lebens wiederholt in seines Vaters Haus nach Letschin zurückkehren. Diesmal kann er allerdings nur bis Ende März bleiben.

Von Leipzig nach »Klein-Sibirien«

Eine Dachstube mit Alkoven im Hinterhaus der Neubertschen Apotheke in der noch vom Flair mittelalterlicher Kaufmannsgilden geprägten Hainstraße im Stadtinnern von Leipzig wurde ab 1. April 1841 Fontanes neues Quartier. Er teilte das Zimmer mit drei anderen Lehrlingen und Gehilfen; es ging eng zu, aber er schickte sich in die Verhältnisse. Das Ideale bei Herrn Neubert war, daß seine Apotheke mit einem großen Lesepult und verschiedenen Leipziger Zeitungen gleichzeitig als Lesehalle diente, vornehmlich für Ärzte, wenn sie auf die Zubereitung der Medikamente warteten oder ihre Bestellungen aufgaben.

Mit einem der Doktoren, die sich regelmäßig hier aufhielten, machte Fontane bald nähere Bekanntschaft. Es war ein gewisser Dr. Adler, dem Alkohol zugetan wie auch der hehren Kunst der Dichtung. In den Abendstunden, wenn der Publikumsverkehr in der Apotheke nachgelassen hatte, ritt Adler in beschwingter Stimmung seinen Pegasus und deklamierte vor dem andächtig lauschenden Gehilfen Passagen aus der Dichtung »Paradies und Peri« des englisch-irischen Dichters Thomas Moore, die er ins Deutsche übertragen hatte. Fontane wollte hinsichtlich des Poetischen nicht zurückstehen und gab ihm eines Tages eine Mappe seiner Gedichte zur Durchsicht, gespannt auf sein Urteil. »Es war eine tüchtige Niederlage.« Statt Bewunderung und Anerkennung bekam er nur Tadel, und das noch unberechtigt. Adler hatte befunden, daß die Erzeugnisse des jungen Herrn keine wahre Poesie seien. Worauf es beim Dichten ankomme, gab er ihm in Versen, die er beilegte, zu verstehen:

Zweies muß der Dichter haben:
Erst sei er sich selber klar;
Und die zweite seiner Gaben
Ist: er sei auch immer wahr.

Mit der Sonne zu vergleichen
Ist die echte Poesie.
Alles Dunkel muß ihr weichen,
Keinen Nebel duldet sie.

Zwar aus dunklen Wolken weben
Läßt sie sich des Kleides Saum,
Aber frei darüber schweben
Muß sie hoch im lichten Raum.

Das war die poetische Umschreibung der prosaischen Erkenntnis, daß gereimte Gefühle noch keine Poesie seien und höchstens für das Poesiealbum taugten. Dichter oder Nichtdichter – das war hier die Frage. Keinen Eindruck gemacht zu haben wurmte Fontane, mehr noch, daß es ihm an echter Hingabe fehlen sollte. »To be or not to be – That is the question?!« Unter dieser Überschrift schickt er als Shakespeare-Kenner seine gereimte Antwort an Adler.

Kann ich nicht ein Herz bewegen,
Sprechen nicht mit Geist zum Geist,
Will ich mir ein Handwerk legen,
Das mit Recht dann Handwerk heißt.

Fehlt von eines Dichters Wesen
Jede Spur mir und Idee,
Will ich, ohn viel Federlesen,
Schaffen ein Autodafé.

Daß ein Lied, das nie erwärmte,
Mir doch noch die Hände wärmt
Und, wofür sonst niemand schwärmte,
Eine Motte noch umschwärmt.

Die selbstbewußt kecke Erwiderung, aus der die Kränkung noch herausklang, verfehlte ihre Wirkung auf Dr. Adler nicht. Von seiner Seite kam nun endlich die erhoffte Anerkennung. »Wackrer Jünger, brav gesungen, / Sieh, das schmeckt schon nach Idee, / Jetzt, wo Du Dich selbst bezwungen, / Spare Dein Autodafé.« Adler wurde von nun an sein Gönner und Freund. Vermutlich ist *er* es auch gewesen, der als Lokalberichterstatter für die *Leipziger Allgemeine Zeitung* Fontane Zugang zu den Blättern verschaffte.

Es entbehrt nicht der Heiterkeit, daß Fontane über einen wollenen Strumpf und eine alte Weste Kontakt zum Leipziger Literaturleben bekommen haben will. Der Sachverhalt ist folgender: Der ansässige Schiller-Verein hatte eine Weste aus dem Besitz Schillers erworben und feierte dies als patriotisches Ereignis. Fontane fand solcherart Devotionalienkult übertrieben, es reizte ihn, eine Parodie darauf zu schreiben. Da er sich zu dieser Zeit schon sehr intensiv mit Shakespeare und dessen Dichtungen beschäftigte, mußte anstelle der Schiller-Weste ein Shakespeare-Strumpf herhalten.

Laut gesungen, hoch gesprungen,
Ob verschimmelt auch und dumpf,
Seht, wir haben ihn errungen,
William Shakespeares wollnen Strumpf.

Seht, wir haben jetzt die Strümpfe,
Haben jetzt das heil'ge Ding,
Drinnen er durch Moor und Sümpfe
Sicher vor Erkältung ging.

Auf diese Veröffentlichung hin, die am 10. November 1841 im *Leipziger Tageblatt* erschien, habe der Verlagsbuchhändler Dr. Robert Binder, so Fontanes Darstellung, ihm die Mitarbeit an seinen Blättern angeboten. Binder war ehemaliger Burschenschafter, der schon Festungshaft hinter sich hatte und sich nach der Amnestie von 1840, zum Zeitpunkt des preußischen Regierungswechsels, in Leipzig niedergelassen hatte. Er gab hier zwei Blätter heraus: ein politisch demokratisches und ein schöngeistiges unter dem Titel *Die Eisenbahn. Unterhaltungsblatt für die gebildete Welt*. Fontane wurde damit die Möglichkeit gegeben, in den folgenden zwei Jahren regelmäßig zu publizieren. Als der Spaß mit dem Shakespeare-Strumpf erschien – der Druck erfolgte anonym –, war er schon fast zwei Monate Mitarbeiter bei Binder. Zehn Gedichte von ihm waren in der *Eisenbahn* bereits veröffentlicht worden, 28 sollten es insgesamt werden – ein nicht unbeträchtlicher Teil seines literarischen Frühwerks.

Über Binder – »ein ausgesprochener Sachse, fein und verbindlich, aber zugleich von weltmännischem Gepräge« – und dessen Redakteur Dr. Günther kam Fontane in nähere Beziehung zum Herwegh-Klub, dessen Mitglied er bald wurde. Im Leben des jungen Fontane hat diese Episode eine besondere Bedeutung. Der Herwegh-Klub war das Zentrum der radikaldemokratischen Leipziger Studentenschaft und befaßte sich weniger mit Literatur als mit Politik. Seine beiden Köpfe, Hermann Schauenburg und Hermann Kriege, unterhielten Verbindung zu Robert Blum und spielten in der vaterländischen Burschenschaftsbewegung des Vormärz eine aktive Rolle, ganz im Sinne des Herweghschen Aufrufs: »Bekämpfet sie ohn Unterlaß, / die Tyrannei auf Erden!« Fontane brachte den Mitgliedern des Klubs und deren Ideen große Sympathie entgegen, nahm an Zusammenkünften der verbotenen Burschenschaften teil und widmete ihnen leidenschaftliche Gesänge. »Anders, besser wird es, endlich, doch in unserm Deutschland werden, / Drum ein Vivat den Studenten, die von Freiheit tief durchdrungen, / ob sie nun das Schwert geschwungen, ob sie Lieder ihr gesungen.«

Herwegh galt als das Idol der jungen Generation, als Verfasser der »Gedichte eines Lebendigen« genoß er weithin Popularität. 1842 unternahm er von seinem Domizil in Zürich aus eine triumphale Reise durch deutsche Länder, wurde sogar von Friedrich Wilhelm IV. in Audienz empfangen, was allerdings nicht seine Ausweisung aus Preußen verhinderte. In den Gedichten Fontanes dominieren zu jener Zeit ganz analog zur Sprache seines Idols die Begriffe »Freiheit«, die es zu erringen, »Ketten«, die es zu zerbrechen gilt. In einem Poem »An Georg Herwegh« vergleicht er den Dichter des Aufruhrs gar mit »Den Alpen nur, darin zu Hause / Ein Zwingli und ein Wilhelm Tell« – und sich selbst als Wüstensohn, der schmachtend im glühheißen Sand unter der Sonne Gluten litt, dem Verdursten preisgegeben, bis endlich die erlösende Rettung nahte: »Und dieser Strom – es war *dein* Lied.«

Ich habe nicht genippt, getrunken
Und seinen Wellenschlag belauscht,
Ich bin in seine Flut gesunken
Und habe drinnen mich berauscht.

»Als Phrasengedicht ganz gut«, so wird er später über diese und ähnliche Hymnen seiner Jugendzeit urteilen.

Neben solch hochgestimmtem Freiheitspathos stellte sich in der Behandlung politischer Themen aber auch ein humoristischer Ton bei ihm ein. Während alles um ihn herum sächsisch sprach, besann er sich auf sein Berlinertum und jenen aufmüpfigen Witz, wie er durch Glaßbrenner in die Literatur gekommen war, und brachte die Geschichte von den Berliner Gassenjungen zu Papier, die allabendlich, unweit vom Kupfergraben, das war dicht beim Schloß, gottserbärmlich krakeelten: »Wir brauchen keenen Kenig nich, / Wir wollen keenen haben!« Der Gendarm ist sofort zur Stelle, um einen der Umstürzler zu pakken. Der aber zieht den Kopf mit Berliner Schusterjungenwitz aus der Schlinge:

Doch der Berliner comme-il-faut
Erwidert: »Hab Er sich nicht so,
Und laß er sich begraben.
Wozu denn gleich so ängstiglich?
Wir brauchen keenen Kenig nich,
Weil – wir schon eenen haben.«

Als Herweghianer hat der romantisch-schwärmerisch veranlagte Fontane in Leipzig vermutlich mehr Aktivitäten an den Tag gelegt, als seine Ausführungen in dem betreffenden Kapitel seiner »Erinnerungen« erkennen lassen. Die Zusammenkünfte der oppositionellen Studenten fanden in kleinerem Kreis in Privatwohnungen statt, mitunter auch in Gastwirtschaften, getarnt als Geselligkeits- oder Lesekränzchen, bei denen auch Nichtstudenten zugelassen waren. Debattiert wurden die gemeinsamen Ansichten, für die das Schrifttum des Jungen Deutschland und die oppositionellen, liberal freisinnigen Zeitungen und Journale maßgebend waren. Zu den Wortführern der »Leipziger Kochei«, wie sich die Gruppe nach der Gastwirtschaft Koch, ihrem Lokal in der Kleinen Fleischergasse, dicht beim historischen »Coffebaum«, nannte, gehörte Hermann Kriege, Kaufmannssohn und ursprünglich Medizinstudent. In den Polizeiakten werden Kriege und Gleichgesinnte folgendermaßen charakterisiert: »Sie deklamieren viel von goldener Freiheit, versprechen

Gut und Blut zu opfern, feinden die bestehenden Regierungssysteme an ... und dringen auf Abschaffung derselben.«

Im Leipziger Herwegh-Kreis gab es Überlegungen zur Herausgabe eines politischen Musenalmanachs, in dessen Zusammenhang auch der Name Fontanes genannt wird. Ein entsprechender Hinweis darauf findet sich in den Akten des damaligen Universitätsrichters über den verbotenen Klub der Herweghianer im Archiv der Leipziger Universität.[6] Daß es sich beim Herwegh-Klub um keine literarische Vereinigung, schon gar nicht um einen Dichterstammtisch in der Art des »Tunnels« gehandelt hat, vielmehr um einen Debattierklub von Radikalen, die man Umstürzler nannte und denen sich Fontane 1841 vorbehaltlos anschloß – das wird sich erst sieben Jahre später in vollem Umfang herausstellen. Aus seinem Kreis werden 1848 zwei als Revolutionäre erschossen. Es sind Robert Blum und Hermann Jellinek. Der Redakteur der *Eisenbahn*, Dr. Georg Günther, Schwager von Robert Blum, Mitherausgeber oppositioneller Blätter und Mitglied der konstituierenden Nationalversammlung, wird ins Exil nach Amerika gehen. Daß Herweghs flammende Worte: »Partei, Partei, wer sollte sie nicht nehmen« auch auf Fontane ihren Einfluß nicht verfehlten, kann man allein daraus ersehen, daß er in seinen Erinnerungen von »unser Herwegh-Klub« spricht, wenn auch dichterisch nicht viel zutage gekommen sei, wie er meint.

Die emphatische Liederdichtung im Zeichen Herweghs, die er mit anderen Versen Anfang 1842 zu einem eigenen Band zusammenstellte, blieb zum großen Teil unveröffentlicht. Das Literarische Comptoir des Verlegers Froebel im Zürich sandte ihm die Sammlung seiner 46 Gedichte zurück. Ungelesen. Nur der poetisch gefaßte »Gruß an Herwegh« wurde ausgerichtet. Es hätte sein erstes gedrucktes Buch werden können, und nun diese Enttäuschung. Das ungedruckte Werk mit dem Titel »Gedichte eines Berliner Taugenichts« legte er vorerst in die Schublade. Daß der Züricher Verleger des berühmten Herwegh nichts von seinem Jünger wissen wollte, änderte nichts an dessen »Sehnsucht nach anderen Zuständen«, nichts an seiner tiefen, ganz aufrichtigen »Mißstimmung darüber, daß diese Zustände noch immer nicht kommen wollten«.

Im Herwegh-Klub fand Fontane nicht nur Gleichgesinnte, mit denen er über Poesie streiten und über die Zukunft Deutschlands Debatten führen konnte. Es entstanden auch Freundschaften, die sein weiteres Leben bestimmten – mit Wilhelm Wolfsohn, einem aus Odessa stammenden Literaturwissenschaftler, durch den er die russische Literatur kennenlernte, und mit Max Müller, dem später in England lebenden Sanskritforscher, der zu internationaler Gelehrtenberühmtheit aufgestiegen ist. Auch Dr. Günther von der *Eisenbahn* wird er wiedertreffen, nachdem dieser aus den Vereinigten Staaten zurückgekehrt war. Günther schickte ihm eines Tages eine Postsendung, eine kuriose Botschaft. Es handelte sich um alte Fontane-Gedichte, die einstmals für eine Veröffentlichung gedacht waren und die Günther mit ins Exil genommen hatte.

Für Fontane hielt Leipzig zudem eine Erlebniswelt ganz anderer Art bereit. Das war die Entdeckung und Besichtigung von Schlachtfeldern vergangener Kriege. Leipzig als Ort der Völkerschlacht war historischer Boden. Obwohl es nun schon 28 Jahre her war, daß die französisch-polnisch-sächsisch-bayrisch-westfälischen Truppen Napoleons von russischen, preußischen, schwedischen und österreichischen Regimentern grandios besiegt worden waren, fanden sich noch immer Spuren jener Kämpfe – vom Soldatengrab bis zur rostigen Klinge.

Fontane mit seiner großen Sensibilität für ruhmreiche, vom Atem der Geschichte umwehte Orte wollte es genau wissen. Er besuchte die wichtigsten Gefechtsplätze jener historischen Oktobertage von 1813 bei Connewitz, Gohlis, Möckern und Markkleeberg. Ein großes Programm. Nach solchen Ausflügen kam er erst spät am Abend in seine Apotheke zurück, müde, aber mit dem Gefühl, als hätte er den Krieg gegen Napoleon gewonnen. »Die Schlachtfeldwanderungen im Oktober 41 waren wunderschöne Tage für mich.« An diese Exkursionen eines Nachdenklichen erinnert der kleine Gedichtzyklus »In der Markkleeberger Schenke«, in dem er den Gedanken variiert, daß die Opfer auf diesem Schlachtfeld umsonst umgebracht worden seien – oder, in seiner Sprache ausgedrückt, daß die, die hier, wie die Blätter nach dem Gesetz des Herbstes, zu Laub und Erde geworden sind, keinen deutschen Frühling herbeizuführen vermochten. Die Fürsten hatten ihr Versprechen, den Völkern konstitutionelle Freiheiten zu gewähren, gebrochen. Zwar hatte der preußische König am 22. Mai 1815 eine »Verordnung über die Repräsentation des Volkes« erlassen, doch war sie unerfüllt geblieben. Nicht nur das. Diese königliche Verordnung selbst wurde 1841 in Preußen auf den Index der verbotenen Schriften gesetzt. Bei Fontane heißt es im Ton der Bitterkeit:

Die Halme müssen fallen,
Sie geben uns das Brot,
Die Brüder mußten sterben
Für Freiheitsmorgenrot.

Doch haben sie den Boden
Mit Blute nur gedüngt,
Daß er - Heil uns! - Kartoffeln
Von seltner Güte bringt.

Diese Verse, die ein Zweiundzwanzigjähriger schrieb, erschienen im Oktober 1841 in der *Eisenbahn* und stellten wie andere Gedichte zu dieser Thematik lediglich die Frage nach dem Sinn der Opfer, die doch für das Versprechen der Freiheit gestorben seien. Was ihn in späteren Jahren an Schlachtfeldbesichtigungen so faszinierte, nämlich der militärhistorische und militärstrategische Aspekt, fehlt bei dem Überlieferten aus der Leipziger Zeit völlig. Noch deutet nichts auf den künftigen Militärschriftsteller Fontane hin, wohl aber auf einen an großen Geschichtsstoffen leidenschaftlich interessierten jungen Mann.

In Leipzig scheint er aber nicht nur für Herwegh und die Schlachtfelder geschwärmt zu haben, vielmehr auch für die als besonders hübsch geltenden Mädchen des Sachsenlandes. Er preist sie »himmlischer als sich ein Freier / die Geliebte je gedacht«. So heißt es in dem Poem »Meine Braut« von 1841, welche, ist unbekannt. Dem Leser muß es genügen zu erfahren, daß er nach Feierabend die Stunden des Zusammenseins herbeisehnte, um an ihrem Busen auszuhauchen all sein Weh und Herzeleid, »denn aus ihren Küssen saug ich / mir der Dichtung Seligkeit«.

Fast ein Jahr hatte Fontane in seiner Leipziger Hinterhofkemenate nach eigenem Bekenntnis sehr glückliche Tage verlebt, bis der Februar 1842 kam und ihn ein schweres rheumatisches Fieber befiel. In dem engen Zimmer liegt er wochenlang krank zu Bett. Erlöser aus dieser Lage werden Onkel August und Tante Pinchen. Die beiden waren nach Verlassen des preußischen Territoriums in Leipzig untergekommen. Der Onkel engagierte sich jetzt im Kunsthandel, sie hatten eine Wohnung in der Poststraße, gutbürgerliche Gegend, und genügend Herz, den kranken Neffen zu sich in die Wohnung zu nehmen. Die Bonhomie und heitere Geselligkeit des Onkels waren Medizin für den Kranken, der sich wieder wie zu Hause fühlte. »Ich erholte mich bei diesem flotten Leben sehr rasch.«

Um Ostern war das Jahr in der Neubertschen Apotheke abgelaufen. Damit waren auch die schönen Tage der Fidelitas, der Konditoreibesuche und der Ausflüge in die Sächsische Schweiz vorbei. Er sagte Onkel August adieu, um am 1. Juli 1842 in Dresden in der Salomonis-Apotheke von Dr. Struve seinen Dienst anzutreten.

Dort ging alles sehr nobel zu, was die Geschäftsräume wie die Kundschaft betraf. Im Pharmazeutischen konnte er zwar mithalten, weniger aber, was die Eleganz seiner schick gekleideten Kollegen betraf. In seinen Kreisen war eben der lange dunkelblaue Bauernrock das einzige gute Sonntagsstück, und er trug damals noch Kleidung, die aus Letschin im Oderbruch stammte, wo seine Eltern wohnten.

Die Freizeit gehörte auch in Dresden wieder weitgehend der Schriftstellerei, hauptsächlich den Übersetzungen aus dem Englischen. Seine freien Nachdichtungen aus dem Zyklus »Lyrics for the People« des zeitgenössischen Arbeiterdichters John Prince werden mehrfach in der *Eisenbahn* veröffentlicht. Im Umfeld zu diesem Poeten entstand auch ein Aufsatz[7], in dem Fontane die sogenannten Anti-Corn-Law-Dichter Elliott und Robert Nicoll behandelte, die, getragen von der Chartistenbewegung[8], gegen die Zoll- und Einfuhrbestimmungen für Getreide, die in England seit 1815 in Kraft waren, fochten und die krasse Armut in den unteren Volksschichten aufzeigten.

Fontanes liebenswürdiges Wesen und seine geistreiche Art

verschafften ihm auch im Dresdner Umkreis wieder Sympathien. Es kam schließlich nicht alle Tage vor, daß in einer Apotheke ein echter Dichter hinter dem Tisch stand, der zugleich als recht tüchtiger Apotheker respektiert wurde. »Ich verdanke ihm viele schöne Stunden«, schrieb der Sohn des Malers Kersting, der mit ihm zusammen bei Struve war. »Seit letztem Herbst sind wir alle Mittwochabende bei einer Tasse Tee pp. traulich in meiner Stube zusammengewesen und haben uns an Poesie, Politik, Kritik, auch Metaphysik weidlich ergötzt.« Auf Kersting wirkte Fontane einerseits »als prächtiger Kerl«, andrerseits »als kurioser Kauz«. Er habe »scharfen Verstand, hellen Geist und glühende Phantasie«. Um Wissenschaft kümmere er sich überhaupt nicht, auch seien seine Grundsätze schwankend. »Charakter habe ich an ihm noch nicht viel bemerkt ... Eitelkeit ist seine Hauptschwäche.«

Obwohl er inmitten des poetischen Dresden lebte, fühlte er sich oft recht unglücklich. Der Grund: Liebeskummer; er klagt über die »Leere«, die ihn bedrücke und die nicht eher enden werde, bis er jene Unbekannte, jene Namenlose gefunden habe, die ihn mit Sehnsucht erfülle und nach der sein Herz in unglücklicher Liebe schmachte. Dieser Namenlosen ist er vor sieben Jahren schon einmal begegnet, ohne zu ahnen, daß dieses Wesen mit den kohlschwarzen Augen bald seine Verlobte sein würde.

Ostern 1843 war auch die Zeit in Dresden für ihn wieder abgelaufen. Da noch keine neue Stelle gefunden war, fuhr er erst einmal nach Leipzig, wo man ihm Aussicht auf eine Redakteursstelle gemacht hatte, was sich jedoch zerschlug. So kam er mit seinem Vater überein, bis auf weiteres in der väterlichen Apotheke in Letschin als Defektar zu arbeiten, das heißt als Gehilfe, der die stets vorrätigen Medikamente zu bereiten hat, sich ansonsten den Tag nach Belieben einteilen konnte. Letschin im Oderbruch hat er in einem Brief an seinen Freund Wolfsohn in höchst launiger Art porträtiert: »Kirchdorf mit 3500 Seelen (?) und Residenz zweier dort stationierter Gensdarmen, hängt durch Vermittelung eines sogenannten Rippenbrechers von Postwagen nur lose mit der zivilisierten Welt zusammen. Es ist ein zweites Klein-Sibirien.«

Als Soldat und »Rune«

Da das Hinüberwechseln in einen literarischen Beruf in Leipzig gescheitert war und Letschin, der Aufenthalt in seinem Elternhaus, letztmalig die Chance bot, sich aufs Abitur vorzubereiten und danach ein Studium zu beginnen – am liebsten Geschichte – nahm er sich die Latein- und Griechischlehrbücher vor. Das mit dem Studieren war allerdings eine fixe Idee, niemals hätte sich etwas davon realisieren lassen, denn sein Vater hatte gar nicht das Geld dafür. Er wird sich auch gesagt haben: wozu einen Geschichtsprofessor in der Familie, wenn man durch die Pharmazie sein Auskommen haben und Bildung sich auch ohne Universität erwerben kann, und wenn es durch die Journale und das Lexikon ist. Der Gedanke an ein Studium war außerdem hinfällig, da sich Fontane bereits zur Ableistung seines Militärdienstes in Berlin gemeldet hatte und der Termin dafür schon bestimmt war. So blieb ihm neben der »Giftmischerei«, wie er das Apothekerwesen nannte, in Klein-Sibirien als geistiges Vergnügen nur das Lesen und Schreiben von Gedichten.

Sein Lieblingsdichter unter den Klassikern ist Shakespeare, dessen Königsdramen er bereits aus seinen frühen Berliner Tagen als Gewerbeschüler vom Theater her kannte und dessen Werke im Original ihm zum erstenmal die Sprache der englischen Dichtkunst erschlossen. In Letschin war vermutlich schon seine Übersetzung des »Hamlet« abgeschlossen. Er hat sie in Reinschrift in ein kleines, in Halbleder gebundenes Buch eingetragen, insgesamt 178 engbeschriebene Seiten. Im Druck ist diese Abschrift zu seinen Lebzeiten nie erschienen. Man könnte annehmen, daß er sich rein aus Begeisterung für dieses Bühnenstück dieser Arbeit hingegeben hat. Er rezensierte damals auch schon für die Leipziger *Eisenbahn* eine Aufführung des »Hamlet«, die er in Dresden mit dem weithin berühmten

Schauspieler Emil Devrient gesehen hatte. In dieser Rezension vom November 1842 sind bereits Stellen aus seiner Übersetzung zitiert.

Fontane blieb noch bis zur Silberhochzeit seiner Eltern in Letschin und begab sich eine Woche später auf die Fahrt nach Berlin, wo er seinen Dienst als Einjährig-Freiwilliger anzutreten hatte. Berlin, gut achtzig Kilometer von Letschin entfernt, war noch aus einem anderen Grunde wichtig für ihn geworden. Eine Einladung von einem guten Bekannten, Bernhard von Lepel, der einer literarischen Vereinigung unter dem Namen »Tunnel« angehörte, lag vor. Lepel, ein Jahr älter als Fontane, Leutnant bei der Garde mit Ambitionen als Dichter und Zeichner, ein Bewunderer der Dichtungen Platens, war einer jener vielen hochgebildeten preußischen Offiziere, die eine Neigung zu den schönen Künsten hatten und von Haus aus das Geld, ihren Passionen nachzugehen. Fontane und Lepel, verbunden durch gemeinsame Interessen, kannten sich bereits aus den Tagen des Platen-Klubs.

Freund Lepel hatte mitgeteilt, daß er Fontane den Mitgliedern der literarischen Gesellschaft »Tunnel über der Spree« vorstellen wolle, was auch geschah. Zunächst nur als Gast. Im Kreis älterer und jüngerer dichtender Herren gab er an einem schönen Julisommerabend in einer der »Tunnel«-Sitzungen, die gewöhnlich im Café Belvedere hinter der Katholischen Kirche unweit der Lindenoper stattfanden, sein Debut als »Rune«. So nannte man Gäste, die vor den versammelten Mitgliedern eigene Dichtungen lasen. Fontane stellte sich mit vier Gedichten vor: »Eine Linde«, »Im Amselgrund«, »Der Trinker« und »Der blinde König«. Die »Linde« und die »Amsel« gefielen, während der »König« den Anwesenden befremdlich erschien. Dieses Poem war eine Parabel auf die Blindheit eines Königs, der seine Augen vor der Armut und den Nöten seines unterdrückten Volkes verschließt und dem nur noch aus Furcht und Pflicht gehuldigt wird.

Der König starb; an seiner Bahre
Ist jedes Auge tränenleer,
Und weil's getrauert viele Jahre,
Drum trauert jetzt das Volk nicht mehr.

Man sieht die Hoffnung wieder scheinen
Auf manchem bleichen Angesicht;
Der blinde König würde weinen,
Wohl ihm, wohl ihm, er sieht es nicht.

Man konnte das Gedicht als Anspielung auf den dahingegangenen ungeliebten Friedrich Wilhelm III. verstehen, unfreundlich gegenüber der Monarchie, darin lag wohl auch der Grund, daß es, wie das Protokoll vermerkte, sich keines ungeteilten Beifalls erfreute, das hieß keine einhellige Zustimmung vor einem Auditorium fand, das sich aus gestandenen Persönlichkeiten der Berliner Gesellschaft zusammensetzte, in der Gesinnung preußisch-loyal und zumeist von einem aufgeklärten Konservatismus.

Der »Tunnel« war 1827 als Literarischer Sonntagsverein durch Moritz Gottlieb Saphir, einen Wiener Redakteur und humoristischen Schriftsteller, gegründet worden. Saphir hatte eine Zeitlang die Position des Herausgebers der *Berliner Schnellpost*, war allerdings 1830 wieder aus Preußen ausgewiesen worden. Das war, als »Rune« Fontane auf den Plan trat, schon Geschichte. Der »Tunnel« bestand zu diesem Zeitpunkt bereits siebzehn Jahre und hatte sich hinsichtlich seiner Mitglieder verändert, nicht aber in seiner grundsätzlichen Zielsetzung. Professoren saßen neben Offizieren, Maler neben Beamten, Schriftsteller neben Schauspielern. Der Maler Preußens, Adolph Menzel, gehörte dazu und ebenso Dr. Friedrich Eggers, der Redakteur des *Deutschen Kunstblatts*. Mitglied waren auch Major Blesson, der ehemalige Adjudant des legendären Feldmarschalls Blücher, und Hofrat Louis Schneider, der Vorleser König Friedrich Wilhelms IV.

Der »Tunnel« sah gemäß seinen Statuten seine Aufgabe darin, »in einem heitern, geselligen Zusammensein produktiv-künstlerische Tätigkeit zu fördern und durch freundlich-ernste Beurteilung der gelieferten Arbeiten sowohl den Arbeitenden das Fortschreiten auf einem richtigen Wege zu erleichtern als in sämtlichen Mitgliedern einen reinern ästhetischen Geschmack zu erhalten und auszubilden.« Zwei Grundregeln galten: Jedes Mitglied hatte einen sogenannten Klubnamen zu führen, wodurch die unterschiedliche Lebensstellung der Mitglieder in den Diskussionen zwangsläufig ausgeglichen wurde, und es waren keine politischen Debatten zugelassen. Religiöse und politische Beziehungen der Mitglieder kamen zwecks Vermeidung von Disharmonien im »Tunnel« nicht in Betracht. »Wie hätte sonst Minister von Mühler mit dem ›Kladderadatsch‹-Löwenstein auskommen wollen.«

Die Einführung in diese Berliner Dichtervereinigung sollte in der Zukunft den Weg Fontanes ganz entscheidend beeinflussen. Vorläufig aber versieht er seinen Dienst als Einjähriger in der Kaserne des zweiten Bataillons des »Kaiser-Franz-Gardegrenadierregiments Nr. 2« in Berlin. Er hatte sich aussuchen können, wo er dienen wollte, und entschied sich natürlich für die »Franzer«, wie das Regiment im Volksmund hieß, weil hier Lepel als Offizier stand.

Fontane schildert sein Dienstjahr als eine gemütliche Zeit. Die Vorgesetzten sind wohlwollend ihm gegenüber, der militärische Dienst mit Exerzieren und Wachestehen ist erträglich. Freund Lepel hatte es so zu arrangieren gewußt, daß er bei *der* Kompagnie eingestellt wurde, wo er selber als Offizier Dienst tat, was für den Neuen gewißlich eine Reihe von kleinen Erleichterungen mit sich brachte. Die alte Lockenpracht fiel allerdings der Schere zum Opfer. Von seinem Dasein als Grenadier kündet ein leicht mokantes Selbstporträt:

Es krankt, seit des Gefreiten Schere
Mir meine Locken fortgeputzt,
Mein Flügelpferd an einer Schwere,
Als wär es mit mir zugestutzt.

Sein Flügelpferd bekam bald wieder Auftrieb, ganz unverhofft. Er stand plaudernd mit den Kameraden der Wachablösung nahe der Linden, als sein Freund Hermann Scherz über die Straße auf ihn zukam und ihn aus heiterem Himmel fragte, ob er mit nach England kommen wolle. Wann? Übermorgen früh und als sein Gast natürlich. Wie sollte er das in der Kürze bewilligt bekommen, wenn überhaupt? Er ging zum Hauptmann, der einwilligte, aber vierzehn Tage Urlaub konnte nur der Regimentskommandeur genehmigen. Bevor er sich dorthin aufmachte, gab ihm sein Hauptmann noch einen guten Tip mit auf den Weg. Er solle, falls der Oberst zögere, ihm klarmachen, daß es ihn nichts koste, er die Reise umsonst habe und so eine Gelegenheit doch selten sei. Das Argument mit den Kosten, ganz im Sinne preußischer Sparsamkeit, überzeugte tatsächlich. So trafen sich die beiden frühmorgens auf dem Potsdamer Bahnhof. Es handelte sich bei dem Unternehmen um eine Gesellschaftsreise auf Pauschalbasis, für die Hermann Scherz sich und seinen Begleiter eingeschrieben hatte. Treffpunkt für alle Teilnehmer war Magdeburg, von wo aus es per Schiff nach Hamburg ging. Fontane hatte lediglich einen Taler und ein paar kleinere Silberstücke in der Hosentasche und dazu einen gesondert eingewickelten Doppellouisdor für Notfälle. Gepäck keins. Sein kleines Bündel mit Wäschestücken hatte noch bei Scherz im Koffer Platz. Wenn er daran dachte, daß er, was Garderobe betraf, in einer Militärkommißhose mit roten Biesen daran auf der Reise nach der ersten und reichsten Stadt der Welt unterwegs war, mußte er lachen, sich auch ein wenig schämen. Das alles war vergessen, als sie sich an Bord der »Monarch«, vorbei an Sheerness und Yarmouth, Londonbridge näherten.

London – das war für ihn bisher weiter nichts als ein Begriff aus dem Geographielehrbuch. Leipzig und Letschin waren mit einem Schlag vergessen, als er auf seiner ersten Besichtigungsfahrt die City sah und an den Nachmittagen mit seiner Reisegruppe zu den Sehenswürdigkeiten der Umgebung aufbrach: Greenwich, Kew Gardens, Schloß Windsor und Hampton-Court, der mächtigste und prächtigste aller königlichen Paläste Englands, Residenz Heinrichs VIII., Cromwells und der Stuarts. In der Gemäldegalerie dieses Schlosses verfällt er vor dem Bild der Maria Stuart in schwärmerisches Entzücken, ganz benommen davon, diese »Holdselige« wenigstens im Bilde gesehen zu haben. Im Tower, einer Stätte des Gruselns mit Schafott und Richtblock, empfängt er nachhaltigste Eindrücke, die in seinen späteren England-Gedichten ihren Niederschlag finden werden.

Zu seiner Reisegruppe gehörten einige Herrschaften aus Sachsen, die zusätzlich noch für Erlebnisse sorgten. Während *er*, ganz versunken in das magische Geheimnis der Gemäuer von Westminster Abbey, sich andächtig dem Ewigkeitszauber dieser Kathedrale hingab, ließ sich zur Verblüffung des englischen Reiseführers ein Leipziger Eisenwarenhändler in der Kapelle Edward des Bekenners ungeniert auf den dort plazierten englischen Krönungsstuhl nieder und baumelte ganz vergnüglich mit den Beinen. »Alles der Ausdruck eines ursächsischen: ›sehr scheene‹.« Wenn man bedenkt, daß dieser Krönungsstuhl, The Coronation Chair, angefertigt um 1040 für König Edward I., in den London-Reiseführern verzeichnet ist als »one of the most famous pieces of furniture in the world«, das heißt als eine Weltsehenswürdigkeit ersten Ranges und ein Heiligtum englischer Geschichte, konnte das sächsisch impertinente Benehmen bei »Geschichtsprofessor« Fontane nur Kopfschütteln hervorrufen. Dieses kuriose Erlebnis von Westminster findet sich als Gedicht in dem kleinen Zyklus seiner englischen »Reise-Erinnerungen« wieder.

Auf schreckt ich aus dem Traume;
Da saß, zu Spott und Hohn,
Ein Leipz'ger Eisenkrämer
Auf Englands Königsthron.

Er freute sich des Witzes
Und pflegte sein Gebein;
Bei Gott, es kann die Dummheit
Oft recht ironisch sein.

Daß Fontane nicht die richtige Hose für die Reise besaß, war kein Hinderungsgrund, daß er von einem leutseligen Engländer vom Gasthaustisch weg nach Hause zu seiner Familie für den Nachmittag und den Abend einschließlich Übernachtung eingeladen wurde. Von der englischen Gastfreundschaft nahm er die besten Eindrücke mit nach Hause.

Zum Abschluß der zehntägigen Reise ging es noch in die labyrinthischen Weinkeller der Ostindia-Docks. Diese Keller beschreibt er als unterirdische Stadtteile mit endlos langen Straßen, wo es statt Häusern nur Fässer, nichts als Fässer gibt, und diese noch übereinandergetürmt. Die Verköstigung mit Sherry und Portwein bei Lampenflackerschein war inbegriffen. Unten, in den kühlen Verliesen, merkte man von der Wirkung der edlen Tropfen nichts – aber oben, als sie wieder ans Tageslicht, an die frische Luft kamen. Leicht berauscht, unsicher auf den Beinen, nahmen sie per Droschke den Weg in ihr Quartier zurück. »Damit schlossen unsere Londoner Abenteuer.«

In diesen zehn England-Tagen begann Fontane seine Entdekkungen auf dem Inselreich, die er viele Jahre lang noch fortsetzen wird. Per Schiff und Bahn ging es jetzt erst einmal wieder zurück in die preußische Residenz. In schwärmerischer Stimmung meldet er sich bei seinem Kompaniechef zurück. »Nun, lieber Fontane, wie war es?« – »Himmlisch, Herr Hauptmann.« – »Glaub ich ... Ja, London ... Ich habe auch mal hingewollt.«

Ein halbes Jahr hat er bei den »Franzern« jetzt noch abzudienen. Sein Soldatenalltag besteht im wesentlichen wieder aus Wacheschieben, mal im Schloß, mal bei den Pulvermühlen. Was machte ein Soldat anno 1844 mit seiner freien Zeit, wenn der Dienst zu Ende war? Fontane hatte Glück, daß außer Lepel sich noch ein weiterer guter Bekannter in Berlin aufhielt. Das war der vier Jahre jüngere Max Müller vom Leipziger Lenau-Klub, ein angehender junger Gelehrter, der bereits sein Doktorexamen gemacht hatte, auch Gedichte schrieb, sich im wesentlichen aber mit philologischen Studien befaßte. Ein bedeutendes Werk von ihm, die Übertragung einer altindischen Fabelsammlung ins Deutsche, war gerade erschienen. Auch wollte er die »Lieder der Griechen«, die seinen Vater berühmt gemacht hatten, neu herausgegeben. Die beiden Freunde sahen sich des öfteren beim Mittagessen und unternahmen Spaziergänge die Linden entlang oder in den Tiergarten. Wenn es sich ergab, kam Müller mit zu Fontane aufs Zimmer zum Kaffee, eine elende Bude in der halb noch mittelalterlichen Klosterstraße, wo er von der Parochialkirche her das Glockenspiel hörte, das Fontane viel viel später in seinen Romanen so anheimelnd beschreiben wird. In seinem Tagebuch[9] notierte Müller mit einem Seufzer, daß er manche Abende gar nicht zum Arbeiten komme, weil Fontane da war und das ihn »immer Geld kostet«. Er selbst, als Student an der Berliner Universität, lebte bescheiden, zwangsläufig, aß zu Hause nur wenig, wie er seiner Mutter in seinen Briefen berichtete, nur Brot und Butter und zum Kaffee keine Milch und keinen Zucker. Der Freund aus der Kaserne aber, wenn er zum Abendessen blieb, mußte wenigstens mit Rührei und Tee, und wenn es in den Abend hinein ans Lesen von Gedichten ging, mit Grog bewirtet werden. Manche Nacht ging es so bis zwölf oder zwei Uhr, wenn noch weitere Freunde zugegen waren, meist Lepel oder Gutsbesitzerfreund Scherz, der von Paris, Italien und der Schweiz erzählte, von wo er gerade zurückgekehrt war.

Für die Ausgaben, die Fontanes Abendbrot verursachte, wurde Max Müller entschädigt, indem er für drei Silbergroschen bei Fontane in der Kaserne Mittagessen fassen konnte, das sonst in den Gastwirtschaften fünf Silbergroschen kostete.

Der junge Müller hegte eine aufrichtige, offenherzige Zuneigung zu dem Poeten Fontane und scheint sich mit ihm gut verstanden zu haben, wie man dem Tagebuch entnehmen kann. »Um 5 kam er zu mir und blieb abends, wo wir uns viel erzählten, und endlich viel über Göttliches und Menschliches sprachen. Er, transzendent, ich immanent; s'ist ein braver Kerl, der viel Pech auszustehn hat.« Diese Bemerkung hatte auch im übertragenen Sinne ihre Gültigkeit. Der junge Fontane verfügte nicht über jene gesellschaftlichen Beziehungen, wie sie Max Müller als Sohn seines berühmten Vaters Wilhelm Müller, Dichter von Freiheitsliedern und Liedertexten zur Schubertschen »Schönen Müllerin« und der »Winterreise«, in Berliner Kreisen hatte. »Griechen-Müller«, der den Freiheitskampf der Griechen gegen das Türkenjoch besang, war in den gebildeten Kreisen Berlins jedermann ein Begriff, während den Namen Fontane niemand kannte. Fontane konnte auch nur über Swinemünde oder Letschin, allenfalls über den Tower etwas erzählen, Müller hingegen von seinen Visiten bei Bettina von Arnim, Varnhagen von Ense und im Hause des Malers Wilhelm Hensel.

»Üb immer Treu und Redlichkeit / bis an Dein kühles Grab« – so patriarchalisch wie jene Tage, als das Glockenspiel der Parochialkirche eingeweiht wurde, waren im Sommer 1844 die Zustände nicht mehr. Als Fontane an einem Sonnabend im Juli zu Müller in die Oberwallstraße nahe der Linden kam, hatte gerade der demissierte Bürgermeister von Storkow, einem Landstädtchen in der Mark, vor dem Schloß ein Attentat auf den König verübt. Friedrich Wilhelm IV. überlebte, Tschech wurde in Spandau enthauptet. Allenthalben gärte es im Volk, kündigten sich Unruhen an. Die Schriften der Junghegelianer, die den freien Geist und den liberalen Zukunftsstaat beschworen, wie Ruges »Jahrbücher«, lagen auch auf Fontanes Zimmer. Müller sagt, er habe sie dort gesehen und darin geblättert.

Im Herbst wird Grenadier Fontane zum Unteroffizier befördert. Damit war die erste Stufe auf der Leiter des militärischen Avancements erklommen, so wie es der preußische Staat von seinen Einjährigen erwartete, die durch weitere mehrwöchige Übungen dann zum Reserve- oder Landwehroffizier aufstiegen. Einen solchen Schritt hat Fontane bekanntlich nicht getan, obwohl man sich ihn als Offizier ganz gut hätte vorstellen können, bewunderte er doch an seinem Vater, daß dieser »der typische französische Kürassier-Offizier« gewesen sei, ein »wundervoll aussehender Mann«. Daß sich das Offiziersdasein mit der Dichtkunst durchaus vereinbaren ließ, dafür war Lepel das überzeugende Beispiel. Da aber eine solche Laufbahn Geld erforderte, kam sie wegen der stets schwierigen Situation, die ihn außer Stand setzte, für die notwendige Ausrüstung als Offizier aufzukommen und auf eigene Kosten längere Urlaube zu nehmen, von vornherein gar nicht in Frage. Fontane ist somit bis zu seinem Ausscheiden aus dem wehrpflichtigen Alter – das war in Preußen das fünfzigste Lebensjahr – Unteroffizier geblieben.

Fontanes Bemerkung vom gestutzten Pegasus in dem Gedicht vom Grenadier ist nicht so wörtlich zu nehmen, wie sie zu Papier gebracht wurde. Es sind in seiner Militärzeit etwa drei Dutzend Gedichte neu entstanden. Er nahm zwischen März 1844 und April 1845 auch regelmäßig an den Zusammenkünften des »Tunnel« teil, auf denen er seine neuen Dichtungen zur Debatte stellte. Die Protokolle verzeichnen nicht weniger als zwanzigmal seine Anwesenheit und den Vortrag von vierzig »Spänen«, wie die poetischen Beiträge in diesem Kreis bezeichnet wurden. Am 29. September 1844 war es dann soweit, daß »Rune« Fontane als Mitglied in diese Gesellschaft aufgenommen wurde, der er 21 Jahre angehören sollte.

Man taufte ihn auf den Klubnamen »Lafontaine«. Der preußische Beamte Wilhelm von Merckel, als schriftstellerndes Klubmitglied hatte er den Namen Immermann, begründete die Aufnahme Fontanes vor den Mitgliedern. In diesem Manne, von

Grund auf human, sollte er einen väterlichen, hilfsbereiten Freund finden, der ihn in jeder Weise förderte. An jenem Abend präsidierte als »angebetetes Haupt«, wie man den Vorsitzenden jeweils nannte, Bernhard von Lepel, der nun sein Ziel für den Freund erreicht sah. Eine Empfehlung für die Aufnahme in den »Tunnel« war mit Sicherheit die Tatsache, daß Fontane bereits seit einem Jahr in Cottas *Morgenblatt für gebildete Leser* publizierte. Der Name der Verlegerfamilie Cotta, mit den Werken Goethes und Schillers auf das Engste verknüpft, war so etwas wie ein Gütesiegel für angehende Dichter, die dort gedruckt oder gar verlegt wurden.

Die Englandreise brachte dem jungen Fontane schließlich auch den Erfolg, den er sehnlichst für sich herbeigewünscht hatte: den Durchbruch als Dichter im »Tunnel«. Die Geschichte und das Erlebnis Englands sind es, die ihn einen neuen Ton finden lassen, anders als in seiner gesamten bisherigen Lyrik. Alle horchten auf, als er am 15. Dezember 1844 die düsteren Verse vom »Tower-Brand« vortrug:

> Wenn's im Tower Nacht geworden, wenn die Höfe leer
> und stumm,
> Gehn die Geister der Erschlagnen in den Korridoren um,
> Durch die Lüfte bebt Geflüster klagend dann,
> wie Herbsteswehn,
> Mancher hat im Mondenschimmer schon die Schatten
> schreiten sehn.

Sein Gedicht wird, wie es im Protokoll heißt, »stürmisch da capo« verlangt, es bekommt die einhellige und aufrichtige Zustimmung aller Anwesenden. Zehn Jahre später wird Fontane im Rückblick auf jene Zeit an Theodor Storm schreiben, daß dieses England-Gedicht »eine Sensation gemacht« und gewissermaßen über seine Richtung entschieden habe. Er meinte damit die Hinwendung zur historischen Ballade, die ihn schließlich in alle preußischen und darüber hinaus alle deutschen Schullesebücher brachte. Bis dahin war man seinen Gedichten bei aller Anerkennung ihrer formalen Vorzüge mit einer gewissen Zurückhaltung begegnet. Seine gesamte Lyrik war noch immer zu sehr »auf Freiheit gestimmt«, man formulierte es dahingehend, daß er »den Ton nicht recht träfe«. Nun kehrt er sich ab von den Leipziger Tagen und den epigonalen Herwegh-Versen. »Ganz allmählich ... fand ich mich zu Stoffen heran, die zum Tunnel sowohl wie zu mir selber besser paßten als das ›Herweghsche‹, für das ich bis dahin auf Kosten andrer Tendenzen und Ziele geschwärmt hatte. Dies für mich Bessere war der Geschichte ... entlehnt.«

Der »Tunnel« hat somit die literarische Entwicklung Fontanes ganz entscheidend in eine neue Richtung gedrängt, und so war das Jahr seines Militärdienstes und seiner ersten Englandreise auch zugleich eine Zeit literarischen und persönlichen Gewinns. Für den Monatsbeitrag von zehn Groschen, den die Mitgliedschaft im »Tunnel« kostete, fand er neuen Anschluß und einen gesellschaftlichen Umgang, wie er ihn bis dahin noch nicht gehabt hatte, ein Auditorium mit hinreichender Befähigung zu ästhetischer Werkkritik und eine Reihe von uneigennützigen Fürsprechern und Förderern, die ihm mit ihren Verbindungen in den verschiedensten Situationen seines Lebens halfen, Verdienst- und Veröffentlichungsmöglichkeiten zu schaffen. Durch »Tunnel«-Freund George Hesekiel wird er Anstellung bei der *Neuen Preußischen Zeitung* finden; der wohlwollende Hofrat Louis Schneider wird seine Dichtungen bei Hofe vorlesen, was natürlich auf die Buch- und Zeitschriftenverleger seinen Eindruck nicht verfehlt.

Auch privat kann Fontane an eine alte Bekanntschaft wieder anknüpfen. Er trifft sich gelegentlich mit Emilie Rouanet wieder, einem Nachbarskind aus der Großen Hamburger Straße, als er bei Onkel August und Tante Pinchen logierte – eine Bekanntschaft, die sich nun zu einer menschlichen Beziehung vertieft. »Die Kleine, mittlerweile neunzehn Jahr alt geworden, war total verändert. Nicht bloß das Abruzzentum war hin, auch die mildere Form: das Südfranzösische, hatte sich beinah ganz verflüchtigt, und die tiefliegenden dunklen Augen, die mir, ohne schwarz zu sein, immer kohlschwarz erschienen waren, sahen jetzt, in dem hierlandes üblichen Halbgrau, hell und lachend in die Welt hinein. Alles in allem, beweglich und ausgelassen, vergnügungsbedürftig und zugleich arbeitsam, war sie der Typus einer jungen Berlinerin, wie man sie sich damals vorstellte.« Damit gab Fontane eine Beschreibung seiner künftigen Verlobten.

Der »Tunnel« und Emilie waren die beiden Gründe, die ihn rasch wieder zu Preußens Hauptstadt zurückzogen, nachdem er nach Beendigung seines Militärjahrs zunächst wieder für einige Wochen nach Letschin zur Arbeit in seines Vaters Apotheke gegangen war, bevor sich eine neue Stelle in Berlin fand.

Der dichtende märkische Grenadier mit dem Klubnamen »Lafontaine«, dem französischen Fabeldichter entlehnt, war mittlerweile ohne sein Wissen und Zutun zum Objekt der Germanistik in Rußland geworden. Freund Wilhelm Wolfsohn befand sich seit Juni 1843, nachdem er sein Doktorexamen in Leipzig gemacht hatte und sein Aufenthaltspermit abgelaufen war, wieder in Rußland, wo er Vorlesungen über deutsche Literatur hielt und darin auch gebührend auf den hoffnungsvollen deutschen Poeten Theodor Fontane aufmerksam machte. Doch fühlte sich der junge welterfahrene Wolfsohn unter den russischen Verhältnissen, dem Absolutismus und latenten Antisemitismus, nicht glücklich, wie er der »fernen Bruderseele« gestand. Fontane richtete deshalb in Brief und Vers die Aufforderung an ihn, der Fuchtel des Zaren zu entfliehen und aus dem ukrainischen Odessa für immer in das freiere Sachsen überzusiedeln oder nach Berlin zu kommen: »Zieht es nicht in unsre Mitte, / In die Ferne dich zurück? / Auf! es beut nur deutsche Sitte / Dir der wahren Heimat Glück.« Dieser Ratschlag schien überflüssig. Schon im Dezember 1845 kehrte Wolfsohn Rußland den Rükken und siedelte sich, nachdem er eine Professur für alte Sprachen und deutsche Literatur an der Moskauer Universität ausgeschlagen hatte, in Leipzig an. Von da an sahen sich die beiden Freunde auch wieder öfter in Berlin.

Zwischen Beruf und Dichtung

Im Juni 1845 trat Fontane in Berlin in der »Polnischen Apotheke« von Dr. Schacht als Zweiter Rezeptar seine neue Stellung an. Die Apotheke mit dem polnischen Adler an der Fassade lag im Zentrum an der Friedrichstraße dicht bei den Linden. Zu den Sitzungen des »Tunnels« war es von hier aus nicht weit, auch zur Dorotheenstraße nicht, wo sich Fontane jetzt wieder bei Onkel August und Tante Pinchen eingemietet hatte. Die beiden waren von Leipzig wieder nach Berlin eingereist, nachdem ihre kleinen Betrügereien verjährt zu sein schienen. Ob Fontane sich in diesen Monaten, da er nur seinem Beruf nachging und sich dem »Tunnel« verpflichtet sah, schon Gedanken um seine Zukunft gemacht oder den Rest des Sommers in leidlicher Ungebundenheit verbracht hat, muß offenbleiben.

Eine Abwechslung zwischen Rezeptiertisch und Gedichtvortrag sind für ihn jetzt die Begegnungen mit Emilie Rouanet. Diesem Mädchen, das ihm von Anfang an durch etwas Besonderes aufgefallen war, hatte er schon im Mai 1840 – Emilie war damals 15, er 21 Jahre alt – galante Schmeicheleien ins Stammbuch geschrieben. »Zur Erinnerung an einen wahrheitsliebenden deutschen Jüngling« widmete er ihr folgende Verse:

Ich habe oft, wenn mich geblendet
Der Sonne zauberhafte Pracht,
Und ich mich von ihr abgewendet,
In meinem Herzen dein gedacht.

Wie ohne Sonne mir die Erde
Nur scheint ein tiefer dunkler Schacht,
Gleicht – wenn ich von dir scheiden werde,
Mein ganzes Leben einer Nacht.

Emilie, 1824 in Dresden geboren, war die uneheliche Tochter der verwitweten, noch jungen Therese Müller, geborene Rouanet und eines in Beeskow in Garnison liegenden Militärarztes. Sie kam als Kleinkind zunächst nach Wermsdorf bei Oschatz in Sachsen, wo ein Halbbruder ihrer Mutter eine Apotheke hatte. Im vierten Lebensjahr wurde sie auf Annonce hin von einem kinderlosen Berliner Ehepaar Kummer adoptiert. So gelangte sie aus Sachsen wieder nach Preußen, wo ihre Mutter herstammte. Diese heiratete wieder, und zwar den Oberförster Triepke aus der Gegend von Liegnitz. Erst danach, sie war bereits konfirmiert, lernte Emilie ihre Mutter kennen. Zur Kaschierung der wahren Verhältnisse galt Emilie, die sich häufig in Dammersdorf bei Liegnitz in der Oberförsterei aufhielt, offiziell als »Nichte«.

Eine etwas verwickelte Lebensgeschichte und keinesfalls ein leichtes Schicksal. Als ihr Pflegevater, der »Rat Kummer«, Witwer geworden war und das Dienstmädchen, keine gütige Person, die Aufsicht über die Kleine bekam, wurde Emilie kurzerhand an den Bettpfosten gebunden, wenn das Dienstmädchen von seinem Soldatenliebsten abgeholt wurde, oder sie wurde mitgeschleppt in die Kaserne und dort auf dem Hof stundenlang mutterseelenallein stehengelassen. Züge von Trotz und einer unberechenbaren Wildheit waren die Folge einer solchen Behandlung. Da konnte es schon einmal vorkommen, daß sie im Zorn ihrer Stiefmutter einen Pantoffel an den Kopf warf. Doch die Aufenthalte bei ihrer richtigen Mutter, sprich »Tante«, hatten aus dem »Meechen mit de Eierkiepe«, wie sie ihres etwas sonderbaren Strohhuts wegen von den Nachbarskindern in der Großen Hamburger Straße genannt wurde, eine aparte, gut erzogene Person gemacht. Im Verkehr mit Beamten- und Gutsbesitzerfamilien hatten sich Lebensart und feine Umgangsformen bei ihr herausgebildet, desgleichen ein gesellschaftlich sicheres Auftreten, und sie selbst hatte sich, wie der Jungverliebte Fontane fand, »sehr verhübscht«. Seit den »Franzern« waren sie sich in den letzten anderthalb Jahren des öfteren wieder begegnet, man traf sich bei Kummers in der Oranienburger Straße oder in der Dorotheenstraße bei Onkel August, ging zusammen ins Theater, zum Tanzen, und so manches Billet doux wie dieses mag hin und her gewandert sein, adressiert an »Fräulein Emilie Kummer, Wohlgeboren, Oranienburger Straße 33: Sind Sie heut gegen 5 zu Hause, so hab ich das Vergnügen, Sie zu sehen. Ein Stündchen später geleit' ich Sie wohl, allen gerümpften Nasen zum Trotz – zu Fontanes?! – Ihr Th. Fontane.«

Am 8. Dezember 1845 erfolgte schließlich die Verlobung, was die Umgebung ohnehin schon erwartet hatte. Wie das Ereignis vor sich ging, hat Fontane in seinen Erinnerungen ausführlich geschildert. Emilie wollte von einer Geburtstagsfeier bei Onkel August des späten Abends wegen nach Hause gebracht werden. Da Theodor Dienst in der Apotheke hatte und an der Geburtstagsfeier nicht teilnehmen konnte, übernahm die Begleitung sein Bruder – bis zur Apotheke, wo er das schöne Kind beim rechtmäßigen Kavalier ablieferte. Beide machten sich pünktlich zehn Uhr im schon dunklen und kalten Berlin auf den Weg Richtung Oranienburger Straße, wo Emilie gegenüber dem großen Posthof wohnte. Kurz vor der Weidendammer Brücke habe sich, mitten aus der angeregten Plauderei heraus, seiner die Idee bemächtigt, daß es das Beste sei, sich jetzt zu verloben. »Und als ich die Brücke wieder um ebenso viele Schritte hinter mir hatte, war ich denn auch verlobt. Mir persönlich stand dies fest. Weil sich aber die dabei gesprochenen Worte von manchen früher gesprochenen nicht sehr wesentlich unterschieden« – er dachte dabei sicher an diesbezügliche Erklärungen in Leipzig und Dresden –, »so nahm ich plötzlich, von einer kleinen Angst erfaßt, zum Abschiede noch einmal die Hand des Fräuleins und sagte ihr mit einer mir sonst fremden Herzlichkeit: ›Wir sind aber nun *wirklich* verlobt.‹«

Verlobt war er nun also – aber wie weiter? Wenn er heiraten wollte, und das wollte er unbedingt, dann würden sich die Probleme türmen, denn Emilie war genauso mittellos wie er. Falls er daran dachte, sich als Apotheker niederzulassen, so besaß er noch nicht einmal die dazu erforderliche Approbation. Einkünfte aus dem Literarischen zu erwarten, lag nicht im Entferntesten im Bereich des Möglichen. Als Theodor und Emilie sich im Januar des neuen Jahres aufmachten, um sich bei den Eltern und Verwandten als Verlobte vorzustellen, hinterließen sie zwar einen guten Eindruck, aber auch die Frage, wo das Geld für einen Hausstand herkommen sollte. Irgendwelche Unterstützung von der Familie zu erwarten, wäre vermessen gewesen. Denn selbst Vater Fontane, der sie am ehesten hätte gewähren können, war zu keinem Darlehen imstande. Zudem war schon abzusehen, daß sich die Eltern bald trennen würden. Da war es fast ein Trost, daß seine Mutter mit Blick auf Emilien zu ihm sagte, er habe großes Glück gehabt mit seiner Wahl. »Sie hat genau *die* Eigenschaften, die für dich passen.«

»Geld und Examen« – so hießen die beiden Probleme, die nun vor ihm standen. So nebenher war das Examen nicht zu schaffen. Daher entschied er sich, zum 30. Juni aus der Schachtschen Apotheke auszuscheiden, um mit einer kleinen Geldsumme, die er sich gespart hatte, an die Examensvorbereitungen zu gehen. Als Schüler von Professor Sonnenschein beginnt er sich in dessen neuerrichtetem Labor »ganz ernsthaft über analytische Chemie herzumachen«. Wenige Wochen später heißt es in einem Brief an Lepel, daß er in den nächsten Tagen zum erstenmal ins Examenfeuer geführt werde und dann bis Weihnachten nicht mehr zur Ruhe komme. »Die Aussicht auf ein Examen macht niemals guter Laune; bei mir kommt noch das Unsichere des Ausganges und die Abneigung gegen die botanischen Studien hinzu, um meine Stimmung zu verschlechtern.« An Verseschreiben sei jetzt gar nicht zu denken, obwohl er eine Menge Stoff schon aufgespeichert habe. Das Mißliche an seiner Lage sei eben, daß keine Aussichten für die Zukunft bestünden, das »Vermögen« mit jedem Tag geringer werde und er jetzt nur noch auf eine Anstellung bei der Eisenbahn spekulieren könne, so mit 500 Reichstalern jährlich, damit ein Doppelbett angeschafft werden und die Sache vor sich gehen könne.

Im Spätsommer besuchte er seinen Schulfreund Scherz im Neuruppinischen und bereitete sich anschließend in Letschin weiter auf die Prüfungen vor. Sein Vater prophezeite ihm, daß er entweder durchfallen oder als Nummer eins bestehen würde. Kurioserweise schloß er in dem Fach leidlich ab, wo er die wenigsten Voraussetzungen hatte: in Botanik. Es war reiner Zufall. Oder Eingebung. Er war auf dem Wege zur Prüfung, schon im Frack mit weißer Binde, kurz noch auf eine halbe Flasche Rotwein in ein Lokal eingeschwenkt, zwecks Erzeugung von Mut.

Schlug dabei das Botanikbuch auf, das er immer bei sich hatte, zufällig die Seite mit dem Begriff »Die Caryophyllaceen«, und genau über diese Pflanzenart, aus deren Wurzeln man das Saponin zur Herstellung von Seifenersatz gewann, wurde er geprüft.

Es verlief alles gut. Am 2. März 1847 erhielt er die Approbation unter der amtlich registrierten Nummer 1640. Die Urkunde hatte folgenden Wortlaut: »Da der Candidat der Pharmacie Theodor Heinrich Fontane in den, für Apotheker erster Klasse vorgeschriebenen Staatsprüfungen vor der Ober-Examinations-Kommission hierselbst – *gut* – bestanden ist, so wird demselben die Approbation als Apotheker erster Klasse und demgemäß die Befugnis zur Verwaltung und zum Besitze einer Apotheke in den Königlichen Landen unter der Bedingung erteilt, daß er die ihm nach den Medicinal-Verordnungen obliegenden Pflichten gewissenhaft erfüllen werde.«

Das Examen war somit geschafft, die Frage, wie das Leben weitergehen sollte, blieb offen. Alle Anstrengungen, zu einem Darlehen zu kommen, blieben ohne Resultat, und so scheiterte auch die Möglichkeit, in Frankfurt/Oder eine Apotheke kaufen zu können. Er sitzt weiterhin in Letschin fest, eine unbefriedigende Situation. Welche Zukunftspläne sich in seinem Kopf auch malten, das Schicksal entschied, daß er vorerst hinter den Apothekertisch zurückzukehren hatte.

Im Gegensatz zu seiner privaten Situation gab es auf dem Gebiet der Poesie bemerkenswerten Fortgang. Er nimmt an den in der Regel ein bis zweimal im Monat stattfindenden »Tunnel«-Sitzungen teil, wie es die Statuten vorschreiben. Dort trägt er 1846 nicht weniger als zehn Sonette und gut zwei Dutzend Gedichte vor. Im Jahr darauf sind es fast ebenso viele. Es gibt neue Veröffentlichungen von ihm im *Morgenblatt für gebildete Leser*, was im »Tunnel« mit Zufriedenheit registriert wird. Nachdem bei Cotta seine beiden Naturballaden vom »Wenersee« und vom »Wettersee« erschienen waren, schickt er weitere Manuskripte an die Redaktion nach Stuttgart, darunter die Ballade von David Rizzio, die die Ermordung des Günstlings der Maria Stuart zum Thema hat – ein Stoff aus der englisch-schottischen Geschichte des 16. Jahrhunderts.

»Rizzios Tod« hat er selbst als die beste unter seinen bis dahin im »Tunnel« vorgetragenen Balladen eingeschätzt. Er hat sie später in den vierteiligen Romanzenzyklus »Maria Stuart« aufgenommen, an dem er auch in den folgenden Jahren noch weiter arbeitete. Dichtungen solcher Art fanden in seinem Kreis ein höchst kritisches Publikum, zumal auch die anderen »Tunnel«-Poeten mit historischen Stoffen in Vers oder Prosa beschäftigt waren. Fontane ließ erhabenes Schillersches Pathos und Shakespearsche dumpfe Schicksalhaftigkeit walten, wenn er von dem jungen William Douglas berichtete, der die zum Thronverzicht gezwungene Maria Stuart auf seinen Armen aus der Kerkerhaft trug und nach dieser Heldentat auf dem Schlachtfeld, von den Gegnern hingestreckt, als Sterbender in den Armen Marias zurückblieb.

Die Heere stießen aneinander; der Tag ist heiß,
der Himmel finster,
Vom Hufschlag dröhnt weithin die Heide,
rot tropft der Tau vom schwarzen Ginster;
Es blickt die schottische Maria von nahen Schlosses
Fensterbrüstung,
Ihr Auge haftet auf dem Kampfe, doch in dem Kampf
auf *einer* Rüstung.

Dem jungen Douglas folgt ihr Auge; sie fühlt ihr Herze
höher schlagen,
Er ist's, der sechzehnjährige Knabe, der aus dem Kerker
sie getragen,
Er ist's, der ihr ein Heer geworben, und durfte doch
um *eins nicht* werben,
Drum wirbt er jetzt um seinen Frieden und um das Glück,
für sie zu sterben.

Die Helden der frühen Balladendichtung Fontanes entstammen zum großen Teil der blutigen Geschichte des Inselreichs. Das Gespür dürfte den sensiblen jungen Dichter jedoch nicht getrogen haben, daß man von einem Talent wie ihm eigentlich ebenso Bedeutendes aus der eigenen Historie erwarten könnte – Großes, Heldisches, Erhabenes. Die »Tunnel«-Freunde brauchten darauf nicht lange zu warten. Im gleichen Monat noch, Oktober 1846, da er Karl Stuart und Oliver Cromwell in düsteren Verliesen ihre letzte Nacht erleben läßt, überrascht er die Versammelten mit einem Lobgesang gänzlich anderer Art, mit einem Lied auf den alten Derfflinger.

Derfflinger, 1606 im Österreichischen geboren, avancierte in schwedischen Kriegsdiensten zum General, ehe er in brandenburgisch-kurfürstliche Dienste trat. Im Volk galt er zu Lebzeiten schon als legendäre Figur; er war der Sieger der Schlacht von Fehrbellin, jenes gloriosen militärischen Erfolgs des Großen Kurfürsten, der endgültig zur Befreiung der brandenburgischen Gebiete von der Schwedenherrschaft führte und damit eine Voraussetzung für die Begründung eines souveränen, starken brandenburgischen Staatswesens schuf. Einen Generalfeldmarschall Derfflinger im Gedicht zu preisen konnte bei den preußisch-patriotischen »Tunnel«-Mitgliedern eigentlich nur auf Zustimmung stoßen. Der Beifall galt allein schon der Gesinnung der Ballade, daß sie zudem noch in der Ausführung meisterhaft war, machte ihren besonderen Kunstwert aus. Die Verse, lapidar, bildhaft und einprägsam, waren ganz auf den Ton des Volkslieds abgestimmt und variierten durch alle sieben Strophen hindurch den Tatbestand, daß Derfflinger, der Haudegen, einst ein Schneider gewesen war.

Es haben alle Stände
So ihren Degenwert,
Und selbst in Schneiderhände
Kam einst das Heldenschwert;
Drum jeder, der da zünftig
Mit Nadel und mit Scher,
Der mache jetzt und künftig
Vor Derffling sein Honneur.

In seinen Erinnerungen »Von Zwanzig bis Dreißig« schreibt Fontane, daß dieses Gedicht »nicht bloß einschlug«, sondern ihn auch »für die Zukunft etablierte«. Heinrich von Mühler, der damalige preußische Justizminister, ein ziemlich regelmäßiger Besucher des »Tunnels«, »sagte mir das denkbar Schmeichelhafteste, wiederholte sogar Stellen, die sich ihm gleich eingeprägt hatten und blieb mir, von Stund an, durch alle Wandlungen hin zugetan.«

Das darauffolgende Jahr stand folgerichtig im Zeichen der brandenburgischen Historie. Dem alten Derfflinger folgten weitere Porträts im gleichen Stil, im einzelnen: »Der alte Dessauer«, »Der alte Zieten«, »Herr Seydlitz auf dem Falben«, »Schwerin«, »Keith«, »Ein letzter Wille«, den Soldatenkönig Friedrich Wilhelm I. betreffend, sowie zusätzlich noch »Schill«.

Im März 1847 adressierte Fontane die ersten drei Gedichte seiner Feldherrnserie an das Cottaische *Morgenblatt*. In seinem Begleitbrief schrieb er, daß er von der Annahme ausgehe, daß »der ungeteilte Beifall, dessen sich diese kleinen vaterländischen Sachen in hiesigen Zirkeln zu erfreuen hatten«, hoffentlich »nicht nur in dem Preußentum der Zuhörerschaft« begründet sei und er damit rechne, die Sachen über kurz oder lang im Blatte anzutreffen. Er würde sich dann erlauben, die restlichen drei Porträts folgen zu lassen »und somit den ganzen Wilhelmplatz in Ihrem Blatte aufmarschieren zu lassen.«[10] Sieben Wochen später trifft in Stuttgart beim *Morgenblatt* unter dem Poststempel Letschin eine Sendung mit den angekündigten drei weiteren Gedichten ein: »Seydlitz«, »Schwerin« und »Keith«. Den Redakteur der Zeitung läßt er wissen, daß es unterschiedliche Meinungen zu den einzelnen Stücken gegeben habe. Für den »Seydlitz« hätten sich alle begeistert, während »Schwerin« mannigfachem Tadel ausgesetzt gewesen sei, weil er diesen angeblich nicht genügend charakterisiert habe. Von der Richtigkeit dieser Einwände habe er sich nicht überzeugen können. Warum? Seine Aufgabe beim Niederschreiben der Gedichte sei lediglich die gewesen, »den poetischen Ausdruck für das zu finden, was bereits im Munde des Volkes lebt, und in *diesem* bescheidenen Sinne wag' ich sie volkstümlich zu nennen«. Warum er diese Lieder auf eine so einfache Formel gebracht habe – »Solche Sachen können nicht einfach genug sein« – begründet er mit folgender Überlegung: »Das Volk weiß vom Derffling weiter nichts, als daß er *Schneider* war; den alten Dessauer betrachtet es als den eigentlichen Repräsentanten der *Zopfzeit*; im Zieten liebt es den *Freund* und *Gefährten* unsres großen Königs und den Seydlitz bewundert es als das Ideal eines *Reiters.*« Auf diese im Volk lebenden Vorstellungen habe er sich gestützt, habe das Bild zwar erweitert, aber kein fremdes untergeschoben. Und so verhalte es sich auch im Falle des Feldmarschalls Schwerin, von dem kein Mensch etwas anderes aus seinem *Leben* kenne als seinen *Tod* mit der Fahne in der Hand.

Auf solche charakteristische Episoden und Persönlichkeitsmerkmale konzentriert Fontane die poetische Aussage. In dynamisch forscher Bewegtheit heißt es über den alten Dessauer:

> Ich will ein Lied euch singen!
> Mein Held ist eigner Art:
> Ein Zopf vor allen Dingen,
> Dreimaster, Knebelbart,
> Blitzblank der Rock vom Bürsten
> Und jeder Knopf wie Gold, –
> Ihr merkt, es gilt dem Fürsten,
> Dem alten *Leopold.*

Der bezopfte Leopold gab das Vorbild für seinen Nachfolger »Prinz Louis Ferdinand« ab, der zehn Jahre danach in fast gleichem Versmaß verfertigt wurde: »Sechs Fuß hoch aufgeschossen, / Ein Kriegsgott anzuschaun, / Der Liebling der Genossen, / Der Abgott schöner Fraun.« Daß sich der liedhafte Klang dieser Verse ins Gedächtnis der Zeitgenossen einprägte, bewies, wie recht Fontane hatte, als er die Einwendungen abwehrte, die der »Tunnel« gegen das Gedicht über Friedrich Wilhelm I. und dessen testamentarische Verfügungen, »Ein letzter Wille«, vorgebracht hatte. Sein Gedicht sei der historischen Figur nicht angemessen. Fontane wollte jedoch nicht große Geschichte, sondern das Individuelle seiner Figur herausstellen. »Ich habe das Menschliche betont, was andeuten soll, ich bin an *Schwächen*, Sonderbarkeiten und selbst Ridikülismen nicht vorbeigegangen. All dergleichen gehört nun einmal mit dazu.« Dem Soldatenkönig fehlt damit die Gloriole. Er wünschte, nein, er befahl im Leben und so auch im Gedicht für seine Beisetzung das unabdingbar Notwendige: den üblichen Choral, Orgelspiel, Böllerschüsse, keine Reden, keine Lobhudeleien. Und am Abend eine ordentlich gedeckte Tafel.

Seine Lieder zum Ruhme der großen Gestalten brandenburgisch-preußischer Geschichte begründeten Fontanes Ruf als preußischer Autor. »Tunnel«-Mitglied Louis Schneider druckte fast zeitgleich mit dem *Morgenblatt* in dem von ihm herausgegebenen, viel gelesenen *Soldatenfreund*, einer Zeitschrift »für faßliche Belehrung und Unterhaltung der preußischen Soldaten«, sämtliche Gedichte ab – 280 Zeilen à einen halben Groschen pro Zeile machte 4 Taler und 20 Groschen Honorar – und las sie im Revolutionsjahr 1848/49 bei Hofe vor. Und noch Jahrzehnte später wußte Prinz Friedrich Karl von Preußen, bekannt als Heerführer, von Fontane nur, daß er der Dichter der preußischen Balladen sei, die er auswendig kannte. Die Liedballaden begründeten seine Bekanntheit aber nicht nur am preußischen Hof, sondern auch in der Welt der Poesie. Im April 1854 schrieb Eduard Mörike aus Stuttgart an Theodor Storm: »Theodor Fontane kenne ich längst aus seinen trefflichen preußischen Liedern; ein hiesiger Freund, Rektor Wolf, den Gustav Schwab damit bekannt gemacht hat, rezitierte sie mir aus dem Gedächtnis.«

Einen zweiten großen dichterischen Erfolg konnte Fontane direkt im Anschluß an seine Feldherrnlieder mit einem Romanzenzyklus vor dem »Tunnel«-Gremium erringen. Er hieß »Von der schönen Rosamunde«. Es geht darin um die romantische Liebe König Heinrichs II. von England zu Rosamunde Clifford, die der Sage nach von Königin Eleonore vergiftet wurde. Dieser Stoff, mehrfach schon früher von Dichtern verarbeitet, erhielt bei Fontane eine neue Deutung. Von den Schlachtfeldern des Siebenjährigen Krieges und der brandenburgisch-preußischen Historie ging es mit der anmutig edlen Rosamunde nun wieder zurück in eine spätromantische Landschaftskulisse mit Tannenwald und blauen Wiesenblumen, Schloß und Söller, Teich und Mondlicht – sämtlich bewährte Versatzstücke ritterlich romantischer Poesie, die Fontane um die altenglische Legende von Liebe, Haß und Tod mit üppig märchenhafter Phantasie arrangierte.

Mit dieser literarischen »Ausbeute« des Sommers 1847 durfte er eigentlich zufrieden sein. Er kommt seinem Freund Wolfsohn gegenüber in einem langen Brief zu folgendem Resümee, was das Erreichte betraf: Das Beste, was er bisher geschrieben habe, seien Balladen und Charakterzeichnungen historischer Personen, damit habe er zugleich eine natürliche Übergangsstufe zum Epos und zum Drama eingenommen. Er verfüge jetzt über das Wissen, worauf es ankomme beim Schreiben und eine viel kritischere Haltung zu seinen Sachen. Auch habe er nunmehr die tiefe Überzeugung von seinem Können, die ihm Selbstvertrauen und innere Ruhe gebe. Der entscheidende Satz in diesem Brief, der einen neuen Abschnitt seines dichterischen Lebenswegs markiert, lautet: »Ich bin jetzt von meinem *Recht* durchdrungen, ein Gedicht zu machen.« Woher er diese Sicherheit nehme? »Das fühlt sich.«[11]

Poet von Fach wolle er trotzdem nicht werden. Diesen Wunsch habe er für alle Zeit aufgegeben, denn sobald der Fall mit der melkenden Kuh eintrete, sei es mit der Poesie »Matthäi am letzten«. Was sein privates Leben und Emilie betreffe, so fühle er sich glücklich in seiner Wahl und seiner Liebe, bekennt er dem Freund gegenüber. Er hoffe, in zwei Jahren Apothekenbesitzer zu sein sowie auch Gatte und Familienvater. Das mit der Heirat sollte noch drei Jahre dauern, und das mit der Apotheke nie etwas werden.

Zum 1. Oktober war es ihm gelungen, eine neue Stelle in der Apotheke »Zum Schwarzen Adler« zu finden. Sie lag Ecke Königs- und Georgenkirchstraße in der Königsvorstadt, jenseits vom Alexanderplatz, wo Berlin einmal zu Ende war. Nach dem Wohnkomfort bei Onkel August kam er hier in recht ärmliche Verhältnisse. Seine Unterkunft bezeichnete er ärgerlich als einen »Hundestall«, den er obendrein noch mit zwei anderen »deutschen Jünglingen« zu teilen gezwungen war.

Zwei bewegte Jahre

Poesie und Geschichte, nicht weniger auch Poesie und Politik, haben den jungen Fontane fasziniert, sonst hätte er sich wohl kaum zu den Dichtern des Vormärz hingezogen gefühlt. Auch wird er als Gewerbeschüler in den Konditoreien, wenn er sich die Zeitungen vornahm, die politischen Nachrichten nicht ausgelassen haben. Sein Interesse an den großen Vorgängen in der Welt war schon früh ausgeprägt; er sagt von sich selbst, daß er schon als Junge ein enthusiastischer Zeitungsleser gewesen sei und sich bereits als Elfjähriger während der polnischen Erhebung von 1830[12] »zu einem kleinen Politiker herangelesen« habe. Was jetzt, 1847, über die Debatten der Provinziallandtage, über die anachronistisch gewordenen alten ständischen Rechte und die Forderungen nach mehr Freiheit in den Blättern stand, von der Vorzensur gerade noch gestattet, war schon aufregend für ein jugendliches Gemüt, kündigte sich darin doch reale politische Opposition an. Als Herweghianer hatte sich Fontane in seiner Leipziger Zeit mit der Lektüre der Bücher seiner Idole auch deren Gedankengut zu eigen gemacht, in der Überzeugung, daß die wackligen Throne stürzen würden und die Zeit des Gottesgnadentums zu Ende ginge. »Da muß der Lenz der Freiheit kommen / und segnen unser Vaterland.« Das Gedankengut der Freiheitsdichter, Weltkenntnis, gewonnen aus Zeitungen und Büchern, sowie die literarisch-politischen Debatten im Kreis von Studenten und jungen Leuten waren das Fundament seiner politischen Bildung.

An seinem Herwegh-Standpunkt hat sich mit dem Eintritt in den »Tunnel« insofern etwas geändert, als er jetzt nicht mehr in Erscheinung trat – jedenfalls nicht mehr in Gedichten. »Tunnel« bedeutete für ihn die bisher ernsthafteste Beschäftigung mit den ästhetischen Fragen der Dichtung; er akzeptierte die Vereinigung als Gremium, auf dessen Zusammenkünften gelobt und getadelt wurde, also das dichterische Produkt im Mittelpunkt stand und nicht die demokratische »Gesinnung«. Eins kam noch hinzu: Die Debatten und Meinungen wurden bestimmt von Persönlichkeiten mit konservativen und liberalen Ansichten, die viele Maßnahmen der Regierung unter Friedrich Wilhelm IV. als durchaus positiv anerkannten, als Entscheidungen im Anti-Metternichschen Geist, wie die Begnadigung der Burschenschaften, die Aufhebung der »Kommission zur Untersuchung demagogischer Umtriebe«, die Berufung der Gebrüder Grimm in die Preußische Akademie der Wissenschaften sowie die Ernennung Alexander von Humboldts zum Staatsrat.

Dessen ungeachtet kreisten die allgemeinen politischen Diskussionen um das seit 1815 noch immer nicht eingelöste Verfassungsversprechen Friedrich Wilhelms III., Vater des jetzigen Königs. Gefordert wurde nach wie vor die Einberufung eines Vereinigten Landtags und die Vorbereitung einer preußischen Verfassung durch die Regierung. Die mutige Denkschrift Johann Jacobys von 1845 über die Unzulänglichkeit der Ständevertretungen und die Notwendigkeit ihrer Ablösung durch verfassungsmäßige Vertretungen bestimmte wesentlich die öffentliche Diskussion. Daß auch Fontane sich damit auseinandersetzte, belegt sein engagierter Briefwechsel mit Lepel vom Juli 1846, in dem er darüber raisonniert – mit Ungeduld und Ironie – daß überall zwar geredet, aufgemuckt, petitioniert, das Wort Revolution im Munde geführt würde, aber überall alles beim Alten bliebe. Was sei das Ende vom Lied? »Das Volk wird eine Konstitution *fordern*, um den König zu ärgern; ... und eh es so weit kommt, vielleicht schon in den nächsten Monaten, wird der König eine Konstitution *geben*. Dann mögen wir uns ärgern! Diese Konstitution liegt schon fix und fertig in seinem Pult, und ist nicht aus Furcht vor dem Volke, sondern aus gänzlicher Verachtung des Volkes hervorgegangen.«

Fontane sollte sich täuschen. Der König gab keine Verfassung. Es verstrich das Jahr 1846 und auch das Jahr 1847, ohne daß etwas geschehen wäre. Der erste Vereinigte Landtag – die einzige Neuerung, die Seine Majestät bewilligt hatte – wurde am 11. April mit einer Thronrede des Königs eröffnet. Die Unruhen waren nicht mehr abzuwenden. Die Regierung stand zudem vor einer leeren Finanzkasse. Die Welthandelskrise, die 1847 eingesetzt und alle europäischen Staaten erfaßt hatte, führte auch in Preußen zu katastrophalen Firmenzusammenbrüchen und in deren Folge zu einer rapid anwachsenden Not der Handwerker und Arbeiter. In Berlin war es schon im Frühjahr 1847 – Fontane hatte gerade die Apothekerprüfung abgelegt – zur sogenannten Kartoffelrevolution gekommen, als infolge drastischer Preiserhöhungen bei Nahrungsmitteln von aufgebrachtem Volk auf dem Molkenmarkt und dem Alexanderplatz die Marktbuden umgeworfen und geplündert wurden. Nachdem in den ersten Monaten des Jahres 1848 durch Aufstände in Sizilien und in Frankreichs Hauptstadt die Regierungen gestürzt waren, zeichnete sich auch in Berlin eine Situation ab, die »von oben« nicht mehr zu steuern war.

Den Ausbruch der Revolution erlebte Fontane in der Jungschen Apotheke. Diesem Abschnitt seines Lebens hat er in seinen »Erinnerungen« ein eigenes Kapitel unter dem Titel »Der achtzehnte März« gewidmet. Seine Darstellungen beruhen zu großen Teilen auf den Schilderungen Dritter; er selbst hat den Beginn der Kämpfe zwischen den Aufständischen und den Truppen, nachdem zwei Schüsse gefallen waren, nicht selbst erlebt und auch an den eigentlichen Kämpfen nicht teilgenommen. Ganz im stillen hatte er zwar seine »Winkelriedgefühle«[13], bekennt aber gleichzeitig, daß er in den Taten sehr hinter diesen Gefühlen zurückgeblieben sei.

Die erste Hälfte seiner Schilderung gleicht einer Theaterposse. Nachdem er sich aus dem Laden auf die Straße begeben hatte und sah, daß an einigen Ecken Barrikadenbau im Gange war, wollte er stante pede Sturm läuten, kam aber nicht in die seiner Apotheke benachbarte Georgenkirche hinein, weil die Tür verschlossen war. Sie mit einem Pfahl einzurammen wäre vielleicht geglückt, wenn sich der dafür ausersehene Wäschepfahl vom Gelände des Kirchhofs aus der Erde hätte herausreißen lassen. Es ging nichts. Da aber schließlich Revolution war, mußte etwas geschehen. Er schloß sich einer Kolonne Aufständischer an, die geradewegs in Richtung Alexanderplatz nach dem Stadtinnern zu marschierte, um das Königstädtische Theater zu stürmen, wo nichts zu stürmen war. Es ging um die Bewaffnung – Degen, Speere und kleinere Gewehre aus dem Theaterfundus. Fontane, ganz Revolutionär, war als einer der ersten im Besitz einer Flinte und damit in dem Glauben, daß nun einer Heldenlaufbahn, wie er sich ausdrückte, nichts mehr im Wege stand. Mit einem anderen Trupp marschierte er weiter zu einem Laden, wo sie Pulver faßten. So ausgerüstet, näherte er sich den Theaterkulissen, die mittlerweile zu einer Straßensperre aufgetürmt worden waren. »Und so trat ich denn auch wirklich an unsere Barrikade heran.« Was geschah weiter? Einer der Männer sah, wie er aus einem Handschuh unmäßig viel Pulver in seinen Karabiner schüttete, der verrostet schien und vermutlich gar nicht mehr funktionierte, was ihm und den Umstehenden, wenn er das Pulver gezündet hätte, sehr gefährlich hätte werden können. »Ich war bis dahin in einer fieberhaften Erregung gewesen, die mich aller Wirklichkeit, jeder nüchtern verständigen Erwägung entrückt hatte.« Erst als jemand zu ihm sagte: »Na, hören Sie ...!« kam ihm zu Bewußtsein, daß das, was er tat, kindisch war, beschämend für einen ehemaligen Grenadier, und er gab das Heldentum auf und ging nach Hause. Damit war, was Aktionen betraf, für ihn die Revolution zu Ende. Sein späterer Kommentar dazu: »Heldentum ist eine wundervolle Sache, so ziemlich das Schönste, was es gibt, aber es muß echt sein. Und zur Echtheit, auch in diesen Dingen, gehört Sinn und Verstand. Fehlt das, so habe ich dem Heldentum gegenüber sehr gemischte Gefühle.«

War es bei ihm echt oder nicht echt? Nimmt man seine Worte ernst, so hieße das nichts anderes, als daß er sich völlig spontan und rein aus der Emotion heraus an der Revolution beteiligt hätte. Erklärbar wird die in seinen Lebenserinnerungen gegebene, bagatellisierende Darstellung der Vorgänge und der eigenen Verhaltensweise in den Tagen von 1848 nur damit, daß er seine Beteiligung an den revolutionären Märzereignissen und die vorbehaltlose Bejahung ihrer Ziele als jugendlichen Überschwang bewertet sehen wollte. Allerdings lassen sich auch keine Anhaltspunkte dafür finden, daß er selbst als Barrikadenkämpfer in Erscheinung getreten ist. Nach den Darstellungen, wie er sie gibt, ist er nach der Erstürmung des Theaters und dem peinlichen Vorfall mit dem maroden Gewehr erst einmal wieder nach Hause gegangen und erst etliche Zeit später wieder nach draußen, um wenigstens als Augenzeuge mit dabeizusein.

Er selbst konnte von Glück reden, daß er sich an dem Tage nicht auf dem Platz vor seiner Apotheke aufhielt, denn das Haus bekam einen unerwarteten Treffer ab. Das Gebäude, etwas vorstehend, lag in der Schußlinie. Eine Sechspfünderkugel schlug in den Eckpfeiler des Hauses ein, auch der Porzellangriff der Klingel an der Haustür wurde weggeschossen. Als er spät am Abend von seinen Streifzügen, die ihn bis dicht an die Spandauer Straße geführt hatten, hinter der es gefährlich zu werden begann, zurückkam, war ihm alles halb schon gleichgültig geworden. Nur noch schlafen war sein Wunsch. Gewehrgeknatter in unmittelbarer Nähe schreckte ihn vom Bett wieder hoch. Er begab sich nach unten vors Haus, wo auf dem freien Platz vor seiner Apotheke ein Holzschuppen lichterloh in Flammen stand. Die Nacht war hell davon erleuchtet, und dieses Schauspiel faszinierte ihn. Im Widerschein des Feuers beobachtete er eine lange Truppenkolonne, die über den Platz marschierte – es handelte sich um das Füsilierbataillon vom Leibregiment. Nach einer weiteren Stunde war das nächtliche Schießen verstummt, die Revolution niedergeschossen. Als er wieder nach oben auf sein Zimmer kam, lagen um sein Bett herum die Glasscherben einer Fensterscheibe, an der eine verirrte Kugel vorbeigepfiffen war.

Soweit die Vorgänge am Tag des 18. März, wie sie in seinem Buch »Von Zwanzig bis Dreißig« von Fontane selbst geschildert worden sind. Man darf dabei nicht außer acht lassen, daß der erste Teil seiner Erinnerungen, »Meine Kinderjahre«, mit dem Untertitel »Autobiographischer Roman« erschienen ist. Das besagt, daß der Dichter das Recht für sich in Anspruch nimmt, mit den Details der eigenen Biographie frei zu verfahren, was für den einzelnen Vorgang aus der Sicht des Lesers den Schluß zuläßt: So *könnte* es gewesen sein, mußte aber nicht! In jedem Falle tragen die Schilderungen den Zug des Abenteuerlichen, Spannenden, ganz und gar Außergewöhnlichen, wenn auch Zweifel daran aufkommen, daß der Verfasser, ausgebildet in den Grundkenntnissen des Soldatenhandwerks, nicht gewußt haben will, was ein richtiges Gewehr ist und wie man damit umzugehen hat. Und dann: Was hätte ihn davon abgehalten, sich anderweitig ein Gewehr zu besorgen? Warum gibt er plötzlich auf?

Am nächsten Tag geht für ihn der Apothekenalltag wie gewohnt weiter. Wieder kommen die armen Leute mit den kostenfreien Rezepten für Lebertran, verschrieben vom Arzt für die Kinder, verbraucht aber für die Öllampen zur Beleuchtung der Stuben. Sein Kommentar dazu: »Freiheit konnte sein, Lebertran mußte sein.«

So blieb auch in Berlin nach den Barrikadenkämpfen das Alltägliche Sieger. Der sogenannte Mann auf der Straße hatte gar nicht zur Kenntnis nehmen können, daß der König den zweiten Vereinigten Landtag auf den 2. April einberufen und, den Forderungen der Straße Rechnung tragend, eine Verfassung und volle Pressefreiheit versprochen hatte. Die neue Redensart, die jetzt die Runde machte, hieß, es sei alles »bewilligt«. Doch alles das interessierte nach den Kämpfen zwischen dem bewaffneten Volk und dem Militär schon nicht mehr. Das Militär wurde abgezogen, und unter schwarz-rot-goldenen Fahnen mußte sich der regierende Monarch Friedrich Wilhelm IV. samt Hofstaat bequemen, den Märzgefallenen, die auf dem Gendarmenmarkt aufgebahrt wurden, Reverenz zu erweisen.

Was sich am Tag des 18. März auf den Straßen Berlins abspielte, hat Fontane im Gedicht nicht festgehalten. Er beschreibt seine Erlebnisse generell erst 47 Jahre später in seinen »Erinnerungen«. Erwähnt ist darin auch der Umritt des Königs, den er mit seinem Vater, der, vermutlich aus Sorge um den Sohn, nach Berlin gekommen war, in der Nähe des Kastanienwäldchens Unter den Linden erlebte. Das war einige Tage nach dem Aufstand; Vater und Sohn Fontane waren auf dem Weg zur Gaststätte Puhlmanns Garten jenseits des Brandenburger Tors.

Statt des Dichters meldete sich im unruhigen Berlin, in dem jetzt die politischen Vereine und Klubs ungehindert von polizeilicher Kontrolle tagen konnten, der politisierende Bürger Fontane zu Wort. Von den Urwählern seines Bezirks Neue Königstraße wird er als einer der sogenannten Wahlmänner aufgestellt, die ihrerseits wieder die Abgeordneten zum Preußischen Landtag zu wählen hatten. Nachdem er – »sehr gegen meine Neigung« – gegen die Verworrenheiten eines Schuldirektors polemisiert und seine Rede mit dem Plädoyer beendet hatte: »Liebe zum Volk, aber auch Liebe zum König« wurde er von der Versammlung, die auf einem Wollboden stattfand, als Wahlmann auserkoren.

Zwar meinte Fontane, daß mit diesem Debut sein Engagement als Politiker zu Ende gewesen sei, doch die Zeitereignisse scheinen ihn weitaus mehr beschäftigt zu haben, als seine »Erinnerungen« erkennen lassen. Dafür sprechen die vier Zeitungsaufsätze, die der Neunundzwanzigjährige von August bis November 1848 in der *Berliner Zeitungshalle* veröffentlichte. Das Blatt war das Organ des »Zentralausschusses der deutschen Demokraten«, dem auch der nach seiner Auswanderung zurückgekehrte Hermann Kriege, Burschenschafter aus dem Leipziger Herwegh-Kreis, angehörte. Im ersten Artikel, überschrieben mit »Preußens Zukunft«, forderte Fontane mit gebieterischen Worten, dem augenblicklichen revolutionären Zeitgeist Rechnung tragend, die Selbstauflösung Preußens, das in einem künftigen einheitlichen Deutschland unterzugehen habe. »Diese Auferstehung Deutschlands wird schwere Opfer kosten. Das schwerste unter allen bringt Preußen. Es stirbt. Jeder andere Staat kann und mag in Deutschland aufgehen; gerade Preußen muß darin *untergehen.*« Es müsse zerfallen, weil eine *preußische* Republik eine Unmöglichkeit sei.

Der Fürsprecher eines großen, freien, einigen Deutschlands und »Beseitiger« Preußens will es selbst dabei nicht bewenden lassen. Die ganze Ordnung will er umkrempeln. Er ist höchst verstimmt, einen Brief von Freund Lepel zu bekommen, der ihm zu sehr »nach Abgeschiedenheit und nach jedem beliebigen Jahrgang – nur nicht nach 1848 schmeckt«, während die Ereignisse der letzten Tage wie der Wrangelsche Befehl an die Truppen die reine Konterrevolution seien und zum Kampfe herausfordern müßten. »Schande Jedem, der zwei Fäuste hat mit Hand ans Werk zu legen, und sie pomadig in die Hosentasche steckt. Hätt ich Zeit und namentlich Geld, ich wäre ein Wühler comme il faut, denn alles ist faul und *muß* unterwühlt werden, um im ersten Augenblick die Mine springen lassen zu können.«

Was hier nach Jakobinertum klingt, ist der Ausdruck seiner Unzufriedenheit mit dem Verlauf der Dinge und einer seiner

Hilflosigkeit entspringenden Aufgeregtheit. Lepel seinerseits fühlte sich grundlos attackiert, Fontane wird drei Tage später alles widerrufen und sich entschuldigen. »Meine letzten Zeilen waren eine Übereilung. Ich habe Dich verletzt und mich lächerlich gemacht. Laß diese Blamage, die ich fühle, meine Strafe sein ... Ich habe jene Zeilen in höchster Aufregung, rein Gefühl, ohne alle Überlegung geschrieben.« In einem aber bleibt er bei seiner Meinung gegenüber Lepel: in seiner Kritik an der Härte des Vorgehens der Armee und der »Reaktionsbestrebungen der Hofpartei«. Auch legt er Wert auf die Feststellung, daß er in den Republikanismus nicht von ungefähr hineingeplumpst sei, »wie ein Betrunkener in die Pfütze«.

Daß Fontane sich dem Standpunkt der republikanischen Fraktion verpflichtet fühlte und noch hoffte, daß er sich durchsetzen würde, bestätigt sein zweiter Artikel für die *Zeitungshalle*, der sich mit dem Thema »Das Preußische Volk und seine Vertreter« beschäftigt. Den Abgeordneten der preußischen Nationalversammlung, die im Mai 1848 über den von der Regierung vorgelegten Verfassungsentwurf zu beraten hatten, wirft er vor, »der neuen Zeit den Weg nicht zu bahnen«, weil ihnen »die Herzen fürs Volk« fehlten. Er nennt sie kalt und gefühllos, Schmarotzerpflanzen am Mark des Volkes; öffentlich bekundet er ihnen gegenüber seine Verachtung.

Seinen vierten und letzten Artikel druckte die *Zeitungshalle* am 7. November 1848, zwei Tage bevor Friedrich Wilhelm IV. die Anordnung erteilte, die Versammlung zur Vereinbarung der Verfassung aus Berlin zu entfernen und nach Brandenburg zu verlegen und sie überhaupt erst einmal zu vertagen. »Einheit oder Freiheit?« stellt Fontane die Frage nach der künftigen Gestalt Deutschlands und legt dar, daß es ihm nicht um die »Einheit um jeden Preis« gehe, sondern nur um die »Freiheit um jeden Preis«. Ein Streben nach Einheit auf Kosten aller freien Entwicklung, wie manche es wollten, sei ein Fluch, aber kein Segen für das Land Deutschland. Das *ganze Maß* der Freiheit soll es sein. »*Ihr* nachgestrebt, *ihr* Opfer gebracht – das sei unverändert die Losung des Tages.« Drei Tage später blieb die Freiheit endgültig auf der Strecke, als General Wrangel mit preußischen Regimentern in der Hauptstadt einrückte.

In der Jungschen Apotheke hatte man Fontane für einen heimlichen Umstürzler, möglicherweise auch für einen verkappten Spion gehalten, vor dem man einerseits Achtung empfand, sich andererseits auch wieder in acht nehmen mußte. Man sah es daher nicht ungern, daß der undurchschaubare Mensch zum Juni 1848, nachdem das Schlimmste vorüber war, als Apotheker seinen Abschied nahm. Fontane hatte ein Angebot aus dem Diakonissenhaus Bethanien erhalten, weitaus vorteilhafter. Diese Anstalt – Ausbildungsstätte und Krankenhaus unter einem Dach – war gerade ein Jahr zuvor im Zuge der pietistischen kirchlichen Erneuerungsbewegung nach Plänen Friedrich Wilhelms IV. und seiner Baumeister Persius und Stüler auf dem Köpenicker Feld, dem späteren Mariannenplatz, eröffnet worden. Das Regiment in Bethanien führte Pastor Schultz, ehedem Stettiner Divisionspfarrer und ein guter Bekannter der Mutter Fontanes. Schultz, ein dogmatisch strenger Kirchenmann, ganz Hofpartei, war in seinen Ansichten das absolute Gegenteil von Fontane. Da aber beide befreundet waren, sich sogar per Du standen und die Arbeitsbedingungen ideal erschienen, war das Angebot für Fontane »eine ungeheure Freude«. Eine Anstellung als Apotheker für ein Jahr, verbunden mit der Aufgabe, zwei Schwestern für den Apothekendienst auszubilden, Jahresgehalt 240 Taler bei freier Kost und Logis, eine Zweizimmer-Dienstwohnung in einem der zum Areal gehörenden Beamtenhäuser mit viel Grün – besser konnte er es nicht haben. Seine anfängliche Befürchtung, daß ihm in dieser streng religiösen, fast klosterhaften Umgebung ein »Singen in einem höheren Ton« zugemutet werden könnte, erwies sich als unbegründet. In den obligaten Tagesablauf mit sieben Uhr Morgengottesdienst, acht Uhr Abendandacht und neun Uhr Schlafengehen war er nicht einbezogen.

Pastor Schultz führte ihn, als er offiziell im September in Bethanien antrat, in sein Amt ein. Tag für Tag geht Fontane nun in das ziegelgelbe Gebäude mit den zwei Bleistifttürmen, um zu den festgesetzten Stunden den Apothekendienst zu versehen und die beiden angehenden Pharmazeutinnen in Pharmakologie und Chemie zu unterrichten sowie ihnen Einführungen in die Botanik und Mineralogie zu geben. »Plauderhaft«, so wie der Unterricht einst bei seinem Vater gewesen ist. »Mein Leben mit den zwei Diakonissinnen war ein Idyll, wie's nicht schöner gedacht werden konnte: Friede, Freundlichkeit, Freudigkeit«, schwärmte er in der Rückschau.

Die Frömmelei, die in Bethanien herrschte, focht ihn nicht an, auch nicht die Tatsache, daß diese Anstalt bei den Berlinern in keinem guten Ruf stand. Am 18. März hatte man 45 Schwerverletzte hier eingeliefert, zumeist gegen ihren Willen, auch weil man vorgehabt hatte, Bethanien als »Hort der Reaktion« zu stürmen. Elf von den verwundeten Barrikadenkämpfern gingen elendiglich an Wundfieber zugrunde. Mit Bibelsprüchen und Gebeten hatte man sie zu bekehren versucht und sie traktiert bis zum letzten Atemzug, Reue und Buße zu tun. Diese historisch verbürgten Fakten sind bei Fontane nicht erwähnt, decken sich aber mit seinen Bemerkungen über Pastor Schultz, daß dieser Mann – »herb und hart, herrschsüchtig, ehrgeizig« – einer der Bestgehaßten jener Zeit gewesen sei und in der Vorstellung gelebt habe, daß man die Welt mit Bibelkapiteln regieren könne. Aber Fontane rechnete es sich als Vorzug seiner Natur an, daß er »unter Muckern, Orthodoxen und Pietisten, desgleichen auch unter Adligen von der junkerlichsten Observanz« seine angenehmsten Tage verlebt habe. So gab es auch mit Prediger Ferdinand Schultz, dem hageren Mann mit Backenbart, ein gutes Auskommen. An Lepel konnte Fontane über seine Tage in Bethanien deshalb auch nur Gutes schreiben. »Ich habe Zeit vollauf, keine Nahrungssorgen, blicke vertrauensvoll in die Zukunft, habe eine Braut und einen Freund, fühle den Pulsschlag der Welt, wenn ich will, und ziehe mich ungestört in meine vier Pfähle zurück, wenn ich mit dem *Geiste* stillheimlich *betrachten* will, was mein *Auge* da draußen *gesehn*.«

Die Pharmazie läßt sich in Bethanien mit der Poesie wieder voll in Einklang bringen. Er will jetzt, da ihn die großen Männer der Geschichte interessieren, die englische Revolution in einem Drama behandeln und vertieft sich, um geeigneten Stoff zu Karl Stuart, Cromwell und Lord Strafford zu finden, in die mehrbändige »History of England« von Humes und die Werke anderer Historiker. Eine Quelle sind für ihn auch Walter Scotts Puritaner-Romane; alte Gemälde und Kupferstiche aus der Zeit will er sich noch beschaffen, desgleichen den Wortlaut des Hochverratsgesetzes aus den Tagen König Edwards III. Neben diesen Studien nimmt er sich sein Barbarossa-Epos wieder vor und arbeitet gleichzeitig an Nachdichtungen aus dem Englischen. Die Stoffe dafür entnimmt er der historischen Sammlung »Reliques of Ancient English Poetry« (Überlieferungen altenglischer Dichtkunst) des Bischofs Thomas Percy von 1765 sowie den von Scott bearbeiteten »Minstrelsy of the Scottish Border« (Sammlung schottischer Volksballaden). Von beiden Werken sagt er, daß sie auf Jahre hinaus für seine literarische Entwicklung und seinen Geschmack bestimmend gewesen seien.

Daß Fontane persönliche Erlebnisse oder Beobachtungen vom Tag des 18. März 1848 im Gedicht behandeln würde, wie man es von ihm als Demokraten und Herweghianer erwarten könnte, ist nicht der Fall. Die Kämpfe, die sich in den Straßen von Berlin ereigneten, fanden bei ihm nur Platz in der Phantasie und tauchten, weit zurückverlegt in die Geschichte, in seinen Versen wieder auf. Auf legendärem Boden, im Chevy Forst, läßt er die Heere zweier auf den Tod verfeindeter Edelleute englischen und schottischen Geblüts – des Grafen Percy von Northumberland und des Lord Douglas – sich in blutiger Schlacht mit Lanze, Schwert und Bogen niedermachen. Es fallen mit ihren Herren die Ritter und Vasallen, alle 3500 Mannen bis auf 108, die übrigbleiben. »Die andern schliefen fest im Wald / nach heißem Kampfgewühle, / und Nachtwind nur und Mondenlicht / glitt über ihre Pfühle.« Die nach dem Altenglischen neugedichtete große Ballade mit ihren 44 Strophen endet nach Art der Rhapsoden mit einem Abgesang:

Das war die Jagd im Chevy-Forst,
Wo Herr und Hirsch gefallen.
Gott schütz den König unsren Herrn
Und sei uns gnädig allen.

Ende des Jahres 1848 las er das phantasievoll dramatisierte Schlachtengemälde von der Jagd im Chevy-Forst im »Tunnel« vor. Der »Tunnel« bleibt trotz Revolution und Gegenrevolution für ihn auch weiterhin der Mittelpunkt seiner gesellschaftlichen Kontakte. Als im Januar 1849 sein Freund Wilhelm Wolfsohn wieder einmal auf Besuch nach Berlin gekommen war, stellt er ihn in diesem Kreis als künftiges Mitglied vor. Kurz zuvor war auch Paul Heyse hinzugestoßen. Von der ersten Begegnung der beiden Dichter spricht ein von Heyse verfaßtes Gedicht, das den romantischen Jüngling Fontane als göttergleiche Erscheinung unter den Herren der Runde apostrophiert und die Position erkennen läßt, die Fontane zu diesem Zeitpunkt in der Vereinigung bereits erlangt hatte.

Da ging die Tür und in die Halle
Mit schwebendem Gang wie ein junger Gott
Trat ein Verspäteter frei und flott,
Grüßt in die Runde mit Feuerblick,
Warf in den Nacken das Haupt zurück,
Reicht diesem und dem die Hand
Und musterte mich jungen Fant
Ein bißchen gnädig von oben herab,
Daß es einen Stich ins Herz mir gab.
Doch: *Der* ist ein Dichter! wußt ich sofort.
Silentium! Lafontaine hat's Wort.

Das größte und zugleich schwierigste Unterfangen Lafontaines während seiner Zeit in Bethanien war der Entwurf für ein Karl-Stuart-Drama, aus dem er im »Tunnel« aber erst im Oktober 1849 las. Das Drama sollte die Geschichte des Konflikts des englischen Königs mit dem Parlament behandeln, der 1649 zum vorübergehenden Ende der Monarchie führte. In diesem englischen Geschichtsstoff sah Fontane einen aktuellen Bezug zum Konflikt Königtum und Parlament in Preußen. Er glaubte zwischen den Handlungen der Stuarts und der Hohenzollern Parallelen zu erkennen. In beiden Fällen sollten »die Prerogative auf Kosten der Volksfreiheit wachsen ... Nur die Schablone des Hofes galt; was da nicht hineinpaßte, war todeswürdig.« Mit Lepel diskutiert er in einem umfangreichen Briefwechsel die Arbeitsphasen und Gedanken zu seinem Drama, kommt aber nur sehr langsam voran. Erst im September kann er Lepel »einen ganzen Akt zu Füßen legen«.

Das ist zu der Zeit, als er schon im Begriff ist, Bethanien zu verlassen. Er wird dort nicht mehr gebraucht. Seine beiden Auszubildenden haben ihre Prüfung bestanden, und für ihn stellt sich wieder einmal die Frage, wie es weitergehen soll. Mit seinen Finanzen steht es nicht so gut, daß er sich eine Apotheke hätte kaufen können. Ein persönliches Malheur kommt noch hinzu. Schon in den ersten Monaten des Jahres war ihm aus Dresden mitgeteilt worden, daß er Vater eines unehelichen Kindes geworden sei – das zweite Mal schon, wie er Lepel eingesteht, der sofort mit einem Darlehen zur Stelle ist. Obwohl er durch sein Angestelltenverhältnis in Bethanien recht gut abgesichert ist, muß er infolge seiner doppelten illegitimen Vaterschaft und doppelten Zahlungsverpflichtungen von nun an wieder auf einen bestimmten Teil seines Einkommens verzichten. Es ist das alte Lied: Wieder einmal habe er den Plan gefaßt, fürs liebe Geld zu schreiben, nicht um große Summen dabei einzustreichen – nein, »nur um meine Einnahmen in etwas zu verbessern«. Er faßt Korrespondenten- und Übersetzertätigkeit ins Auge, auch mit Privatunterricht, das heißt Studengeben, sieht er eine Möglichkeit des Erwerbs, schreibt er an Lepel. »Vielleicht kannst Du mir dabei behilflich sein.«

Was er auch anfaßt in diesem Sommer 1849 – so recht will nichts davon gelingen. In Köpenick steht eine Apotheke zum Verkauf, die er haben könnte, wenn das nötige Kapital vorhanden wäre. Der Verkäufer verlangt einen Hypothekenschein über 10000 Taler. Für einen Fontane aussichtslos. An eine Heirat mit Emilie ist nicht zu denken. Statt Trauschein muß sie sich Ostern mit einem Gedichtchen trösten – entstanden als Ansprache an sich selbst:

Herz, laß dies Zweifeln, laß dies Klauben,
Vor dem das Beste selbst zerfällt,
Und wahre Dir den Rest von Glauben
An Gutes noch in dieser Welt.

Doch scheint er den Glauben daran mehr und mehr zu verlieren. Ungeduld drängt ihn jetzt, irgendeinen Entschluß zu fassen. Als Onkel August nach den Vereinigten Staaten auswandert, erörtert er mit Emilie und den Eltern seinerseits ernsthafte Auswanderungspläne »an den Mississippi«. Lepel wird wie immer zur Klagemauer: »Ich will deshalb mein Glück suchen, find' ich's nicht, so hab' ich wenigstens das Meine getan. ... Der Hang nach einem eignen Herde, nach Leid und Freud des Familienlebens, ist es, was mich über den Ozean treibt. Ich bin gutes Muts.«

Das war er zweifellos nicht, denn der Tag des Abmarschs aus Bethanien stand bevor. Wenn er sein Geld zusammenzählte, so reichte es kaum zum Dableiben, geschweige denn zum Auswandern. Das »Auswandern« sah für ihn so aus, daß er zum 1. Oktober als möblierter Herr in die Luisenstraße 12, drei Treppen hoch zog. »Da sitz' ich denn wieder, und koste die Reize des Chambre garni. Die knarrende Bettstelle, die mitleidsvoll aus den Fugen geht, um einer obdachlosen Wanzenfamilie ein Unterkommen zu bieten, – der wankelmütige Nachttisch, – das gevierteilte Handtuch –, die stereotypen Schildereien: Kaiser Nikolaus und Christus am Kreuz, alles ist wieder da, mir Auge und Herz zu erquicken. O, es ist schön!«

Im literarischen Kabinett

Keine Apotheke, keine Chance auszuwandern, keine Möglichkeit zu heiraten – in dieser Situation trifft er die mutigste Entscheidung seines Lebens: den Apothekerberuf für alle Zeiten aufzugeben und mit dem Schritt in die Unabhängigkeit als freier Schriftsteller fortan sein »Leben auf den Vers zu stellen«. Für ihn gab es nur noch die Vorstellung einer schriftstellerischen Existenz. Mit einer Energie ohnegleichen geht er daran, sich diese zu organisieren. Er weiß, daß gerade für eine solche Berufslaufbahn gesellschaftliche Verbindungen, stabile Kontakte zu Zeitungen und Verlagen sowie verläßliche Freunde gehören, Menschen, die ihn schätzen und seinen Fähigkeiten vertrauen. Ohne ihre Hilfe würde er den beschwerlichen Weg zum freien Schriftsteller niemals gehen können. Er verläßt sich nicht ausschließlich auf die Hilfe anderer, rechnet aber mit nachhaltiger Unterstützung, wenn er an Lepel, der mittlerweile seinen Abschied vom Militär genommen hat, in Bittstellerpose schreibt: »Lepel, Freund! Steige wieder auf die Warte und schau aus.«

Lepel hatte schon vor längerer Zeit auf einer Gesellschaft bei der Schriftstellerin Fanny Lewald Fontanes Feldherrn-Gedichte vorgetragen, mit sehr positiver Resonanz. »Was macht der prächtige Fontane?« hatte sie sich gelegentlich erkundigt; nun hoffte Fontane, der die einflußreiche jüdische Romanschriftstellerin schon einmal zum Ball geführt hatte, durch ihre Vermittlung zu einer Tätigkeit in der Bibliothek des Kriegsministeriums zu gelangen. Gleichzeitig richtete er Anfragen wegen Mitarbeit an die Verlagsbuchhändler Cotta und Duncker. Gustav Schwab, den Gymnasialprofessor und Sammler der deutschen Sagen in Stuttgart, bittet er um Fürsprache bei Cotta wegen der »Herausgabe meiner Sachen«.

Eine positive Nachricht, zunächst die einzige, kommt von Wilhelm Wolfsohn, der sich ebenfalls um Verleger und Arbeitsmöglichkeiten für den Freund bemüht. »Die ›Dresdner Zeitung‹, ein demokratisches Blatt, braucht einen Korrespondenten in Berlin. Du sollst ›hochwillkommen‹ sein.« Fontane nahm den Posten an, obgleich »Das Machen in Politik«, wie er sich ausdrückte, nicht sein Fall sei und auch die Summe, die es abwarf, ihm sehr gering erschien. Wolfsohn stellte aber in Aussicht, daß man in Dresden pünktlich zahlen würde und er die Sache auch nur als Übergang ansehen solle. Beim Schreiben, falls er annehme, möchte er sich etwas Zurückhaltung im Ton auferlegen, lautete noch der Rat. Trotz dieser Empfehlung zur Mäßigung sind Fontanes Korrespondenzen durchweg kritische Anmerkungen zur Tagespolitik, die die Hoffnung durchschimmern lassen, daß das »Narrenschiff der Reaktion an dem beleidigten Rechtsgefühle des Volkes scheitern« möge.

Das Thema Nummer eins in den Zeitungen war gegen Ende 1849 der Hochverratsprozeß gegen den Führer der Demokraten in der preußischen Nationalversammlung, Benedikt Waldeck, den man fast ein dreiviertel Jahr in Untersuchungshaft gehalten hatte, um eine Anklage gegen ihn zu konstruieren, was aber mißlang. Die Logik der Regierung – »Die Demokraten rebellieren täglich, Waldeck ist Führer der Demokratie, folglich ist Waldeck ein Hauptrebeller, das heißt schuldig« – ging nicht auf. Nach fünf Tagen war der Prozeß beendet, Fontane zog Bilanz: »Waldeck ist freigesprochen und mit ihm die geschmähte, verdächtige, in den Kot getretene Wirksamkeit der vorjährigen Nationalversammlung und der diesjährigen (aufgelösten) zweiten Kammer.«[14]

In dieser Art gibt Fontane für die Leser in Sachsen aus seinem chambre garni in der Luisenstraße brillant formulierte Berichte darüber, wie man in Berlin mit Polizeimaßnahmen gegen alle mißliebigen Demokraten vorging. Zur Wiederkehr des 18. März war es selbst den Angehörigen der Gefallenen nicht gestattet, an den Gräbern Blumen oder Kränze niederzulegen.

Von der *Dresdner Zeitung* wurden von November 1849 bis April 1850 29 Korrespondenzen von ihm abgedruckt. Sie waren mit Rücksicht auf die Verhältnisse nicht mit vollem Namen, sondern nur mit TE gezeichnet. Lediglich einen Artikel, »Preußen –

Militär- oder Polizeistaat?«, erhielt er von der Redaktion wegen erkennbar altpreußischer Gesinnung zurück. Er hatte darin begründet, warum ihm der altpreußische Militärstaat Friedrichs des Großen lieber sei, weil er immer auch ein Rechtsstaat gewesen sei, während im heutigen Polizeistaat die Polizei über dem Gesetz stehe. Das war der Zeitung nicht radikal genug. Fontane kommentierte die Ablehnung seines Artikels Wolfsohn gegenüber, daß seine Entrüstung über *unpreußische* Vorgehensweise der jetzigen Machthaber nie so weit gehen würde, daß er das Kind mit dem Bade ausschütte und wohl gar Land und Volk schmähe, aus *Liebe* zu dem er überhaupt nur in Entrüstung geraten sei. »Ich bin nun mal Preuße, und freue mich es zu sein.«

Im April 1850 beendete er seine Mitarbeit an dem Blatt wieder, das nur wenig und selbst das Wenige nur zögerlich zu zahlen vermochte, und weil er der Meinung war, er müßte schreiben können, wie ihm der Schnabel gewachsen ist, und darum brauche er *preußische* Zeitungen.

Als Überbrückung mit einem kleinen Einkommen war die *Dresdner Zeitung* durchaus eine Hilfe, wenn für den Autorennamen auch ohne Belang. Fontane erschien als Name erst wieder, als die Bemühungen von Hofrat Schneider, seit Sommer Vorleser bei Hofe, und die Versuche Wolfsohns, einen Verleger für ihn zu finden, erfolgreich waren. Kommissionsrat Hayn in Berlin druckte in der Nachfolge zu Scherenbergs »Waterloo« als kleines Fontane-Bändchen »Männer und Helden. Acht Preußenlieder«, und Moritz Katz in Dessau nahm sich des Romanzenzyklus »Von der schönen Rosamunde« an. Zu Weihnachten 1849 waren damit die ersten beiden gedruckten Bücher Fontanes im Buchhandel, üblicherweise versehen mit dem Eindruck 1850. Da Lyrik für die Verlagsbuchhändler kein Geschäft war, ihm aber dringlich daran lag, gedruckt zu werden, gab er sich mit dem Honorar, das Wolfsohn für ihn ausgehandelt hatte, am Schluß zufrieden. Wichtig war ihm zuletzt nur noch, daß die »Rosamunde« rechtzeitig vor seiner Abreise nach Liegnitz in seinem Besitz war, weil als Weihnachtsgeschenk für Emilie gedacht. Ihr war es auch gewidmet. Dem Buch vorangestellt waren folgende Verse »An Emilie«:

Liebe dacht' es, Liebe schrieb es:
Und wie viel ihm immer fehle,
Auch mit seinen Fehlern lieb' es,
Als den Spiegel meiner Seele!

Verleger Katz schickte die »Rosamunde«, ein apartes Büchlein im Cottaischen Miniaturbuchformat und mit Goldschnitt versehen, mit einer Annonce auf den Weg, in der das »unvergänglich Schöne und Harmonische echter Poesie« gepriesen wurde. Es seien Gesänge, »vom frischen Hauch englischer Balladendichtung durchweht«.

Als Fontane Mitte Januar 1850 wieder in Berlin zurück war, hatte die *National-Zeitung* die »Rosamunde« bereits besprochen. Autor und Dichtung wurden pauschal gelobt, aber *solche* Kritik war für ihn, »wie wenn einer ausspukt«. Diesen Ärger, von der Kritik nicht ausreichend ästimiert, nicht angemessen gewürdigt worden zu sein, wird er nun sein ganzes Leben hindurch haben. Wichtiger als die aus seiner Sicht entbehrlichen Larifari-Rezensionen waren die Lesungen Schneiders in Sanssouci im Kreis der königlichen Familie, sowohl aus der »Schönen Rosamunde« wie aus den Preußenliedern. Die bündig markigen Verse von Zieten, Seydlitz und Schwerin waren und blieben fortan auch das einzige, was preußische Prinzen von ihm als Dichtung kannten. Das gesellschaftliche Renommee, das damit verbunden war, dürfte dem ehrgeizigen Fontane, trotz seiner derzeit radikalen demokratischen Anwandlungen, nicht gleichgültig gewesen sein, vielleicht hat es ihn auch damit versöhnt, daß er von Katz nur drei Louisdor[15] erhielt, ein Lumpenhonorar, aber doch besser als nichts. Verlagsbuchhändler Hayn legte für die »Helden« noch einen Louisdor drauf; das war die Hälfte von dem, was Fontane gefordert hatte, der zu diesem Zeitpunkt wieder einmal völlig abgebrannt war und nicht wußte, wie er die Fahrkarte nach Liegnitz zu Emilie bezahlen sollte, wenn von der *Dresdner Zeitung* das Geld nicht rechtzeitig einging. Unter solchen Verhältnissen fiel es ihm schwer, zu akzeptieren, daß es ausschließlich zu seinem Ruhm geschah und seinen Dichternamen in der Öffentlichkeit geläufig machte, wenn der Schauspieler und Rezitator Julius Schramm, auch Mitglied des »Tunnels«, seine und Lepels Gedichte in das Programm seiner Rezitationsabende mit aufnahm, denn finanziell brachte es nichts.

Die materielle Situation des »angefangenen« freien Schriftstellers ist und bleibt kritisch. Er weiß nicht recht, ob es überhaupt so gehen würde, und wenn, dann eben nur mit einer festen, leidlich bezahlten Anstellung, die mit dem Literarischen, Redaktionsarbeit oder etwas Ähnlichem, zu tun haben müßte. Noch hat er nichts, und so bleibt ihm, als er seinen Freund Hermann Scherz auf dem Lande besuchen will, wieder einmal nur der Weg, Lepel anzupumpen. »Zehn Taler müssen es wenigstens sein, sonst hilft es mir nichts.«

Nachdem er von seinem Aufenthalt im Ruppiner Land wieder in sein Untermieterzimmer in der Luisenstraße zurückgekehrt ist, geht er daran, das Manuskript für seinen ersten Gedichtband, der gedruckt werden soll, zusammenzustellen. »Tunnel«-Bruder Friedrich Eggers, der Kunstwissenschaftler, hatte einen Verlag dafür gefunden, nachdem Paul Heyse und Gustav Schwab sich ohne Erfolg bemüht hatten, Fontanes Gedichte bei den als renommiert geltenden Verlegern Cotta oder Duncker unterzubringen. Bei Wilhelm Ernst, dem der Berliner Reimarus Verlag gehörte, glückte es schließlich. Gegen ein Honorar von 160 Talern. Das entsprach etwa einem halben Jahr einer durchschnittlichen Wohnungsmiete.

Lepel wird nun von Fontane gebeten, Auswahl und Zusammenstellung der Gedichte kritisch durchzusehen und seine Meinung darüber mitzuteilen. Seinem Rat, den ersten Akt des Fragment gebliebenen Dramas »Karl Stuart« nicht mit in die Auswahl aufzunehmen, wird Fontane aber nicht folgen. Den Freund instruiert er: »Du weißt, daß die Bilder und Balladen in jeder Beziehung die Hauptsache sind; sie werden zwischen 120 und 130 Seiten füllen.« Insgesamt hatte das Büchlein, im Miniaturformat der Cottaischen Ausgaben gedruckt, 296 Seiten.

Die Herausgabe seiner Gedichte beschäftigte Fontane seit längerem, zumal von »Italianissimus« Lepel schon zwei Bücher vorlagen, darunter »Die Lieder aus Rom«. Wie sehr Fontane das eigene Werk am Herzen lag, ist seinen Briefen von 1849 zu entnehmen, in denen es heißt: »Meine Verse, in diesen Zeitläuften von mir selber fast vergessen, mahnen den Schöpfer ihres Daseins an seine Vaterpflichten gegen sie. Sie wollen so gut wie ich selber, auch einen Zweck haben, auch ihren Platz ausfüllen in der Welt, auch sich häuslich niederlassen in diesem oder jenem Herzen.« Seinen ersten Gedichtband wird er noch im gleichen Jahr Anfang November in den Händen halten, versehen mit dem kalendarisch vorausweisenden Eindruck 1851.

Im Gegenzug für die Hilfe Lepels übernimmt Fontane die Durchsicht von dessen »Italienischen Reisebildern«. Auch für »Tunnel«-Bruder Christian Friedrich Scherenberg, den er trotz mancher Vorbehalte als bedeutenden, an Grabbe erinnernden Dichter »von *Gottes* und nicht bloß der *Grazien* Gnaden« einschätzt, sieht er die zweite Auflage von dessen Gedichtband durch. Für sich selbst hat er wieder etliche neue Projekte im Kopf. Er sammelt Stoff zu Liedern über die preußischen Reformer Stein, Scharnhorst und Gneisenau sowie den patriotischen General Yorck von Wartenburg. Auch ältere Übersetzungen liegen noch auf seinem Tisch. Darunter ein Roman der englischen Schriftstellerin Catherine Grace Gore, der im Original den Titel »The Money Lender« hat. Es handelt sich um eine Erzählung aus dem Leben eines Geldverleihers, Sohn aus reichem Hause, der seiner jüdischen Herkunft wegen bittere Kränkungen und Demütigungen hinnehmen muß und der sich, obwohl im Ruf eines Wucherers stehend, letzten Endes als edle Natur erweist, human und hilfsbereit gegenüber Menschen, die ins Unglück geraten sind. Vermutlich handelte es sich bei den 441 Seiten der Übersetzung um eine Brotarbeit. Fontane teilt darüber nichts weiter mit, als daß sie 1843 entstanden und hinter seinem Rükken zum Druck gelangt sei.

Eine kleine Verdienstmöglichkeit, wenn auch wieder nur kurzfristig, eröffnet ihm »Tunnel«-Mitglied Werner Hahn, Literaturhistoriker und Herausgeber der *Deutschen Reform*, die sich »Politische Zeitung für das konstitutionelle Deutschland« nannte und die Vorläuferin der *Preußischen (Adler-)Zeitung* war. Vier Feuilletons erscheinen bei Hahn, dann ist die Mitarbeit wieder zu Ende, nachdem eine feste Anstellung anderswo in Aussicht stand und er sich außerdem schändlich über das Blatt geärgert hatte, weil seine Übersetzung eines Aufsatzes über Victor Hugo so gekürzt wurde, daß aus den zu erwartenden 16 bis 18 Talern nur ganze acht heraussprangen.

Neben der schriftstellerischen Erwerbsarbeit ist es nach 1848 im wesentlichen wieder der »Tunnel«, wo es Fortschritte gibt, die sich poetisch stimulierend auf ihn auswirken. Fontane ist dort seit April 1850 Sekretär, was er bis zu seiner Abreise nach London 1852 bleiben wird, betraut mit der Aufgabe, die Protokolle zu verfassen.[16] Dabei ging es nicht immer nur um literarische Debatten, die mitunter recht langweilig sein konnten, zumal wenn von drittrangigen »Tunnel«-Leuten Produktionen zur Diskussion standen, die mehr Ehrgeizbezeugungen dilettierender Beamter als echte Poesie waren. Das Protokoll verlangte in solchen Fällen diplomatische Formulierungskunst, die Fontane an sich keine Schwierigkeiten machte, aber mehr Spaß bereitete es doch, wenn über die Ausflüge des Vereins, die auch zum »Tunnel«-Leben gehörten, Bericht zu geben war. Im Sommer 1851 traf man sich auf dem Hamburger Bahnhof zu einer Landpartie nach dem Finkenkrug, einer historischen Schankwirtschaft aus der Zeit Friedrichs des Großen, inmitten des herrlichen Laubwaldgebiets des Brieselang gelegen. Fontanes Bruder Max, der Apotheker, war mit von der Partie. »Und hin brauste der Zug durch die historischen Gefilde der Rehberge, vorüber an Spandau und seinem Galgen, bis Waggon und ›Tunnel‹-Insassen plötzlich hielten; das Ziel war erreicht. Der Wald lag vor uns, frisch und duftig, voll Erdbeerblüte und Finkenschlag, aber freilich Finken*krug* war noch weit. ›Je weiter, desto besser‹, mochte mancher denken und schritt lustig drauf los. Da war aber einer unter ihnen, der sprach: ›Liebe Freunde, keine Überstürzung! Warum *gehn?* Wir sind zu einer Wald*fahrt* und zu keinem Wald*gang* aufgefordert worden; ich gebe das Ihrer Erwägung anheim.‹ Aber da gab's kein Erwägen! Den Wald durch*fahren*, das ist Kaviar ohne Zitronensaft, das ist Mozartsche Musik auf verstimmten Instrumenten; wer im Wald nicht wohnen kann, der will ihn wenigstens durchwandern.«

Nach langer Sommerpause fand man sich im Oktober wieder zusammen, um die neuen Manuskripte, die wie üblich vorher beim Schriftführer einzureichen waren, in gewohnter Weise zu debattieren. Fontanes Glanzstück, das schon im zurückliegenden Jahr einmal zum Vortrag gekommen war, stand unter der leuchtenden Überschrift »Ein Ball in Paris«. Dieses großangelegte Poem, 22 Strophen lang, spielte auf die aktuellen politischen Verhältnisse in Frankreich an. Die Tischrunde verlangte, daß es ein zweites Mal gelesen wurde, um darüber besser urteilen zu können. Die anfängliche Einschätzung »gut« steigerte sich danach in »sehr gut«. Was faszinierte daran so? Das Gedicht, angelegt als Kolossalgemälde, konfrontiert einen prunkvollen Hofball von Paris – bei Fontane das Gleichnis für den zur Macht gelangten Franzosenkaiser Louis, Neffe Napoleons I. – mit den aus der Vergangenheit heraufbeschworenen Schreckensbildern der Großen Französischen Revolution von 1789, als die Köpfe rollten, und geht der Frage nach, wie der *jetzige* Herrscher mit einem erneuten Revolutionssturm fertig werden würde. Fontane zweifelt daran, daß es diesem Louis gelingen würde, die blutrünstigen Geister von 1789 zu bannen und spricht das Urteil über ihn, indem er den Blick auf das Porträt Napoleons lenkt, das im Ballsaal von der Wand herabblickt.

Genug! Du aber, Fürst, dess' Blicke eben
Scheu wieder sich zum Wandbild dort erheben,
Du Kaiserneffe, der im Herzen still
Noch immer rechnet: *ob's nicht werden will?*
Und über sich und *seine* Welt vergißt,
Daß rings die Welt ein droh'nder Krater ist,–
Sag an, wenn jener Schreckenszeit Gestalten
Bluthochzeit wieder in den Gassen halten,
Bist *du's* dann, der das losgelassne Tier
Voll Ruh empfängt, des Sieges sicher schier,
Und eh's in Blut sich voll und satt geschlürft,
Das Fangseil rasch ihm übern Nacken wirft, –
Bist du's? – Du schweigst. Der Kaiser aber spricht
Von seiner Wand herab: Du bist es *nicht!*

Das war kein Bekenntnis mehr zur Revolution, sondern zu ihrer notwendigen Niederwerfung durch eine kraftvolle Herrschernatur, wie Napoleon I. eine gewesen war. Fontanes einst getroffene Feststellung, die Guillotine müsse her, erhielt von ihm nunmehr eine Absage. Seine »liberale Schwabbelperiode«, wie er sich in einer Randbemerkung zu einem 1847 geschriebenen Gedicht viel später einmal ausdrückte, war zu Ende gegangen. Daß Fontane sich allmählich wieder bei den loyal-konservativen Positionen des »Tunnels« einfand, war unübersehbar. Der »Ball von Paris«, der die nachrevolutionäre Periode in Frankreich behandelte, wurde als aktuelles politisches Gedicht umgehend vom Cottaischen *Morgenblatt* abgedruckt. Sein preußisches Gegenstück fand dieses Poem in einem Sonderdruck von 1850 aus dem Duncker Verlag, das den Titel hatte »Vom braven Reitersmann«. Fontane preist darin den als leutselig geltenden General Wrangel, im Volksmund »Papa Wrangel« genannt, der, von Friedrich Wilhelm IV. im Herbst 1848 zum Oberbefehlshaber in den Marken ernannt, mit der Wiederherstellung der Ordnung beauftragt worden war. Der Fontanesche Bilderbogentext hat folgenden Wortlaut:

Und zum besten Reitersmann
Hebt der König also an:
»Sieh, in meiner liebsten Stadt
Wuchert auf des Unkrauts Saat.
Einen Schnitter muß ich senden,
Der sie mäht mit starken Händen,
Daß auf junger Freiheit Plan
Gute Frucht gedeihen kann!«

Drauf der alte Kriegesmann
Streicht den Bart, und ruft heran
Ein bewährtes Truppen-Corps:
»Kinder, nach Berlin geht's vor!
Denkt nicht mehr der Schmach des Märzen,
Mit Versöhnung in dem Herzen
Tragt dem wackern Bürgersmann
Schutz und Beistand freundlich an.

Nur wer feindlich sollte nahn
Unsrer siegsgewohnten Bahn
Als Rebell! – Da vorwärts drauf!

Sichre Kugel steckt im Lauf.«
Hurra! schallt es durch die Glieder,
Schlagt, ihr Tambour! endlich wieder
In die Hauptstadt, in Berlin
Brave Landeskinder ziehn.

Man ist erstaunt, wie jemand, der noch zwei Jahre zuvor mit der Flinte in der Hand auf die Barrikade steigen wollte, sich anscheinend den Gegebenheiten fügt und im biederen Ton – auffällig papahaft – die auf die Macht der Bajonette gestützte »Ordnung« bedrehorgelt. Wie in Preußen offiziell, so war auch bei Fontane jetzt Ruhe und Ordnung angesagt. Den Rebellern wird die Faust gezeigt. Ähnlich unverhüllt hatte sich von den »Tunnel«-Leuten bislang nur Wilhelm von Merckel vernehmen lassen. Von diesem war schon etliche Zeit vorher, um die Jahreswende 1848/49 herum, ein Gedicht erschienen, ebenfalls als Flugblatt, das den Titel hatte: »Die fünfte Zunft«. Gemeint waren damit die angeblich zwielichtigen Gestalten der Märzerhebung, aus deren Tun und Treiben kein christlich Heil erstehen konnte. Dementsprechend hieß es: »Gegen Demokraten / helfen nur Soldaten!«

Mit »Papa Wrangel« lag ein Bekenntnis Fontanes vor, das zwar nicht so rigide antidemokratisch war wie das von Merckel, aber hinreichend geeignet, ihn vom Schein eines »roten Republikaners« zu befreien, denn er fürchtete nicht ganz ohne Grund, daß er bei einflußreichen »Tunnel«-Mitgliedern in einem solchen Licht erschienen war, obwohl er, wie er sich jetzt Lepel gegenüber ironisierend malte, »eigentlich ein Reaktionär vom reinsten Wasser« sei. Lepel sollte wieder einmal etwas für ihn tun: ihn dem neuernannten Leiter des »Literarischen Kabinetts« empfehlen. Das Kabinett war eine Art offizielles Presseamt der Regierung, sein Leiter Regierungsrat von Merckel, derselbe, der seit Jahr und Tag Sekretär des »Tunnels« war. Aus der Anstellung konnte etwas werden, da beide sehr gut miteinander standen.[17] Der sechzehn Jahre ältere Merckel schätzte die poetische Begabung Fontanes sehr hoch ein und befand sich darin in Übereinstimmung mit den übrigen Mitgliedern des Vereins, die alle auf ihre Weise – was Fontane aus momentaner Verstimmung gegen sie gelegentlich auch vorbrachte – ihm für sein berufliches Fortkommen entscheidend behilflich waren, wie auch seine Familie in Notzeiten großzügig unterstützten. Was den Herweghianer in Fontane betraf, so war Merckel genau wie Lepel geneigt, die freiheitlichen Gefühlsausbrüche des Lafontaine dessen romantisch schwärmerischer Natur und raschen Entflammbarkeit anzulasten, darin mehr eine Caprice als eine rational begründete politische Grundhaltung zu sehen. Fontane selbst räumte in späteren Jahren ein, daß seine oft »provozierende Tollheit«, wie sie speziell in den Briefen an Lepel hervortrat, diesem »nur spaßhaft« vorgekommen sei.

Um die Stellung im »Literarischen Kabinett« zu bekommen, bedurfte es keines besonderen Drängens bei Merckel, zumal dieser von den Sorgen des Jüngeren wußte, sich als Schriftsteller über Wasser zu halten und soviel Absicherung zu schaffen, daß er endlich heiraten konnte. Unter dem Datum von 30. Juli 1850 ging folgender Brief an Fontane ab:

»Auf meinen Antrag hat der Herr Minister des Innern genehmigt, daß Ew. Wohlgeboren vom 1. August cr.[18] ab bis auf weiteres mit monatlich vierzig Taler Diäten, postnumerando[19] zahlbar, im Literarischen Cabinet beschäftigt werden. Sie wollen sich demgemäß nächsten Donnerstag vormittags im Lokale des Literarischen Cabinets, Schadowstraße Nro. 4, einfinden und zu Ihrer weiteren Information an den Herrn Dr von Meysenbug wenden. gez. v. Merckel, Kammergerichtsrat«

Während seine Gönner Überlegungen anstellten, wie ihr Schützling mit einer Anstellung versorgt werden könnte, faßte dieser im Juli 1850 den Entschluß, vorübergehend Berlin zu verlassen, um am Dänisch-Schleswig-Holsteinschen Krieg teilzunehmen. Er ist selbstverständlich auf der Seite der beiden Herzogtümer, die die dänische Krone ohne jeden Rechtsanspruch in Besitz zu nehmen versuchte. In einem Brief aus Hamburg erläutert er Lepel den Zweck der Reise, den er nach ersten für die Schleswiger ungünstig verlaufenden Gefechten darin sieht, »dem Kriegsschauplatz möglichst nah zu sein«. Ursprünglich hatte er Kiel ins Auge gefaßt, entschloß sich aber dann mit Rücksicht auf seine Mutter und seine Braut – auch nur in der

Beobachterrolle – für Rendsburg. »*Resultat:* ich werde dies und das hören und sehen, werde das Aufgepickte in ein paar Zeitungsartikeln wieder von mir geben und mit dem koddrigen Bewußtsein heimkommen, für die Schleswig-Holsteiner meine tapfre – Feder gezogen zu haben.« Vier Tage danach macht er Lepel den Vorschlag, mit ihm gemeinsam einen Fußmarsch durch Schleswig-Holstein zu unternehmen, so weit ihnen das der Däne gestatte. Es kam aber weder zur Kriegsberichterstattung noch zu Wanderungen. Das Schreiben Merckels war eingetroffen, so trat er auf der Stelle die Heimreise an.

Die ohne Zögern ergriffene Chance einer festen Anstellung erwies sich als nur flüchtiges Glück. Am 1. August war er angetreten, und schon im Dezember gab es einen Wechsel durch Veränderungen in der Regierungsspitze. Manteuffel, der bisherige Innenminister, wurde zum Ministerpräsidenten ernannt und berief als neuen Leiter des nunmehr in Zentralstelle für Presseangelegenheiten umbenannten Literarischen Kabinetts Dr. Quehl. Den Angestellten wird gekündigt, alle werden wieder eingestellt, Fontane als Protegé Merckels aber nicht. Eine neue Bewerbung von ihm wird abgelehnt. Ein letztes Mal erhält er für Dezember seine vierzig Taler Diäten und muß sich mit der Feststellung begnügen, daß er der Regierung keine Dienste geleistet habe und Rücksicht daher nicht beanspruchen könne.

Der Verlust der sicher geglaubten Stellung trifft ihn besonders hart, weil er im Vertrauen darauf am 16. Oktober geheiratet hatte. Nach mehr als vier Jahren Verlobungszeit glaubte er, endlich Georgine Emilie Caroline Rouanet-Kummer eine gesicherte Existenz bieten zu können. Die Trauung erfolgte durch Pastor Fournier in der Französischen Kirche in der Klosterstraße, die eine Art Familienkirche für die Fontanes war und bleiben sollte. »Bei Georges«, einem kleinen Lokal in der Bellevuestraße, das wegen seiner vorzüglichen Spargel mit Kalbskottelet geschätzt war, fanden sich die Neuvermählten mit wenigen Verwandten und engsten Freunden zu einer kleinen Feier zusammen. »Ich habe viele hübsche Hochzeiten mitgemacht, aber keine hübschere als meine«, konnte er über diesen Tag seines Lebens mit Zufriedenheit feststellen.

Die Zeit, die nun folgte, erforderte von Fontane und seiner

jungen Frau viel Phantasie, um durchs Leben zu kommen. Harte und sorgenreiche Tage begannen. Ihm allein hätte es wahrscheinlich nicht soviel ausgemacht – »aber die Tränen meiner Frau!« Die wenigen Taler, die eingehen, mal vier aus Leipzig für ein Gedicht[20], mal 75 für die Zusammenstellung einer Anthologie[21], reichen zum Leben nicht hin und her. Es blieb Emilie nichts weiter übrig, als Ostern 1851 in ihrer bescheidenen Wohnung eine Schülerpension zu eröffnen. Eine Lösung auf Dauer war das natürlich nicht, da am 14. August der erste Sohn der Familie, George, geboren wurde und der Ärger mit den Pensionsjungen Emilie schon vorher ziemlich viel Nerven gekostet hatte. Theodor Fontane verdient das kleine Einkommen der Familie jetzt mit dem Erteilen von Englischunterricht, später nimmt er noch die Fächer Geschichte, Deutsch, Metrik und Geographie hinzu. Zur Vervollkommnung seiner eigenen Sprachkenntnisse nimmt er bei einem Universitätslektor Englischunterricht, in der Absicht, zur Ausbildung als Sprachlehrer ein halbes Jahr nach Edinburgh zu gehen. Bot sich irgendwo die Aussicht einer Anstellung, so richtete er sofort eine Bewerbung dorthin. Zustande kam nichts. Das Gesuch für den Posten als Sekretär des Berliner Gartenbauvereins blieb ebenso erfolglos wie eine Bewerbung für eine Stelle im Unterrichtsministerium. Da erwiesen sich die fünf Wochen Vertretung in der Bethanien-Apotheke als willkommene Einnahme fürs Haushaltsbuch.

»Man faselt immer von dem ›Sich-Bahn-Brechen der Genies‹; man lasse ein Genie hungern und es verquient ebenso wie der erste beste Flickschneider.« Die nüchterne Einschätzung seiner Lage ist für Fontane aber kein Grund, die Schriftstellerei aufzugeben. Um wenigstens etwas stabiles Geld zu haben, richtet er an Friedrich Wilhelm IV. ein Gesuch um Gewährung einer Poetenpension. Sie wird abgelehnt, weil dazu keine Befürwortung des Ministeriums erfolgte, und zwar deshalb nicht, weil »die politischen Gesinnungen des p. Fontane nicht ganz lauter sind.« Nicht überall in Berlin hielt man seine 48er Bekundungen für temporären Poetenüberschwang. Freilich, was von ihm vorlag, galt ohne Zweifel als künstlerisch ausreichend, ob dahinter aber auch die richtigen Überzeugungen lagen – wer wollte das schon schlüssig beurteilen? Die Ablehnung, so kränkend sie war, bestärkte ihn in dem Wissen, daß er nur aus eigener Kraft vorwärtskommen konnte. Er wird und muß es zwingen, ausschließlich durch literarische Produktivität. Seine Briefe aus jenen Wochen sprechen von neuen Ideen zu Gedichten und Balladen, er nimmt sich sein »Barbarossa«-Epos wieder vor, schreibt Rezensionen für die Zeitschriften und stellt eine größere Anthologie zusammen, die als »Deutsches Dichter-Album« zeitgleich etwa mit seinem eigenen Gedichtband erscheint.[22]

Bei der Zusammenstellung des Bandes ärgerte ihn, daß der Verleger sich unbefugt einmischte und zwei Gedichte von Mörike wie noch etliche andere aus dem fertigen Manuskript herausgenommen sehen wollte, weil sie angeblich nichts taugten. Hebbel äußerte sich in der *Leipziger Illustrierten*, einem weitverbreiteten Familienblatt mit hoher Auflage, anerkennend über das Buch, monierte aber, daß eine Reihe wichtiger Namen fehlen würden und er sich wundern müsse, wie die »garstigen Brennesseln« hineinkommen konnten. Das zielte auf die Gedichte von Lepel und Merckel. Hebbel selbst fehlte darin.

Das Sichversenken in die Welt der Poesie, die Beschäftigung mit Lenau, Uhland, Eichendorff, Heine, Chamisso und Theodor Storm, seinem Lieblingsdichter, den er an die Spitze seines Albums stellt, versöhnt ihn für gewisse Zeit mit der Misere seines Alltags. Er glaubt, daß für ihn auch einmal bessere Tage kommen werden. So sehr er über die Mißlichkeiten und das allzuoft Vergebliche seiner Anstrengungen klagt, ist er weit davon entfernt, die unzureichenden Lebensverhältnisse jemandem, sei es König oder Staat, anzulasten. Denn soviel hat er an Selbsterkenntnis bereits gewonnen, daß der Staat »keine Züchtungs- und keine Versorgungsanstalt für verrückte Genies« sein kann und daß es nur darum geht, daß man »von seiner Arbeit schlecht und gerecht leben können« müsse, und mehr sei nicht nötig. Seine Frau dachte in diesem Punkt etwas anders, muß sich vorerst aber darein schicken, daß sie ihre Vierzimmerwohnung in der Puttkamerstraße mit der hohen Miete von rund 400 Talern im Jahr aufgeben müssen. Sie wohnen ab jetzt in der Luisenstraße, einer nicht so teuren Gegend nach der Charité zu in einer weit geräumigeren Wohnung als vorher. Als Untermieter zieht ein Freund aus Fontanes Apothekerzeit mit ein, der junge Friedrich

Witte, mit dem er zusammen bei Schacht in der Friedrichstraße gearbeitet hatte. Dieser kann über ein geräumiges Zimmer und eine kleinere Stube verfügen, so daß der Verlust der Einnahmen aus der Schülerpension wieder ausgeglichen ist.

Unter den Manuskripten, mit denen Fontane Ende des Sommers umzog, befand sich auch ein Poem, mit dem er im Frühjahr einen gloriosen Erfolg beim Balladenwettbewerb im »Tunnel« für sich hatte verbuchen können. Er erhielt mit sechzehn gegen sieben Stimmen für seine Ballade »Der Tag von Hemmingstedt« den ersten Preis und war damit, die Konkurrenten Lepel und Heyse hinter sich lassend, zum Meister der Ballade gekürt. Seine Meisterdichtung, ähnlich angelegt wie »Die Jagd im Chevy-Forst«, schildert den Kampf der freien dithmarschen Bauern, die in der Schlacht bei Hemmingstedt im Februar 1500 über die Ritter und Söldner des dänischen Königs Johann den Sieg davontrugen. Alles ist, wie generell bei ihm, in natürlicher Sprache, in einfachen, doch poetisch konzisen Worten geschildert: wie sich das Schlachtenglück trotz Übermacht der Dänen den verzweifelten Bauern zuneigt, als die Sturmflut die Schleuse niederriß und so der Himmel und das Meer den umzingelten Dithmarschern auf ihrer Schanze zu Hilfe kam; wie einer dem Anführer der sächsischen Söldner, »Schwarze Bande« genannt, die Axt durch die Rippen hieb, daß es den Leser schaudert.

Der Hieb war gut; doch unversehrt waren des Jürgen Glieder,
Da riß der Reimer und wuchtete traun am Axtstiel
ihn hernieder,
Er trat ihm dann, fünf Finger breit, das Eisen zwischen
die Rippen,
Es kam kein Laut, kein Seufzer mehr über des Junkers
Lippen.

Daß es in der Bewertung durch den »Tunnel« diesmal stark abweichende Meinungen gab, Paul Heyse Einwände machte, weil er die Kriterien eines Kunstwerks nicht erfüllt sah und auch Franz Kugler mit seinem Kreis gegen den ersten Preis stimmte, läßt erkennen, daß sich Fontane in seinen ästhetischen Grundauffassungen bereits vom »Tunnel« zu entfernen beginnt. Er ist nicht bereit, konservierte akademische Regeln, gleich welcher

Art, zu akzeptieren. »Als ob das Künstlerische immer im *Künstlichen* läge; gerade da liegt es nicht«, mokiert er sich und wiederholt seine Auffassung, die er bereits bei seinen Feldherrnliedern dargelegt hatte, daß die Wahrheit in der Kunst in der Natürlichkeit liege. »Schlicht und wahr sei der Stoff und dann – ›die gute Mache‹; so glückt es.« Was ihm vorschwebte mit der Diethmarschen Schlacht, war ihm geglückt. Voller Begeisterung geschrieben, neun Wochen daran gearbeitet, die Geschichtsbücher gründlich studiert – der große Pokal, den seine Frau aufs Vertiko stellen konnte, war verdient.

Fontanes Name steht im Verlauf des Jahres immer wieder in den Zeitungen und Zeitschriften. Wilhelm Wolfsohn, mittlerweile Herausgeber des *Deutschen Museums*, einer Leipziger Literatur- und Kunstzeitschrift, druckte seines Freundes preisgekrönte Ballade sofort ab, nachdem er sie erhalten hatte. Im »Deutschen Musenalmanach« auf das Jahr 1851/52 war das Neuste vom Tage aus Fontanes Feder zu lesen, nämlich das Gedicht »Der Alte Fritz«, das er zur Enthüllungsfeier des von Rauch geschaffenen Reiterdenkmals für Friedrich II. Unter den Linden geschrieben hatte. Parallel dazu erschienen Rezensionen zu seinem ersten Gedichtband, der nach langen Bemühungen nun einen Verleger in Berlin gefunden hatte. Das Buch wird in allen wichtigen Blättern, wie der *Neuen Preußischen Zeitung* (*Kreuzzeitung*), der *Vossischen Zeitung*, der *National-Zeitung* sowie dem *Staats-Anzeiger* besprochen, im großen und ganzen »überaus glimpflich«, wie er fand, wenn auch enttäuschend in dem Punkt, daß fast alle Rezensenten davon redeten, er verstünde sehr schön zu übersetzen und sehr schön nachzubilden, was ihn etwas kränkte, weil er damit seine eigenen Produkte in das zweite Glied gestellt sah. Eine kleine Demütigung für ihn, »doch unter uns gesagt, *ich bin ganz zufrieden damit*. Leute, die sich genieren, irgendeinen Zeitgenossen anzuerkennen, sind gleich bereit zum Lobe, wenn es einem altenglischen Balladensänger gilt, und da die letzteren unbekannt und mausetot sind, kommt solch Lob doch immer mehr oder weniger mir zugute, es findet sich keine andere Adresse.«

Ein unerwartetes Echo auf seine dichterischen Arbeiten kam um Ostern 1851 aus Leipzig. Ein ungarischer Übersetzer schickte ihm ein Exemplar eines von ihm ins Deutsche übertragenen epischen Gedichts von János Arany, »Die Eroberung von Murany«, das er aus Begeisterung über die »schöne Rosamunde« dem deutschen Dichter Theodor Fontane gewidmet hatte.

Die Familie Fontane wohnte gerade ein Vierteljahr in der Luisenstraße, als sich die Möglichkeit eröffnete, in die ministerielle Pressestelle, in der er schon einmal gearbeitet hatte, wieder einzutreten. Das war am 1. November 1851. An Dr. Ryno Quehl, der in Personalunion sowohl Leiter der offiziösen Pressezentralstelle wie auch Chefredakteur der *Preußischen Zeitung*, »*Adler-Zeitung*« genannt, war, hatte Fontane ein Schreiben gerichtet, in dem er seinen dringenden Wunsch vom vorigen Winter wiederholte, daß es dem sehr geehrten Herrn Doktor »gefallen möge, mich beim Feuilleton, oder aber (und das noch lieber fast) beim englischen Artikel Ihrer Adler-Zeitung zu verwenden.« Dem Ersuchen wurde stattgegeben. An sich eine für Fontane begrüßenswerte Entscheidung, aber zugleich auch heikle Angelegenheit. Wie sollte er diesen Schritt vor seinem Freund Lepel, dem gegenüber er im Revolutionsjahr die Unbeugsamkeit seines Standpunkts als Revolutionär und Demokrat betont hatte, rechtfertigen? Und hatte er nicht aus Empörung über eine feige, dumme und gemeine Sorte Politik unlängst noch erklärt, sie könnten ihm seine frühere Stelle wieder antragen – er wolle sie gar nicht? Nun teilt er ziemlich kleinlaut mit, das Mißliche der Situation mit Ironie überspielend, daß er sich der Reaktion für monatlich 30 Silberlinge verkauft habe und wiederum »angestellter Skriblifax (in Versen und Prosa)« bei der *Adler-Zeitung* sei. Argument: Man könne nun »mal als anständiger Mensch nicht durchkommen«. Er beteuerte, daß er der 30 Taler aus dieser Anstellung nicht froh werden würde, daß er das Gefühl habe, als hätte er gestohlen, und wie er es auch drehen und deuteln möge, es sei und bleibe »Lüge, Verrat, Gemeinheit«.

Die Selbstbezichtigungen erscheinen nicht ganz verständlich, sind wahrscheinlich auch nicht allzu wörtlich zu nehmen. Er war keinesfalls so naiv, daß er nicht gewußt hätte, daß es für den, der in regierungsoffiziellen Einrichtungen zu arbeiten bereit war, Kompetenzen und Spielregeln zu beachten galt, auch Kompromisse mit der privaten Meinung geboten waren. Im übrigen war er keiner revolutionär-demokratischen Partei verpflichtet, daß man aus seinem Schritt hätte Gemeinheit oder Verrat ableiten können. Wenn er absolut nicht als Regierungsjournalist hätte tätig sein wollen, wäre Apothekenarbeit immer noch für das Gewissen ein ehrenhafter Ausweg gewesen. Da er sich um diese Anstellung bei Quehl beworben hatte, einem eher liberalkonservativen Mann, der die Pressegeschäfte des Ministerpräsidenten von Manteuffel besorgte, ebenfalls kein Exponent einer ständisch gesinnten Reaktion, sind die Selbstanklagen eigentlich ohne Berechtigung, bestenfalls Äußerungen aus verletztem Selbstwertgefühl, wenn er sich gar entrüstet, daß er sich genötigt gesehen hätte, ein Gedicht auf den Ministerpräsidenten anläßlich einer Feier zu verfassen. Mit Anforderungen solcher Art, auch mal einen Reim auf Vorgesetzte, Könige oder Kaiser, zu fertigen, sind Dichter seit Walther von der Vogelweide über die Jahrhunderte hinweg immer wieder konfrontiert gewesen. Fontanes Anpassungsprozeß an die Realitäten des Journalismus und der Tagesschriftstellerei mit ihren vielfältigen Zwängen, von denen seine Klagebriefe zeugen, verlief in dieser Beziehung nicht anders als bei anderen Poeten, deren Lebensträume sich nicht erfüllten, aufgrund der Verhältnisse der Zeit gar nicht erfüllen konnten. Bei Fontane verhielt es sich so, daß es im Amt mit seinen Vorgesetzten, die seine außergewöhnlichen Fähigkeiten zu schätzen wußten, zu keinen nennenswerten Zusammenstößen kam. Und wenn, war es die Ausnahme. Um vorwärtszukommen, waren »Bittstellerei, Antichambrieren und Bedientengesichter«, wenn auch gerade seiner Natur zutiefst zuwider, durchaus keine ungeeigneten Mittel, wie das Leben lehrte.

Für sein berufliches Fortkommen schien ihm jetzt der Zeitpunkt gekommen, seinen langgehegten Wunsch eines längeren Aufenthalts in England als Londoner Berichterstatter in die Tat umzusetzen. Er ersucht Dr. Quehl um einen halbjährigen Urlaub, den er bewilligt bekam, zumal die Staatskasse nicht beansprucht wurde. Fontane bezahlte die Reise und die Aufenthaltskosten selbst; für die monatlichen 30 Taler, die er von der

Adler-Zeitung bezog, hatte er von London aus entsprechend Artikel zu liefern. Ermöglicht wurde ihm die Reise durch seinen Vater, der ihm hochherzig 200 Taler gab, sowie durch die Freunde Lepel und Scherz, die ebenfalls eine Summe beisteuerten. Aus der Kasse des »Tunnels« bekam er 100 und aus der Privatschatulle des Königs auf Antrag 50 Taler Zuschuß zum Reisegeld, während bei Alexander von Humboldt, an den er sich ebenfalls gewandt hatte, seine Bitte ohne Gehör blieb.

London, so hoffte er, sollte die Wende seines Lebens bringen. Emilie kann, als der Tag der Abreise naht, für ihn das Reisegepäck zusammenstellen.

Als Englandspezialist in London

Fontane beseelte Aufbruchstimmung, als er sich Ende April 1852 in Ostende an Bord eines Dampfschiffes begab, das ihn hinüber nach England bringen sollte. An der Reling des Schiffes stehend, malte er sich seine künftige Stellung als Literary Gentleman in Old-England aus – als Lehrer für deutsche Sprache und Literatur, wenn möglich als Erzieher in wohlhabenden Kreisen, falls nicht, gäbe es immer noch eine Anstellung im Comptoire eines reichen Handelsherrn. Man darf nur nichts verschmähen, nur erst fest im Sattel sitzen und ein wenig Bahn gebrochen, so hat man es geschafft. Waren die Erwerbsquellen in diesem wirtschaftlich so mächtigen Lande nicht hundertfach größer als in jedem anderen, wenn man nur etwas Glück hatte? Daß er Stoff für Artikel und Feuilletons in Hülle und Fülle finden und seiner Zeitung viele hübsche und interessante Beiträge schicken würde, stand außer Zweifel.

Als der Steamer in die Themsemündung einfuhr, London sich in seiner majestätischen Riesenhaftigkeit zu nähern begann, lagen Staub und Sand der preußischen Residenz endgültig hinter ihm. In dem kleinen, seinem Vater zugedachten Tagebuch heißt es: »Ankunft in London 11 Uhr. Rätselhafterweise ein wahres Heimatsgefühl gehabt; mir wurde die Brust weit und das Herz schlug mir höher, als mein Cab, über die schöne Waterloo-Brücke hinweg, in das vollste Leben der Stadt zwischen City und Westend hinabrollte. Ich vergaß für einen Augenblick alles andre: Frau, Kind, Not, Sorge – der alte Zauber dieser Londongröße ward wieder lebendig und hatte mich.« Verglichen mit Stettin, wo man kaum Leute auf der Straße sah, oder mit der Spandauer Vorstadt, die noch die reine Guckkastenidylle war, mußte das Fluidum der Weltstadt an der Themse aufregend wirken. Er vergleicht den Eindruck des Unendlichen beim Anblick

Londons mit dem Gefühl, das einen Menschen beim ersten Anschauen des Meeres ergreift, und diese Massenhaftigkeit in ihrer unerschöpflichen Fülle – das sei der eigentliche Zauber Londons. Wenn er das Menschengewimmel der City betrachte, komme ihm jedes Haus wie ein Theater vor, aus dem gerade die Zuschauer nach der Vorstellung ins Freie strömten; überall sei es die Zahl, die Menge, die staunen machte, – am meisten auf der Themse, Londons größter Verkehrsader.

Fontane hat einmal von einer Merkwürdigkeit in seiner Biographie gesprochen, die darin lag, daß das Schicksal ihn immer wieder mit Leuten zusammengeführt habe, die auf revolutionären Umsturz aus waren, wie Bakunin, Robert Blum, Max Dortu oder die Herwegh-Burschenschafter. Auf der Überfahrt nach England widerfuhr ihm Ähnliches. Durch eine Reisebekanntschaft bekam er ein Quartier vermittelt, das nicht gerade zu den feinsten Adressen Londons gehörte, wie sich herausstellen sollte: Long Acre No. 27. Das war eine deutsche Emigrantenkneipe in einer häßlichen Straße mit verrußten Häusern, billig, aber erbärmlich, was das Meublement betraf. Mit einer solchen Unterkunft hatte er nicht einmal in seiner schlimmsten Apothekerzeit vorlieb nehmen müssen. Der Inhaber dieses German Coffee-House, das sich hochtrabend Windsor Castle nannte und nur aus einem Bier- und Porterschankraum mit Fremdenzimmern darüber bestand, war August F. Schärttner, der ehemalige Führer der Hanauer Turnerschaft, die sich 1848/49 am badischen Aufstand beteiligt hatte. »Demokrat aus Zufall, könnte ebensogut Royalist sein.« Die einzelnen Personen dieses illustren Kreises waren nicht unwillkommene Studienobjekte für den Schriftsteller Fontane, den die zur Schau getragene Revoluzzerattitude dieser Verschwörernaturen jetzt amüsierte, wiewohl er die Details ihrer Lebensgeschichte mit Anteilnahme, ja Hochachtung zur Kenntnis nahm. Welchen Eindruck die Flüchtlingskneipe und ihre Bewohner auf ihn hinterließen, hat er in dem Aufsatz »Long Acre 27« geschildert, der Aufnahme in seinen Band »Ein Sommer in London« gefunden hat.

Da er in seiner Herberge jämmerlich fror, auch nicht ruhig schlafen konnte, wenn an den Sonnabenden unten mit französischen Kumpanen bei Bier und Branntwein die ganze Nacht hindurch fidel gefeiert und gesungen wurde, brach er seine Zelte rasch wieder ab. Eine Empfehlung konnte dieses Etablissement ohnehin nicht für ihn sein, und dann war es ja auch »das einzige Haus Londons, das ich gebunden war, *nicht* zu betreten«. Long Acre als Anschrift bei der preußischen Gesandtschaft anzugeben war gleichfalls unmöglich. Mit dem Umzug mußte er sich auch deshalb beeilen, weil nun Kontakte zu verschiedenen Personen aufzunehmen waren, von denen einiges für den weiteren Aufenthalt abhing. Von Berlin aus waren ihm eine Reihe von Empfehlungsschreiben mitgegeben worden: von Fanny Lewald, Pastor Fournier, von Lepel, den Merckels und Friedrich Eggers für gute Bekannte oder Verwandte.

Bevor die Zeit der Visiten beginnt, macht er zunächst die Bekanntschaft des altehrwürdigen Drury Lane Kaffeehauses und des Evan Kellers, wo er zu Abend speist und besucht zur Zeit der Predigt Westminster Abbey, um sich im Englischen zu vervollkommnen. Zwecks Sprachstudium nimmt er sich jeden Abend die *Times* vor, für ihn als Zeitungsmann ohnehin Pflichtlektüre, darüber hinaus als Privatstudium verordnet. »Ich will und werd' es zwingen.« Zu Hause in Berlin war man zwar skeptisch, ob er es in der Fremde zu etwas bringen würde; in der Verwandtschaft gab es mehrfach abfällige Äußerungen zu dem London-Unternehmen, er aber vertraut seinem guten Stern. »Glaubt alle endlich meinen Worten, daß ich fortging, um entweder mein Glück hier zu finden, oder aber um bereichert an Kenntnis und Erfahrung und somit fähiger zu meinem Beruf nach Deutschland zurückzukehren.«

Alsbald nach seiner Ankunft gab er eine Annonce in der *Times* auf – »Literary Gentleman« (ein Preuße, kein Flüchtling), der über gute englische Sprachkenntnisse verfügt, sucht gebildeten Engländer zwecks Gedankenaustausches in der jeweiligen Muttersprache. Auf einem weiteren Handzettel empfahl er sich als Sprachlehrer für Einzelunterricht wie auch für Familien. Doch nur wenige Interessenten meldeten sich. Als einmal drei brauchbare Antworten eingingen, schreibt er an seine Frau: »1 Doktor, 1 Jurist und 1 Geistlicher. Ersterer ist sehr liebenswürdig; ich war schon zwei Abende von 8–11 bei ihm; der zweite hat sich zurückgezogen; der dritte ist erst vorgestern nach London zurückgekehrt, in der nächsten halben Stunde mach' ich ihm meine Visite.« Das Geschäft mit dem Unterricht kam nicht recht in Gang; es hielten sich zuviele deutsche Emigranten in London auf, die sich durch Stundengeben ihren Lebensunterhalt verdienen mußten. Infolge dieser Konkurrenz ergaben sich auch keine nennenswerten Kontakte auf Dauer, mit Ausnahme des Arztes James Morris, dem das Angebot zusagte, Sprachunterricht auf Gegenseitigkeit zu erteilen, da er selbst nicht viel Geld hatte. Bei ihrer ersten Begegnung hatte es Fontane zwar höchst mißfallen, daß der Schotte ihm nicht einmal eine Tasse Tee anbot, die Verstimmung legte sich jedoch, und in weiteren Briefen ist nur noch die Rede davon, daß er im Verkehr mit Dr. Morris die meisten Fortschritte mache und dieser überhaupt ein vollendeter Gentleman sei. Mit ihm unternahm er des öfteren Ausflüge, so daß er zufrieden nach Hause schreiben konnte, er habe wieder viel gesehen und Gott sei Dank für verhältnismäßig wenig Geld. Einmal gelang es ihm gar, mit Hilfe von Sprachunterricht seine Kasse gut aufzufüllen. Er erhielt nach mehrmonatigem Deutschunterricht bei einer Miß Hudson von deren Vater[23] ein generöses Honorar von 31 Talern, »die ich mit Dank und Freude eingestrichen habe«.

Empfehlungsschreiben hatte Fontane natürlich auch für den preußischen Gesandten, Herrn von Bunsen, dem er am 12. Mai im Frack seine Aufwartung machte. Josias von Bunsen war eine einflußreiche Persönlichkeit im Lager der Liberalkonservativen, die ihr offizielles Sprachrohr im *Preußischen Wochenblatt* hatten und allgemein die Wochenblatt-Partei genannt wurden. Im Prinzen Wilhelm, dem Bruder des Königs, hatten sie eine große Stütze. Die offiziellen Beziehungen zum Gesandten gestalteten sich daher von vornherein für Fontane außerordentlich delikat, denn Ministerpräsident Manteuffel war alles andere als ein Liberalkonservativer, wenn er auch nicht zum Zirkel der sich um die *Neue Preußische (Kreuz-)Zeitung* scharenden ständisch orientierten Altkonservativen gehörte. Als Repräsentant des königstreuen staatsbürokratischen Systems wandte er sich gleichermaßen gegen liberale Fortschrittler wie gegen eine Rückkehr zu einer feudal-ständischen Staatsverfassung. Fontane war sich der Zurückhaltung, die er zu üben hatte, bewußt.

Hatte von Bunsen anfangs – vermutlich durch ein Empfehlungsschreiben Merckels in der Hoffnung bestärkt, über Fontane als souveränen Mann der Feder die Positionen der Wochenblatt-Partei in der preußischen Presse verbessern zu können – Fontane geradezu hofiert, so änderte sich das, als offenbar wurde, daß sein Gast zur suspekten Regierungspresse gehörte. Hieß es im Mai noch: »Bunsen empfing mich mit exquisiter Artigkeit; führte mich in den Kreis seiner Familie, ließ mich am großen Frühstückstisch neben sich Platz nehmen«, so findet Fontane im Juni das Betragen des Gesandten ihm gegenüber »entschieden flapsig« und konstatiert, daß er »als ministerieller Zeitungsschreiber« von Bunsen »gar nichts zu erwarten habe.«

Allerdings brauchte er den Gesandten auch nicht, um Land und Leute Britanniens besser kennenzulernen und sich im Englischen taktfest zu machen. Darin sah er den eigentlichen Zweck seiner Reise. Daß sich der Studienaufenthalt mit der Tätigkeit eines freien Korrespondenten für die *Adler-Zeitung* koppelte, war für keine Seite ein Nachteil. Er hält also weiter Ausschau nach Schülern und schickt regelmäßig Artikel an die Redaktion. Was er auf seinen Exkursionen erlebt, wie sich ihm Old England und der Nationalcharakter der Briten darstellt, was ihm gefällt und auch, was ihm nicht behagt, ist im einzelnen in seinen Feuilletons nachzulesen. Vom Stil her sind sie das, was Fontane als Causerie bezeichnet, unterhaltsame Plaudereien mit persönlicher Note auf der Mitte zwischen Impression und Reflexion. In einem weiteren Sinne könnte man sie auch als Reisetagebücher bezeichnen. Emilie und sonstige Familienmitglieder sind gehalten, für ihn alle Zeitungen zu sammeln, in denen etwas erschienen ist. Zur Orientierung legt er eine Liste bei, was er an die Redaktion bis Juli schon abgeschickt hat, woraus die Familie ersehen könne, daß er in den zwei zurückliegenden Monaten nicht gerade faul gewesen sei. Im einzelnen sind genannt:

Ein Gang durch den leeren Glaspalast
Der Begynenhof in Gent[24]
Eine Kunstausstellung in Gent
Die öffentlichen Denkmäler

Die Musikmacher
Das goldne Kalb
Die Manufaktur in der Kunst
Das deutsche Theater
Der englische Zopf
Richmond
Zahlen beweisen
Lady Hamilton

Manches von seiner früheren naiven England-Schwärmerei, wie sie sich bei ihm noch artikulierte, als er seine erste Reise als Franzer-Grenadier nach London unternahm, macht jetzt einer ruhigeren, tiefergehenden Betrachtung Platz. Es finden sich mitunter recht kritische Töne, vorwiegend in den Aufsätzen, zum politischen System und zur Präsentation der bürgerlichen Gesellschaft, die er vom Fetisch Geld beherrscht sieht. Dazu heißt es in einem von Fontane aus demEnglischen übersetzten *Times*-Artikel »Das goldne Kalb«: Spekulationen, Rennen und die Jagd nach Geld; Hochmut, wenn es erjagt ist und Verehrung vor dem, der es gejagt hat, der ganze Kultus um das goldne Kalb – das sei die große Krankheit des englischen Volkes.

Was er über London und seine Sehenswürdigkeiten, über Kunst und Theater, Volksleben und Ausflugspunkte schreibt, findet Zustimmung in der Redaktion, aber nicht nur dort. Seine Frau kann ihm berichten, daß alle Bekannten seine Aufsätze verfolgen und sie gut geschrieben finden. Eine besonders interessierte Leserin hat er in der mit der Familie eng befreundeten Henriette von Merckel, der Frau von »Tunnel«-Präses Wilhelm von Merckel, einer Tochter des Ministers von Mühler, hochgebildet, was Geschmack und Urteilsvermögen in künstlerischen und literarischen Dingen betraf. Von ihr stammt das Urteil, daß Fontanes Schilderungen »eine Perle in dem Schutt der Feuilletons« gewesen seien, »anregend, voll feiner Beobachtungsgabe und Poesie«.

Emilie Fontane, gleichfalls eine Frau von klugem Urteil, belesen, in Sachen der Kunst und des Theaters auf dem laufenden, besorgt sich studienhalber das Buch von Fanny Lewald über England[25], das sie im Vergleich zu ihres Mannes konzisen Darstellungen ziemlich weitschweifig findet, eben von einer Frau geschrieben, aber doch interessant in dem, was sie lobt und tadelt. Auf diese Weise nimmt Emilie von Berlin aus Anteil an den literarisch beruflichen Problemen, wie sie die Zeitungsarbeit mit sich bringt, kann durch den Austausch von Gedanken und Meinungen mancherlei Anregung geben. Zunächst einmal setzt sie Schwager Max, Fontanes Bruder, Apothekerfreund Witte, der einwohnt bei ihnen, und natürlich »die Merckelsche« ein, nach abgedruckten Artikeln in den Zeitungen Ausschau zu halten, damit sie recht oft gute Nachrichten mit der Post nach London geben kann. »Zu meiner Freude kann ich Dir nun heut noch schreiben«, heißt es unter dem Datum des 14. Juli 1852, dem Geburtstag ihres Georges, »daß gestern in unserer Zeitung ›Londoner Brief I. Öffentliche Denkmäler‹ stand und im Laufe des Vormittags brachte mir Max 2 gestohlene Nummern der ›Zeit‹, worin ›Lady Hamilton‹, ich erwarte, daß er mir heut die dritte bringt, worin das Ende dieses höchst spannenden Aufsatzes stehen wird. Ich bin sehr begierig, womit England diese interessante Frau belohnt hat.«

Für die lange Zeit der Trennung sind die Briefe für das Ehepaar die einzige Verbindung. Jeder gibt so detailliert wie möglich Bericht von den kleinen Ereignissen des Alltags, spricht auch von den traurigen Stunden, die das Alleinsein bedeutet. Der schmerzlichste Brief seiner Frau kam im September mit der Nachricht, daß ihr Neugeborenes, der kleine Rudolph, schon nach vierzehn Tagen wieder verstorben war. Auch George, etwas über ein Jahr alt, war schwer erkrankt, »so krank, wir haben es Dir gar nicht geschrieben, den herzugeben wäre mir doch noch schwerer geworden!«

Die nach wie vor prekäre materielle Lage der beiden Eheleute ist das dominierende Thema ihrer Korrespondenz und läßt erkennen, wie dünn das Eis ist, auf dem sie sich bewegen. Schwierig vor allem dadurch, daß ein nennenswerter Zuverdienst in London nicht erfolgte; seine Honorare mußten Fontane oft nachgesandt werden. Falls er wirklich an eine Verlängerung des Englandurlaubs dachte, hätte niemand von seiner Familie etwas dazu beisteuern können. Emilie rechnete ihm das vor. »Mutter ist bereits durch Max auf ein Vierteljahr bankerutt und Papa, der seit zwei Tagen hier ist, erklärte mir heute, er wüßte kaum, wie nach Neustadt[26] zurückkehren. Ich, – lebe durch Pump von Witte und sehne sehr den Ersten herbei. Die Geldangelegenheiten sind doch wirklich zu miserabel bei uns.« Von seiten ihrer Eltern mußte sie sich mehr als einmal anhören, daß ihre Ehe doch eigentlich »eine Jammerpartie« sei, eine Meinung, der auch die übrige Verwandtschaft nicht widersprach.

Anfang Juni war Fontane in London noch einmal umgezogen. Ein Bekannter hatte ihm ein Quartier in einer noblen Gegend, Tavistock Square, besorgt. Hier gehörte er nun so gut wie zur Familie, was ihn in der Beherrschung der englischen Konversation einen tüchtigen Schritt vorwärts brachte. Er fühlte sich soweit ganz zufrieden, wenn er von seinen Ausflügen, Visiten und dem Unterricht zu Mr. und Mrs. May zum Lunch in sein Quartier kam. Angesichts der Schönheit der englischen Ladies – der in den königlichen Kunstgalerien noch mehr als der in seinen Pensionen – wäre er gern auch noch länger in England geblieben, während das, was er die englische Kuchenkunst nannte, ihn an der Rückkehr nicht gehindert hätte.

In London wollte er zuletzt noch versuchen, um seinen Vater nicht zu enttäuschen, mit einem Geldgeber als Kompagnon den Kauf einer Apotheke in die Wege zu leiten, was sich aber zerschlug. Als reine Illusion erwies sich auch der Schritt des preußischen Gesandten, ihn an die Universität als Deutsch-Professor zu vermitteln. Das im wahrsten Sinne des Wortes letzte Angebot war eine Stelle als Hauslehrer, wie man sie in der Regel mittellosen deutschen Studenten antrug. Einkommen: lächerlich. Das ging ihm nun völlig gegen die Ehre und wurde als Zumutung, ja Beleidigung empfunden.

Da er in England keine besser bezahlte Stellung finden konnte als die, die er in Berlin auch hatte, und seine Beurlaubung abgelaufen war, begab er sich im September 1852 auf die Heimreise. War es ihm auch nicht geglückt, seiner Familie während der Zeit seiner Korrespondententätigkeit eine bessere Existenz zu schaffen, so sieht er doch den Gewinn an Sprach- und Weltkenntnis, den er mit nach Hause nimmt, und bleibt bei seiner Meinung: »London ist das Größte, was diese Erde hat.«

Im Oktober ist Fontane wieder in Berlin und nimmt in der

ministeriellen Pressestelle seine Büroarbeit auf. Wie üblich hat er Korrespondenzen zu fertigen für kleinere, zu unterstützende Zeitungen wie das *Danziger Dampfboot*, die *Erfurter Zeitung*, die *Heidelberger Zeitung* und ein mittelrheinisches Blatt. Nebenher war die täglich eingehende Presse für die Spitzen des Ministeriums auszuwerten und *seine* Zeitung, die »*Preußische*«, mit Beiträgen zu beliefern. Ein im Grunde subalterner Beamtendienst, denn worauf lief es hinaus? »Alle – die paar Höherpotenzierten abgerechnet – hatten sich um neun oder halb zehn einzufinden und nun vier oder fünf Stunden lang auf einem Drehschemel zu sitzen, mit nichts beschäftigt, als eine große Tasse Bouillon (ich sehe noch die Fettaugen) zu trinken und alle möglichen Zeitungen zu exzerpieren.« Im Grunde Produktion von Makulatur und nichts für Menschen mit natürlichem Schaffensdrang.

Eine Veränderung in seinem Büroschemeldasein ergibt sich für Fontane mit Beginn des Jahres 1853. Er wird ab Februar als Revisions-Redakteur der *Adler-Zeitung* eingesetzt, hat jeden Abend von acht bis zwölf Uhr in der Druckerei letzte Korrektur zu lesen, bevor das Blatt in Druck geht. Der neue Leiter der Regierungspressestelle, Dr. Metzel, hatte diese Umsetzung vorgenommen, entgegenkommenderweise, um seinem Mitarbeiter die Ausübung seiner literarischen Tätigkeit zu erleichtern. Gleichzeitig vermittelte er Fontane eine Nebeneinnahme, zu der er die freien Stunden des Tages gut verwenden konnte. Er empfahl ihn der Familie des Geheimen Oberregierungsrats von Wangenheim als Nachhilfelehrer für dessen Töchter. Fontane hatte mittlerweile seine Sprachmeisterprüfung abgelegt, die ihn berechtigte, an einer Handelsschule Unterricht zu erteilen sowie die Wangenheim-Töchter in Englisch und darüber hinaus auch in allen übrigen Fächern zu unterrichten. Als Schülerinnen kamen bald noch zwei weitere Geheimratstöchter hinzu.

Der Nebenberuf als Privatlehrer hat Fontane viel Freude gemacht, nicht zuletzt deshalb, weil die Kinder ihn weniger als Angestellten denn als Freund der Familie betrachteten, was seinem Ehrgefühl wohltat, denn auf nichts reagierte Fontane so empfindlich wie auf Herabsetzung oder Gleichgültigkeit seiner Person gegenüber. Zu seiner Unterrichtstätigkeit in jenen Jahren gehörten auch Vorträge über Themen der Geschichte; die Offiziersfamilien von Seeckt und von Selchow hatten ihn auf Empfehlung Lepels dazu eingeladen. »Es waren sehr liebenswürdige Familien, und ich rechnete es mir als eine Ehre an, daß ich, wenn die Stunde vorüber war, jedesmal eingeladen wurde, zu bleiben und an ihrem Tee teilzunehmen. Es freute mich, es ehrte mich.« Daß es ihm nicht allein um die paar Groschen ging, die er sich verdienen konnte, illustriert die folgende von ihm erzählte Anekdote.

Als er eines Tages zu Fuß nach der Holzmarktstraße unterwegs war, wo die Selchows ihre Wohnung hatten, traf er Unter den Linden einen guten Bekannten, den Geheimrat Schnaase, Kunstprofessor und einer seiner Gönner. Ob denn die Vorträge wenigstens einträglich seien, wollte der alte Herr wissen. »Ach, Herr Geheimrat, das kann ich nun freilich nicht sagen. An solchen Tagen wie heut, wo man alles zu Fuß abmachen kann, nun da geht es.« – »Aber wenn es regnet?« – »Ja, Herr Geheimrat, wenn es regnet. Und sonderbar, es regnet fast immer. Oder Ostwind, den ich nun mal nicht vertragen kann. Dann stellt es sich so: Droschke hin 5 Groschen, Droschke zurück 5 Groschen, Trinkgeld an den Diener 5 Groschen, Chemisettehemd 3 Groschen. An solchen Tagen schließe ich dann jedesmal mit 3 Groschen Minus ab.«

Der Abend- und Nachtdienst, den er in der Druckerei zu machen hatte, erwies sich wohl für die bessere Einteilung seiner privaten Zeit als vorteilhaft, nicht aber für seine Gesundheit. Bei noch winterlichen Februartemperaturen marschierte er nach Mitternacht zu Fuß nach Hause, bei eisigem Wind, wo es besser gewesen wäre, eine Droschke zu nehmen, zumal er nicht zu den Menschen gehörte, die über eine robuste Gesundheit verfügten. Schon als Apothekerlehrling hatten ihm Erkältungskrankheiten zu schaffen gemacht, die regelmäßig mit Frühjahrsbeginn wiederkehrten, und so auch jetzt. Er mußte sich im März mit Grippe ins Bett legen, sich von der Pressestelle beurlauben lassen. Im Mai trat eine Lungenentzündung hinzu. Es stand kritisch um ihn.

Um das Schlimmste abzuwenden, sind wieder die Freunde zur Stelle. Wilhelm Kugler erwirkt für ihn per Gesuch eine Zuwendung von 100 Talern aus der königlichen Schatulle. Auch Pastor Schultz hilft, Fontane kann zur Beobachtung seiner Lunge im Krankenhaus Bethanien unterkommen. Dort wollte man für die ärztliche Behandlung natürlich kein Geld, er sollte dafür in Vertretung wieder den Apothekendienst übernehmen.

An Bethanien schließt sich zur Erholung, wie so oft schon, ein Sommerurlaub bei Hermann Scherz auf Gut Kränzlin an. Von dort gibt er Freund Wolfsohn nach Dessau einen kleinen Bericht über sich. »Mir selbst geht es eigentlich schlecht. Ich soll die Schwindsucht haben und einem nun halbjährigen Husten nach muß ich's selber glauben. Ich war 4 Wochen in Bethanien und trank Ober-Salzbrunnen, hier trink ich Molken – dennoch wird es nicht besser, und nehm' ich diesen Husten mit in den nächsten Winter hinüber, so kann ich einpacken.« Jetzt wäre wohl eine Reise in die Sonne Italiens zur Ausheilung seiner angegriffenen Lunge das Gebotene gewesen. Für einen preußischen 40-Taler-Diätar mußte es ein märkisches Rittergut mit guter Landluft auch tun.

Da er in der Zentralpressestelle quasi als Dauerurlauber geführt wurde, glaubte der neue Leiter, Geheimrat Immanuel Hegel, ihm kündigen zu können. Im Kreis der Vorgesetzten und Kollegen galten über so lange Zeit Abwesende nunmal als überflüssig. Fast zeitgleich mit der Kündigung wird Emilie im Oktober ihr drittes Kind zur Welt bringen, wieder einen Sohn, und abermals müssen sie das Neugeborene nach wenigen Monaten zu Grabe tragen. Um die Existenz der Familie abzusichern, hilft jetzt nur noch, daß er einen längeren Brief an Geheimrat Hegel richtet, um als »Überflüssiger« wenigstens zeitweilig die Vertretung eines Kollegen zu bekommen, mit Anwartschaft auf dessen Platz, als dieser im Dezember 1853 ausscheidet.

Infolge der sich über einige Monate hinziehenden Krankheit war an größere literarische Arbeiten nicht zu denken. Im wesentlichen sind es drei Ereignisse, die für den Zeitraum 1853/54 von Bedeutung für ihn waren: das Erscheinen des literarischen Jahrbuchs »Argo«, die Lesung seiner neuen Ballade »Archibald Douglas« und die Publikation seiner London-Feuilletons in Buchform.

Wie kam es zu dem erwähnten Jahrbuch? Ende 1852, kurz

nachdem Fontane aus England zurückgekehrt war, hatte sich in Abspaltung vom »Tunnel« um den Kunstwissenschaftler Friedrich Eggers ein neuer literarischer Kreis etabliert, »Rütli« genannt. Der kleinen Runde gehörten Kugler, Merckel, Heyse, Lepel sowie die Maler Menzel und Hosemann an. Im Winter 1852/53 kam noch Theodor Storm hinzu, der sich in Preußen um eine Anstellung im Justizdienst bemühte. Die Rütlionen hatten beschlossen, eine Vierteljahreszeitschrift herauszugeben, aus dieser Idee entstand dann das belletristische Jahrbuch »Argo«. Betraut mit der Arbeit daran waren Fontane und Wilhelm Kugler.

Wie »Rhythly« – das war die ursprüngliche Schreibweise – sich sprachlich auf Rütli, den Ort des Schwures auf die schweizer Freiheit, bezog, so stand »Argo« für das Schiff der Argonauten und sollte, wie das Boot der legendären Helden der Antike unter Jasons Führung einst das Goldene Vlies heimholte, jetzt den Ruhm der Poesie für die Dichter des »Rütli« einfahren. Konzeption und Auswahl der Manuskripte wurden weitgehend von Fontane bestimmt; er redigierte die Beiträge und führte eine umfangreiche Korrespondenz mit Theodor Storm, Paul Heyse, Klaus Groth und anderen Autoren, um sie für sein Jahrbuch zu gewinnen. Verleger Katz in Dessau, der bereits die »Schöne Rosamunde« gedruckt hatte, sogar schon in zweiter Auflage, zeigte sich bereit, »um der berühmten Namen willen« auf das Unternehmen einzugehen. So konnte die »Argo« im Herbst 1853 erscheinen. Fontane ist darin mit drei Erzählungen – »Tuch und Locke«, »Goldene Hochzeit« und »James Monmouth« – sowie zwölf Balladen vertreten, darunter wieder Nachdichtungen aus dem Englischen. »Es ist kein zusammengebummeltes Buch«, schreibt er an Lepel, »Du wirst viel Neues drin finden«, und lobte besonders die »wunderschönen Gedichte« Storms.

Mit dem Jahrbuch war eine Gruppe von Dichtern und Künstlern hervorgetreten, die sich aus den festgefahrenen Gleisen des »Tunnels« befreien und sich der öffentlichen Kritik stellen wollten. Das unterschied den »Rütli« von der »Ellora«, die sich zur gleichen Zeit vom »Tunnel« abgespalten hatte, sich aber mehr als familiärer geselliger Kreis verstand, dem auch die Frauen der Dichter angehörten. In diesem Cercle fühlte sich besonders

Emilie zu Hause. Die Liebenswürdigkeit, mit der sie die Tischgesellschaft[27] betreute, nicht nur als Gastgeberin, brachte ihr den Ehrennamen »Ellora-Mutter« ein. Für das Dichter- und Professorenkränzchen fertigte sie in Stickerei eine phantasievolle »Ellora«-Fahne mit einem Elefanten als Symbol[28] an, die erhalten geblieben ist.

Daß der alte »Tunnel« an Bedeutung für Fontane eingebüßt hatte, weil das Klima ihm dort nicht mehr behagte, hatte er mehrfach anklingen lassen. Es sei weder Herz noch Geist, was die Leute dort zusammenführe, sondern nur »die allertrivialste Neugier, um etwas Klatsch für ›Muttern‹ (die sich so herzlich langweilt) mit nach Hause zu bringen«. Immer stärker stehe auch persönliche Rücksichtnahme einer sachlich kritischen Bewertung der Arbeiten im Wege. Er vermißte das Bemühen um die Wahrheit in den abgegebenen Urteilen. »Es ist trostlos.« Wenn er sich nicht aus Dankbarkeit dazu verpflichtet fühlte, würde er gar nicht mehr hingehen.

Aus dieser Unzufriedenheit heraus wollte er den produktiven Teil der Arbeit des »Tunnels« mit der »Argo« in eine andere Richtung lenken. Diese Neuorientierung mit einer engeren Bindung an das von Friedrich Eggers herausgegebene *Deutsche Kunstblatt*, das auch eine Literaturbeilage hatte, brachte es mit sich, daß Fontane über bestimmte Dichter, die ihn stark interessierten, Literaturbetrachtungen zu schreiben begann. In der *Preußischen (Adler-)Zeitung* veröffentlichte er einen Aufsatz über Theodor Storm, im *Literarischen Zentralblatt für Deutschland*, das in Leipzig erschien, rezensierte er den »Deutschen Musenalmanach 1853«.

Ein besonderes Ereignis im Leben Fontanes war, als er im Dezember 1854 zum Stiftungsfest des »Tunnels« seinen »Archibald Douglas«, eine seiner Meisterballaden, vortrug, abermals ein Stoff aus der schottischen Geschichte, der davon handelt, wie ein Graf aus dem Geschlecht der Douglas, das sich in Fehde mit dem König befand, nach sieben Jahren Verbannung dessen Vergebung erlangte. Die Anfangszeilen dieser Ballade, im Werk Fontanes zuweilen selbstparodistisch zitiert, sind sprichwörtlich geworden. »Ich hab es getragen sieben Jahr / und kann es nicht tragen mehr.« In Abweichung von Walter Scott jedoch, in dessen Sammlung er den Stoff zu diesem kraftvoll männlichen Heldengesang fand, nahm Fontane eine Veredlung des königlichen Charakters vor. Während dem Douglas der historischen Überlieferung zufolge Vergebung nicht zuteil wurde, reiten die beiden Recken bei Fontane am Schluß versöhnt zum königlichen Schloß. So ist das Ende der Ballade gänzlich Produkt der poetischen Phantasie Fontanes, ein Hohelied von Treue, Edelmut und Vergebung. Es war eine der Sternstunden seines Lebens, als er die Hauptstrophen an einem Abend im Foyer des Schauspielhauses niederschrieb, so, wie die Intuition sie ihm eingab.

König Jakob sprang herab vom Pferd,
Hell leuchtete sein Gesicht,
Aus der Scheide zog er sein breites Schwert,
Aber fallen ließ er es nicht.

»Nimm's hin, nimm's hin und trag es neu
Und bewache mir meine Ruh,
Der ist in tiefster Seele treu,
Wer die Heimat liebt wie du.

Zu Roß, wir reiten nach Linlithgow[29],
Und du reitest an meiner Seit,
Da wollen wir fischen und jagen froh
Als wie in alter Zeit.«

Im Juli 1854 erschien bei Katz in Dessau eine Auswahl seiner England-Schilderungen unter dem Titel »Ein Sommer in London«. Sein erstes Prosabuch. Es zählt zu den klassischen Werken der Feuilletonliteratur des 19. Jahrhunderts, obwohl Fontane den Begriff Feuilleton nur gelegentlich gebraucht, er spricht mehr von Aufsätzen. Dem Anlaß der Entstehung nach sind es eigentlich Zeitungsartikel. In dem Maße jedoch, wie sich Menschen und Verhältnisse aus der Sicht eines Dichters präsentieren, wie sich Stimmungen und Empfindungen des Augenblicks darin spiegeln, sind es Kunstwerke von ganz subjektiver, eigenwilliger Formgebung – das, was man in der Musik mit Impromptus bezeichnet. Theodor Storm hat in seiner Rezension auf diesen Zug hingewiesen, als er das Buch als Werk einer dichterischen Persönlichkeit würdigte. »Bei aller Kenntnis des Landes sowie seiner Geschichte und Literatur, womit ohne Zweifel ausgerüstet er dort die Dinge und Verhältnisse angeschaut, erhalten wir nicht sowohl eine Darstellung dieser Dinge selbst, als vielmehr des Eindrucks, den sie ihm zurücklassen, und dadurch freilich ein ebenso interessantes als geistvolles Buch, worin fast jedes Kapitel sich zu einem kleinen abgeschlossenen Ganzen abrundet.«

In seinem Dienstverhältnis in der Pressestelle gibt es für Fontane im Dezember des Jahres abermals eine Veränderung. Er wird versetzt. Der Wechsel ergab sich infolge der Entwicklung der internationalen Beziehungen. Der Krimkrieg hatte begonnen. Im Juli 1853 waren russische Truppen in die Gebiete der Moldau und der Walachei eingerückt, Territorien, die sich unter der Herrschaft des türkischen Sultanats befanden. Der Ausbruch des türkisch-russischen Konflikts bot England und Frankreich den Vorwand, um mit militärischen Mitteln die Positionen Rußlands auf dem Balkan und im Nahen Osten zu schwächen. In diese antirussische Koalition versuchten die Regierungen in London und Paris auch Preußen hineinzuziehen. Fontane als Englandspezialist erhält das in dieser Zeit besonders verantwortliche Amt eines »englischen Lektors« übertragen; er hat jetzt die englische Presse für die Regierung referierend auszuwerten.

Im Regierungsauftrag

Zur innen- und außenpolitischen Orientierung der preußischen Zeitungen gab die Pressestelle die »Preußische Correspondenz« sowie als verkleinerte Ausgabe die sogenannte »Provinzial-Correspondenz« heraus. Für diesen Pressedienst der preußischen Regierung hatte Fontane unter Auswertung der englischen Zeitungen Nachrichten und Übersichten im Referatestil zu fertigen. Er nahm diese Arbeit zu einem Zeitpunkt auf, als der Krimkrieg in sein entscheidendes Stadium eingetreten, die Festung Sewastopol nach der Landung der englisch-französisch-türkischen Truppen auf der Krim eingeschlossen und belagert war. Die Kritik der englischen Politik und Öffentlichkeit an der neutralen Haltung Preußens, dessen König Friedrich Wilhelm IV. bei seinem Regierungsantritt 1840 definitiv erklärt hatte: »Ich will Frieden halten zu meiner Zeit«, war heftig, in der Sache anmaßend und unberechtigt. Man mußte sich fragen, was einen Bürger Preußens die Rivalitäten imperialistischer Konkurrenten angingen und warum sich Preußen einem »Kreuzzug« gegen Rußland anschließen sollte, um, wie es im Umgangston englischer Politiker salopp hieß, »in Petersburg zu frühstücken«. Allerdings war der Krieg gegen Rußland in Preußen populär, hatte doch Josias von Bunsen, der bisherige preußische Gesandte in London, im Auftrag der sogenannten liberalen Wochenblatt-Partei eine diesbezügliche Denkschrift verfaßt, mit eingezeichneten Karten, wie das bisherige Rußland »aufgeteilt« werden sollte. Sowohl dieser politischen Strömung im Lande wie den antipreußischen Verlautbarungen der englischen Blätter war durch die Arbeit der Pressestelle, sprich durch die Berichte Fontanes, entgegenzuwirken. So lautete die Aufgabenstellung durch Ministerpräsident Manteuffel, der selbstredend über die personellen Besetzungen und Interna seiner Behörde informiert war.

Aus Gründen der Effektivität lag es nahe, einen der journalistischen Mitarbeiter der Pressestelle unmittelbar in London zu postieren, um die diesbezüglichen Materialien im Sinne der preußischen Neutralitätstendenz von dort direkt an die preußischen Blätter und an Zeitungen in anderen deutschen Ländern zu lancieren. Gleichzeitig wäre auch durch die Schaffung von Kontakten besser als von Berlin aus die Möglichkeit gegeben, in der englischen Presse Artikel mit der eigenen Position unterzubringen.

Während Fontane tagsüber seiner Angestelltentätigkeit nachging, sich zu Hause mit der Zusammenstellung seiner altenglischen Balladen für eine Buchausgabe beschäftigte und an Beratungen zur Einrichtung einer Berliner Filiale der Schillerstiftung teilnahm, fielen in der Leitung der Pressestelle nach und nach die Entscheidungen. Fontane hatte sich mittlerweile von seiner gesundheitlichen und nervlichen Krise wieder erholt und sah sich unmittelbar drückender Sorgen, was den Geldpunkt betraf, enthoben. Er meint in seinen Briefen, es gehe ihm ganz leidlich, er habe zu leben und das wolle in diesen Zeiten eigentlich schon viel sagen. Freilich müsse er arbeiten wie ein Pferd und Zeitungsschreiben sowie Stundengeben seien immer noch der nobelste Teil seiner Tätigkeit. Von eigentlichem Produzieren in dichterischer Hinsicht könne dabei nicht groß die Rede sein. Andererseits sei das Gefühl einer gewissen pekuniären Unabhängigkeit doch sehr süß und wiege vieles auf. Vielleicht, so meint er, lägen hinter dieser Plackerei die Inseln der Seligen mit den Kalbsbraten und den Plüschsofas, auf denen man liegen könne und Verse schreiben vom frühen Morgen bis zum späten Abend. Wer weiß. Noch einmal kamen für die Familie bittere Stunden, als ihr Jüngstes, der vierte Sohn, zu Pfingsten 1855 geboren, schon wenige Tage darauf verstirbt.

In den Monaten Juni/Juli dürfte Fontane spätestens von seiner Berufung erfahren haben, als Herausgeber einer »Deutsch-englischen Korrespondenz« nach London zu gehen. Am 7. September tritt er via Hamburg die Reise an, seine Frau und »Rütli«-Freund Friedrich Eggers bringen ihn zur Bahn. Drei Tage darauf erreicht Emilie die erste Nachricht: »My dear Lady, vor zwei Stunden sind wir mit der ›Counteß of Lonsdale‹, einer

Gräfin, die sich ihrer Wanzen halber wahrhaftig schämen sollte, bei London-Bridge glücklich angelangt.« London zeigte sich diesmal nicht von seiner nobelsten Seite. Vom Zoll wurden ihm drei Bände »Vanity Fair« des englischen Schriftstellers William Makepeace Thackeray als ausländischer Nachdruck konfisziert, außerdem hatte ein Bootsjunge ihn um vier Schillinge geprellt, und der Bedroom seines Hotels ähnelte mehr einer Hundehütte, nicht frei von Ungeziefer. Dazu kein warmes Bett und erbärmlich dünner Tee.

Die Fahrt durch London auf dem Omnibusoberdeck führte ihn zunächst nach Tavistock Square, wo er etwas wehmütig Wiedersehen mit seinem einstigen Quartier feierte. Der Ahornbaum vor dem herrschaftlichen Haus stand noch, auch die Bank, auf der er oft gesessen, nur waren die Fensterjalousien alle heruntergelassen. Die Herrschaft war nicht zu Hause, »out of town«, wie der Engländer sagte.

Auf seine Annonce in der *Times* hatte er 82 Wohnungsangebote erhalten, die zunächst einmal zu studieren waren. Zweimal mußte er noch das Zimmer wechseln, ehe er in der New Ormond Street eine brauchbare Bleibe findet. Erst danach kann er daran denken, alte Londoner Bekannte wie Dr. Morris oder Oxford-Professor Müller wiederzusehen, die er wegen der zu bewältigenden Deutsch-englischen Korrespondenz zu konsultieren gedachte. Außerdem war noch ein geeigneter Mitarbeiter für das Unternehmen zu finden.

Die notwendigen Hintergrundinformationen erhält er von Graf Bernstorff, dem neuen preußischen Gesandten, der ihn außerordentlich freundlich empfängt. Die Arbeit sollte zügig vorangehen, selbstverständlich umsichtig. Zu beachten war, daß bereits eine *Englische Korrespondenz* bestand, privat herausgegeben von Jakob Kauffmann und Max Schlesinger. Sie erschien in einer Auflage von zwanzig Exemplaren, allerdings mit der Tendenz zu einer ständig überspitzenden Kritik an den »englischen Zuständen«, was der preußischen Regierung nicht genehm sein konnte, da sie trotz ihrer Neutralitätspolitik auf ein ausgewogen gutes Verhältnis zur Regierung Britanniens Wert legte. Zum anderen wurde in der Kauffmann-Schlesinger-Korrespondenz auch die Kriegszugspolitik gegen Rußland befürwortet. Eine ähnliche Haltung nahm auch der in London lebende einflußreiche Korrespondent der *National-Zeitung*, Lothar Bucher, ein. Demgegenüber war Fontane vom Ministerium und der Pressestelle die Aufgabe gestellt, die er für sich in drei Punkten folgendermaßen zusammenfaßte. Erstens: für Alt-England einzustehn und die Bucher-Schlesingersche Ansicht, daß alles faul und verbraucht, alles Lüge sei, nach Kräften zu bekämpfen; zweitens: für einen vernünftigen Parlamentarismus, für preußische und deutsche Interessen das Wort zu führen und drittens: allen unnützen Notizenkram zu vermeiden und statt dessen Artikel zur präzisen Kennzeichnung der Situation zu geben. Die finanzielle Seite war nicht unwichtig gewesen. Würde es gelingen, vierzig Exemplare abzusetzen, käme ein Gewinn von 400 bis 800 Talern zustande. Bei dreißig Exemplaren, so rechnete Fontane dem Leiter der Berliner Zentralpressestelle vor, hielten sich Einnahmen und Ausgaben die Waage, während bei nur zwanzig Exemplaren ein Zuschuß von etwa 1500 Talern erforderlich wäre.

Fontane schaffte es, daß schon nach wenigen Wochen im Oktober die ersten Probenummern auf den Weg geschickt werden konnten. Er war dazu Tag und Nacht auf den Beinen, führte Buch über die Geldausgaben, suchte einen Drucker, engagierte einen Schreiber und ließ seinen Berliner Direktor über das ihm zugemutete Pensum nicht im Unklaren. »Ich bin *jeden* Tag von 9 1/2 Uhr bis 2 1/2 Uhr nachts beschäftigt ... Die Rede[30] kommt; ich muß an meinen Freund Schweitzer[31] schreiben, ihn herzitieren usw. Das Geld wird knapp; wer muß auf die Gesandtschaft, wer muß sich eine weiße Weste etc. anziehn ... wer anders als pp. Fontane ... Die Briefe von Dr. Metzel[32] wollen beantwortet sein – wer hat sie zu schreiben? Ich. Ich bin noch nicht fertig, da schickt der Drucker einen Brief und zeigt mir an, daß das Papier verbraucht und die höchste Not sei. Wer muß Hals über Kopf nach Drury-Lane, um das Papier zu kaufen? Ich. Wer muß jeden Tag (und zwar im Galopp) auf die Druckerei und von der Druckerei auf die Post? Ich. Wer muß die Abendblätter lesen und extrahieren bis tief in die Nacht hinein? Ich! Und endlich und letztens, wer muß die Spalten füllen und au fond[33] den ganzen Bericht liefern? Ich. Da haben Sie ein Bild meines Lebens.«

Solche Berichte zeigten, wie schwierig die Startbedingungen waren. Wohl beherrschte Fontane die englische Sprache, hatte auch Kenntnisse des Landes und der englischen Presse, in allen übrigen Punkten war er mit seinem Büro der Konkurrenz weit unterlegen. Er mußte sich das Zimmer mit einem Kollegen von der Berliner Pressestelle teilen und empfand das als äußerst störend, weil dieser vom Metier nicht genug verstand, zu langsam war und ihn obendrein noch von der Arbeit abhielt. Auf Ersuchen Fontanes wurde der unbrauchbare Mitarbeiter bald wieder abberufen. Das hieß, daß es für Fontane keine Vertretung gab. Das Budget war auch nicht übermäßig. Auszukommen war mit 1600 Talern im Jahr, während Schlesinger 4000 Taler ausgeben konnte. Außerdem waren die Herren von der Konkurrenz mit der gesamten publizistischen Welt Deutschlands bekannt, hatten beste Beziehungen zu englischen Journalisten, gaben für Korrespondenten und Redakteure Empfänge in ihrem Haus. All das stand Fontane nicht zur Verfügung. Deshalb warnte er in seinen Berichten nach Berlin vor allzu großen Illusionen, was den möglichen Erfolg einer Deutsch-englischen Korrespondenz betraf, daß es schwer halten würde, der Konkurrenz die Abonnenten abspenstig zu machen oder sie gar aus dem Sattel zu heben.

Wenn er immer wieder über das knappe Budget, die unvorteilhaften Arbeitsbedingungen und die Belastungen klagte, so war das nur *eine* Seite der Medaille. Im Ministerium und der Zentralpressestelle wußte man seine Verläßlichkeit, Umsicht und Genauigkeit in der Arbeit durchaus zu schätzen. Die Anerkennung dafür waren vierzig Taler Gratifikation. Trotzdem: Als seine Frau im Januar 1856 angereist kam[34] und sie abends vor dem Kamin saßen, gab sie ihm die Hand und sagte, daß sie ihn bewundere, wie er dieses Leben unter diesen Belastungen überhaupt aushalte. Was er in den Briefen an sie nach Hause geschrieben hatte, stand allerdings nicht in den Berichten an Dr. Metzel: daß er in klumpigen Stiefeln und abgetragener Garderobe umherlaufe, die Handschuhe, auch wenn es kalt ist, nicht anziehe, weil sie gar zu schäbig seien – von irgendwelcher Repräsentation, wie sie zu einem Londoner Chefredakteur gehört hätte, ganz zu schweigen.

Erfolg hatte er mit seiner Arbeit insoweit, als die *National-*

Zeitung, obwohl sie einen eigenen Korrespondenten in London unterhielt, seine Korrespondenz ziemlich viel benutzte. Auch gelang es, der *Kölnischen Zeitung* in der Erstberichterstattung den Rang abzulaufen. Ansonsten gehörten zu den festen Beziehern vorwiegend die Zeitungen, die ohnehin in Verbindung zur Zentralpressestelle standen, also der *Königlich-Preußische Staatsanzeiger*, die *Neue Preußische Zeitung*, der *Magdeburger Korrespondent*, die *Breslauer Zeitung*, das *Frankfurter Journal*, das *Mannheimer Journal*, die *Kölnische Zeitung* und das *Echo der Gegenwart*. Zu den Direktbeziehern gehörte von Amts wegen auch Ministerpräsident Manteuffel.

Die ersten Schritte für ein kontinuierliches Erscheinen der Deutsch-englischen Korrespondenz waren gerade getan, als sich neue politische Veränderungen ankündigten. In Paris ging man daran, die Friedensverhandlungen zur Beendigung des Krimkriegs einzuleiten. Damit war dem preußischen Presseunternehmen der Boden entzogen und Fontane der Sorgen um die Zukunft des Bulletins enthoben. Da man es ohnehin nur unter Einsatz beträchtlicher Mittel hätte halten können, ohne daß eine stärkere Akzeptanz durch die deutschen Zeitungen garantiert gewesen wäre, stimmte Manteuffel der Einstellung der Korrespondenz zu – unter ausdrücklicher Anerkennung der durch Fontane erbrachten Leistungen. Unter dem Datum des 29. März 1856 heißt es im Tagebuch Fontanes: »Bei Punsch und Kuchen die Deutsch-englische Correspondenz zu Grabe geläutet.«

Das in Berlin wie auch vom Gesandten Bernstorff positiv eingeschätzte Wirken Fontanes sicherte ihm zunächst einmal seine Weiterbeschäftigung in London, und zwar als amtlicher Pressevertreter. Als er im Mai, unruhig geworden im Wartestand, den Wunsch nach Rückkehr geäußert hatte, schrieb ihm Geheimrat Hegel aus Berlin, daß man mit der neueingerichteten Stelle seinen Interessen hinsichtlich einer festen Existenz entgegengekommen zu sein glaubte – in der gleichzeitigen Erwartung ersprießlicher Dienste für die Regierung. Hegel würde es bedauern, hieß es, wenn durch seine Rückkehr eine Einrichtung aufgehoben und vereitelt würde, welche für die Interessen der Zentralpressestelle zu den besten Erwartungen berechtige. Fontane blieb also. Entsprechend der politischen Interessenlage war es nun seine Aufgabe, Artikel zu verfertigen und sie nach Möglichkeit in der englischen Presse unterzubringen, um so Terrain für die Erörterung preußischer Politik zu gewinnen. Artikel und Nachrichten aus der Feder Fontanes, die er jedesmal dem Gesandten vorzulegen hat, erscheinen alsbald in der *Times* und dem *Herald*.

Zu einer wesentlichen Verbesserung der Pressearbeit kommt es jedoch erst, als eine direkte Beziehung zu einer britischen Zeitung mit Hilfe einer Subsidienzahlung von 2000 Talern herzustellen gelang. Es war ein Mr. Glover, Herausgeber des *Morning Chronicle*, der sich dazu bereit fand; ein ähnliches Abkommen hatte er schon mit der französischen Regierung getroffen. Fontane, der das Geschäft abzuwickeln hatte, schloß laut Tagebucheintragung den Handel Mitte Juli 1856 ab. Danach reiste er mit Glover im August nach Berlin, um dem Ministerpräsidenten persönlich über den »Stand der Affaire« Bericht zu erstatten. Dem englischen Partner wurde die Zahlung seitens der preußischen Regierung definitiv zugesagt. Bis zum November 1857, als sich die Beziehungen zum *Chronicle* aufgrund von Meinungsverschiedenheiten lösten, stand der preußischen Regierung eine angesehene, auch in Deutschland gelesene englische Zeitung zur Verfügung, um ihre Ansichten zu aktuellen Fragen zu verbreiten.[35]

Die Tage, die Fontane in Berlin verbrachte, um die Angelegenheit des *Chronicle* unter Dach und Fach zu bringen, waren zugleich sein Urlaub. Er fährt auf Besuch zu seinem Vater, der jetzt in Freienwalde wohnt, sowie zu Schwester und Schwager Sommerfeldt, die die heimatliche Apotheke in Letschin führen. Emilie muß zu Hause die Wohnung herrichten, die »Rütli«-Freunde kommen, um einen Abend mit ihrem »Nöhl«, wie Fontane in diesem Kreis jetzt hieß, einen geselligen Abend zu verbringen. Es bleibt auch noch Zeit für einen Theaterbesuch. Im Friedrich-Wilhelmstädtischen wird das patriotische Festspiel »Der Traum des Großen Kurfürsten« gegeben, in Fontanes Tagebuch mit einem einzigen Wort bedacht: »Scheußlich«.

Im Anschluß an die Urlaubstage unternimmt er mit seinem Chef von der Pressestelle noch eine Reise durch verschiedene

Städte Süddeutschlands mit einem Abstecher nach Paris, um von dort nach England zurückzukehren. Nach den Plackereien der Londoner Monate kann er sich wieder einmal ganz seinen Passionen hingeben, scheint aber in der Besichtigung von Louvre, Palais Royal und Notre Dame nicht das große Glück zu empfinden. Sein Kommentar ist eigentümlich resignativ, so als hätten die ständigen Überanstrengungen, die häuslichen Sorgen und die Krankheit ihm einen Teil seiner Lebensfreude genommen.

Mir sind dahin die leichten Zeiten,
Es läßt mich nüchtern, läßt mich kalt,
Ich bin für diese Herrlichkeiten
Vielleicht zu deutsch, gewiß – zu alt.

Das Tagebuch gibt Aufschluß über den Grund der Verstimmung, er ist wieder erkältet und fühlt sich elend. Das Flanieren will keinen rechten Spaß machen. Im Grunde findet er alles langweilig, was die Stadt an Schönheiten zu bieten hat. Im Vergleich mit London gar, schreibt er seiner Frau aus dem Hotel du Louvre, sei Paris »ein Quark«. Aber: »Viel schöne Weiber, so daß ich nicht recht begreife, warum man diese Pariser Straßenfeger (besonders im Gegensatz zu den Londonern) so schlecht macht.«

Das erste, was er nach der Rückkehr von London aus zu erledigen hat, sind dringende familiäre Pflichten. Einladungen zur Kindstaufe sind zu schreiben und zu versenden, denn am 3. November, er war gerade zehn Tage wieder in London, war »ein neuer boy« in der Familie Fontane zur Welt gekommen. Dieser sollte den Namen des Vaters tragen – Théodore Henri, kurz Theo genannt. Bei der Taufe, in alter Familientradition wieder von Konsistorialrat Fournier in der Kirche der Französischen Kolonie vorgenommen, wurde in der Predigt »lobend des entfernten Vaters« gedacht. *Das* ihrem Mann mitzuteilen hielt Emilie doch für angebracht.

Daß der Familie durch das Schicksal immer wieder Trennung auferlegt war, hat Emilie wahrscheinlich mit größerem Schmerz empfunden als er. Ungeduld darüber ist jedoch in ihren Briefen nur selten artikuliert. Es findet sich kein Wort der Anklage, wohl aber zwischen den Zeilen häufig ein tiefer Seufzer. »Ach, Theodor, es ist doch nichts ohne Dich.« Der Hausarzt Dr. Koblanck hätte neulich gemeint, sie wäre ja schlimmer dran als eine Witwe, und es wäre viel verlangt bei jungen Jahren, so lange getrennt sein zu müssen. Und er, der Familienvater, antwortet: »Unser Leben soll nun 'mal anders sein wie das andrer Leute, und in letzter Instanz ist es gut, daß es kein Alltagsleben ist.«

Seine Frau fügt sich in das Gegebene und ist auch im zweiten Jahr seines London-Aufenthalts seine treue Stütze, fast so etwas wie sein Berliner Büro. Sie geht, wenn etwas zu erledigen ist, zu Dr. Metzel, trägt die Artikel aus den Zeitungen zusammen, schickt sie nach London, hält den Verkehr mit den Freunden vom »Rütli« aufrecht, kümmert sich um die »Ellora«, richtet an sie Fontanes Mitteilungen aus, regelt Geldangelegenheiten und macht Besorgungen jeder Art. Das Ministerium hatte mittlerweile entschieden, Fontane als Presseagenten auch 1857 noch in London zu belassen und damit im Zusammenhang für die Familienzusammenführung auch den nötigen Zuschuß zu gewähren. Seine Frau meinte zu der Situation: »Wenn Du ein jahrelanges Bleiben in London beinah für gewiß hältst, so komme ich, sobald es die Umstände erlauben, und bleibe auch, denn so schön es in der Heimat ist, *dauernd* gut und schön ist es nur bei Dir.«

Ende April 1857 sollte seine Frau mit den Kindern George und Theodor in London sein. Bis dahin hatte der prosaische Alltag des Journalisten Priorität, hin und wieder unterbrochen durch angenehme Ereignisse, so, als mit der Post ein Stapel gedruckter Broschüren bei ihm einging. Es waren seine Aufsätze über »Die englischen Wochenblätter«, die man in Berlin als Informationsmaterial hatte drucken lassen. Er sah daran, welche Beachtung man seiner Arbeit beimaß. Fontane hat ähnliche Artikelfolgen auch über das englische Theater und die englischen Tageszeitungen geschrieben, die ebenfalls zusammengefaßt als Einzelbroschüre erschienen und dem deutschen Leser aus erster Hand Kenntnisse über das öffentliche und kulturelle Leben Englands vermittelten.

Um die Übersiedlung der Familie vorzubereiten, reiste Fontane Ende März 1857 wieder nach Berlin. Hier hat er zunächst

Termine zur mündlichen Berichterstattung bei seinen Vorgesetzten Metzel und Manteuffel. Beim Ministerpräsidenten wird er nicht gleich vorgelassen. Während er im Vorzimmer der Kanzlei warten muß, knüpft er ein Gespräch mit dem alten Diener an. Dieser plaudert einiges über die Lebensgewohnheiten des Ministers aus, die Fontane einigermaßen imponierten, wiewohl ihm die bürokratische Engherzigkeit und der repressiv-polizeiliche Regierungsstil dieses Mannes zutiefst unsympathisch waren. Die Mitteilungen des Dieners hält er aber für notierenswert. Im Arbeitstagebuch heißt es: »Gegen 1, nach jedesmaliger Abarbeitung aller laufenden Geschäfte, ins Bett. Um 5 Uhr auf. Dann meditiert. Um 7 eine Tasse Haferschleim. Um 10 eine Tasse Schokolade. Um 4 Mittagbrot. Das ist alles. Nie Kaffee oder Tee und *nach* dem Dinner überhaupt nichts mehr.« Bei dieser Genügsamkeit höchstobrigkeitlichen preußischen Lebensstils brauchte sich Fontane nicht zu wundern, daß man ihm für seinen Londoner Dienst auch nicht viel mehr zubilligte.

Für Berlin hat er diesmal wieder ein umfangreiches Programm. Soweit die Zeit reicht, werden die Kollegen in der Zentralen Pressestelle aufgesucht, »das Handwerk begrüßt«. Von den Freunden des »Rütli« kann er nur wenigen einen längeren Besuch abstatten. Menzel trifft er im Atelier an, gerade bei der Arbeit an dem Gemälde zu Friedrich dem Großen, »Bon soir, Messieurs«.[36] Lepel berichtet ausführlich von der Vorlesung seines Trauerspiels »Herodes« beim König. Selbst auf Besuch zu Hause geht für Fontane die berufliche Arbeit mit Zeitunglesen und dienstlicher Korrespondenz weiter. Es sind auch Visiten zu machen: bei Pastor Fournier, beim alten Apotheker Rose, bei Pastor Schultz, bei Apothekerfamilie Schacht. Bruder Max kommt zu Besuch und stellt seine Braut vor. Eggers erscheint zum Kaffee, Scherz zum Frühstück, Lepel und Lübke zum Mittag. Es kommen Einladungen von den Wangenheims und von Frau Professor Begas. Und wenn er abends nach Hause kommt, setzt er sich noch an den Schreibtisch, arbeitet fürs *Kunstblatt*, redigiert und korrigiert.

Als der Tag der Abreise nahte, trafen sich die Freunde vom »Rütli« und der »Ellora« zu einer kleinen Feier bei den Merckels, um ihren Literary Gentleman zu verabschieden.

Ende April ist Fontane wieder in London. Seine Frau wird erst nachkommen, wenn der Haushalt aufgelöst ist, das aber wird noch mehrere Wochen in Anspruch nehmen. Aus der Anreise im April wurde deshalb so rasch nichts, weil die zugesagten Mittel für den Englandaufenthalt der Familie noch nicht bewilligt waren. Ein Vierteljahr sollte darüber noch vergehen, dann endlich war es soweit. Emilie kam mit den beiden Kindern am 27. Juli 1857 an. Die Tagebuchnotiz darüber liest sich höchst prosaisch. »Ankunft der verwanzten Counteß of Lonsdale, mit Emilie und den Kindern. Der Kleine krank.«

Die materiellen Verhältnisse sind jetzt in seiner neuen Stellung ungleich besser als zuvor. Sein Gehalt von 1980 Talern, zuzüglich der Honorare aus Veröffentlichungen reicht aus, um ein kleines Einfamilienhaus zu mieten. Der Sohn George wird auf eine Privatschule geschickt, die der nach England emigrierte freigeistige Theologe Johannes Ronge in Tavistock Place eingerichtet hat. Die berufliche Existenz ist für längere Zeit abgesichert, als auf seinen Wunsch hin sein Vertrag im Juli 1857 auf drei Jahre verlängert wird.

Folgt man dem Tagebuch, so wird ersichtlich, wie eng sich der Kontakt zum offiziellen diplomatischen Vertreter Preußens gestaltet hat. »Auf die Gesandtschaft« – so lautet der ständig wiederkehrende Eintrag. Auf den Gesellschaften und Empfängen dort kann er manche Bekanntschaft knüpfen, die in späteren Jahren von Nutzen für ihn sein wird. In der Gesandtschaft lernt er den Historiker Leopold von Ranke kennen, einen Gelehrten von europäischem Rang, damals ein Zweiundsechzigjähriger, von dessen humorvoller, geistiger Art der Konversation Fontane sogleich gefesselt ist. Mit Professor Gustav Friedrich Waagen, Kunsthistoriker und Spezialist für englische Malerei, wird er für zwei Wochen zur Kunstausstellung nach Manchester fahren und in einer Artikelserie für die *Zeit* ausführlich darüber berichten. Waagen, Direktor der Königlichen Galerie in Berlin, ist für Fontane die absolute Autorität in Kunstdingen. Sein Name wird sich später in den »Wanderungen« häufig zitiert finden.

Mittelpunkt für ihn aber bleibt die Politik. Als Mitte Oktober Friedrich Wilhelm IV. aufgrund eines erneuten Schlaganfalls seinen Bruder mit seiner Stellvertretung beauftragt, spekulierte man in London über einen bevorstehenden Thronwechsel, auch von einem Machtvakuum war in der britischen Presse die Rede. Gleichzeitig gab auch die Parteinahme Preußens für die Sache Holsteins gegen die Ansprüche Dänemarks neuen Vorwand für antipreußische Artikel. Nach dem Ausfall des *Morning Chronicle* für die preußische Regierungspropaganda gelang es, einen holsteiner Publizisten, Dr. Ingwersen, anzuwerben, der über Beziehungen zu englischen Blättern verfügte. Fontane hat ihn dazu, wie die preußischen Polizeiprotokolle des Überwachungsbeamten ausweisen, mit entsprechenden Geldsummen ermuntert. Ihm selbst gelang es, als »preußischer Agent« gegen ein bestimmtes Entgelt verschiedentlich Artikel unterzubringen. In Emigrantenkreisen titulierte man ihn deswegen »Regierungsschweinehund«.

Das Jahr 1858, das letzte seines England-Aufenthalts, sieht ihn nicht so sehr als Presseagenten, vielmehr als königlich-preußischen Hofberichterstatter. Die Hochzeit des Prinzen Friedrich Wilhelm von Preußen, des nachmaligen Kaisers Friedrich III., mit der englischen Prinzessin Victoria stand bevor. Mit den Korrespondenzberichten über die Hochzeitsvorbereitungen hat er fast den halben Monat Januar zu tun. Seine Artikel und Meldungen finden höchste Zufriedenheit bei der Berliner Pressestelle. Direktor Metzel gibt eigens ein Festgedicht für den Einzug der Prinzessin in Berlin bei ihm in Auftrag. Pünktlich zur Ankunft des jungen Paares am 8. Februar war in der *Zeit* der Fontanische Willkommensgruß zu lesen, allerdings ungezeichnet.

Du schiedst aus schönem Lande
(Oh! schau nicht bang zurück);
Du löstest alte Bande,
Um neuer Liebe Glück
Bei uns hier aufzubauen.
So ziehst Du heute ein –
Dein Hoffen und Vertrauen
Soll nicht verloren sein.

Nicht prunkend allerwegen
Schuf die Natur dies Land;
Doch ruht auf ihm ein Segen

Aus Gottes Vaterhand.
Recht wohnt in unsrer Mitte,
An Liebe sind wir reich,
An Treu und frommer Sitte
Stehn wir den Besten gleich.

Während seines London-Aufenthalts hat Fontane wieder Verbindung zu Julius Faucher, einem alten Bekannten aus den Tagen des Lenau-Vereins, der sich in England aufhielt und gerade dabei war, sich als »ower correspondent« für ein Blatt niederzulassen. Von ihm erhielt er eine Reihe nützlicher Hinweise fürs journalistische Metier, daß es zum Beispiel bei Berichten, die patriotische Loyalität erfordern, nicht angebracht sei, sie anekdotisch herauszuputzen oder mit scherzhaften Sprachspielereien zu garnieren, wie es bei ihm mitunter vorkam. Die Neigung dazu erklärte sich Fontane mit der noch immer in ihm steckenden Vorliebe für Wortwitzeleien, wie sie zur Glaßbrenner- und Beckmann-Zeit in Berlin in Mode waren. Er muß sich in der politischen Berichterstattung streng an die rein sachliche, informative Journalistensprache halten und den Poeten im Dienst vergessen.

Mit den Fauchers verbindet ihn auch ein freundschaftlich familiärer Kontakt, über den es im Tagebuch wiederkehrend heißt: »Sonntags nach 8 Champion Place zu Faucher's« oder »Besuch von Faucher; geplaudert, politisiert.« Besuch haben die Fontanes ziemlich oft, es kommen Oxford-Professor Max Müller, die Heymanns, in London ansässige deutsche Geschäftsleute, die zur Nachbarschaft wohnenden Meringtons mit Sohn und Tochter, desgleichen Dr. Morris, der nunmehr als Hausarzt der Fontanes tätig ist.

Zu literarischer Arbeit kommt Fontane so gut wie nicht, Dienst und Familie lassen nur wenig Spielraum dafür. Dennoch entstehen einige neue englisch-schottische Balladen, die einmal gesammelt in einem eigenen Band erscheinen sollen, vorerst aber in der neuen Ausgabe des »Argo«-Jahrbuchs veröffentlicht werden. Es gibt noch andere Projekte. Nachdem seine Artikelserie über die englischen Wochenblätter als Broschüre gedruckt worden war und der Gesandtschaftskurier ihm im April die zweite Broschüre über die »Londoner Theater« überbracht hatte, wollte er eine ähnliche Zeitungsserie »Londoner Bilder« schreiben und außerdem ein größeres literarisches »Bilderbuch aus England« herausgeben. An Ideen fehlte es ihm nicht, zumal er jetzt über genügende Verbindungen zu Verlagen und Zeitungen verfügte und seit Anfang 1857 regelmäßig die *Neue Preußische (Kreuz-)Zeitung* mit Feuilletons belieferte.

So gesehen, war das Leben in England eigentlich angenehm. Er hatte die Familie bei sich, brauchte keine Pfennigwirtschaft mehr zu betreiben, es stand ein Hausmädchen zur Verfügung, die Wohnung in der hochgelegenen nördlichen Vorstadt Camden Town mit schöner Aussicht auf London war ideal – wenn nicht das Heimweh gewesen wäre. Ihn bedrückte mehr und mehr, vom intellektuellen Gedankenaustausch mit seinen vertrauten Kreisen in der Heimat abgeschnitten zu sein, er spricht von geistiger Verarmung und vom Alleinsein, das er auf die Dauer nicht ertragen könne. »Wir sind eine Pflanze im fremden Boden.« In den Briefen an seine Mutter und die befreundeten Merckels ist die Rede vom kranken Gemüt und daß England ein Land sei, das auf die Dauer Apathie erzeuge. Eine nervliche Erschöpfung, die Folge pausenloser Überanstrengung, hatte wieder von ihm Besitz ergriffen, dazu machte ihm sein altes Leiden mit Brust- und Halsbeschwerden wieder zu schaffen. Dr. Morris muß helfen, für ein verdorrtes, krankes Gemüt hat er allerdings kein Mittel. Ein Jahr Italien auf Staatskosten wäre Fontanes Vorstellung nach jetzt die richtige Therapie für ihn gewesen. Er selbst hatte Salzbrunn in Schlesien für eine Kur ins Auge gefaßt, entschließt sich aber im Juli, nicht zu fahren – »was mich 300 Reichstaler gekostet hätte« – sondern statt dessen mit Lepel einen Ausflug nach Schottland zu unternehmen, Kostenpunkt 100 bis 120 Taler. Nachdem er um Urlaub beim Gesandten eingekommen ist, der ihm gewährt wird, tritt er mit dem Freund eine Reise in die Heimat der Stuarts an.

Der Abendzug bringt sie am 9. August von London nach Edinburgh, wo sie die Sehenswürdigkeiten der Altstadt besichtigen, einschließlich Edinburgh-Castle mit seinen Wällen und Kanonen sowie die historischen Punkte der Umgebung, zu denen Schloß Linlithgow, Geburtsstätte der Maria Stuart, gehört.

Nächste Station ist das Schlachtfeld von Floddenfield, von dort geht es an Bord eines Schiffes weiter nach Stirling mit einer Rundfahrt über den Loch Katrine. Die Reise wird fortgesetzt mit der Bahn nach Perth, der alten Residenzstadt, in deren Mauern eine Statue Walter Scotts zu besichtigen ist, jenes Dichters, dessen Romane Fontane seit Kindheit an Begleiter waren und für die schon sein Vater in seiner Swinemünder Apotheke geschwärmt hatte. Fontane behielt die Bewunderung für diesen Dichter, die Stimme Schottlands, sein ganzes Leben lang bei. Er wird zehn Jahre später an seine Frau aus der Sommerfrische in Thale, wohin er sich die »Erzählungen eines Großvaters« zum Lesen mitgenommen hatte, schreiben, daß er »von jeder Zeile« entzückt sei, von der Kindlichkeit, der klassischen Einfachheit des Ausdrucks und deshalb lauter den je rufe: »Hoch' Scott; – ihr andern seid doch alle nur Nachtwächter.« So gesehen war der Ausflug nach Abbotsford, dem Wohnschloß Walter Scotts, tatsächlich »eine Pilgerfahrt« für ihn. Die Beschreibung dieses eigentümlich musealen Wohnsitzes, einer »Romanze in Stein und Mörtel«, wie sein Besitzer es sah, steht am Abschluß seines Schottland-Buches »Jenseit des Tweed«, in dem er die Impressionen und Begegnungen dieser sechzehn Tage in kleinen Kapiteln festgehalten hat.

Am eigentümlichsten berührte ihn der Gang über das Schlachtfeld von Culloden Moor, das 1746 den Untergang der abtrünnigen Jakobiten unter Bonnie Prince Charles und damit das Ende der Clans besiegelte. Seine Gedanken an dieser Stätte gingen zurück zu jenen Tagen, da er als ganz junger Mensch, süchtig nach großen Erlebnissen, die Schlachtfelder um Leipzig herum aufgesucht hatte. Markkleeberg ließ sich am Ende doch nicht mit Colluden vergleichen, fand er, denn hier siegte nicht wie anderswo das Ackerfeld über das Schlachtfeld, hier war der grüne Rasen des Grabes Sieger geblieben, ein Bild, das sich mit seinem verfallenen Kirchhof, seinen Gräbern, Steinhaufen und Ginsterbüschen ihm für immer eingeprägt hat.

Die Rückreise führte auf dem Kaledonischen Kanal in südlicher Richtung noch ein Stück weiter nach Fort William, von dort über Oban mit Ausflügen auf die Insel Iona und zur Fingals-Höhle auf Staffa. Über den Loch Lomond kamen sie schließlich nach Glasgow und Edinburgh zurück. Ein Besuch galt noch dem alten Kloster Melrose, über das sich die wunderbaren Verse, frei nach Scott, in Fontanes Schottland-Buch finden:

Und willst du des Zaubers sicher sein,
So besuche Melros' bei Mondenschein;
Die goldne Sonne, des Tages Licht,
Sie passen zu seinen Trümmern nicht.
Wenn die Bögen und Nischen im Schatten stehn,
Die Ecken und Pfeiler wie Silber sehn,
Wenn das weiße, kalte, zitternde Licht
Um den Mittelturm seine Girlanden flicht,
Wenn die Strebepfeiler sich wechselnd reihn,
Halb Ebenholz, halb Elfenbein,
Wenn's schneeig auf allen Gräbern liegt
Und die weißen Figuren noch weißer umschmiegt,
Wenn das Rauschen des Tweed, weitab gehört,
Wie Summen die nächtige Stille stört, –
Ja, dann tritt ein; bei *Mondenschein*
Besuche Melros' und – *tu es allein*.

Von allen seinen Reisen war diese nach eigenem Bekenntnis eine der schönsten in seinem Leben, jedenfalls die poetischste. »Es waren schöne Tage und wenn ich, so Gott mich leben läßt, längst ein alter Krepel sein werde, der die Vossische liest und bei Odeum's Kaffee trinkt, werd' ich alten Staatshämorrhöidarien mit einem letzten Rest von Feuer – während sie ihre Sechser-Cigarre rauchen – von Edinburgh erzählen und von Stirling und Perth, und von Inverness und dem Schlosse Macbeths, drin König Duncan ermordet wurde. Wenn dann die alten Jungen das Maul aufsperren und die letzten Haare, die ihnen Gott gelassen hat, sich in die Höhe sträuben, werd' ich dieser schottischen Reise, an der Hand eines lieben und *nachsichtigen* Freundes in Wehmut und Dankbarkeit gedenken.«

Nach der Rückkehr aus Schottland stellt er im Verlauf des Septembers seine Artikelserie über die »Londoner Tagespresse« fertig und schickt sie an die Zentrale Pressestelle nach Berlin; sie wird von Dezember 1858 bis April 1859 in der *Zeit* abgedruckt, die seit November unter ihrem neuen Namen als *Preußische Zeitung* erscheint.[37]

Im Verlauf des Oktobers tritt schließlich das ein, was man seit längerem erwartet hatte und worüber in der englischen Presse nahezu täglich spekuliert worden war: die Übernahme der Regentschaft Preußens durch den Bruder des Königs. Wilhelm Prinz von Preußen wurde am 26. Oktober 1858 verfassungsmäßiger Regent, und am 6. November erfolgte die Ablösung des Kabinetts Manteuffel. Das bedeutete Richtungswechsel. Fontane war drauf eingestellt und kommentierte das Ereignis ziemlich gelassen. »Manteuffel geht über Bord, Metzel auch, Fontane auch.« In der Pressestelle in Berlin zieht mit Dr. Jasmund abermals ein neuer Chef ein.

Trotz trüber Wolken am Novemberhimmel wird in London Emiliens Geburtstag, so gut es geht, gefeiert. Sohn George trägt zu Ehren des Tages »Des Knaben Klage«, ein von Papa gefertigtes Gedicht, vor.

Es sind miserable Zeiten jetzt
Für die Großen und die Kleinen,
Mein armer Papa wird abgesetzt,
Es ist fürwahr zum Weinen.

Damit am Familienfeiertag nicht erst traurige Gedanken aufkommen, spendet der liebe Papa in einem »richtigen« Geburtstagsgedicht sich und seiner »Mila« Trost aus dem Geist der Gebrauchspoesie:

Das nächste Jahr, das nächste Jahr,
Da sind wir wieder, wo's besser war;
Da feiern wir Deinen Geburtstag froh
Am Kanal oder Schafgraben irgendwo.

Zu diesem Zeitpunkt stand so gut wie fest, daß Fontane ein weiteres Weihnachten nicht in England verbringen würde.

Obwohl der Gesandte, Graf Bernstorff, »wie immer die Güte selbst«, ihm den Rat gibt, in der Frage Gehen oder Bleiben von sich aus nichts zu unternehmen, ersucht Fontane den neuen Minister von Auerswald um Auflösung seines eigentlich noch auf zwei Jahre laufenden Vertrages und bittet, ihm als Entschädigung ein Jahreseinkommen zu bewilligen. Dem Ersuchen wird stattgegeben. Die Entscheidung war auch durch die Ansicht der neuen Leitung der Pressestelle beeinflußt, daß die Einrichtung eines Presseagenten bei der deutschen Gesandtschaft in London von sonderlich großem Nutzen nicht sei. Am 12. Januar 1859 geht die dienstliche Abberufung ein, und am 15. schon tritt er die Heimreise nach Berlin an, um eine Bleibe für die Familie zu suchen und für sich eine neue Beschäftigung. Emilie mit den Kindern kommt Anfang Februar nach.

Der nunmehr vierzigjährige Dichter und Journalist kam nach Berlin zurück als ein bekannter Mann. Er war in den politischen Kreisen Preußens, in den Redaktionen sowie bei Künstlern und Wissenschaftlern ein Begriff, durchaus kein Niemand, doch sollte ihm das die Suche nach einer neuen Stellung keineswegs leichter machen, zumal er als Anhänger des bisherigen Regierungskurses galt. Die vagen Aussichten, was die Zukunft betraf, sorgten Weihnachten 1859 nicht für rosige Stimmung im Hause Fontane. Es war wieder ein Kind unterwegs, und abermals war die Existenz der Familie nicht abgesichert. Emilie Fontane empfand den Zustand bedrückend. Wie lange sollte dieses Auf und Ab nun noch gehen? Fontane wußte auch keine Antwort darauf, zeigte aber viel mehr Gelassenheit als seine Frau, die angesichts unvermutet eintretender Ereignisse und nicht überschaubarer Situationen stets in Unruhe und Nervosität verfiel. Ihrer Natur nach war sie viel zu sehr auf Sicherheit und Klarheit der Verhältnisse gestellt, als daß sie die notwendige Kraft zur Improvisation hätte aufbringen können, geschweige denn jene Selbstsicherheit, die *ihn* auszeichnete. Sie war in diesem Punkt keine Stütze für Fontane, was dieser oft beklagt hat. So war nicht *sie*, sondern er es, der zum 24. Dezember die häusliche Ruhe wieder herzustellen versuchte. Bis jetzt hatte sich schließlich immer etwas gefunden, zur Panik war keinerlei Grund, und eine ständig betrübte Miene, meinte er, war auch nicht das geeignete Mittel, aus dem Tief herauszukommen. Wieder etwas mehr Humor und Zuversicht wünschte er sich in seiner Familie, als er am Abend des 24. Dezember mit seinen kleinen Geschenken und einem Gedicht dazu vor seine Frau hintrat.

Gekommen ist der Heil'ge Christ,
Die ganze Stadt voll Lichter ist,
Auch unsre sollen brennen,
Die Sorgen weg und zünde an,
Ich will derweil, so gut ich kann
Dir meine Wünsche nennen.

Empfang zuerst ein Strumpfenband,
Das ich für 30 Pfengk erstand
Bei Fonrobert im Laden.
Ich wünsche Dir, geliebtes Weib,
Bald wieder einen dünnern Leib
Und etwas dickre Waden.

Empfang alsdann ein Konto-Buch,
Fürs Credit ist es groß genug,
Fürs Debet etwas kleine,
Indes es heißt ja: »rund die Welt«,
Der Beutel wird bald wieder Geld
Und hilft uns auf die Beine.

Und drum zuletzt den heißen Wunsch,
Daß unsres Schicksals dicker Flunsch
Bald hübschren Zügen weiche,
Und daß ein bißchen Sonnenschein
Zieh wieder endlich bei uns ein
Und unser Herz beschleiche.

Im großen und ganzen gab es für Fontane keinen Grund, mit dem Schicksal zu hadern. Die Zeit in England hatte viele gute Seiten gehabt, vieles von dem, was er sich vorgenommen hatte, war erreicht: Vertiefung seiner Sprach- und Geschichtskenntnisse, Studium eines Staatswesens und einer Nation, Schulung des Blicks und des Urteilsvermögens, was die politischen Verhältnisse auf der Insel betraf. Er spricht allerdings am Ende seines England-Aufenthalts weniger vom »großen Schwungrad der Welt« als vom »kaufmännischen Ledergesicht Londons« und von dem »money-making Volk«, das er nicht mehr sehen könne, weil »unerquicklich von Anfang bis Ende«.

Völlig auf Distanz geht er zu der englischen Kolonialpolitik.

Im Zusammenhang mit den Massakern, mit denen die Engländer 1857/58 den Aufstand in Indien niedermetzelten, schreibt er in einem Brief an den Chefredakteur der *Neuen Preußischen (Kreuz-)Zeitung*, mit der es auch in anderen Fragen zu grundsätzlichen Differenzen gekommen war: »Ganz England, so wie es in Beziehung zu Indien genannt wird, ekelt mich an.« Es fallen die Ausdrücke »Räuber- und Piratenvolk«. Gegenüber den befreundeten Merckels charakterisiert er die Kolonialpolitik als »Kattun-Mission« mit »etwas spackem Christentum und Unzucht und Opiumkiste«. Obgleich ihm die englische Rasse – er verwendet dafür das französische Wort race – »feiner und nobler als die unsre« dünkt, übersieht er doch nicht die tiefe Spaltung des Landes. In seinem Zeitungsaufsatz »Nationalunglück und Nation« meint er zu diesem Thema abschließend:

»England darf nicht nach Millionen, sondern kann nur nach Hunderttausenden gerechnet werden. Die Adels- und Mittelklassen, *sie* sind es, *sie* bilden jenes stolze englische Volk, dessen Nationalgefühl sprichwörtlich geworden ist.« Die unteren Schichten sieht er davon ausgeschlossen.

Seine kritische Sicht auf die englische Gesellschaft verleitet ihn keineswegs zu pauschalen Verurteilungen des englischen Volkes. Selbst angesichts von Beschimpfungen und allgemeinen Verwünschungen der deutschen Nation, wie sie vorkamen, wahrte er Contenance. Das Beispiel dafür waren die englischen Straßenballaden – auch ein Teil der öffentlichen Meinung –, die während des Krimkriegs als Pennydrucke in Umlauf waren. Auf diese zum Teil hanebüchenen Injurien gegen »all das deutsche Gesindel, das für den Zaren Partei genommen« – das sollte, wünschte der Verfasser, verkommen –, reagierte Fontane in einem Aufsatz in der *Kreuzzeitung*, in der er diese neue Art Lieder behandelte, nur mit milder Ironie.

Mit dem Ausscheiden aus dem Dienst als Presseagent in London ist das Thema England für Fontane nicht zu Ende. Er wird vielfach darauf zurückkommen, nicht nur in seinen Romanen und Balladen. Welches England ihm dabei vor Augen stand, zu welchem er sich hingezogen fühlte, erläuterte er in seiner Rede zum Shakespeare-Fest, zu dem die Mitglieder des »Tunnels« im

April 1864 in Arnims Hotel Unter den Linden zusammenkamen. »Damals lag das eigentliche England noch nicht an den Küsten wie jetzt, es lag landeinwärts auf Hügelgrund, an Schluchten und Flüssen hin, am Rande der Wälder, in den Wäldern selbst. ... Das Volk, das jetzt in beiden Indien herrscht und die Reichtümer beider am eignen Herd zusammenhäuft, war damals, zu den Zeiten Elisabeths, noch halb das Volk aus den Zeiten Robin-Hoods, heiter, sangesreich, ackerbautreibend, humoristisch und chevaleresk. Und das Herz dieses alten, sang- und sagendurchklungenen Englands hieß Warwickshire. Das war die Grafschaft, drin schon Guy von Warwick, der Lindwurmtöter, gelebt hatte, dessen eiserner Suppentopf von der Größe eines 100pfündigen Mörsers noch jetzt in Warwick-Castle gezeigt wird. Das war die Grafschaft, drin Königin Godiva, ... um dem hungernden Volk Erlösung zu schaffen, der tyrannischen Laune des Siegers nachgebend, nackt durch die Straßen von Coventry ritt; ... das endlich war die Grafschaft, drin Schloß Kenilworth lag, das schöne Leicester-Schloß, das von Lampen glühte, wenn der Herr des Schlosses seiner Herrin, der Königin, hier wunderbare Feste gab. In dieser Grafschaft lag Stratford und hier im Herzen Englands wurde Shakespeare geboren. England ist nicht mehr merry old England aus den Tagen von Königin Elisabeth her, aber wenn es auf der ganzen reichen Insel noch eine Grafschaft gibt, wo einem das alte heitre Land mindestens in starken Anklängen in hundert lebendig gebliebenen Dingen und Erinnerungen entgegentritt, so ist es hier.«

Das alte England und seine Geschichte, für die er sich zu begeistern vermochte, blieb das Grundthema seiner Dichtung und lieferte ihm die Anregung, sich mit der Geschichte des eigenen Landes zu beschäftigen und sich zu ihr zu bekennen.

In diesem Sinne waren die England-Jahre seine Lehrjahre und die Wanderungen durch Schottland die Anregung für die Wanderungen durch die Mark Brandenburg. Was seine Position als politischer Korrespondent im Regierungsauftrag betraf, so wird er gegen Ende seines Lebens, 1892, rückblickend auf seine Biographie die Feststellung treffen, daß es seine England-Jahre gewesen seien, in denen er einmal in seinem Leben »eine kleine Rolle« hat spielen können.

Teil zwei
1860–1877

Wie weiter?

Mit dem Ausscheiden aus dem Regierungsdienst drängte sich nun die Frage nach der Zukunft auf. In London hatte Fontane gesichert leben können, aber Rücklagen gab es nicht, und von den 2000 Talern, die er als Abfindung erhalten hatte, war ein neuer Hausstand einzurichten, die Familie umzusiedeln sowie ein längerer Zeitraum ohne Einkünfte zu überbrücken.

Berlin empfing ihn nach seiner Rückkehr freundlich. Von seinem Zimmer im Hotel de Pologne in der Potsdamer Straße aus begab er sich am nächsten Mittag zu den Merckels, um nach der Zeit des ewigen Hammelbratens wieder einmal gut berlinisch essen zu können. Es gab Brühsuppe, saure Kartoffeln mit Rindfleisch und Spickgans und schließlich Sauerkraut mit Hasenbraten, dazu Rotwein. Für den nächsten Tag standen Termine beim Minister, beim Zahnarzt und »sonstigen Persönlichkeiten von Distinktion« an. Dringend war auch die Anschaffung neuer Garderobe bei Landsberger in der Leipziger Straße. Neu eingekleidet in Rock und Überzieher, Kostenpunkt 33 Taler, macht er seine Visiten, »halb heimlich« auch bei seinem abgesetzten Vorgesetzten Dr. Metzel, den er in verbitterter Stimmung vorfand. Allmählich werden ihm die Veränderungen deutlich, die sich mit der Berufung des neuen liberal-konservativen Kabinetts vollzogen hatten. Er registriert politische Spannungen, Haß, Heftigkeit und Grobheit in den Äußerungen. Auch für ihn ist die Situation ziemlich verzwickt. Er sollte zunächst bei der *Preußischen Zeitung* Mitarbeiter des Feuilletons werden. Dessen Leiter, Friedrich Eggers, hatte Rücktrittsabsichten, und Fontane sollte das Ressort einmal ganz übernehmen. Aber Dr. Jasmund, Metzels Nachfolger, wagte der Regierungszeitung nicht einen treuen publizistischen Diener der Vorgänger-Ära zuzumuten. Eggers gegenüber bekannte Fontane zwar, daß ihm das liberalkonservative Fühlen und Denken eigentlich mehr entspräche als das alte – »Es scheint aber, daß man den Manteuffelschen ›Apostel‹ in mir nicht vergessen kann noch will. Ich bin der letzte, der darüber murrt, und weder Klage noch Vorwurf soll je darüber meine Lippen kommen.«

Fontane, Optimist von Natur, lebte immer noch in dem Glauben, daß ihm bei dem, was er in England gesehen und gelernt hatte, letzten Endes doch eine angemessene Verwendung gesichert sein müßte. Er täuschte sich aber in seinen Erwartungen. Wie es aussah, bestanden für ihn kaum noch Chancen. Nachdem die Gespräche in puncto *Preußische Zeitung* im Sande verlaufen und auch Sondierungen wegen Übernahme in den Auswärtigen Dienst ergebnislos geblieben waren, hielt ihn in Berlin nichts mehr, so daß er mit »lebhafter Dankbarkeit« einer Einladung Paul Heyses nach München folgte, »auch wenn sich die Sache zerschlagen sollte«. Die Sache – das war die Absicht Heyses, ihm die Stelle als Hofbibliothekar beim bayrischen König Maximilian II. zu verschaffen.

Die ersten Briefe aus München sind, wie so oft bei ihm, Klagelieder. Er empfindet es als Kränkung, daß wenig oder nichts für ihn vorbereitet ist und er untätig im Hotel herumsitzen muß. Hatte er sich doch den Ablauf ganz anders gedacht: Er kommt, wird beim König vorgelassen, liest etwas von sich, der König hört zu und erklärt anschließend, ob er die Stellung bekommt oder nicht. München war aber nicht Preußen. Erst eine Woche später, als sich die Wind- und Regenwolken am bayrischen Himmel verzogen hatten, änderte sich die Lage und damit seine Stimmung. »Man begegnet mir durchweg mit Freundlichkeit«, schreibt er zufrieden an seine Frau. Auch die Audienz beim König – »ein milder, humaner Herr« – verlief angenehm. Der Monarch unterhielt sich mit ihm über den alten Dessauer und Zieten, seine Balladen zur preußischen Geschichte wie auch über die aktuelle Politik, das Thema England, Preußen und die »italienische Frage« betreffend. Einige Tage darauf erhält er eine weitere Einladung, diesmal zum königlichen Symposion, was mehr bedeutete als eine Audienz. Vor den Anwesenden, unter ihnen auch ein hoher Militär, General von der Tann, liest er seinen »Seydlitz«, den »Letzten York« sowie eine altschottische

Ballade, auch diesmal wieder, wie er fand, sehr gnädig aufgenommen. Ob seine Vorstellung bei Hofe auch zu personellen Festlegungen führen würde, blieb allerdings offen. Der Besuch in München sollte, wie sich in den kommenden Monaten herausstellte, ohne das von Heyse beabsichtigte Ergebnis bleiben. Die Stelle wurde nicht vakant.

Zurück in Berlin, mußte er zunächst wieder ein Zimmer in der Pension Perlewitz in der Nähe der alten Petrikirche nehmen, bevor die angemietete Sommerwohnung in der Potsdamer Straße bezogen werden konnte. Seine Frau hielt sich nach der Rückkehr aus England vorläufig noch bei seiner Mutter in Neuruppin auf und hatte sich die Sache mit der Sommerwohnung in den Kopf gesetzt. Ihm wäre zwar eine ordentliche, respektable Wohnung, »wie sie sich für uns schickt und paßt«, lieber gewesen als diese Interimslösung. Da er seiner Frau in diesem Punkt jedoch freie Hand gelassen hatte, willigt er schließlich in alles ein. Wichtig war allein, daß es nun mit dem Arbeiten weitergehen konnte. Kontakte zu Zeitungen und Verlagen waren herzustellen.

Mit seinen Bemühungen, fertige Teile seines Schottland-Buchs unterzubringen, hat er bei der *Vossischen Zeitung* Erfolg. Sie beginnt Ende Mai mit dem Abdruck einer Serie von neun Fortsetzungen unter der Überschrift »Bilder und Briefe aus Schottland«, desgleichen übernimmt die *Kreuzzeitung* für ihr Feuilleton mehrere Kapitel im Vorabdruck. Sosehr ihm das Honorar dafür zustatten kommt, so weiß er doch auch, daß er jetzt wieder als Schriftsteller mit Büchern in Erscheinung treten muß. Das letzte Buch von ihm lag sechs Jahre zurück. Die Schriften über das englische Presse- und Theaterwesen konnte man nicht als Buch zählen. Ihm schwebte etwas Repräsentatives vor: drei Bände über England und Schottland herauszubringen. Zwar hatte Verleger Katz in Dessau abgewinkt, das hinderte Fontane aber nicht, »mit ziemlichem Fleiß und ziemlicher Lust« zügig daran weiterzuarbeiten. Sowie er sich um die Jahresmitte 1859 wieder im publizistischen Berlin zu Hause zu fühlen beginnt, ist keine Rede mehr davon, sich als Magazininspektor oder Lazarettapotheker bei der bayrischen Armee zu bewerben.

Die Aussichten auf eine Weiterbeschäftigung im ministeriellen Umfeld waren nicht so hoffnungslos, wie er zunächst angenommen hatte. Die Freunde tun für ihn, was sie können. Die Pressestelle, jetzt unter Leitung von Geheimrat Duncker, nimmt ihn im Juni 1859 in den Kreis der Vertrauenskorrespondenten auf, gebildet aus wenigen Journalisten, die vorab schon zu Informationen gelangten, an deren Verbreitung der Regierung besonders gelegen war. Daß man ihm das Angebot machte, ließ darauf schließen, daß man seitens der neuen Regierung und deren Mitarbeiter nichts dagegen hatte, ihn trotz seiner Manteuffel-Vergangenheit weiterhin zu beschäftigen. Ihm waren als Korrespondenten verschiedene Blätter zugeteilt, darunter die *Schlesische Zeitung*, der *Schwäbische Merkur* und die *Frankfurter Handelszeitung*.

Die Korrespondententätigkeit wäre wahrscheinlich für ein oder zwei Jahre gutgegangen, wenn das Schicksal ihm nicht ein Bein gestellt hätte. Es kam zu einem Eklat wegen Verletzung des Amtsgeheimnisses, an sich nichts Außergewöhnliches im Metier, für den betroffenen Journalisten aber weniger angenehm. Fontane hatte eine Information vorab verwendet, dazu noch ohne Rücksprache, wonach der König von Preußen auf eine Adresse der Stettiner Bürgerschaft, die deutsche Frage betreffend, antworten würde, daß er zu wesentlichen Schritten entschlossen sei. Fontane verfaßte in diesem Sinne seinen Zeitungsbericht und gab ihn an die *Hamburger Nachrichten*. In der Zwischenzeit hatte sich allerdings die königliche Meinung geändert, von wichtigen Entschlüssen war nicht mehr die Rede, und dieser Meinungswandel war nun durch die voreilige Meldung sichtbar geworden. Fatalerweise. Allerhöchster Unwille war die Folge. Duncker hatte zu dem Vorfall Stellung zu nehmen, Fontane, dem die Sache unangenehm war, räumte ein, daß er der Verursacher gewesen war; mußte aber seinen Platz trotz schriftlicher Entschuldigung noch vor Ablauf des Monats Oktober räumen.

Doch der Vorfall hat ihn wahrscheinlich nicht weiter bekümmert. Er war zu jenem Zeitpunkt längst mit einem neuen Projekt befaßt, das ihn viel mehr inspirierte als das bisherige Amt und das seinem Umfang und seinem künstlerischen Rang nach von weitreichender Bedeutung für sein Leben und sein schriftstellerisches Werk sein sollte. Es war nunmehr die Zeit der Wanderungen, der intensiven Beschäftigung mit der Mark Brandenburg gekommen.

Der erste Hinweis darauf findet sich unter dem Datum 19. August 1856 im Londoner Arbeitsnotizbuch. »Einen Plan gemacht. ›*Die Marken*, ihre Männer und ihre Geschichte. Um Vaterlands- und künftiger Dichtung willen gesammelt und herausgegeben von Th. Fontane.‹ ... Wenn ich noch dazu komme, *das* Buch zu schreiben, so hab' ich nicht umsonst gelebt und kann meine Gebeine ruhig schlafen legen.« Als er zwei Jahre später auf seiner Schottlandreise nach der Besichtigung von Lochleven Castle über den See zurückruderte und das Bild vom Rheinsberger Schloß mit seinem See in der Erinnerung vor ihm aufstieg, stand es für ihn endgültig fest, daß er die Landschaft der Mark Brandenburg mit ihren Schlössern und Seen beschreiben würde.

Daß er nun gerade jetzt auf dieses Projekt zurückkam, dürfte neben den finanziellen Erwägungen auch der Zwang, besser gesagt der Wunsch gewesen sein, den Zeitungen und Zeitschriften Neues anzubieten, Reiseplaudereien nach englisch-schottischem Muster, für die er sich den Tag, den Stoff und den Ort ganz nach Belieben aussuchen konnte. Am Ende würde dann ein geschichtlich unterhaltsames Heimat- und Wanderbuch über die Mark stehen – oder mehrere Bände –, deren Kapitel man im Vorabdruck an die Zeitungen geben könnte.

Die Hinwendung zum brandenburgisch-preußischen Stoff wird eigentlich nicht durch Prosa, sondern durch einen lyrischen Hymnus eingeleitet. Er liest im Februar 1859, kurz nach der Rückkehr aus London, im »Tunnel« seinen «Louis Ferdinand«. Diese Liedballade hatte er schon in England beendet. Er schlägt damit wieder den Bogen von der schottisch-englischen Balladendichtung zum volkstümlichen Preußenlied. Die so schwungvoll dahingaloppierenden Verse zum Ruhme des Preußenprinzen, für den er, wie für hübsche, stramme Offiziere generell, eine Vorliebe hatte, wurden sein »Vorlesungsparadepferd«, er selbst hat sie zu den besseren Gedichten gezählt, die er gemacht hat.

Sechs Fuß hoch aufgeschossen,
Ein Kriegsgott anzuschaun,
Der Liebling der Genossen,
Der Abgott schöner Fraun,
Blauäugig, blond verwegen
Und in der jungen Hand
Den alten Preußendegen –
Prinz Louis Ferdinand.

Als der Sommer des Jahres 1859 gekommen war, begann die Zeit der Wanderungen. Er begibt sich in Begleitung von Lepel auf die Reise, Ziel ihrer Studienfahrt ist die Landschaft Ruppin. Sie besuchen Wustrau, den ehemaligen Wohnsitz des legendären friderizianischen Husarengenerals Zieten, dann Carwe am Ostufer des Ruppiner Sees mit dem Schloß der Knesebecks, das Herrenhaus in Radensleben mit den hier bewahrten Kunstschätzen, den Jugendarbeiten Schinkels, und natürlich Schloß Rheinsberg, wo Friedrich II. als Kronprinz und später dessen Bruder Prinz Heinrich Hof hielt.

Schon im August und September folgen neue Wanderungen, von jeweils nur einigen Tagen Dauer, da Fontane noch Verpflichtungen als Englischlehrer an der Stiehlerschen Privatschule hat. Gemeinsam mit Kunsthistoriker Wilhelm Lübke und Schriftsteller Otto Roquette aus dem »Ellora«-Kreis geht es im August in den Spreewald. Als Führer haben sie Schulrat Bormann mitgenommen, um sich über die Geschichte der Wenden und die Besonderheiten der Landschaft unterrichten zu lassen. Einen Monat darauf wird wieder gewandert, diesmal mit Lübke allein, der sich, ein exzellenter Kenner der Kunst- und Baugeschichte, als der ideale Begleiter erweist. Sie besuchen die Altmark, die Wiege Brandenburgs, mit ihren Burggründungen aus der Zeit Heinrichs I. und Ottos des Großen – Havelberg und Werben, Tangermünde und Stendal sowie das alte Kloster Arendsee.

In der Zwischenzeit hatten die ersten vier Reisekapitel bereits ihre Leser gefunden. Sie waren in der *Preußischen Zeitung* erschienen, als erste Folge die vier Aufsätze »Von Berlin nach Lübbenau«, »Die Wenden«, »Wendischer Gottesdienst« und

»Wendische Kostüme«. Die *Neue Preußische (Kreuz-)Zeitung* folgte mit ihren Veröffentlichungen zwei Monate später. Sie druckte in sechs Fortsetzungen, beginnend am 23. Oktober, die Kapitel zu Rheinsberg, jene Stücke, die den Grundstock für »Die Grafschaft Ruppin«, den ersten Band der »Wanderungen durch die Mark Brandenburg«, bilden sollten.

Damit hatte ein Unternehmen begonnen, das Fontane über einen Zeitraum von mehr als zwanzig Jahren beschäftigen und seinen Namen untrennbar mit der Geschichte und der Landschaft dieses Teils Mitteldeutschlands verbinden sollte. Immer wieder bricht er auf, steigt auf dem Potsdamer oder Hamburger Bahnhof in den Zug, um märkische Dörfer und Kleinstädte mit ihren Herrenhäusern, Klöstern, Schlössern und Kirchen zu besichtigen, alte Skripten und Familienpapiere zu studieren, mit den Einheimischen zu sprechen, sich Geschichten anzuhören und sie aufzuschreiben. »In den ›Wanderungen‹ wird wirklich gewandert, und wie häufig ich das Ränzel abtun und den Wanderstab aus der Hand legen mag, um die Geschichte von Ort oder Person erst zu hören und dann weiterzuerzählen, immer bin ich unterwegs, immer in Bewegung und am liebsten ohne vorgeschriebene Marschroute, ganz nach Lust und Laune«, schreibt er im Vorwort zu den »Fünf Schlössern«, die als eine Art Nachtrag zu den vier großen Bänden der eigentlichen »Wanderungen« erschienen sind.

Das Umherreisen, um sich dem Reiz des Unbekannten hinzugeben, war die Freiheit, wie er sie verstand und wie sie sein Vater schon zu schätzen wußte, als er mit Pferd und Wagen weit hinaus ins Land kutschierte, von niemandem bestandpunktet, niemandem Rechenschaft schuldig und im Innersten überzeugt davon, daß Independenz das einzige ist, was im Leben zählt, »alles andere ist nur Larifari«.

Ab Mitte 1860 gilt Fontanes Interesse so gut wie nur noch dem geliebten Objekt. »Ich beschäftige mich jetzt ausschließlich mit dem Studium unsrer Mark und habe zwei darauf Bezug habende Arbeiten vor, die mich ohngefähr zehn Jahre kosten und zwanzig Bände füllen werden«, teilt er im Juli Theodor Storm mit. Zwanzig Bände sind es freilich nicht geworden, sondern nur fünf, und hinsichtlich der Zeit verschätzte er sich um die Hälfte.

Über die Konzeption hat er sich wiederholt geäußert, in Briefen wie auch in den Vorworten zu den einzelnen Bänden. Seine Absicht war von Anfang an, wie er seinem Verleger Hertz gegenüber erklärte, »Detailschilderung behufs besserer Erkenntnis und größerer Liebgewinnung historischer Personen, Belebung des Lokalen und schließlich Charakterisierung märkischer Landschaft und Natur« zu geben, und zwar »lesbar einerseits, erschöpfend andrerseits«. Daran hat er sich in allen Aufsätzen über die vielen Jahre hinweg gehalten und damit zugleich dem in der Mark verwurzelten »altpreußischen Volkscharakter« literarisch Ausdruck gegeben. Diesen Volkscharakter sah er in einem schlichten Rechtsgefühl und einem Minimum an Glauben.

Für sein Unternehmen hält er jetzt in allen Richtungen Ausschau wegen dienstbarer Geister. Hofrat Schneider wird ersucht, für ihn Empfehlungsschreiben an bestimmte Adelsfamilien zu richten. Mathilde von Rohr[1], seit den fünfziger Jahren seine Gönnerin und »ein wandelndes Anekdotenbuch«, wird ihm über ihren großen Bekanntenkreis Zugang zu Familienarchiven verschaffen und ihm auch sonst mit ihren gesellschaftlichen Verbindungen behilflich sein. Fontanes eigene Verwandtschaft wird ebenfalls zur Mitarbeit herangezogen. Schwester Elise, die sich drei Jahre zuvor mehrere Monate bei der Familie in London hatte aufhalten dürfen, bekommt den Auftrag, sich in Ruppin über einige Personen kundig zu machen und wenn möglich das befreundete Ehepaar Gentz zu einem Ausflug nach dem alten Gutshaus Köpernitz zu animieren, um dort die Terrainbeschaffenheit, Wald, Wasser, Dorf und so weiter zu sondieren und eine genaue Lagebeschreibung des herrschaftlichen Hauses zu geben, »nicht mehr als zehn, zwölf Zeilen, aber anschaulich«.

Trotz Fürsprache und sehr persönlich gehaltener Briefe blieb in vielen märkischen Adelsfamilien zu Anfang nicht selten ein Gefühl des Mißtrauens gegenüber dem »Skribenten«. Es bedurfte eines gewissen Vertrauens, um an die gut gehüteten Familiendokumente und die Kirchenbücher heranzukommen, beides unerläßliche Quellen, wenn die Chronik eines Ortes oder einer alten Adelsfamilie zu schreiben war. Fontane mußte sein diplomatisches Geschick spielen lassen, was ihm nicht schwerfiel, zumal er mit den Charaktereigenschaften des Märkers vertraut war. »Die märkischen Edelleute sind sehr gute Menschen, aber sie haben den allgemein märkischen Zug des Argwohns, der Nüchternheit und des Nichtbegreifenkönnens eines reinlichen, über den äußerlichen Gewinn und Vorteil hinausgehenden Wollens.« Der erwanderte Stoff war am Ende doch reichlich und fügte sich zu stimmungsvollen, farbigen Genrebildern, die die Zeitungen sofort zum Druck annahmen. Er las daraus auch im »Tunnel« und im Salon der Mathilde von Rohr vor, jeweils mit viel Zuspruch. Seine Zuhörer spürten von Anfang an den graziösen Fontanischen Plauderton, das poetisch Originelle und Individuelle heraus, von dem der Publizist Maximilian Harden 1896 meinte: »Diese ›Wanderungen‹ sind ein Originalgewächs; sie gleichen jenen köstlichen Weinen, die nur in bestimmtem Gelände reifen konnten und an deren blumiger Würze sich doch nachher alle Welt mit innigem Behagen letzt.«

Als mit Einbruch des Herbstes das Wetter für die Fahrten in die Mark ungünstig zu werden begann, erfolgte der Umzug der Fontanes in die Tempelhofer Straße, damals noch vor den Toren der Stadt. Das bisherige Sommerdomizil in der Potsdamer Straße – »ächte Berliner Gartenluft (Blumen vorne und Müllkute hinten)« – wurde aufgegeben. Ohnehin war es nur als Provisorium gedacht. Da jetzt Sohn George, der noch etliche Zeit in England geblieben war, wegen der Schule, zurückkehrte, war ein etwas größerer Wohnraum erforderlich. Die neue Unterkunft, ein Neubau, war in der Miete billiger, aber feucht, was sich auf das gesundheitliche Befinden des jüngeren Kindes auswirkte. Noch immer waren die Fontanes Trockenwohner, noch immer mußten sie bei Umzügen sparsam mit dem Geld umgehen.

Neue Belastungen brachte im Jahr darauf die schwere Erkrankung von Bruder Max[2] mit sich, der nun nicht mehr auf Besuch nach Berlin kommen konnte.

Fontane geht um diese Zeit noch immer zu den Sitzungen des »Tunnels«, wenn auch nicht mehr so regelmäßig wie ehedem und schon gar nicht mehr mit dem Elan wie in seiner Jugend. Der Verein und seine Mitglieder waren mittlerweile in die Jahre gekommen, »älter und invalider geworden«, worüber Fontane spöttelnd bemerkte: »Wir werden bald eine Versammlung von Greisen sein.« Es ist der 30. Oktober 1859, ein Tag nach seinem Ausschluß als Vertrauenskorrespondent, als ihn die Mitglieder zum »Angebeteten Haupt«, das heißt zum Vorsitzenden, wählen. Sieben Tage darauf hält der frisch Inthronisierte seine Antrittsrede und verkündet: »Solange das Szepter in meinen Händen ist, so lange sei geherrscht. ›Mild und gerecht‹.« Diese königlich Shakespearschen Worte waren mehr an die eigene Adresse gerichtet und sollten eine Mißstimmung beheben, die seit dem Sommer bestand, als er auf einer »Tunnel«-Sitzung »wie ein Rasender« gegen Lepel zu Felde gezogen war, sich im Streit um einen Gedichtstoff arg im Ton vergriffen hatte. Aus rein dichterischer Leidenschaft für seine »Jessie Brown«, eine Gestalt aus den Tagen des indischen Volksaufstands von 1857, hatte er die Contenance verloren. Was war geschehen? Lepel hatte sich rein zufällig die gleiche Person als Stoff für ein Gedicht gewählt, jedoch in völlig anderer Betrachtung und Gestaltung als Fontane, der an seiner Ballade noch arbeitete und empört darüber war, wie man einen so bedeutenden Stoff so unangemessen, ja vorsätzlich unernst behandeln konnte. Diese Jessie Brown, genannt »Das Mädchen von Lucknow«, eine junge Engländerin, die, am Ort zurückgeblieben, die Erstürmung der indischen Stadt Lakhnau vorausprophezeite, nachdem sie von den britischen Kolonialtruppen bereits geräumt war, war für Fontane der ideale dichterische Stoff, den er sich denken konnte. Eine Balladenfigur ersten Ranges, »fast größer als die Lenore, hellseherisch, mystisch-phantastisch, gruselig und erhaben zugleich«, und nun das läppische Lepelsche Produkt! Er ging wütend darauf los. »Alles war baff nach dieser Philippika.« Nicht so Lepel. Er ließ die Attacke gelassen über sich ergehen, ganz Gentleman, und verwies den Hitzkopf Lafontaine auf seinen Platz. »Das ist dein gutes Recht, daß es dir nicht gefällt; aber du könntest es vielleicht in andere Worte kleiden.« Fontane entschuldigte sich daraufhin für den mißglückten Ton, von dem Inhalt des Gesagten aber würde er kein Wort zurücknehmen.

Die Verstimmung zwischen beiden blieb längere Zeit bestehen, es kam aber wieder zur Versöhnung, da Lepel, wie Fontane ihm nachrühmte, gerade dann am nachsichtigsten mit ihm gewesen sei, wenn er sich dichterisch ihm gegenüber aufs hohe Pferd setzen wollte. In diesem Sinne habe er ohne große Worte manche gute Lehre fürs Leben bekommen.

Als sich das Jahr 1859 dem Ende zuneigt, sitzt Fontane, genau wie vor einem Jahr, wieder an der Ausarbeitung von zehn Vorträgen, die er von Januar bis in den März hinein in Arnims Hotel Unter den Linden zu halten gedachte. Es ging um seine Spezialthemen: »Englische Presse«, »Englische Historienmalerei«, »Schottische Volkspoesie«, »Melrose-Abbey und Abbotsford«. Obgleich er sich, wie er an seine Mutter nach Neuruppin schreibt, nicht viel davon verspreche, fühle er doch die Notwendigkeit, »mal wieder vor dem Publikum zu erscheinen und diesen und jenen wissen zu lassen, daß ich noch da bin.«

Ein besonderes Datum in der Familienchronik der Fontanes ist der 21. März 1860, jener Tag, an dem die einzige Tochter der Familie, Martha, geboren wird, – Mete, wie sie künftighin genannt wird. Emilie hat für diese Wochen das »Lischen«[3] aus Neuruppin zur Hand, Fontane kann ungestört seiner Arbeit nachgehen. Zu der Freude über das gesunde Kind kommt die Freude über die Nachricht, daß der Verleger Julius Springer in Berlin das Schottland-Buch herausbringen wird. Der Leipziger Lorck-Verlag, der das Manuskript im Vorjahr abgelehnt hatte, gibt dafür bei ihm vierzig Biographien für ein Lexikon »Männer der Zeit« in Auftrag. Darüber hinaus zeichnete sich eine grundlegende Veränderung seiner beruflichen Existenz ab; es gab die Aussicht auf eine feste Zeitungsanstellung. Damit würde die Übergangsphase als freier Schriftsteller und das Warten von Honorar zu Honorar ein Ende haben.

Über diese leidige Frage hatte er sich in den vergangenen Wochen wiederholt mit George Hesekiel, dem Romanschriftsteller und Dichter aus dem »Tunnel«-Kreis, unterhalten, der Redakteur bei der *Neuen Preußischen Zeitung* war, zuständig für die Berichterstattung über Frankreich, den »französischen Artikel«, wie man dazu sagte. Das Blatt war eine 48er Gründung der preußisch-konservativen Royalisten, die, bis dahin ohne eigene Zeitung, jeder Idee einer liberalen Gestaltung der Monarchie mit tiefstem Mißtrauen begegneten, deutsche »Einheitsspielereien« rigoros ablehnten und sich dementsprechend nur zu einem *preußischen* Patriotismus bekannten.

Fontane wußte, daß eine Bewerbung bei einer politisch eindeutig im preußisch-konservativen Lager stehenden Zeitung nicht möglich war, auch Hesekiel ließ ihn darüber nicht im unklaren. Ein Angebot hatte von der Zeitung selbst auszugehen. Da Fontane schon von London her für die *Kreuzzeitung* literarische Beiträge fürs Feuilleton geliefert und sich mit Beginn der Wanderungen wieder ein Kontakt ergeben hatte, war die Überlegung, was eine Festanstellung betraf, so unrealistisch nicht. Für Fontane, der nach eigenen Worten keine Neigung zur Presse der sogenannten Neuen Ära verspürte, kamen ohnehin nur die *Vossische* oder die *Kreuzzeitung* in Frage.

Die Einladung zum Vorstellungsgespräch, vermittelt durch Hesekiel, kam vom Chefredakteur, Tuiscon Beutner. Er empfing Fontane bei sich zu Hause in der Bernburger Straße, wo er schräg gegenüber der Lukaskirche wohnte. Fontane fielen in der Wohnung zuerst das Sofakissen mit dem eingestickten Eisernen Kreuz und ein schwarz eingerahmtes Christusbild ins Auge. »Mir wurde ganz himmelangst, und auch das mühsam geführte Gespräch, das anfänglich wie zwischen dem Eisernen Kreuz und dem Christus mit der Dornenkrone hin und her pendelte, belebte sich erst, als die Geldfrage zur Verhandlung kam.« Nach zehn Minuten stand er vor der Entscheidung, zu dem Angebot, den »englischen Artikel« der Zeitung zu übernehmen, ja oder nein zu sagen. Daß er finanzielle Abstriche gegenüber seinen früheren Londoner Bezügen hinzunehmen hatte, war ihm bewußt, aber es ging um die Abgesichertheit der wirtschaftlichen Verhältnisse seiner Familie – diese war vor allem anderen zu bedenken. Fontane sagte ja und fand späterhin, daß es ein guter Entschluß gewesen sei, »aus dem mir nur Vorteile für mein weiteres Leben erwachsen sind. Ich blieb bis kurz vor dem siebziger Krieg in meiner Kreuzzeitungsstellung und muß diese zehn Jahre zu meinen allerglücklichsten rechnen.«

Am 1. Juni 1860 tritt er seine Stellung in der Redaktion an.

Der *Kreuzzeitungs*-Redakteur

Wie schon zehn Jahre zuvor im Literarischen Kabinett unter Wilhelm von Merckel sitzt Fontane nun abermals in einem Berliner Redaktionsbüro. Wiederum ist die Auswertung der Presse, vornehmlich der englischen, sein Tagewerk; es sind Korrespondenzen zu fertigen, Zusammenfassungen zur Politik des Tages zu geben und kleinere Berichte zu schreiben. Der »englische Artikel«, den er betreut, ist Teil der außenpolitischen Berichterstattung des Blattes und mit Fontane, dem mit englischen Verhältnissen wohl am besten vertrauten Berliner Journalisten, geradezu ideal besetzt. So strapaziös wie in den Monaten der Deutsch-englischen Korrespondenz war die Arbeit nicht, es waren in bezug auf England ruhige Zeiten. Der Platz der Zeitung war anno 1860 innenpolitisch vorwiegend der Auseinandersetzung mit dem liberalen politischen Gegner vorbehalten, außenpolitisch beanspruchten Österreich und Frankreich die Aufmerksamkeit und dementsprechend auch mehr Platz gegenüber England, das nicht im Zentrum preußischer Politik stand.

Trotzdem fiel für Fontane ein beachtliches Arbeitspensum an. Er schrieb seine regelmäßige Kolumne zur parlamentarischen Arbeit und zur britischen Politik, sammelt darüber hinaus aus den Zeitungen alles zusammen, was für deutsche Leser von Interesse sein konnte: wenn der Derby-Tag vor der Tür stand und das Wettfieber die Massen ergriff, wenn der Winter auf der Insel einmal so kalt ausfiel, daß man im Hyde-Park Schlittschuh laufen konnte, wenn Unglücke, Verbrechen, Katastrophen und politische Skandale passierten oder die neuesten Wunderwerke der Technik zu bestaunen waren, wie die erste unterirdische Eisenbahn, die mit ihrer Eröffnung 1862 das kommende Zeitalter des Tunnelstraßenverkehrs ankündigte. »Die Fahrt, die stattfand, war erst eine allervorläufigste Probefahrt; Rollwagen statt der Waggons, Pferdevorspann statt der Lokomotiven, Laternen und Fackeln statt Gaslicht, aber es war dennoch eine *unterirdische* Fahrt, und das ist die Hauptsache.« Entscheidend war bei solchen Korrespondenzen nicht, daß der Verfasser alles in eigener Person gesehen und erlebt haben mußte, sondern daß er das Ereignis mit dem richtigen Blick und mit journalistischem Geschick auf der Grundlage der ihm vorliegenden Meldungen wiederzugeben verstand, indem er die den englischen Tages- und Wochenzeitungen entnommenen Passagen zu einem neuen Manuskript »zusammenübersetzte«, nochmals redigierte und, wo nötig, entsprechend kommentierte. Das fertige Produkt hieß dann »Von unserem Korrespondenten«. Insofern unterschieden sich »echte« und »unechte« Korrespondenzen nicht allzusehr voneinander, ja die »unechten« konnten unter Umständen besser sein als die »echten«, wenn ein Könner am Werk war, der aus der Kenntnis von Land und Leuten heraus selbst aus dürftigen Informationen etwas zu machen verstand. Auf mehr kam es nicht an. Kein Leser merkte, daß das Produkt nicht in London, sondern in Berlin am Schreibtisch entstanden war.

Die kleinen, unter bestimmten Siglen anonym erscheinenden Berichte aus Fontanes Feder waren, sofern sie ins Feuilletonistische gingen, in mancher Hinsicht eine Fortsetzung seiner Londoner Skizzen und Impressionen, nur in etwas anderer Form, konziser, zeitungsgemäßer, was aber die liebevoll aufgesetzten Lichter, die feine Ironie und die sprachliche Eleganz betraf, unverkennbar die Handschrift des Berliner Dichterpublizisten. Der Rest war Redakteurshandwerk. Für diese Arbeit war es ein recht gutes Gehalt, das er bezog, zu Anfang 900 Taler jährlich, was nunmehr Sicherheit für seine fünfköpfige Familie bedeutete. Es kamen noch die Honorare für die »Märkischen Bilder« hinzu, für die ihm die *Kreuzzeitung* 5 Reichstaler je Kolumne zahlte, Einnahmen aus Rezensionen, ferner Buchhonorare und Vergütungen für sonstige Veröffentlichungen beziehungsweise Aufträge. Seiner Frau rechnete er vor, nachdem er das zweite Jahr bei der *Kreuzzeitung* war, daß er mit seinen 900 Talern für die Zeit, die er zu arbeiten habe – täglich drei Stunden von halb neun bis halb zwölf –, »ein höchst anständiges Gehalt« beziehe. In dieser Aufrechnung fehlt allerdings der Hinweis, daß seine

Arbeitszeit oft erst gegen 14 Uhr endete, daß er auch Leitartikel für die Zeitung schrieb sowie Glossen zu englischen Presseberichten. Neben London versah er außerdem noch die Korrespondenz »aus« Posen, vorrangig zur polnischen Frage, in Vertretung zeitwilig auch »aus« Italien, und – je nach wechselnden Schwerpunkten des außenpolitischen Geschehens – aus Nordamerika, den Ostseeprovinzen oder wie im Falle Schleswig-Holsteins »aus« Dänemark.[4] Gelegentlich lieferte er auch Beiträge für die Spalten anderer Kollegen, wenn er Berliner Kunstausstellungen rezensierte oder für den innenpolitischen Teil der Zeitung über wichtige Reichstagssitzungen referierte. Daß er außerdem jeden Tag einen Teil der Arbeit in Form von Zeitungen mit nach Hause nahm, verstand sich für einen Redakteur von selbst. Die neue Stellung hatte Fontane mit großem Schwung angetreten, und daß er in seinem Metier zu arbeiten verstand, das hatte er schließlich als »Londoner« jahrelang bewiesen.

Die Atmosphäre in der Redaktion war angenehm und trug ebenfalls dazu bei, daß er sich in jeder Weise wohlfühlte. Sein Arbeitstisch stand über einen schmalen Korridor hinweg in direkter Nachbarschaft zu Hesekiel, mit dem ihn viele gemeinsame Interessen verbanden, vor allem für das Märkisch-Preußische. Hesekiel war ein in Berlin bekannter Schriftsteller, der seit 1842 publizierte. Von ihm waren, als Fontane in die Redaktion eintrat, bereits drei Hefte »Preußenlieder«, ein Bändchen Gedichte »Der große Churfürst«, ein Lebensbild des Freiherrn von Manteuffel sowie ein Buch über Alexander II. von Rußland erschienen. Als neueste Veröffentlichung lag ein Repertorium für Adelsgeschichte vor, seine eigentliche Domäne waren jedoch berlin- und brandenburghistorische Novellen und Romane, die allesamt einen großen Leserkreis hatten. Hesekiel, einer alten böhmischen Predigerfamilie entstammend, dem guten Essen und Trinken zugetan, letzterem in besonderem Maße, war seinem ganzen Wesen nach das, was man eine Persönlichkeit nannte. Fontane fühlte sich durch ihn inspiriert und bewunderte in ihm den »Mann der historischen Anekdote«. Innerhalb der *Kreuzzeitung* galt er als eine der Säulen, wenn nicht als der wichtigste Mann. In seinem Ressort hatte er aufgrund dessen, daß Frankreich den Ausbau der preußischen Vormachtstellung innerhalb Deutschlands argwöhnisch verfolgte, weitaus mehr zu tun als Fontane, an dessen Tisch der Chefredakteur eine Zeitlang jeden Morgen herantrat, um ihm zuzuflüstern: »Wenn irgend möglich, heute nur ein paar Zeilen; je weniger desto besser.« Ein bestimmtes Quantum England allerdings mußte sein, schon deshalb, weil die Frau des Thronfolgers dem englischen Königshaus entstammte.

Als Redakteur wird Fontane nun auch in eine neue Form von Gesellschaftlichkeit einbezogen, die mit der Reputation der *Kreuzzeitung* zusammenhing. Er erhielt Einladungen zu offiziellen Festessen, Empfängen, Feiern zu Königs Geburtstag und dergleichen. Fontane im Frack sah man auch auf den Soireen, zu denen Chefredakteur Beutner die Gäste privat in sein Haus lud, wo sich Minister, Exzellenzen, hohe Regierungsbeamte, Geistliche, Geheimräte, Professoren und Offiziere vom Stab zusammenfanden, unter ihnen Männer wie der Malprofessor Wilhelm Henssel, von dem Fontane meinte, daß sich an ihm das Preußentum von 1813 ganz wundervoll studieren ließe. Der *Kreuzzeitungs*-Cercle war weitgehend identisch mit den Kreisen, die sich damals der Huld des Hofes erfreuten und in dem gehobenen Standesbewußtsein lebten, gewissermaßen mit zum Hof zu gehören.

Fontane kam in diesem Milieu zu höchst angesehenen, einflußreichen Persönlichkeiten der Konservativen Partei in Kontakt, die er schätzte, sofern sie in seinen Augen »eine Figur machten«, und die er deshalb auch menschlich sympathisch fand, woraus er kein Hehl machte. Als seine Frau einmal in einem Brief aus ihrem schlesischen Urlaub in leicht maliziösem Ton ihm gegenüber die Bemerkung fallen ließ, daß er wohl nun recht viel Umgang mit gehobenen Kreisen pflege, muß sie sich belehren lassen. »Deine kleine Reprimande[5] wegen der ›Grafen und Exzellenzen‹ ist wohl ziemlich unverdient; ich dächte doch, daß ich mich in meinem Briefe selbst genugsam darüber ausgesprochen habe. Das ist zwar wahr, daß ich mehr mit Adel als Bürgertum in Berührung bin, aber das ist teils eine Folge meines Metiers (Poet und ›Wanderungen‹-Schreiber), teils eine Folge meiner politischen Richtung. Poeten und Künstler haben zu allen Zeiten fast ausschließlich Verkehr mit Fürsten, Adel und Patriziat gehabt; es ist ja auch ganz natürlich. Heutzutage freilich, wo der *Bürgerstand* (im weitesten Sinne) eine hervorragende Bedeutung hat ... *braucht* es nicht mehr so zu sein, wer aber im Lager der ›Feudalen‹ ficht, der muß sich noch mit den alten Elementen behelfen.«

Daß sich Fontane zu jener Zeit der Partei der preußischen Konservativen auch gedanklich verbunden fühlte und nicht als »Unbeteiligter« am Blatt mitarbeitete, geht aus einem Brief seiner Frau hervor, in dem sie ihn wissen läßt, daß sie sich zu den liberalen Ansichten des befreundeten Lepel mehr hingezogen fühle als zu seinen »Conservativen«. »Mir ist oft«, gibt sie kritisch zu bedenken, »als sähest Du die Dinge verschleiert an.« Schon zuvor hatte Lepel in einem Brief vom 2. Februar 1861 in freundschaftlicher aber dezidierter Auseinandersetzung mit Fontane wegen dessen kritikloser Begeisterung für die Richtung des Konservativen Ludwig von Gerlach wissen lassen: »Es ist ein Schmerz für mich und alle Deine alten Freunde, daß Du Dich mehr, als nötig ist, mit der Richtung verbindest, statt Dich nur auf Deinen relativ neutralen Artikel zu beschränken.« Korrespondierend steht dazu die folgende Notiz im Tagebuch Fontanes[6] unter dem 20. Juni 1860: »Abendbesuch von Lepel; er warnt mich vor ›Reaction‹ und ›Katholizismus‹.«

In diesen Punkten war Fontane entschieden anderer Meinung. Als im Jahr darauf Wahlen zum preußischen Abgeordnetenhaus stattfanden, verdroß ihn der Wahlsieg der Liberalen und die Tatsache, daß nur vierzehn Konservative einen Sitz hatten erringen können. Seinen Beobachtungen nach sei der liberale Wahlsieg schon deshalb unverdient, weil die Vertreter des Liberalismus »nichts taugen« würden. Es ging in diesem Falle auch um eine persönliche Niederlage Fontanes, der sich als Kandidat des Wahlvereins der Konservativen hatte aufstellen lassen. Er war nicht nur als Beisitzer und Stimmzähler der Urwahl tätig, wie man seinen Briefen entnehmen kann, sondern engagierte sich vielmehr darüber hinaus für die konservative Partei.[7] Sein Name findet sich neben Polizeileutnant von Puttkamer, Polizeileutnant von Uechteritz, Freiherr von Ledebur und noch zwei weiteren empfohlenen Kandidaten auf einem Handzettel unter der Überschrift »Mit Gott für König und Vaterland!«, dem Wahlspruch der Konservativen. Er selbst bekam zwar unter den Aufgestellten die meisten Stimmen, er sagt 26, mußte sich aber vom »Kladderadatsch« verspotten lassen. Dieser brachte am Tag vor der Urwahl eine derbe Karikatur, die einen als Wahlurne umgestülpten preußischen Helm zeigt, an dessen Rand sich die »Feudalen« wie eine Turnerriege beim Seilziehen festzuklammern versuchen. Der letzte liegt bereits rücklings am Boden. Fontane, auch schon im Fallen, hält sich gerade noch so an den Beinen seines an der Urne zappelnden Vordermanns fest. Der Text dazu lautet: »Nur mit der größten Anstrengung gehen aus der Wahlurne einige feudale Wahlmänner hervor.« Fontanes Kommentar zu der ganzen Sache: »Das hat man davon!«

Im Zusammenhang mit seiner politischen Orientierung steht auch die Äußerung in einem Brief vom 19. November 1861 an seinen Verleger Wilhelm Hertz, mit dem er in Verhandlungen wegen seiner Balladen war: »Übrigens hab' ich doch auch heute wieder gesehn, daß alle ernsten Leute, die nach Zuverlässigkeit, Treue, Charakter, meinetwegen auch ein bißchen nach Fanatismus und Verbissenheit aussehn, *Conservative* sind; – das andre ist doch der reine Triebsand, der durch die Strömung, wie sie gerade geht, mal hierhin mal dorthin geworfen wird.«

Fontane hat mit seinem Eintritt in die *Kreuzzeitung* das ihn angenehm berührende und Sicherheit gebende Gefühl, gesellschaftlich gleichrangig behandelt und ästimiert zu werden. Für ihn als Mann ohne Titel, ohne akademische Ausbildung, von Beruf her nur Apotheker, nunmehr der »Herr Redakteur«, war das immer ein empfindlicher Punkt, das ganze Leben hindurch, und es ist sehr wohl denkbar, daß er sich erst in den *Kreuzzeitungs*-Jahren von diesem »Makel«, wenn es je einer gewesen sein sollte, recht eigentlich befreit sah. Für seine Reputation innerhalb der Redaktion und der sie flankierenden Kreise waren deshalb die Bücher, die er als Schriftsteller veröffentlichte, vor allem das Echo darauf, von um so größerer Bedeutung. Es gab kurz hintereinander zwei Neuerscheinungen. In einem Stuttgarter Verlag erschien Ende des Sommers 1860 der stattliche Sammelband »Aus England«, der die Studien und Briefe über Londoner Theater, Kunst und Presse zusammenfaßte – gewidmet seinem lieben Freunde Wilhelm Lübke –, und im Oktober schließlich der von den Freunden und Bekannten lang erwartete Band seiner Balladen, gewidmet Wilhelm von Merckel. Diese »Balladen« sind mit dem bereits erwähnten Schottlandbuch »Jenseit des Tweed« die dritte Veröffentlichung innerhalb des Jahres. Für ihn Grund genug, sich noch einmal in Bayern in Erinnerung zu bringen und über Paul Heyse den König Maximilian »um gnädige Entgegennahme« seiner neuen Editionen zu bitten. Nicht, daß er hofft, in München könne doch noch eine Stellung herausspringen, aber man kann »nie wissen, wie's kommt«.

Nach einer kleinen romantisierenden Versdichtung »Von der schönen Rosamunde«, Umfang 62 Seiten, vom Verleger sehr gestreckt, und den Preußenliedern, auch nur schmal von Umfang, tritt Fontane mit den Balladen, nach Heyse seine »unbestrittene Domäne«, erstmals mit einer literarisch profunden und auch im Umfang gewichtigen Buchveröffentlichung in Erscheinung. Einschließlich der aus dem Englischen übertragenen Dichtungen sowie der in der »Argo« und anderen Zeitschriften verstreut erschienenen Balladen ergab das Buch in der Erstauflage einen Umfang von 278 Seiten. Zu verdanken war das Erscheinen ganz wesentlich Paul Heyse, der Fontane wiederholt dazu gedrängt hatte und Wilhelm Hertz, bei dem er selbst verlegte, von der künstlerisch herausragenden Bedeutung dieses Werkes überzeugen konnte. Allerdings, eine zweite Auflage erreichte das Buch nicht. Entgegen der Prophezeiung Heyses, daß der Balladendichter Fontane *die* Entdeckung sei, fand die Auflage von tausend Stück nur zögerlichen Absatz, nach zwölf Jahren waren immer noch Exemplare davon am Lager, so daß es auch bei dem gezahlten Gesamthonorar von 150 Talern blieb. Als bei Hertz eine Neuauflage der Gedichte erschien, das war erst 1874, wurden die Balladen mit dieser Edition zu einem Band vereinigt.

Das Echo auf das Balladenbuch war das bisher stärkste aller seiner Bücher und somit zufriedenstellend für Autor und Verleger. Die *Kreuzzeitung* befand in ihrer Rezension, verfaßt von Kollege Hesekiel: »Reiche Fülle volkstümlicher Poesie«. Das *Bremer Sonntagsblatt* meinte: »Mit Meisterhand gezeichnet ... Deutschland mag sich freuen, daß es in der Mark einen solchen

Dichter hat.« Die Wochenschrift *Europa* urteilte über die Balladen: »... machen den frischesten, gesundesten, mit einem Wort mannhaften Eindruck.« Das *Deutsche Museum* kam zu der Einschätzung: »Lieder voll frischen Lebens.« Die altehrwürdige *Spenersche Zeitung*, das Blatt aus Schillers und Goethes Tagen, sah die Zukunftswirkung der Fontanischen Balladenkunst voraus: »Wenn so manches Reimgeklingel längst verklungen sein wird, werden Fontanes Balladen leben und die Gemüter rühren, ergreifen und erschüttern wie heut.« Nicht angemessen im Ton dagegen fand Fontane das, was das *Hallische Volksblatt für Stadt und Land* zu sagen hatte, »... recht freundliche Worte, die aber doch etwas Demütigendes für mich hatten; ich wurde nicht wie ein seit zehn Jahren etablierter Poet, sondern wie ein beliebiger Nachtwächter besprochen, der die Laune gehabt hat, Balladen, und zwar recht gute zu publizieren.«

Nachdem sich Fontane von einer Grippe, die ihm die Weihnachtsfeiertage 1860 und seinen Geburtstag verleidet hatte, wieder erholt hatte und die »nahezu unanständige Kälte« etwas abgeflaut war, trifft er Dispositionen für neue Fahrten ins Ruppiner Land und geht an die Überarbeitung der schon vorliegenden Wanderungskapitel, die ein Buch werden sollen. Wilhelm Hertz will es drucken und kommt mit Fontane überein, daß dieser im Sommer den Band abschließt, so daß das neue Buch mit Spätherbst, noch rechtzeitig für das Weihnachtsgeschäft, im Buchhandel sein kann. Mitten in die Arbeit hinein kommt eine erfreuliche Nachricht von Mathilde von Rohr, seiner Fürsprecherin, die ihm mitteilt, daß er, wie von ihm beantragt, zur Unterstützung seiner Studien zu den »Märkischen Bildern« sowie zur »Fortführung von ethnographischen und spezialhistorischen Arbeiten« vom preußischen Kultusministerium einen Jahreszuschuß von 300 Talern erhält, und zwar regelmäßig bis 1868.

Als das Wetter freundlich wurde, begannen abermals die Tage der Wanderungen, diesmal nach Blumberg und Werneuchen »zu den Musen und Grazien der Mark«, wobei auch ein Besuch bei seinem Vater in Schiffmühle mit vorgesehen war. Für den März steht Bernau auf dem Kalender, anschließend eine Exkursion nach Schloß Oranienburg und weiter hinein ins Ruppiner

Land. Das Wanderungsfieber hat mittlerweile seinen Verleger so angesteckt, daß er sich seinem Autor auf den Exkursionen anschließt; gemeinsam pilgern sie nach Oranienburg, Fehrbellin, Neuruppin, Rheinsberg, Wustrau und Meseberg. Hertz übernahm für diese Strecke selbstverständlich die Reisekosten, und wenn man einmal bedenkt, von wie vielen Seiten, Personen und Institutionen so oder so Unterstützung kam, kann man die »Wanderungen« durchaus als ein Gemeinschaftswerk bezeichnen.

Was Fontane in Friedersdorf, dem Sitz »der Marwitze«, eruiert, bekommt zuerst das *Cottaische Morgenblatt* zur Veröffentlichung angeboten. Da auch über das Oderland, dem das Thema zugehört, definitiv eine Buchausgabe vorgesehen ist, stimmt er sich wegen der Zeitungsvorabdrucke mit seinem Verleger ab, den er um Verständnis dafür bittet, da ihm bei Nichtzustimmung eine beachtliche Geldsumme verlorengehen würde. Indem er elementare wirtschaftliche Gründe ins Feld führt, weiß er natürlich, daß gerade die Zeitungen für ein Buch die beste Werbung sind und so hat Hertz folglich auch keine Einwendungen. Obwohl Fontane immer neue Reisebilder in Angriff nimmt, sich schon das Havelland für den übernächsten Band zu erschließen beginnt, das Fertige laufend ergänzt und redigiert, hat der Verleger das Manuskript zum ersten Band der »Wanderungen« bis auf eine geringfügige Verzögerung von vierzehn Tagen pünktlich in den Händen. Der Druck kann beginnen.

Von lyrischer Produktion kann bei dem großen Pensum des Wanderers nicht große die Rede sein. Auch im »Tunnel« ist die Stimme des Balladiers zum Schweigen gekommen. Anstelle von neuen Versen präsentiert er den dort Versammelten das »Rheinsberger Hofleben«, wie es nun in endgültiger Fassung für den Buchdruck vorlag. Als Poet bleibt er der preußischen Residenz dennoch erhalten. Zum Geburtstag des Königs am 22. März war ein Staats- und Hofgedicht zu fertigen, das zu den offiziellen Feiern im königlichen Schauspielhaus und im Opernhaus als Festprolog benötigt wurde. Dieser Auftrag lag wie ein Alp auf ihm, er war krank und zu jeder Arbeit, wie er erklärte, unfähig. Aufatmen konnte er erst, als die fünf Strophen fertig auf dem Papier standen, ausklingend mit einem Vivat auf den

Landesvater, den Lenker und Steuermann des Staatsschiffs. Dem Verleger Hertz gab er das sehr diffizile, hochoffizielle Produkt vorher noch einmal zur Durchsicht, zur eigenen Sicherheit, ob man es so machen und lassen könne. Als der offizielle Tag herankam, konnten sich die Schauspieler mit seinen Hymnen wieder einmal in Pose setzen.

Wohl uns, das Pfand, die Hoffnung süßen Friedens,
Sie lebt in *ihm*, des Fest wir heut begehn;
Vorüber an den Inseln der Sirenen
Lenkt er das Schiff, – ihn hält der Treue Mast;
Wohl stehen Wolken, schwer und schwarz am Himmel,
Doch unser ist die Sonne, ist das Licht,
So steig denn auf du schöner Friedensbogen,
Hoch Preußens Sonne, *König Wilhelm* hoch!

Mit dem neuen König Wilhelm I., der am 2. Januar 1861 in der Nachfolge des verstorbenen Friedrich Wilhelm IV. den Thron bestieg, verbanden sich in Preußen in weiten Kreisen Hoffnungen auf eine stabile, friedvolle Zeit, wenn auch in liberalen Kreisen ein stärkerer monarchischer Zugriff auf das Heer befürchtet wurde. Wilhelm konnte auch nur mit Mühe vom Kabinett davon abgebracht werden, sich von den Ständen huldigen zu lassen, da ein solcher traditioneller Akt der preußischen Verfassung entgegenstand.

Neben der Abschrift des König-Prologs, einem Textkapitel über Cottbus und den Maler Carl Blechen sowie Entwürfen zu geplanten »Märkischen Biographien« lag auf Fontanes Schreibtisch schon die fertige Liste mit den Namen von Freunden und Bekannten, denen ein Exemplar der »Grafschaft Ruppin« zu dedizieren war, obenan Graf Bernstorff, ehedem preußischer Gesandter in London, jetzt Außenminister im neuen Kabinett. Zu bedenken waren weiterhin Geheimrat von Mühler, der Bruder Henriette von Merckels, hoher Ministerialbeamter und außerdem altes »Tunnel«-Mitglied, schließlich Familie Scherz in Kränzlin und Redaktionskollege George Hesekiel, dieser allein schon wegen seiner poetischen Verdienste um die heimatliche Mark Brandenburg. Er war schließlich derjenige, der, bevor Fontane auf den Plan trat, für Brandenburg- und Preußengeschichte gewissermaßen das literarische Privileg hatte, worauf Fontane mit seiner Widmung anspielte:

Dieselbe Fahne, dasselbe Kleid,
Im Herzen stumm derselbe Eid,
Dasselbe Streben ohne Neid, –
So mög es bleiben in Freud und Leid.

Bei der Gattin seines Chefredakteurs stellte er sich mit einer Kamelie und dem neuen Buch in der Hand vor, »gewidmet Elfriede Beutner zum 24. Dezember 1861«:

Gerne, zu meinen »Wanderungen«,
Hätt ich gebracht, was der *Mark* entsprungen,
Aber es fehlte zu unsrem blühenden Ruhme
Eins – eine schöne märkische Blume.

Die in so liebenswürdiger Form vollzogene Dedikation des Buches an die Frau Chefredakteur war mehr als nur ein Akt der Höflichkeit, denn die *Kreuzzeitung* konnte vor allen anderen Blättern das Verdienst für sich in Anspruch nehmen, den »Wanderungen« den Weg zu den Lesern gebahnt zu haben. Ihre Rezension war voll des Lobes darüber, daß »denn endlich mal wieder Einer aufgestanden« sei für des Landes alte und neue Ehren, um alles, was des Nachruhms wert sei, vor Vergessenheit zu bewahren. Hesekiel als Verfasser der Rezension sah in dem Band den »Anfang einer besonderen Literatur zu Ehren der Mark Brandenburg« und interpretierte die Intention des Werks ganz im Sinne Fontanes: »Es ist die Wärme der Begeisterung fürs Vaterland, die etwas Hinreißendes hat ... es ist überall dieselbe patriotische Wärme und poetische Verklärung des Heimatgefühls, die uns erquicklich entgegenweht.«[8]

Nur *einer* aus der engeren Runde konnte sich an dem neuen Werk nicht mehr erfreuen – Wilhelm von Merckel. Er war Weihnachten 1861 gestorben und am Silvestertag auf der Hügelhöhe des Schöneberger Kirchhofs zur letzten Ruhe gebettet worden. Für Fontane ein schmerzlicher Verlust, denn in ihm verlor er so etwas wie einen Vater. Anlaß zu einem Rückblick auf das eigene Leben. Längst dahin waren die Tage, da der Herwegh-Schwärmer Lafontaine als Eleve im »Tunnel« debutiert hatte, mit Versen, die zunächst auf Skepsis trafen, gerade auch bei Kammergerichtsrat von Merckel, aber nicht vergessen war die tiefe Zuneigung, die er von diesem sensiblen und zutiefst human denkenden Mann erfahren hatte, einem Schlesier, der sich um Standesunterschiede nicht kümmerte und der, selber kinderlos, die Güte hatte, »einem armen Jungen von Anfang an seine Liebe zuzuwenden«. Fontane hat dem Menschenfreund Wilhelm von Merckel in seinen autobiographischen Erinnerungen »Von Zwanzig bis Dreißig« ein Denkmal gesetzt und ging unmittelbar nach dessen Tod daran, aus seinem literarischen Nachlaß einen Band mit Skizzen und Novellen herauszugeben.

Im Vergleich zum Vorjahr gibt es 1862 im Leben Fontanes und seiner Familie keine nennenswerten Veränderungen. Die »Wanderungen« mit ihren historischen Studien und Fahrten stehen im Mittelpunkt der Arbeit, alles ist konzentriert auf die Schaffung eines zweiten Bandes, der das Oderland zum Thema hat. Beflügelt wird die Arbeit durch das Lob, das Fontane von verschiedensten Seiten für seinen ersten Band erhält. Erfahren hatte er, daß sein Buch vielfach bei Hofe gelesen wurde und daß sich Leopold von Ranke, maßgebende Autorität der Geschichtsschreibung in Preußen, anerkennend über das Werk geäußert hatte. Es kam aber auch vor, daß in Zeitungen und Zeitschriften allerlei Mittelmäßiges, Hausbackenes und Nörgelndes über seine Arbeit geschrieben wurde, worüber er sich eigentlich hätte ärgern können, doch Schulrat Bormann vom »Rütli«, Mitwanderer an seiner Seite, tröstete ihn mit der Bemerkung darüber hinweg: »Sie können lachen, alles bloß Reklame für Ihr Buch.« Etwas anderes war es schon, wenn aus dem Lager der Liberalen Kritik an ihm laut wurde, wie von Professor Stahr in der *National-Zeitung*, der schrieb, Fontane würde seine Sympathien einseitig der Historie der Mark und deren Adelsfamilien zuwenden und zu wenig vom Leben des Volkes berichten.

Während er sich noch mit Einwänden verschiedener Beurteiler von der akademischen Zunft darüber auseinandersetzt, daß er ihnen keine Konkurrenz zu machen beabsichtige und es sich bei ihm auch nicht um wissenschaftliches Schrifttum, vielmehr um eine freie künstlerische Behandlung des historischen Stoffes handele, hat er sich schon als Reisender per Brief für neue Orte avisiert. Die Pfingsttage sind reserviert für Königs Wusterhausen, das märkische Landstädtchen südlich von Berlin mit dem Jagdschloß des Soldatenkönigs, und das benachbarte, von Wäldern umschlossene Mittenwalde. Hier nimmt er Quartier am Platz im Hotel Yorck, jenem Haus, das der berühmte General Yorck von Wartenburg für sich erbauen ließ und muß die betrübliche Erfahrung machen, daß es die Wanzen, von denen er nachts gepeinigt wird, nicht nur in London gab.

Von den Fahrten gehen regelmäßig Briefe nach Hause an die Familie und an Bekannte. In den Schilderungen, die er von unterwegs gibt, sind manche Passagen seiner Bücher schon vorweggenommen. Seiner Frau macht er den Vorschlag, den Ausflug nach dem idyllischen Teupitz, den er auf dem Landwege unternahm, mit der »Merckelschen« so bald als möglich als Familienausflug zu wiederholen, und zwar auf dem Wasserwege. »Es geht an Stralow, Coepnick, Müggelsbergen, Koenigs-Wusterhausen etc. vorbei, immer fast auf breiten Seen, Berge rechts und links, so daß es wirklich sehr schön sein muß. Kein Mensch ahnt, daß man in der *Mark* solche Fahrten machen kann, die wahrscheinlich mit den Fahrten auf dem Loch Neß und Loch Lochy ... die größte Ähnlichkeit haben.« Wein und etwas Obsttorte müsse man mitnehmen und sonst in Teupitz »nur Zander essen, der dort sehr schön ist«.

Auf der Liste der abzuarbeitenden Orte stehen für den Sommer noch Schloß Tamsel in der Neumark und das nicht weit davon entfernte Schlachtfeld von Zorndorf. Im Herbst schließlich geht es auf nach Fehrbellin, jenem historischen Ort, bei dem es dem Großen Kurfürsten mit dem alten Derfflinger zur Seite gelang, einen Sieg von historischer Tragweite über die Schweden zu erfechten und sie damit für immer vom Boden Brandenburgs zu vertreiben. Allmählich beginnt sich so, wandernd und schreibend, der Stoff für den Band zwei zu formen. Wer aber ahnte etwas von den Strapazen, die hinter den geradezu idyllischen »märkischen Bildern« standen. »Es soll eine Erholung sein und ist eigentlich eine riesige Arbeit. Schlösser, Kirchen, Kirchhöfe, Inschriften, Grabschriften, Bilder, Statuen, Parks, Grafen, Kutscher, Haushälterinnen, Vater, poetische Drechslermeister – alles das und hundert andres dazu, tanzt mir hurly burly im Kopf herum, dazu die Landschaftsbilder, die alle beschrieben werden müssen. ... Ich habe in diesen drei Tagen so viel gesehn, daß das bloße Sehen eine Arbeit wäre, aber es sehen und dabei ständig ordnen, schreiben, arbeiten, einreihen in andres, ist wirklich eine große Anstrengung.« Belastend auch deshalb, weil man innerlich nie fertig würde und Neues sofort nachrücke, wenn das Alte abgearbeitet sei. Selbst wenn er an Bord des Dampfers auf der Fahrt die Oder hinauf sich die frische Brise um den Kopf wehen läßt, lassen ihn die »fiebererzeugenden Fragen« nicht los, immer in der Angst: Wie wird es werden, wie komponierst Du dies, wie gruppierst Du das? Der Zeitdruck, mit einer Sache zu einem bestimmten Termin fertig sein zu müssen, weil das *Johanniter Wochenblatt*, dem er es versprochen hat, wartete, außerdem die eigene Zeitung und das *Cottaische Morgenblatt* mit Beiträgen rechneten, kam noch hinzu. Und trotzdem sagt er über das Umherreisen: »Meine schönsten Urlaubszeiten habe ich bei der Kreuzzeitung gehabt, wo ich ihn wochenweise nahm.«

Gelegentlich nutzt er das erarbeitete Material auch für Vorträge, aufschlußreich für ihn, weil er daran die Publikumsreaktion auf das Geschriebene studieren konnte. Im März 1863 hält er in Berlin im Hotel de Russie zum Besten des Germanischen Museums einen Vortrag über Schloß Tamsel, in dem Friedrich der Große in seiner Kronprinzenzeit verkehrte und worüber in der Legende eine galante Affaire mit der schönen Schloßherrin überliefert ist. Fontane will anhand von Briefen und Quellen der Sache auf den Grund gehen – war es nun eine rein platonische Beziehung oder nicht? Zum gleichen Thema Tamsel, Historie und Familiengeschichte, hält er einen weiteren Vortrag im Militärkasino in Potsdam und stellt abermals die Frage, wie sie wortwörtlich auch im ausgedruckten Buch wiederzufinden ist: »Wie standen der Kronprinz und die Besitzerin von Schloß Tamsel zueinander? Wie eng oder wie weit waren die Grenzen ihrer Intimität gezogen?« Er kommt zu dem Schluß: schwärmerisch galante Verehrung von seiten des Kronprinzen, mehr nicht.

Die Wanderungen hatten zur Voraussetzung, daß Fontane mit zahlreichen Personen, Familien und gesellschaftlichen Zirkeln Kontakte zu knüpfen hatte und diese Verbindungen, solange er an den Büchern schrieb, auch pflegen mußte, keineswegs nur mit Mathilde von Rohr und der ihr befreundeten Gräfin Schwerin sowie deren Kreisen wiederum. Er nennt das die Gesellschaftsstrapazen und meint seufzend, daß er jeden beneide, der wie Lepel etwa per Woche 28 Gesellschaften abwickeln könne, ohne seine Nerven im geringsten tangiert zu fühlen. Nicht nur in seinen privaten Bekanntenkreisen, auch auf den Soireen des Cercle intim der *Kreuzzeitung* waren seine Veröffentlichungen Gesprächsthema. Was der Herr Redakteur in den Blättern schrieb, war den Hoftheologen, Professoren und Militärs bestens bekannt, man zog den Verfasser kundig ins Gespräch, interessierte sich für die nächsten Vorhaben. Bei einer gesellschaftlich so exponierten Stellung, wie sie Fontane als Mann der *Kreuzzeitung* und Chronist der märkischen Adelshistorie einnahm, war es völlig undenkbar, daß er sich den aus diesen Kreisen an ihn herangetretenen Aufträgen, wie den, zur Festoper anläßlich der Grundsteinlegung für das Denkmal Friedrich Wilhelms II. im März 1863 einen Prolog zu verfassen, entziehen konnte.

Im Mai 1863 geht er an die Fertigstellung des zweiten »Wanderungs«-Bandes, für den der September als Termin vereinbart ist. Knapp ein halbes Jahr bleibt Zeit zur Überarbeitung. Dem Verleger kann er vorab schon mitteilen, daß der Inhalt, wenn auch noch nicht druckreif, so doch im wesentlichen vor ihm liege; zur Information fügt er einen Zettel mit den Überschriften der Haupt- und Unterkapitel bei. »Es ist fast alles Oderland und Oderbruch; ein paar Sachen aus Teltow-Beeskow sind mit eingeflochten.« Zur Methodik merkt er an, er habe, wenngleich die Manuskripte diesmal sachlicher, »wenn ich so sagen darf historischer« geworden sind, im *Prinzip* das Plaudern nicht aufgegeben. Seine Liebe sei unverändert die alte geblieben, was heißen sollte, daß er sich auch künftig um Einwendungen von Besserwissern nicht scheren würde, denn »diese Leute mit ihrem kümmerlichen Neid, die dadurch zu wachsen glauben, daß sie einen anderen Stand durchaus klein machen wollen«, hätten keinen Anspruch darauf, daß er sich mit ihnen in Erörterungen einlasse, die doch in den Brunnen geworfen seien.

Daß der neue Band »Oderland« heißen würde, war angesichts der lokalen Homogenität des Stoffes fast selbstverständlich. Bis zum Erscheinen werden zwar noch einige Monate ins Land gehen, er sehne sich aber jetzt schon »nach den Tagen, an denen das Buch nicht mehr gespenstisch des nachts an meinem Bette stehn und bittend oder drohend zu mir sprechen wird«.

Das zu Anfang unterschätzte Pensum an Zeit und Kraft hatte ihn im Frühjahr dazu verführt, sich mit einem anderen Verleger in Erörterungen zur Herausgabe eines politischen Monatsmagazins einzulassen. Erst als er den Vertragsentwurf dazu in der Hand hielt, wurde ihm sein Grundirrtum bewußt, eine solche Redaktionsarbeit nebenher erledigen zu wollen. »Ich habe in den ersten Tagen geglaubt, daß ich vormittags Zeitungsredakteur und nachmittags Revue-Redakteur sein und *doch noch Zeit zu selbständigem Schaffen übrig behalten könnte*; – daran ist aber nicht zu denken.« Von irgendwelcher Zeit für seine Familie spricht er in diesem Zusammenhang überhaupt nicht. Er wäre bei Annahme des neuen Projekts vor die Wahl gestellt gewesen, seine gute Stelle bei der *Kreuzzeitung* aufzugeben, dafür hätte ihm der neue Verleger der Revue aber niemals ein pekuniäres Äquivalent bieten können. So blieb nur die höfliche Absage.

Zum 1. Oktober 1863 heißt es bei Familie Fontane wieder einmal umziehen. Der Möbelwagen fährt nun von der Alten Jakobstraße, wo sie zuletzt wohnten, in Richtung Hirschelstraße nach der Gegend am Potsdamer Platz. Diesmal sind sie nicht mehr Trockenwohner.[9] Das Einrichten der Wohnung überläßt der Hausherr wie immer seiner Frau und deren hauswirtschaftlichen Talenten. Er hatte ihr in einem langen Brief kurz zuvor gerade auseinandergesetzt, daß er seine Zeit zwischen Arbeit und Familie aufteilen müsse und daß dabei die Familie notwendigerweise immer zu kurz kommen würde. Seine Frau solle ihm das nicht als Mangel an Aufmerksamkeit oder gar Lieblosigkeit auslegen, ja, er bittet sie generell darum, ihn in Zukunft »nach dieser Seite hin etwas besser zu behandeln«. Während sie zu Hause noch die Möbel rücken und Gardinen auffädeln, ist er in Gedanken schon auf dem Wege nach Kloster Chorin.

In Schleswig-Holstein

»Wohl stehen Wolken, schwarz und schwer am Himmel«, hieß es bei Fontane 1861 in seinem Geburtstagsprolog auf den preußischen König Wilhelm I. Die Zeile deutete auf Veränderungen der politischen Großwetterlage in Europa hin, wie sie sich auf das Jahr 1863 hin tatsächlich vollzogen, mit Folgen, die auch auf das literarische Schaffen Fontanes Einfluß nehmen sollten. Es handelte sich um die Spannungen in der schleswig-holsteinischen Frage.

Nach dem Tode König Friedrichs VII. im November 1863 ging das dänische Parlament daran, entgegen bestehender Verträge die Herzogtümer Schleswig-Holstein zu annektieren. Die Vereinnahmung verstieß gegen das Londoner Protokoll von 1852, in dem die Selbständigkeit und Unteilbarkeit der beiden Herzogtümer sowie die Erbfolge geregelt waren. Preußen und Österreich, Mitunterzeichner des Abkommens, waren nicht gewillt, das Vorgehen Dänemarks widerspruchslos hinzunehmen, zumal in allen deutschen Ländern eine breite Volksbewegung für die Rechte der Schleswig-Holsteiner entstanden war. Trotz österreichischer und preußischer Warnungen wurde die Annektion durch Ausdehnung der dänischen Verfassung vollzogen. In Berlin galt es als ausgemacht, daß der neue Ministerpräsident Otto von Bismarck, dem Entschlossenheit, beträchtliche Energie und strikte Loyalität gegenüber dem Monarchen nachgesagt wurde, handeln würde.

Am 1. Februar 1864 begann der Krieg, die vereinigten Armeen Preußens und Österreichs überschritten die Grenze. Fontane legt seine laufenden »Neben«-Arbeiten an den »Wanderungen« und an seinem Roman, bislang immer noch mit dem Titel »Lewin von Vitzewitz«, zur Seite. Als politisch engagierter Zeitungsmann verfolgt er mit größtem Interesse die einlaufenden

Nachrichten, im »Rütli« wie in der Redaktion ist Schleswig-Holstein das Thema des Tages. Zunächst wird er aber von einem ganz anderen Ereignis in Anspruch genommen. Am 5. Februar, vier Tage nach Kriegsbeginn, kommt in der Hirschelstraße Sohn Friedrich zur Welt, ein gesunder Junge, der einmal eine erfolgreiche Laufbahn als Verleger seines Vaters einschlagen wird. Allen Freunden und Bekannten kann Fontane die Mitteilung machen, daß die Kinder alle vier wohlauf sind, auch das Neugeborene. Das eigentliche Sorgenkind der Familie ist jetzt Emilie, die schon viele Wochen vor der Entbindung krank war und sich, geplagt von allerlei Beschwerden, dahinschleppt. Sie hat sonst einen Teil der Korrespondenz, zeitraubende Visiten und sonstige Erledigungen ihm abgenommen, als Stütze fällt sie jetzt aus, Fontane muß alles allein machen. Über seine Situation spricht er sich sehr offen in einem langen Brief vom 21. Februar an seine Mutter nach Neuruppin aus, daß derzeit zuviel auf seinen Schultern liege und sich das Befinden, auch das sonstige Verhalten Emiliens nicht gerade beflügelnd auf ihn auswirke. Er weiß kein Mittel gegen die ständig wiederkehrenden, tiefen Nervenverstimmungen bei ihr. Emilie verfügt leider nicht über die Gabe, auch einmal »fünfe gerade sein zu lassen«. Ihr fehle es generell an Nachsicht, an heiterer Milde und gutem Humor. Das eigentlich Schlimme sei, »Emilie *ruht sich nicht genug* und vergißt, daß von einem herumschleichenden Gespenst die Wirtschaft auch nicht viel hat«. Er respektiere zwar ihren Fließ und Ordnungssinn, aber mitunter wäre es besser, sie fehlten. Zum Glück sei das Kind gesund und die Amme bis jetzt tadellos. Die Verstimmungszustände, die ärgerliche Gereiztheit seiner Frau, für die *er* jedenfalls nicht die Veranlassung gebe, müsse er hinnehmen. Und im übrigen, meint er: »Man wird älter, lebt seinen Büchern und seinem Beruf und läßt ... die Dinge laufen, wie sie laufen wollen; Sonnenschein – gut, Regen – auch gut.«

Als er am 23. April seine Rede zum Shakespeare-Fest des »Tunnels« im Meserschen Saal von »Arnims Hotel« Unter den Linden hielt, waren im Norden die Schanzen von Düppel bereits von preußischen Truppen erstürmt und der Krieg für Dänemark faktisch schon verloren. Um diese Zeit herum steht für ihn fest, daß er nach dem Kriegsschauplatz fahren würde. Einmal hatte er schon, das war 1850, aus Sympathie für den schleswig-holsteinischen Befreiungskampf gegen Dänemark eine Reise dorthin machen wollen, sie jedoch in Hamburg abgebrochen, als ihn die Berufung ins Literarische Kabinett erreichte. Jetzt wollte er sein Vorhaben unbedingt realisieren. Er steht ganz unter dem Eindruck des bei Düppel erfochtenen militärischen Erfolgs und schreibt, noch bevor er aus Berlin abfährt, ein Gedicht über den »Tag von Düppel«.

Um vier Uhr morgens der Donner begann!
In den Gräben standen sechstausend Mann,
Und über sie hin sechs Stunden lang
Nahmen die Kugeln ihren Gang.

Da war es zehn Uhr. Nun alles still,
Durch die Reihen ging es: »Wie Gott will«,
Und vorgebeugt zu Sturm und Stoß
Brach das preußische Wetter los.

In der Redaktion der *Kreuzzeitung* macht Fontane für seine Spalten noch einige Korrespondenz fertig, betreffend den Gesundheitszustand des Papstes, die neue Gesetzgebung in Rom, den »Garibaldi-Enthusiasmus« in London, als Vorlauf auch einiges noch zur englischen Presse, um sich danach am 19. Mai – es herrschte Waffenstillstand – mit dem stellvertretenden Chefredakteur der *Kreuzzeitung*, Dr. Heffter, über Hamburg und Kiel nach Schleswig ins Kriegsgebiet zu begeben. Hier wollen sie sich einen Eindruck vom bisherigen Verlauf der Kämpfe machen. Fontane hat die Absicht, einige Berichte darüber zu schreiben.

Schon aus dem Eisenbahncoupé heraus hält er im Notizbuch Eindrücke fest, gibt dann vom Aufenthalt in den verschiedenen Städten ein allgemeines Bild von der Stimmung, die er vorfindet. Kinder mit Trommel und Trompete spielen Soldaten, schwenken deutsche und schleswig-holsteinische Fahnen. In den Schaufenstern der Buch- und Papierwarenläden dominieren Bilder vom Kriegsschauplatz, häufig dazu Karikaturen über den dänischen »Hannemann«. Auf der Fahrt im Zug fiel ihm ein »aalfressender Berliner« auf, der sich in wichtigtuerischen Reden über Düppel, die Schlechtigkeit der Dänen und die Inferiorität der schleswig-holsteinischen Rasse verbreitete. Derartige, aus Überhebung und Dummstolz geborene Gedanken sind Fontane zutiefst zuwider. Die Dänen, sowohl die Soldaten, die die Schanzen von Düppel gegen die überlegene Artillerie der Preußen verteidigten, wie auch die Einwohner, mit denen er in Kontakt kommt, haben seine Achtung. Er registriert die sauberen Bauernhäuser, die Arbeitsamkeit der Landleute, ihre »Nettigkeit«, wie sie ihm besonders im Verhalten des Besitzerehepaars des Fährkrugs von Missunde auffiel, »völlig gebildet, mit einer Sprechweise, wie sie unsre Exzellenzen oft nicht haben«. Von einem Dampfer aus erlebt er mit, wie ein Festzug, voran weißgekleidete Jungfrauen, an Land geht, um Prinz Friedrich Karl, dem Oberbefehlshaber der preußischen Armee, in seinem Hauptquartier Louisenland mit Blumen, Fahnen und Musik zu huldigen, was aber mißlang, weil der Allerhöchste gerade aus dem Schloß gefahren war. Das Ganze hatte für ihn einen »Anflug von Krähwinkelei«.

Bei Fahrdorf kommt er mit einem »fünfzehnjährigen, allerliebsten Jungen« ins Gespräch, der Vater und Mutter durch den Krieg verloren hatte. Den Dialog hat er aufgezeichnet.

»*Er:* Nun kommt der Däne nicht wieder.

Ich: Wer weiß.

Er: Er kann ja nicht an gegen die Preußen.

Ich: Aber wenn die Preußen fortgehen?

Er: Ja, dann kann der Däne wohl wiederkommen.

Dies ist das beste, was ich in ganz Schleswig-Holstein über die Sachlage gehört habe.«[10]

Was Fontane als passionierten Militärhistoriker eigentlich interessiert, sind die Schanzen von Düppel, insgesamt zehn an der Zahl, die ein von der Natur ideal begünstigtes, einem Höhenzug angepaßtes und nach allen Richtungen hin ausgebautes Befestigungswerk darstellten, vom Wasser her an beiden Flügeln durch die Flotte geschützt und aufgrund dieser Lage militärisch als uneinnehmbar galten. Die Spuren des Kampfes waren noch frisch, als sich Fontane und Heffter unter Führung eines Militärs zur Besichtigung in die Schanzen begaben. »In den Parallelen[11] fand ich: Tornister, Patronentasche, Wehrgehenk, Kochkesselreste, Säge, Gerätschaften aller Art, Feuerstellen, kleine Herde in der Wandung des Grabens mit Schornsteinloch, Kommißbrot, Stiefel, Schuh, Sohlen, Mützen, Helmreste etc etc. *Granatsplitter* und Kugeln meist in den Schanzen und dem Vorterrain.« Eine Tagelöhnerfamilie hatte dort bereits ihre Hütte aufgeschlagen und sammelte alles Alteisen auf.

Von Rendsburg aus erfolgte nach acht Tagen über Altona und Hamburg am 27. Mai wieder die Rückreise nach Berlin. Ehe er in Altona zur Weiterfahrt in den Zug steigt, nimmt er sich die Zeit, um das Grab Klopstocks in Ottensen zu besichtigen. Auf die Biographie des Dichters und dessen Beziehungen zu Dänemark geht er in seinen Notizen nicht weiter ein. Er schreibt unmittelbar, nachdem er wieder zurück ist, verschiedene Aufsätze über das Kriegsgeschehen und seine persönlichen Reiseerlebnisse. Ein Teil dieser Berichte erscheint unter dem Titel »Aus dem Sundewitt« im August des Jahres im *Johanniter-Wochenblatt*, anderes in Form von »Reisebriefen aus Düppel« in der *Kreuzzeitung*, die im Februar 1865 als weiteren Beitrag den Aufsatz »Missunde« von ihm druckt.

Außer diesen Veröffentlichungen brachte ihm die Reise nach dem Alsen-Sund noch eine spezielle Ehrung ein. Er erhielt im Dezember des Jahres zwei Auszeichnungen, wie sie auch den an den Kämpfen beteiligten Soldaten verliehen wurden: die »Düppel-Medaille« und die »Alsen-Militär-Medaille«.

In den Spätsommerwochen 1864, er war gerade von einer Wanderung in die Ruppiner Schweiz zurück, erhielt Fontane ein Angebot des Verlegers Rudolf von Decker, Inhaber der Königlichen Geheimen Ober-Hofbuchdruckerei, ein Werk über den Verlauf des Schleswig-Holsteinischen Feldzugs zu schreiben. Folgt man den Aufzeichnungen Henriette von Merckels, so ging das Angebot auf eine Anregung ihres Bruders, des seit 1862 amtierenden Kultusministers Heinrich von Mühler, zurück. Die Überlegungen, Fontane mit einem solchen Buch zu betrauen, dürften mit Sicherheit sowohl mit dem Hof als auch mit dem Kabinett abgestimmt gewesen sein, auch konnte, was die Person des Autors betraf, Übereinstimmung mit den Militärkreisen vorausgesetzt werden. Ursprünglich war an ein mit Malereien künstlerisch ausgeschmücktes Prachtwerk gedacht, da es aber höheren Orts an einer zügigen Entscheidung und Bewilligung der Mittel haperte, auch die Zeit davonlief, schlug Fontane ein weniger aufwendiges, mehr populäres Buch als Variante vor, ebenfalls mit Illustrationen versehen.

Obwohl die Verhandlungen mit Decker nur stockend verliefen und die Frage Prachtausgabe oder nicht lange in der Luft hing, ging Fontane ohne Verzug an die Arbeit. Um spezielles Material zu sammeln, begibt er sich ein zweites Mal auf die Reise. Der Friedensvertrag war noch nicht unterzeichnet, allerdings herrschte seit dem 20. Juli, nachdem die Friesischen Inseln eingenommen waren, wieder Waffenstillstand. Diesmal ist er 21 Tage unterwegs, vom 9. bis 30. September, besucht die Regimenter in ihren Quartieren, läßt sich Eindrücke und Erlebnisse von Soldaten und Offizieren schildern, um so exakt und anschaulich wie möglich den Verlauf der Operationen beschreiben zu können. In sein Buch wird er auch die Informationen einbeziehen, die ihm im Hauptquartier des Prinzen Friedrich Karl zur Verfügung gestellt werden.

Die September-Exkursion führt diesmal vorrangig zu den Orten, die er im Mai nicht hatte besichtigen können, darunter Kopenhagen, Jütland und Alsen. Von unterwegs aus Flensburg meldet er sich für einen kurzen Besuch bei Theodor Storm im heimatlichen Husum an, in der Hoffnung, daß sich über ihn eine Bootsfahrt zu den Friesischen Inseln arrangieren läßt, da er auch über dieses Gebiet als Teilabschnitt der Kriegshandlungen im Buch eine genaue Darstellung geben muß. Die Beziehungen zwischen den beiden Dichtern waren lange Zeit unterbrochen, es bestand jedoch brieflicher Kontakt und eine unverändert herzliche Zuneigung füreinander, wenn es auch in den politischen Ansichten zwischen ihnen naturgemäß keine Übereinstimmung geben konnte. Storm, den Menschen und der Landschaft der Nordseeküste verbunden, fühlte sich als freier Schleswiger und vertrat die Idee eines föderalistischen, unabhängigen schleswig-holsteinischen Volksstaats, weder den Dänen noch den Preußen untertan, Fontane hingegen uneingeschränkt die preußische Position. Dennoch war die Freude des Wiedersehens groß. Sie hätten sich »in den paar Stunden fast um den Hals geredet«, heißt es.

Sobald Fontane in der Hirschelstraße wieder am Schreibtisch sitzt, gibt es nichts als das Kriegsbuch, an dem er »wie mit Dampf« arbeitet. Alle Einladungen und Besuche werden abgesagt. Dem Rittergutsbesitzer Alexander von Pfuel, der zu seinem adligen Bekanntenkreis zählte, teilt er im Februar 1865 mit, daß hinsichtlich der »Wanderungen«, über die sie wegen der Biographie der Fouqués im Gespräch waren, an eine Wiederaufnahme der Arbeiten vorläufig nicht zu denken sei, »da ich auserlesen worden bin, eine populäre, dabei umfangreiche und reich illustrierte Darstellung des schleswig-holsteinischen Krieges zu schreiben«. Die Arbeiten, so schätzt er realistisch ein, würden ihn bis in den Herbst hinein in Anspruch nehmen.

Nun beginnt eine konzentrierte Phase der Literaturbeschaffung mit Quellenstudium, Exzerpten, Skizzen und Kapitelgliederungen. Das Material zum Buch liefern in der Hauptsache die militärischen Fachzeitschriften und -zeitungen, von denen es fast ein Dutzend gab, alle mit ausführlichen Berichten vom Tagesverlauf der Kämpfe, der Stärke der Truppen, der Verluste auf beiden Seiten und was sonst noch interessierte. Fontane konnte außerdem die Bibliotheken des preußischen Generalstabs und des Kriegsministeriums benutzen, hatte somit Zugang zur gesamten Fachliteratur und Publizistik, ohnehin bestanden bereits beste Verbindungen zu den Militärs von der *Kreuzzeitung* her. Hilfreich waren ihm auch seine alten »Tunnel«-Freunde, die beim Militär standen. Brauchte er darüber hinaus noch Auskünfte über Einzelheiten, konnte er sich direkt an die Kommandeure des betreffenden Regiments wenden. Das vorliegende Material, einschließlich der Berichte von dänischer Seite, dazu die Augenzeugenschilderungen der ausländischen Korrespondenten, war so umfangreich, daß Fontane es unter dem Gesichtspunkt einer Chronik wie eines Lesebuchs nur noch entsprechend literarisch zu gestalten hatte. Es gehörte dazu – neben dem rein militärischen Geschehen – auch die Schilderung des Soldatenalltags, der dem Buch viel Farbe gab, es aus dem Kreis der Fachschriften heraushob. Wenn Fontane sonst behauptet, daß er sich davor hüten müsse, bei seiner Neigung zum Anekdotischen sich allzusehr darin zu verlieren, so erwies sich das in diesem Falle eher als Vorzug. Gliederung, Anschaulichkeit,

Sprache und Erzählstil weisen das Buch als das Werk eines Schriftstellers aus.

Fast das gesamte Jahr 1865 geht auf diese Weise mit der Arbeit an dem Buch dahin. Es soll so etwas wie ein Volksbuch werden, nahtlos in der Verschmelzung von nüchternem Sachbericht und Unterhaltsamkeit. Fontane hat, während er schreibt, noch die Landschaft mit ihren Küstengebieten und Gewässern vor Augen, kann das, was er bei mitternächtlichem Lampenschein zu Papier bringt, aus eigener Anschauung schildern. Der Leser hat das Gefühl, dabeigewesen zu sein, und der Autor selbst, »Geschichtsprofessor«, der er einmal hatte werden wollen, hat sich damit einen Wunsch seiner Jugend erfüllt.

Aus der intensiven Beschäftigung mit der Geschichte Dänemarks ergaben sich mehrfach Anregungen auch für sein lyrisches Schaffen. Die Dichtungen jener Monate sind stark vom nordischen Thema geprägt. Ihn inspirieren die Gestalten und Mythen der nordeuropäischen Sagenwelt, insbesondere haben es ihm die Könige mit den lautmalerisch, phantasievollen Beinamen angetan, wie Hakon Borkenbart, Harald Harfager, Olaf Kragebeen, Waldemar Atterdag und Gorm Grymme. Über eine Reihe von Jahren hinweg entstehen nun, neben englischen und schottischen auch »nordische Bilder und Balladen«, die später von ihm für die dritte Auflage seiner »Gedichte« zu einer eigenen Gruppe zusammengefaßt werden. Einige dieser Dichtungen blieben Fragment, andere erhielten bereits 1864 ihre endgültige Form. Zu den Meisterstücken gehört die Ballade über Gorm Grymme, die er im Dezember 1864 im »Tunnel« liest. Der Stoff ist der Geschichte der dänischen Reichshistorie entnommen, in der poetischen Gestaltung den englisch-schottischen Balladendichtungen absolut ebenbürtig. Was wird berichtet? Der Dänenkönig Gorm Grymme, der schon an die dreißig Jahr über sein Land herrscht, setzt alle seine Hoffnung auf sein einzig Kind, Jung-Harald genannt, an Schönheit und Gestalt das Ebenbild der Märchenprinzen. So wächst er auf am Hof, und so zieht er hinaus in die Schlacht. Als schließlich der Tag kommt, an dem die Segelschiffe den gefallenen Sohn über das Meer zurück in die Heimat bringen, wagt es niemand, mit der Schreckenskunde vor des Vaters Angesicht zu treten, weil der, der je solch Wort auszusprechen wage, nach einem vom König getanen Schwur auf der Stelle dem Tod verfallen sein würde. So ist es am Ende der Vater selbst, der den verhängnisvollen Schicksalssatz aussprechen muß.

> Gorm Grymme sprach: »Was niemand spricht,
> *Ich* sprech es: er ist tot.«
> Er setzt' sich nieder, wo er stand,
> Ein Windstoß fuhr durchs Haus,
> Die Königin hielt des Königs Hand,
> Die Lichter loschen aus.

Fontane gewann mit dieser Königsballade den neugestifteten Merckel-Preis des »Tunnels«. Nach langer Zeit war es für ihn wieder einmal ein ansehnlicher Erfolg auf seinem ureigensten poetisch-lyrischen Gebiet, freilich nur auf einen kleinen literatur- und kunstinteressierten Kreis bezogen. Was ihm hingegen weithin öffentlichen Ruhm eintrug, war das Einzugsgedicht, das er anläßlich der Heimkehr der siegreichen Truppen vom Kriegsschauplatz am 7. Dezember verfaßte. Es wurde an exponierter Stelle in der *Kreuzzeitung* abgedruckt, Chefredakteur Beutner versah es mit einer persönlichen Vorbemerkung, daß er »dies vortreffliche Gedicht« erst nach seiner Rückkehr von einer Reise kennengelernt habe und es den Lesern daher jetzt erst zur Kenntnis bringen könne. Gleichzeitig mit dem Zeitungsabdruck wurde es in hoher Auflage als Einblattdruck verbreitet – patriotische Gelegenheitsdichtung, mit der die militärischen Meriten der einzelnen Regimenter gewürdigt werden sollten. Die Verse mußten selbstredend auf die Kampforte und die Namen der Regimenter Bezug nehmen, und so konnte es gar nicht anders sein, als daß sich »Schritt und Tritt« auf »Sundewitt«, »Knüppel« auf »Oster-Düppel« und »Angermünde« auf »Feuerschlünde« reimte. Mit der letzten Strophe läßt Fontane die Truppen, die durchs Brandenburger Tor einziehen, vor dem Denkmal Friedrichs des Großen Unter den Linden präsentieren. Damit endet das Gedicht.

> Halt! – Der ganze Waffenblitz
> Präsentiert vor König *Fritz*.

Alles still, kein Pferdegeschnauf,
Zehntausend blicken zu ihm auf;
Der neigt sich leise und lüpft den Hut:
»Konzediere, es war gut.«

Der feierlich gehobene Ton entsprach absolut der Stimmung der Zeit und fand dennoch nicht überall uneingeschränkte Zustimmung. Theodor Storm beispielsweise mißfielen die Schlußzeilen, dies ließ er den Verfasser in einem Brief vom 19. Dezember wissen, obwohl er sonst lobend urteilte. »Ihr Einzugslied ist so außerordentlich gut, daß ich gründlich dazu gratulieren muß, obgleich der Zipfel der verfluchten Kreuzzeitung aus jeder Strophe heraushängt. Möchten Sie der letzte Poet jener doch Gott sei Dank und trotz alledem dem Tode verfallenen Zeit sein, worin die Tat des Volkes erst durch das Kopfnicken eines Königs Weihe und Bedeutung erhält.« Die begründeten Bedenken hielten den antipreußisch empfindenden Storm nicht davon ab, den patriotischen Poeten Fontane wenige Jahre später um eine Rezension der ersten Bände seiner Gesamtausgabe zu bitten, und das ausgerechnet in der »verfluchten Kreuzzeitung«.

Das Buch über den schleswig-holsteinischen Krieg sollte Fontane noch mancherlei Ärger bereiten, ehe es gedruckt auf dem Tisch lag. Anfangs ließ Verleger Decker mit der Zahlung der ersten Rate, einer Summe von 375 Talern, auf sich warten, Fontane kam dadurch in Ungelegenheiten und mußte Hertz um einen Vorschuß bitten. Dann kam es zeitweilig zu Unstimmigkeiten wegen der Zeichnungen mit dem Illustrator. Im August schließlich liegt das Manuskript im wesentlichen abgeschlossen vor. Fontane, ziemlich angegriffen und matt, will jetzt von Düppel, Sturmkolonnen, »Siegen oder Sterben« nichts mehr wissen und tritt, mit Scotts Romanen in der Tasche, eine Bildungsreise an den Rhein und in die Schweiz an, ausschließlich als Erholung gedacht. Endpunkt ist Interlaken. Bis dahin ist sein Notizbuch mit Eintragungen über die Burgruinen am Rhein, die Dome von Worms und Speyer und die Wirkung des echten Aßmannshäusers gespickt.

Ende September ist er wieder zurück in Berlin. Der Illustrator des Buches, Ludwig Burger, auch ein Mann aus dem »Tunnel«, kommt abermals zu ihm in die Wohnung, sie sprechen die noch offenen Vignetten und Zeichnungen durch. Burger scheint zu diesem Zeitpunkt nicht mehr die rechte Begeisterung für die Arbeit zu haben, in seinen Augen war das Ganze eigentlich ein verspätetes Unternehmen. Fontane zweifelt vorübergehend auch daran, daß es der große Erfolg wird, mit dem Druck geht es ihm nicht schnell genug, es gab Verzögerungen, außerdem ist er verstimmt darüber, daß der Minister Mühler, wie verlautbart, nur 1000 Exemplare davon abnehmen will, und das auch nur peu à peu. Ihn überkommt jetzt Ärger, wenn er sich vorstellt, »ein bestes Lebensjahr ... an ein vor der Geburt schon gescheitertes Unternehmen« gesetzt und daran noch »mit Ernst und Eifer« gearbeitet zu haben. Seine Zweifel waren in der Sache unbegründet, im April liefert Decker sein neues Werk aus, ein sehr sorgfältig gedrucktes und aufwendig gestaltetes, großformatiges Buch. Auf dem Titelblatt war zu lesen: »Der Schleswig-Holsteinsche Krieg im Jahre 1864. Von Th. Fontane. Mit 4 Portraits, 56 in den Text gedruckten Abbildungen und Plänen in Holzschnitt und 9 Karten in Steindruck. Berlin 1866.« Damit war ein großes Vorhaben zum Abschluß gebracht, die kommenden Monate sollten nun wieder den »Wanderungen« und seinem historischen Roman aus der Zeit der Befreiungskriege gehören. Zu diesem Projekt kam es noch im November zum Vertragsabschluß mit Wilhelm Hertz. Der Geburtstag Emilie Fontanes am 18. November stand diesmal im Zeichen familiärer Harmonie und allgemeiner Zufriedenheit. »Sanfte Stimmung bei groß und klein – /Mög es das ganze Jahr so sein.«

Fontane wird um die Jahreswende wie gewohnt wieder von einer Erkältung mit einem »wackeren Schnupfen« heimgesucht, gelangt mittels häuslicher Pflege und Lindenblütentee soweit wieder auf die Beine, daß er bei der befreundeten Familie von Heyden am 8. Januar anläßlich des »Bohnenfestes« mit zwei anderen »Tunnel«-Freunden als einer der heiligen drei Könige zu Torte und Rotwein erscheinen kann. Vorher sind noch die obligaten Toaste zu verfassen, bei seinem großen Freundes- und Bekanntenkreis längst ein eigener Zweig seiner Versfabrik.

Mit dem Echo auf sein neues Buch kann Fontane im großen und ganzen zufrieden sein. Als Hofrat Dr. Hesekiel, offizieller

Vertreter der *Kreuzzeitung*, im April 1866 eines der ersten Exemplare dem preußischen Oberbefehlshaber Prinz Friedrich Karl überreicht hatte, war das Buch freundlich aufgenommen worden. Als Geschichtsschreiber, in gewissem Sinne als Historiograph der Mark, durch die »Wanderungen« bereits ein Begriff, akzeptierte man in Hof- und Militärkreisen ohne weiteres auch seinen Schritt zum Militärgeschichtsschreiber. In sachlicher Hinsicht gab es an seiner Arbeit keinerlei Veranlassung zu einer Kritik, im Gegenteil, das Buch, so wie es geschrieben vorlag, war geradezu prädestiniert, das Ansehen des Militärstands zu festigen und die Volkstümlichkeit der Armee zu heben. Indem auch die Rolle des Gegners angemessen dargestellt war, nicht verharmlost, konnte die Leistung der eigenen Truppe um so besser zur Geltung kommen. Der zeithistorisch bedeutsame Aspekt daran war, daß die preußische Armee, eine Wehrpflichtarmee, seit 1813/15, seit der Vertreibung Napoleons, keinen Waffengang gegen eine ausländische Macht mehr geführt und jetzt einen so gloriosen Sieg errungen hatte.

Was die Anerkennung der vom Autor geleisteten Arbeit betraf, wäre noch nachzutragen, daß er auf Antrag des Kultusministeriums die »Goldene Medaille für Kunst und Wissenschaft« erhielt. Darüber hinaus wurde sein Buch durch ministeriellen Erlaß allen Provinzialschulkollegien zur Anschaffung für die Schulen empfohlen. Hesekiel hatte mit seiner Rezension in der *Kreuzzeitung*, anknüpfend an das gängige Bild des Dichters, ganz wesentlich zur Popularisierung des Buches beigetragen, es den Abonnenten des Blattes in besonderer Weise nahegelegt: »Da das Buch aller der Vorzüge sich erfreut, die wir an dem einfachen ›Märkischen Wanderer‹ kennen und sich wie ein Unterhaltungsbuch liest, wird es ihm nicht an Lesern fehlen.«

Im Mai nimmt sich Fontane, der sich »abgearbeitet« fühlt, von der Redaktion noch ein paar Tage Urlaub. Diesmal wählt er als Refugium den Kurort Thale im Harz. Unter den Büchern, die er in die Reisetasche packt, ist ein Novellenband von Paul Heyse, »Den Freunden Theodor Fontane und Bernhard von Lepel gewidmet«. Selbstverständlich geht auch sein Romanmanuskript mit auf die Reise. Zur allgemeinen Orientierung hatte er seinen Verleger vorab schon soviel wissen lassen, daß er ihn

»ohne jegliches bestimmte Vorbild« zu machen gedenke, selbst die Anlehnung an Walter Scott betreffe nur ganz Allgemeines. »Mir selbst und meinem Stoffe möchte ich gerecht werden.«

Der erste Teil des Romans, der nun den endgültigen Titel »Vor dem Sturm« erhält, wird allmählich fertig. Aber noch ehe er ihn seiner Frau, die alle seine Manuskripte vor dem Druck in Reinschrift bringt, übergeben kann, wird er ihn erneut liegenlassen. Schon als er nach Thale fuhr, standen neue Kriegswolken am Himmel, abermals ändern sich seine Pläne, und abermals wird der Roman in den Hintergrund treten.

Unterwegs in Böhmen und Thüringen

Im Verlauf des Jahres 1865, das konnte Fontane an den täglich in der Redaktion einlaufenden Nachrichten gut verfolgen, hatten sich die Positionen Österreichs und Preußens zur Neuordnung des Deutschen Bundes wie zur Verwaltung Schleswigs als immer gegensätzlicher erwiesen. Zur Verschärfung der Spannungen trug zusätzlich noch der geheime Bündnisvertrag Preußens mit Italien bei, der, was für Italien in seinem Konflikt mit Österreich entscheidend war, das Recht auf allgemeine und direkte Wahlen beinhaltete. Für den Vielvölkerstaat Österreich war die Festschreibung einer derartigen Forderung von vornherein unannehmbar, es sah im Krieg gegen Preußen die einzige Möglichkeit, den bestehenden Konflikt zu lösen. »Krieg, wir brauchen Krieg, nur Krieg«, waren die Worte, mit denen der einflußreiche österreichische Diplomat Graf Blome, Gesandter in Bayern, die allgemeine Stimmung gegenüber der Regierung in Wien auf den Punkt brachte.

Die Vorbereitungen zur Mobilmachung liefen auf Hochtouren, als Fontane noch in Thale im Harz an seinem Roman redigierte. Er ist gerade im Heimkehren begriffen, als am 17. Juni das österreichische Kriegsmanifest veröffentlicht wird, auf das einen Tag später das preußische folgt. In der Redaktion in Berlin bekommt er alle weiteren Nachrichten vom raschen Verlauf des Krieges aus erster Hand: die Besetzung Sachsens, der Einmarsch in Böhmen, die ersten Gefechte und Mitte Juli die Entscheidungsschlacht bei Königgrätz. Auf dem westlichen Kriegsschauplatz gegen Bayern, Baden, Hannover, Nassau und die anderen Kontingente der Reichsarmee stand die Entscheidung allerdings noch aus, was den vorsichtig abwägenden Fontane zu der Bemerkung veranlaßte: »Übrigens haben wir den Sieg noch keineswegs in der Tasche.« Aber die »Zusammengeflicktheit der

Reichsarmee, ihre Eifersüchteleien und ihr geringer Wille« beruhigen ihn wiederum, was den Ausgang des Krieges betrifft. Die preußischen Erfolge von Nachod, Gitschin, Trautenau, Lipa und Chlum inspirieren ihn; nach der Schlacht bei Königgrätz findet für die Kriegsopfer ein Wohltätigkeitsfest der Loge Royal York in Berlin statt. Fontane verfaßt dafür einen Prolog.

Da, wo die Elbe, die sich nordwärts windet,
Auf kurze Strecke wieder südwärts fließt,
Auf weitem Feld, umstellt von Hügelkuppen,
Bei Festung *Königgrätz* entbrennt die Schlacht.
Anstürmen unter Trommelklang und Pfeifen
Von Altmark, Magdeburg die Regimenter,
Thüring'sche Bataillone, dicht geschlossen ...

Ja, Sieg! Er hat die Herzen uns erhoben,
Er gab uns viel, – er hat auch viel genommen;
Ein Tag des Ruhmes, aber schwer erkauft.
'nen Schleier über Not und Tod und Wunden;
Es ziemt uns nicht, das Elend hier zu malen,
Es ziemt uns nur, zu trösten und zu lindern.
In Tod zu gehn war unsrer Brüder Pflicht,
Die unsre heißt: »*Vergeßt zu helfen nicht!*«

Er erhält für den Prolog von Musikdirektor Krigar, Menzels Schwager, der die Leitung des Konzerts hatte, zwei Friedrichsdor[12] Honorar, die er an ihn zurückschickt, deklariert als Spende.

Nachdem Österreich und Preußen mit dem Vorfrieden von Nikolsburg in die Waffenstillstandsverhandlungen eingetreten waren, sah sich Fontane bereits als Autor eines neuen Kriegsbuches. Dies möchte er als Verlagsobjekt möglichst schnell unter Dach und Fach bringen. An Hertz schreibt er am 9. August, daß er »Himmel und Hölle in Bewegung setzen werde, diesen 2. Teil zu schreiben, wie ich den 1. geschrieben habe«. Er hat, kaum daß die militärischen Aktionen abgeschlossen sind, sich bereits so intensiv mit dem Stoff befaßt, daß er definitiv erklärt: »Ich bin ganz sicher, daß das Buch in *seiner* Art gut wird; es steht alles ganz klar vor mir.« So weit, so gut. Aber Briefempfänger Hertz erwartete eigentlich von ihm das Romanmanuskript. Das dämmerte schließlich auch Fontane, nachdem er seinem Enthusiasmus für das neue Projekt freien Lauf gelassen, ja dem Verleger gegenüber noch ausgemalt hatte, daß es sich »rein äußerlich-geschäftlich« gesehen, wohl verlohnen würde, wenn er es auch einmal mit dem Amateurstrategen Fontane, nicht nur wie bisher »mit dem Minstrel und Wandrer« versuchen würde. Fontane wußte zwar von vornherein, daß Hertz zu solcher Art Literatur keine Beziehung hatte, und mußte nun sehen, wie er bei der Differenz der Interessen den Verleger wegen des Romans wieder beruhigen konnte. Es beginnt eine eigenartige Korrespondenz. Zwei Tage nach seinem ersten Brief versichert Fontane, daß sein »Feuer für den Roman« keinesfalls niedergebrannt sei, im Gegenteil, daß aber die Arbeit, eben weil er so daran hänge, »kein geteiltes Herz« dulde. Es seien ja nun zehn Jahre, resumiert er, daß er sich mit dem Stoff trage, und selbst wenn sich die Weiterarbeit daran abermals zehn Jahre hinziehen sollte, »was Gott verhüten wolle«, so würde das keinen Einfluß auf seinen Eifer oder die Ausführung haben. Damit kommt er zur Hauptsache. »Ich wünsche das Kriegsbuch zu schreiben, einmal weil ich das Schleswig-Holstein-Buch dadurch erst zu einem rechten Abschluß bringe, zweitens weil ich eine Lust und ein gewisses Talent für solche Arbeiten, drittens weil ich einen erheblichen pekuniären Vorteil davon habe« – beteuert aber, wieder einschränkend: »... die Sache ist *mir keine Herzenssache.*« Herzenssache, versichert er seinem Verleger, der gerade zur Kenntnis hatte nehmen müssen, daß die Arbeit kein geteiltes Herz dulde, sei ihm nur der Roman. Das Kriegsbuch möchte er schreiben, weil der Roman, wenn Gott ihn leben lasse, »doch *unter allen Umständen* geschrieben würde«. Diese etwas winklige Argumentation ließ keinen Zweifel daran aufkommen, daß sein nicht teilbares Herz ganz seinen militärhistorischen Passionen gehören würde.

Wilhelm Hertz muß sich also seinen Autor vorläufig weiterhin mit dem Verleger Decker teilen. Dieser möchte sich natürlich das neue Buch über den »Deutschen Krieg« schon wegen der Förderung durch das Kultusministerium und des Renommees bei Hofe nicht entgehen lassen. Er akzeptiert deshalb den Wunsch Fontanes, das neue Werk in zwei Halbbände aufzuteilen und es in dieser Form erscheinen zu lassen. Enthusiastisch bedankt sich Fontane für das Entgegenkommen und schließt seinen Brief mit den Worten: »Also nun vorwärts in Freundlichkeit!«

Als Decker den Brief in der Hand hält, ist Fontane von seiner Reise nach Böhmen zur Besichtigung der Kriegsschauplätze schon wieder zurück. Er war mit seinem Jugendfreund, Rittergutsbesitzer Scherz, Mitte August nach Prag gereist, wo sie mit Hauptmann Hans von Rohr, einem Neffen der Mathilde von Rohr, zusammentrafen, der sie als Sachverständiger nach den Gefechtsfeldern von Podol, Lochow, Gitschin und schließlich von Horsitz aus nach Königgrätz begleitete. Ehe Fontane aber an die Ausarbeitung seiner böhmischen Reisebriefe und an Dispositionen für das Buch geht, beschäftigt ihn die Niederschrift eines Einzugsgedichts, das den heimkehrenden Truppen zum 20. September gewidmet ist. Dieses Gedicht wird abermals als Einzeldruck verbreitet. Es wird von ihm – wie die anderen Einzugsgedichte für die preußische Armee auch – in alle seine Gedichtsammlungen, einschließlich der von letzter Hand 1898, als gleichrangiger Teil seiner Lyrik aufgenommen.

Seine Impressionen und Skizzen von der böhmischen Reise stellt Fontane diesmal dem von der Hofdruckerei Decker herausgegebenen *Fremdenblatt* zur Verfügung. Sie unterscheiden sich in der literarischen Behandlung des Stoffes naturgemäß von den Schilderungen des Kriegsgeschehens, wie er sie im 66er Buch gibt. Dort ist er ganz Stratege, Protokollant der Gefechtsabläufe, hier mehr der Poet und Wanderer, der sich den Eindrücken des Augenblicks, dem Reiz der Landschaft und der Beobachtung der Menschen hingeben kann. Der Eisenbahnverkehr ist unterbrochen, er legt die Strecke von Prag nach Turnau in der zurückgeschlagenen Kutsche zurück. »Diese Fahrt, zehn Meilen durchs Land, war sehr reizend. Die nächste Umgebung Prags ist wenig anziehend, aber bald verschönerte sich das Bild, und wir hatten das um uns her, was man überhaupt vielleicht als ›böhmische Landschaft‹ bezeichnen kann. Wellenförmiges Terrain, weiß getünchte Häuser in Grün versteckt, Obstbaumplantagen, Hopfen, Wein, malerisch gelegene Städte, hier einen Hügel erklimmend, dort am Ufer eines Flusses sich hinziehend, eines Wassers, das über breite Wehre fällt und Mühlen treibt; – dazu Schlösser und Ruinen und über dem Ganzen ein Ziehen und Wehen, ein Himmel und ein Luftton, die einem sagen: das ist historisches Land!«

Die Kutschfahrt ruft Jugenderinnerungen aus Letschiner Tagen in ihm wach, er findet, daß die reiche böhmische Landschaft ein ähnliches Bild gewährt «wie ein Blick von den Oderhöhen zwischen Freienwalde und Frankfurt in das reiche, wenigstens teilweise nach niedersächsischer Art bebaute Oderbruch hinein, – das Ganze ein Felderteppich, mit Dörfern gemustert«.

In Münchengrätz macht er Mittagspause, läßt sich fort in einem Gasthof böhmisches Goulasch und Leitmeritzer Bier servieren. Von seiner gemütlichen Wirtshausecke aus kann er das Treiben um sich herum beobachten, das Kommen und Gehen der Offiziere, widmet sich sozusagen dem Studium des Etappenalltags der preußischen Besatzungstruppen, ehe er mit seiner Begleitung zum Besteigen des Kirchturms aufbricht, der einen idealen Überblick über das Gefechtsgelände bietet. Die Weiterfahrt ins Land hinein führt an der Wallenstein-Kartause von Gitschin vorbei, was Fontane Gelegenheit gibt, Schiller zu zitieren und über die korrekte Aussprache tschechischer Ortsnamen zu sinnieren. Nicht Sadówa, wie der Berliner den Ort ausspricht, sondern Sádowa müsse es richtig heißen.

Mit der Schilderung des Geländes von Sadowa-Chlum, auf dem sich der Tag von Königgrätz entschied, enden die böhmischen Reisebriefe. Als selbständige Publikation sind sie nicht erschienen, lediglich als Zeitungsabdrucke. Die einzelnen Fortsetzungen aus dem *Fremdenblatt* hat er ausgeschnitten, aufgeklebt und mit Pappdeckel versehen. Ein zweites, ebenso gefertigtes Exemplar, in Halbleder gebunden, hat er »Seiner lieben Frau Emilie« zum zweiundvierzigsten Geburtstag am 14. November 1866 als Geschenk überreicht, mit folgender Widmung:

Dieses Buch hab ich geschrieben,
Seinen Inhalt hab ich durchgelebt,
Aber was mir das Liebste geblieben:
Ich habe auch alles aufgeklebt.

Das nächste Unternehmen, das auf ihn wartet, ist das Buch über den Verlauf des 66er Krieges. »Es soll nun bald an die Arbeit gehn«, läßt er den Verleger wissen, »und wie ich wohl sagen darf, mit Lust und Liebe. Der Gegenstand ist dazu angetan.« Die Vertragspunkte sind jetzt geregelt, seit dem November 1866 liegt die Konzeption für das neue Werk, in den Kapiteln bereits gegliedert, auf seinem Schreibtisch. Das ganze Jahr 1867 hindurch wird es ihn beschäftigen, und auch dieser Zeitraum wird nicht ausreichen dafür.

Daß sich Fontane nach dem Schleswig-Holstein-Buch abermals einem solchen Kompendium zuwendet, ist ein Indiz dafür, daß er zum damaligen Zeitpunkt seines Lebens die Militärschriftstellerei als das ihm gemäße Metier betrachtete. Er hat vorrangig damit zwei Ziele im Auge: zum einen, sich auf einem Spezialgebiet als Autor zu profilieren, zum anderen, mit so umfassend konzipierten, großen Zeitereignissen Rechnung tragenden Chroniken seine gesellschaftliche Stellung als Schriftsteller auszubauen. Mit Sicherheit kann man davon ausgehen, daß ihn nicht nur die ausgehandelte Honorarsumme beflügelt hat – er erhält insgesamt 1500 Taler, 400 sofort, dann vierteljährlich 100 Taler –, sondern auch der Preußische Kronenorden IV. Klasse, den er als Redakteur der *Kreuzzeitung* und zugleich als märkisch-preußischer Dichter verliehen bekam. Über die Auszeichnung hat er sich, wie eine spätere Äußerung von ihm bezeugt, aufrichtig gefreut; er sah damit seine Stellung in der Redaktion aufgewertet, mehr noch aber innerhalb der Berliner Gesellschaft. Am 18. Januar 1867 ist Fontane zur festlichen Ordensverleihung im Schloß, mit ihm Pastor Schultz und Geheimrat Wilms, der Chirurg vom Bethanien-Krankenhaus, die ebenso wie der Schriftsteller jene Auszeichnung erhalten.

Die Arbeit am Kriegsbuch geht nun doch nicht so zügig voran, wie er gedacht hatte. Die Erkältung, die ihm alljährlich zu schaffen macht, zieht sich diesmal über Wochen hin. Von einem Besuch bei seinem Vater in Freienwalde kommt er im März krank zurück, fühlt sich bis in den April und Mai hinein so angegriffen, daß er wieder für eine kurze Zeit wegzufahren beschließt, diesmal nach Neuruppin zu seiner Mutter. Die Besserung, die er sich davon versprach, trat auch ein. Das Rezept, nach dem er sich auskuriert, heißt »Nichtstun, spazierengehn, frische Luft und kaltes Wasser«, alles, was er – bis auf das kalte Wasser – in seiner

Berliner Mietswohnung nicht hat. Bei den Verpflichtungen, die auf ihn warten, kann er sich wochenlange Ausfälle durch Krankheit gar nicht leisten. Für die *Kreuzzeitung* hat er im März eine wichtige Parlamentssitzung mit einer Rede Bismarcks wahrzunehmen – gemeinsam mit Emilie sitzt er auf der Tribüne –, zu Lepels Geburtstag im Mai ist ein Ausflug nach Schloß Grunewald verabredet, in der Verwandtschaft und Bekanntschaft sind Geburtstage, Hochzeiten, Verlobungen, Kindstaufen, Ehejubiläen und sonstige Familienereignisse zu berücksichtigen, die alle Zeit kosten.

Erstaunlich ist, daß und wie er die Anforderungen zweier Berufe, den als Redakteur bei der Zeitung und den als Autor von Büchern, miteinander zu vereinbaren versteht. Über das Außenpolitische, seine eigentliche Obliegenheit, hinaus kann seine Zeitung gelegentlich noch von seiner militärschriftstellerischen Tätigkeit profitieren, sei es in Form einer kleinen Rezension über die Geschichte des Zündnadelgewehrs oder einer Betrachtung zu einer Studie über den »Feldzug des Jahres 1866 in West- und Süddeutschland. Nebenher laufen auch seine literaturkritischen Aufsätze und die Buchbesprechungen weiter. Für die *Kreuzzeitung* schreibt er über einen bei Hertz erschienenen Roman von Herman Grimm, »Unüberwindliche Mächte«, und über eine Erzählung von Friedrich von Uechtritz, »Eleazar«, die die Zeit des großen jüdischen Krieges im ersten Jahrhundert nach der Zeitrechnung zum Hintergrund hat. Die Freunde seines eigenen Schriftstellerkreises rechnen auch damit, daß er ihre neuen Bücher bespricht, nicht nur liest, oder bei gegebenen Anlässen generell etwas über sie schreibt. Über Paul Heyse, den »Liebling der Musen«, ist es diesmal ein Essay für die *Gartenlaube*, die Familienzeitschrift mit der höchsten Auflage aller vergleichbaren Blätter.

Die Arbeit am Kriegsbuch läuft nach dem gleichen Muster ab wie beim Schleswig-Holstein-Buch, nur mit dem Unterschied, daß das erste Werk nur 376 Seiten umfaßte, das jetzige aber mit rund 1130 Seiten den etwa dreifachen Umfang annehmen sollte. Fontane hatte sich vollkommen verschätzt, als er Decker den Umfang mit ca. 24 bis 30 Bogen angab, das wären maximal 480 Druckseiten gewesen. Er ging bei der Konzeption davon aus, daß jeder seiner Leser zu allen Gefechten alle Einzelheiten wissen wollte. Diese Auffassung vertrat er auch gegenüber Decker. Das Publikum verlange Details und habe Recht darin, denn »nur im Detail steckt Leben und Interesse«.

Viele Regiments- und Brigadekommandeure schicken ihm auch diesmal wieder Berichte, manche die gesamte Geschichte ihres Regiments. Sowie Fontane von der Redaktion nach Hause kommt, zieht er sich auf sein Zimmer zurück, »unter Bergen von Büchern und Zeitungen begraben; ich wollte, die Berge wären viel, viel niedriger, enthielten aber mehr Goldadern. Das würde mir die Arbeit sehr erleichtern.« Da er nicht alle Militärfachzeitschriften abonnieren kann, bittet er Lepel und Mathilde von Rohr, ihn an entsprechender Stelle zu empfehlen, damit er das Benötigte aus dem Kriegsministerium, dem Generalstab oder der Militärischen Gesellschaft ausgeliehen bekommt oder aber dort einsehen kann. Verleger Hertz muß für ihn das *Chemnitzer Tageblatt* besorgen, Emilie, die sich bei Freunden in Schlesien aufhält, soll Ausschau in der Buchhandlung halten, ob Veröffentlichungen über die 1866er Geschichte des 7. Regiments erhältlich sind, die er für das Nachod-Skalitz-Kapitel gut gebrauchen könne, »selbst wenn sie schriftstellerisch keinen Sechser wert sind«.

In welchem Umfang Fontane die zeitgenössische Presse und Literatur zu sichten hatte, geht aus dem Literaturverzeichnis hervor, das er diesmal dem Buch anfügt. Außer dem Preußischen und Österreichischen Generalstabswerk, den amtlichen sächsischen und bayrischen Berichten sind verzeichnet: Schilderungen von Kommandeuren, Vortragsmanuskripte, Tagebücher, Monographien, Einzelchroniken, Feldzugsjournale, Augenzeugenberichte ausländischer Korrespondenten, Aufzeichnungen von Feldgeistlichen und Johannitersamaritern, Separatdrucke aus dem Hauptquartier, die militärischen Biographien des preußischen Offizierskorps, die Militärzeitschriften und fast alle großen Zeitungen. Das Buch hat auch wieder Geländeskizzen und Karten, die Fontane vorzugeben hatte, sowie einen Anhang von über fünfzig Seiten mit Kriegsdenkmälern in Wort und Bild.

Ein Ärgernis ist diesmal, daß Fontane seitens des Generalstabs das Material nicht vollständig zugeleitet wird. Er nimmt an, gestützt auf die Äußerung eines Offiziers, daß das Generalstabswerk die Priorität des Erscheinens haben sollte, tatsächlich aber war, was er nicht wissen konnte, eine gründliche Auswertung aller verfügbaren Unterlagen angeordnet worden, um die zutage getretenen Mängel und Fehler in der preußischen Armee während des Feldzugs zu analysieren. Über eine Zurückhaltung des übrigen Militärs brauchte sich Fontane nicht zu beklagen, im Gegenteil, zu seinen regelmäßig konsultierten Beratern gehörten die Generale von Zychlinski und von Pape, die ihrerseits wieder mit Empfehlungen weiterhalfen.

Der erste Halbband des gigantischen Unternehmens, »Der Feldzug in Böhmen und Mähren«, wurde auf diese Weise allmählich fertig. Vorzubereiten war nun der zweite Halbband, der den Feldzug in West- und Mitteldeutschland, die sogenannte Maincampagne, behandeln sollte. Dazu begibt sich Fontane im August mit Emilie nach Thüringen, halb Erholungs-, halb Studienreise, für die er sich seinen Urlaub genommen hat. Einige Tage will er mit Emilie in Kösen, Weimar und Eisenach verbringen, anschließend allein zur Besichtigung der Kriegsschauplätze aufbrechen.

Emilie ist weniger interessiert an Sturmattacken und Flankenangriffen, für sie ist es eine kleine, sehr willkommene Gesellschaftsreise, da sie unterwegs mit den befreundeten Familien Zöllner und Eggers zusammentreffen, auch Mathilde von Rohr und Karl Lucae kommen dazu. Mit ihnen unternehmen sie gemeinsame Ausflüge nach Naumburg und auf die Rudelsburg, über die Fontane im Notizbuch lakonisch vermerkt: »Romantik und Fuhrmannskneipe«. Die gemeinsamen Abende im Hotel sind, je nachdem bei Tee oder Rotwein nun wieder literarische Kränzchen. Fontane liest aus seinem Heyse-Essay vor, Baukunst und Burgenromantik werden erörtert – der »Rütli«, die Geselligkeit, Medisance und Causerei, die zwei am häufigsten in seinen Romanen vorkommenden Begriffe, haben ihn, fern von der Hirschelstraße, wieder eingeholt.

Obwohl die Manuskripte für die märkischen Wanderungen ruhen, verbringt Fontane seine Tage wieder ausschließlich wandernd. Er sagt, ohne Anschauung könne er über den Verlauf der Feldzüge nicht schreiben, die Lage der Dörfer, die landschaftlichen Gegebenheiten, den Ort des Gefechts selbst müsse er gesehen haben. So steht er also mit Karten und Zeitungsblättern in der Hand im Dorf Diletz und rekonstruiert das Geschehen. Im Buch liest sich das so: »Der konzentrische Angriff unserer 15 Kompagnien erfolgte mit großem Elan. Die Bataillone des Gegners, der wenig Zeit gefunden hatte, sich an der Lisière des Dorfes wie in dem unmittelbar vorgelegenen Terrain (die Jäger standen in einer Obstbaumplantage) festzusetzen, wurden in schnellem Anlauf geworfen und in die Gassen und Gehöfte zurückgedrängt. Unter lautem Hurrah folgten die Unsern und es kam nun im Dorfe selbst zu einem heftigen Kampfe, in dem die Energie unserer Offiziere und Soldaten, in Verbindung mit der Überlegenheit des Zündnadelgewehres zum Siege führte.«

Fontane scheint mit seinen 46 Jahren nichts von der Begeisterung eingebüßt zu haben, die ihn schon in Leipziger Tagen aus der Stadt hinaus auf die Fluren trieb, dorthin, wo sich die Vielvölkerschlacht gegen Napoleon entschieden hatte. Waren es die vielbeschworenen Schauer der Ergriffenheit, die sich seiner magisch bemächtigten? Die übermächtige Phantasie des Balladendichters? Das Interesse des Historikers? Seine Leidenschaft für die Geschichte, speziell für alles Militärische, daß er sich mit dieser Ausdauer dem Schreiben von Kriegsbüchern hingeben konnte? Eine Antwort darauf zu finden fällt schwer, um so mehr, wenn man sich vor Augen hält, daß es in seiner Familie Berufsoffiziere nicht gegeben hat, überhaupt keine soldatischen Traditionen, von der leidlichen Napoleonschwärmerei seines Vaters abgesehen, und daß Fontane selbst, eine der sensibelsten Künstlernaturen, von der Natur mit keiner robusten Gesundheit ausgestattet, empfindlich gegen geringste Zugluft, sämtlicher Eigenschaften eines geborenen Kriegers entbehrte. Auf den Seiten seiner Bücher dagegen offenbart sich, in scheinbarem Widerspruch dazu, ein hoher Sinn für Heldentum, Größe und Tapferkeit, eine eigenartige Mischung aus Realismus und Romantik, in der Burschenschafterethos konserviert ist, und ein gut Teil vom Heldengeist der altenglischen Balladen.

Nach ihrem Aufenthalt in Kösen reisen die Fontanes nach Arnstadt weiter, der Rest ihrer Thüringen-Tournee steht im Zeichen

Weimars mit Goethehaus am Frauenplan, Fürstengruft, Gartenhaus und Kickelhahn. Es traf sich, daß gerade die Feier zum achthundertjährigen Bestehen der Wartburg stattfand, der Hof war anwesend. Franz Liszt, Weimarer Hofkapellmeister, dirigierte im Großen Festsaal sein Oratorium zu Ehren der »Heiligen Elisabeth«, zu dem »Rütli«-Dichter Roquette den Text geschrieben hatte. So kam es noch zu einem »Einzug« der Fontanes auf die Wartburg. »Hier alles in Festvorbereitung, die Führer betrunken. Das Ganze, bei untergehender Sonne, doch zauberhaft; auch das bunte Treiben pikant, wenn freilich auch der rein-poetischen Wirkung des Ortes nicht günstig.« Am Festkonzert selbst nimmt er nicht teil, er wandert am Abend bei Dunkelwerden durch das Mariental zurück zum Hotel, in dem er auch den jungen Herrn von Pfuel aus Jahnsfelde antrifft. Am Tag darauf trennen sich die Wege des Ehepaars, die Erholungs- und Bildungsreise ist beendet. Emilie fährt zurück nach Kösen, um sich noch ein paar freie Tage zu gönnen, für *ihn* hingegen beginnt nun der strapaziöse Teil der Reise zu den Main-Schlachtfeldern Kissingen und Würzburg.

Über das Reisen in Thüringen kommt Fontane in seinen Aufzeichnungen[13] zu folgendem Befund: »›Thüringen ist doch das Herz Deutschlands‹ war ein Satz, den ich mehr als einmal aus dem Munde Franz Kuglers vernommen und in einem Thüringer Tal, in der Schwarzburger oder der Reinhardsbrunner Mühle einen kurzen Sommer lang zu rasten, ist eine Freude für das Herz. Ich schicke dies voraus, um meine Stellung zu Thüringen zu kennzeichnen und dem Leser vorweg zu zeigen, daß ich dies Land liebe und weiß, was wir daran haben. Aber wohnen in Thüringen und *reisen* in Thüringen, das sind grundverschiedene Dinge.« Warum? Man käme aus widerwärtigen, ordinären Situationen gar nicht heraus. Er meint die Hotels, die Kosten, die Beschaffenheit der Wirte. Nichts davon weltmännisch, an die Schweiz, an England oder Frankreich dürfe man gar nicht denken.

In der Arbeit an seinem Kriegskompendium gibt es im Herbst nochmals eine Unterbrechung. Am 5. Oktober 1867 stirbt sein Vater, 71 Jahre alt, in Schiffmühle bei Freienwalde. Fontane begibt sich mit Schwager Sommerfeldt[14] sofort auf die Bahn. Drei

Tage später findet die Beerdigung statt. »Zwischen 5 und 6 haben wir, nach wunderlichen Zwischenfällen, den alten Herrn auf der Höhe des Tornow'er Kirchhofs begraben. Sand, Geröll und große Steine, wie sie dort überall in der Erde stecken, liegen auf seinem Grab; sei ihm die Erde leicht.« Das sind die kargen Notizen, wie sie sich dazu im Arbeitsjournal von 1867 finden. Den poetischen Nachruf auf seinen Vater wird er erst viele Jahre später schreiben; es ist jene Erinnerung an den Tag, da er ihn in seinem kleinen Haus besuchte und, im Fortgehen schon, sich noch einmal umdreht nach ihm und zurückwinkt – letzter Gruß an seinen »guten alten Papa«.

Wie das Jahr 1867 ausklang, ist auf den Seiten seines Tagebuchs festgehalten: »November und Dezember an meinem Kriegsbuche weiter gearbeitet. Gesellschaftlich alles ziemlich still«, heißt es. Eine Ausnahme bildete nur der Donnerstag, der dem »Rütli« vorbehalten war, und der, da »der Tag einmal angerissen«, als »allgemeiner Gesellschaftstag« fungierte. Jedoch ordentlich arbeiten, wie er es gewohnt war, wollte mit Jahresbeginn 1868 nicht recht gehen; ein Blasenleiden verursacht ihm starke Schmerzen, so qualvoll, daß er eines Abends in der Wohnung ohnmächtig zusammenbricht. Emilie bekommt einen Schreck. Sie ist selbst gesundheitlich nicht auf der Höhe, seit dem Tod ihrer Mutter im Mai 1867 befand sie sich das ganze Jahr über in einem permanent schlechten Zustand, war monatelang krank. Die Sturmkrankheit, an der sie litt, kam noch hinzu. Ihre Angstzustände, sobald Wetterumschlag mit anhaltenden Sturmböen einsetzte, hatten schon in der Vergangenheit dazu geführt, daß die Wohnung in der Luisenstraße aufgegeben werden mußte, auch hatte sie wegen der Sturmkrankheit schon einmal einen London-Aufenthalt vorzeitig abbrechen müssen. Trotz der maladen Verhältnisse in der Familie sieht Fontane mit Erleichterung, daß sein Großprojekt sich nun dem Ende nähert, voraussichtlich im August wird er das Manuskript abschließen können. Was sich sonst noch in der Familie ereignet hatte, faßte er Anfang April in einem Briefbericht an seine Mutter zusammen: Die Weiterzahlung von 300 Talern jährlich für seine Wanderungsarbeiten, die er seit 1860 regelmäßig erhielt, sei abgelehnt worden; Theo komme nun in die Tertia, aber mit George gebe es Schwierigkeiten in der Schule, die Versetzung Ostern sei gefährdet; er selbst habe, um etwas auszuspannen, im Mai eine Reise ins Havelland vor, dann vielleicht auch wieder einen Besuch bei ihr in Neuruppin.

Tatsächlich aber mietet er sich im Mai vorerst einmal für vierzehn Tage im »Hotel Zehnpfund« in Thale ein. Das Kriegsmanuskript läßt er zu Hause, nimmt dafür Walter Scotts »Erzählungen eines Großvaters«, seinen Lieblingsdichter Theodor Storm und als weitere Lektüre die Psalmen Davids mit. Die heilsame Tannennadelluft des Harzgebirges, lange Spaziergänge, die Ruhe, der Klimawechsel wirken sich wohltuend auf ihn aus, so gut, daß ihn bereits wieder Gedanken beschäftigen, was er *nach* Abschluß des 66er Buches in Angriff nehmen könnte – vielleicht ein »brandenburgisch-preußisches Geschichtenbuch« nach dem Modell der schottischen »Großvater-Erzählungen«, sozusagen ein märkisches Gegenstück dazu. Von dieser Buchidee ist er fasziniert, trägt sie als Plan zunächst seinem Verleger Hertz vor. Von seinem Roman ist dabei keine Rede. Was ihn dagegen reizen könnte, wäre die Idee eines »Nationalhistorischen Museums«, wie man es in London hatte. Inspiriert dazu hatte ihn eine Ausstellung im Berliner Schloß Monbijou. Eine solche Aufgabe wäre etwas für ihn und würde ihn glücklich machen, läßt er Mathilde von Rohr wissen. Aber noch liegt der »Deutsche Krieg« auf dem Tisch, wenn auch so gut wie fertig. Nach mehr als zwei Jahren Arbeit daran kann er ihn nun abschließen. Die letzten Kapitel nimmt er sich im September in das schlesische Erdmannsdorf mit, sozusagen in Klausur, weil es sich mit Blick auf die sanften, bewaldeten Hügelberge ganz anders arbeiten läßt als in einem Großstadtmietshaus. Und mit dem Bau eines eigenen Hauses bei Ahlbeck an der Ostsee, wie einmal geplant, war es ja nichts geworden. »In den letzten Tagen habe ich ziemlich fleißig gearbeitet, und zwar an meinem Kriegsbuch, weil mir dasselbe doch schwer in den Gliedern liegt und der Wunsch mich erfüllt: *nur fertig!*« Er wird es endgültig abgeschlossen mit nach Hause bringen, in dieser Gewißheit kann er sich, bevor er von Erdmannsdorf abfährt, noch einen Ausflug zur Schneekoppe mit einem Abstecher ins Böhmische hinüber vornehmen.

In den sechziger Jahren unternimmt Fontane seine Reisen noch weitgehend allein, sie sind ausnahmslos den Büchern untergeordnet, entweder zur Vorbereitung oder in der Abschlußphase. Daß seine Frau ihn nach Kösen und Weimar begleitet hatte, ergab sich aus dem Umstand, daß es sich um ein Treffen mit Freunden und Bekannten handelte und dieser Teil der Thüringenreise tatsächlich einmal privaten Charakter hatte. Sonst war an gemeinsame Urlaubsreisen, vorläufig wenigstens, gar nicht zu denken. Die Familie teilte sich auf, die Kinder verbrachten ihre Ferien häufig bei Freunden auf dem Lande, oder Tante Merckel nimmt George oder Theo mit in die Sommerfrische nach Schlesien, dorthin fährt regelmäßig auch Emilie zu ihrer Freundin Johanna Treutler, in deren Familie sie wie bei einem Kuraufenthalt umsorgt und betreut wird.

Im Oktober war der Zeitpunkt für ihre Abfahrt nach Neuhof wieder einmal gekommen. Um das Hauswesen in Berlin kümmert sich derweil das Dienstmädchen, die sonstigen Pflichten bleiben am Familienvater hängen. George, der Älteste, inzwischen vom Gymnasium genommen, besucht jetzt eine Privatlehranstalt, auf der er sein Fähnrichsexamen machen soll, um in die Armee eintreten zu können. Fontane hatte seiner Mutter schon einmal geschrieben, daß der Junge in der Schule schlecht fortkomme und sie ihn deshalb Soldat werden lassen wollten. Den Sohn in einem Regiment unterzubringen war Sache des Vaters, der wegen der erforderlichen Bürgschaften seine Beziehungen spielen lassen mußte.

Zusammenkünfte des »Tunnels« besucht Fontane in dieser Zeit so gut wie nicht mehr, gelegentlich aber noch den »Rütli«, wo es wieder einmal zu heftigen Differenzen wegen der Aufnahme des Malers August von Heyden gekommen war. Die freien Abende dienen ansonsten ausschließlich der Gesellschaftlichkeit, für Fontane ein lebensnotwendiges Korrektiv zu seiner extensiven Schreibarbeit. Beutners laden zum Diner im engsten Kreis, Hesekiels erwarten seinen Besuch, desgleichen die Wangenheims und Tante Merckel. Wer von den Freunden und Bekannten nicht oder nicht mehr in Berlin wohnte, mußte regelmäßig einen Brief bekommen.

Für das kommende Jahr 1869 steht für Fontane der schriftstellerische Ablauf fest. Das 66er Kriegsbuch würde noch einige Monate für die Überarbeitung in Anspruch nehmen, dann aber möchte er die zur Seite gelegten Projekte wieder hervorholen. Das war aber nicht der Roman, sein erklärtes »Herzstück«, sondern der dritte Band der »Wanderungen«. Die Reiserouten führen jetzt durchs Havelland. An den Wochenenden in den Sommermonaten bricht er auf nach Uetz, Döbritz und Fahrland, den Geburtsort des von Goethe nachsichtig belächelten märkischen Poeten Schmidt von Werneuchen, der bei Fontane im Buch ein sehr nobles Kapitel erhält. Es formen sich nun auch die ersten Abschnitte über Werder, Caputh, Bornstedt und Schloß Paretz, die anmutige Sommerresidenz Friedrich Wilhelms III. und der Königin Luise.

Wie fand Fontane Paretz vor, als er an einem heißen Sommertag anno 1869 Park und Schloß besuchte? »Die wachsende Schwüle des Julinachmittags, wir empfanden sie nicht; ein leiser Luftstrom zog von der Havel her herauf und trug uns die Kühle des Wiesengrundes und den Duft der Resedabeete zu. Es war eine halbe Stunde, wie sie nur an *dieser Stelle* erlebt werden kann, hier, wo sich Stille und Erinnerung die Hand reichen.

Wir hingen noch den letzten Worten nach, der Schloßdiener öffnete die Läden und lüftete die Zimmer, in die wir einzutreten hatten, als die Szene sich plötzlich änderte. Ein Windstoß, jäh und heftig, fuhr durch den Park, die uns zunächst stehenden hohen Pappeln beugten sich, Blätter, wie Flocken, fielen auf uns nieder, die Chaussee herauf kam eine Wolke von Kies und Staub, und über den ganzen Himmel hin rollte die erste Ankündigung des Gewitters. Es war, als ob wir erleben sollten, daß auch *diese* Stille täusche. Überall rollen die Donner Gottes und künden, daß kein ewiger Friede sei. ...«

Um wieder einmal Luftveränderung zu erfahren, schließt er sich im September der Familie Wangenheim für einen Kurzaufenthalt in Hermsdorf in Schlesien an, wo er für den Wanderungsband das Kapitel Schwielow fertigstellt. »Es geht mir sehr gut«, schreibt er an seine Frau, »ich habe guten Schlaf, meine Erkältung ist beseitigt und meine Nerven haben sich in der schönen frischen Luft sehr gekräftigt.« Nur an seinem Magen merkte er, daß die Jugend völlig hin sei; er esse wohl, aber ohne rechten Appetit. Ungeachtet seiner gastritisch-nervösen Beschwerden empfiehlt er seiner Frau, sich mehr die Lebensweise anzueignen, wie er sie für sich praktiziere und die die einzig richtige sei, nämlich häufiger kleine Erholungen, neue Eindrücke, keine Wirtschaftssorgen, keine Repräsentation, Heiterkeit, gute Pflege und change of air. So schöne Tage wie jetzt in Schlesien müßte man eben mehrmals im Jahr haben, nicht bloß einmal.

Anfang November 1869, das Jahr ging allmählich zu Ende, wird der erste Halbband seines neuen Werkes, »Der deutsche Krieg von 1866«, vom Verlag ausgeliefert, mit 735 Druckseiten das bisher umfangreichste aller seiner Bücher. Behandelt ist darin der Feldzug in Böhmen und Mähren, wiederum mit Illustrationen von Burger, diesmal weitaus aufwendiger mit Landschaftsbildern, Dorf- und Stadtansichten, Gefechtsszenen, Porträtköpfen der Kommandeure und natürlich wieder Geländeskizzen und Karten. Fontane geht sofort daran, die Dedikationsexemplare und die Begleitbriefe dazu fertigzumachen - die Respektsbriefe, wie er sie nennt. Vorgesehen für ein Exemplar sind der König, der Kronprinz, Bismarck, Kultusminister von Mühler und die Militärs, die ihn in besonderer Weise unterstützt haben. Auf der Liste stehen ferner die *Kreuzzeitung* mit Chefredakteur Beutner und Hesekiel, auch gute Freunde aus dem »Rütli«, soweit die Exemplare reichen. Von Wilhelm I. trifft ein Dankschreiben ein, dazu ein Geldgeschenk von 80 Friedrichsdor, eine ansehnliche Summe. »Sie können sich denken, welcher Lichtstrahl damit in meine, nach der finanziellen Seite hin novembergraue Wohnung fällt«, äußert er sich gegenüber Henriette von Merckel. Obwohl auch Bismarck sich umgehend bedankt, kann er es Fontane nicht recht machen, weil der Brief »bloß aus 8–10 verbindlichen Sekretär-Zeilen« bestand, die »der Minister unterschrieben hat«.

Zum Buch erscheinen zahlreiche empfehlende Ankündigungen und Rezensionen, größere davon im Deckerschen *Fremdenblatt* und in der *Kölnischen Zeitung*. Zum Ärger Fontanes beschränkten sich aber die meisten Zeitungsschreiber auf die Wiedergabe des Buchinhalts oder des Verlagstextes, in dem es hieß: »Das glänzendste aller Werke über den Krieg 1866, ... ruhige historische Darstellungsweise, welche sich von jeder wohlfeilen Überschwenglichkeit fernhält.« »Kritiken«, wie sie Fontane verstand, waren es nicht. Von einigen militärischen Fachblättern hatte er auch mehr erwartet, war etwas enttäuscht, daß sie nicht genügend auf das Militärische eingingen und schon gar nicht auf das Wichtigste: Aufbau, Grundriß, Anlage. Daß nun aber gar das Echo in der eigenen Zeitung so gering ausfiel, war mehr als skandalös. Beutner gab ihm zu verstehen, daß er das Buch »fast *zu* objektiv« fände. Fontane, tief verletzt, antwortete darauf, daß er gern auf Lob verzichten könne, das ihm durch die Art, wie es sich gäbe, »unbequem« wäre. Gemeint war lästig. Er konnte Beutner das Verhalten nicht verzeihen, um so weniger, als die ausländischen Zeitungen, vorwiegend englische und französische, von dem Werk Notiz zu nehmen begannen. Er macht daraufhin Decker darauf aufmerksam, daß es erforderlich sei, einige der teuren Bücher[15] an die großen Zeitungen in diesen Ländern gelangen zu lassen, auch wegen der Chancen einer Übersetzung.

Anders als Beutner, der als preußischer Altkonservativer schon auf Distanz zur neuen politischen Linie Bismarcks ging und Fontanes Buch nicht erkennbar genug aus dem Geist der *Kreuzzeitung* heraus geschrieben empfand, verhielt sich Dr. Metzler von der ehemaligen Zentralpressestelle[16], der den 66er Krieg über seine »Correspondence de Berlin« und die »North-German-Correspondence« an die Redaktionen im Ausland lancierte.

In den zeitgenössischen Rezensionen wird übereinstimmend an Fontanes Buch gelobt, daß es vorbildlich gegliedert sei, einen umfassenden Einblick in den Ablauf der militärischen Aktionen gebe, an der Front wie bei der Führung der Divisionen und Armeen, und in einer höchst anschaulichen Sprache geschrieben sei. Auf diesen Punkt machte ihn auch seine Frau aufmerksam. Als sie sich in London bei den befreundeten Meringtons aufhielt und sich gemeinsam mit der Tochter des Hauses – sie erteilten sich wechselseitig Sprachunterricht – an die Lektüre des Buches machte, habe es zu ihrer Überraschung überhaupt keine Schwierigkeiten gegeben. Sie nennt auch den Grund dafür: »die

Klarheit Deiner Sprache«. Es war eben nicht jener »Stuckerstil«, der nach Fontanes eigenen Worten so viele deutsche Bücher zu historischen und wissenschaftlichen Themen ungenießbar mache. Leichtflüssigkeit und Natürlichkeit – darauf käme es an. Von den vielen zeitgenössischen, durchweg glorifizierenden Darstellungen, die es zum 66er Krieg gab, hob sich das Fontanische Werk außerdem dadurch ab, daß es darin keine hurrapatriotischen Bekundungen gab.

Das Jahr 1869, das eines großen Bucherfolgs, sollte mit einem traurigen Ereignis ausklingen. Am 13. Dezember, zwei Jahre nach seines Vaters Tod, stirbt im heimatlichen Neuruppin seine Mutter, 71 Jahre alt. Ende August hatte Fontane sie ein letztes Mal besuchen können, nun heißt es in einem Brief zwei Tage vor Weihnachten an Mathilde von Rohr: »Am Donnerstag haben wir unsre gute Mama auf dem alten Ruppiner Kirchhof – Kaufmann Gentz hatte uns ein Stück Erde abgetreten – an einer schönen, baumbepflanzten Stelle zur letzten Ruhe bestattet. Die ganze Stadt war voll Teilnahme, was uns wieder einmal zeigte, daß ein ordentliches, ehrliches, anständiges Leben, voll Strenge gegen sich selbst und voll Güte gegen die Mitmenschen, immer noch seine Würdigung findet.«

In Frankreich

Mit dem Jahr 1870 – Fontane hat nunmehr das fünfzigste Lebensjahr überschritten – macht sich bei dem Schriftsteller eine allgemeine Unzufriedenheit bemerkbar. Anzeichen dafür sind eine anhaltende nervöse Unruhe und eine überaus starke Reizbarkeit. Die Unzufriedenheit mit sich und dem Erreichten beziehungsweise Nichterreichten kam nicht nur daher, daß die 300 Taler Forschungsbeihilfe für seine brandenburgischen Studien vom Ministerium abgelehnt worden waren, auch nicht daher, daß er sich durch den Chefredakteur der *Kreuzzeitung* nicht angemessen behandelt fühlte. Beutner hätte in dem Moment, wo er das neue Buch auf seinem Tisch liegen sah, an ihn herantreten müssen und sagen: »Ich freue mich, dies Buch in den Händen zu halten.« Diese Worte fielen aber nicht. Niemand trat an ihn heran. Beutner äußerte nur ganz nebenbei, wenn er, Fontane, jemanden habe, der sein Buch besprechen wolle, stünde ihm Platz dafür in der Zeitung zur Verfügung.

Die Verärgerung, mit der Fontane auf Ereignisse seiner Umwelt reagiert, die Bitterkeit, mit der er Vorkommnisse kommentiert, weil er sie gegen sich gerichtet glaubt, der argwöhnische Zug, der an ihm wieder stärker hervortritt, sind Anzeichen einer Lebenskrise, die ihm um das fünfzigste Lebensjahr herum zu schaffen macht. Eigentlich könnte er mit seiner Situation zufrieden sein. Als Schriftsteller ist er jetzt weit über Preußen hinaus bekannt, genießt hohes Ansehen und die Fontanes sind eine renommierte Berliner Familie mit einem erstklassigen gesellschaftlichen Verkehr – all das aber gilt derzeit in Fontanes Augen nichts oder nicht viel. Der Verdruß darüber, daß es ihm trotz größter Anstrengungen nicht gelungen war, sich die absolute Unabhängigkeit und damit die Freiheit für eine ausschließlich künstlerische Lebensexistenz zu sichern, gewinnt wieder die

Oberhand. Mehr denn je empfindet er die Zeitung als eine Kette, mit der er angeschmiedet ist, weil daran zugleich sein Broterwerb hängt. Wie ihm das Zeitungsdasein verleidet ist, so sieht er sich auch von den Freunden unverstanden, sich durch sie generell zu gering eingeschätzt.

»Die Kinder in der Schule lernen meine Gedichte, Frau Jachmann[17] donnert meinen ›Archibald Douglas‹, und in der Literaturgeschichte von Heinrich Kurz[18] hab ich mein Kapitel«, raisonniert er, »aber wenn ich heute noch Bote beim Kammergericht würde, mit 30 Reichstalern fixem Monatsgehalt und 10 Talern zu Weihnachten, so würden die besten Freunde sagen: nun, er ist jetzt in königlichem Dienst, er hat ein Fixum, kann sich Bewegung machen und seiner Frau eine jährliche Pension von 40 Talern hinterlassen. Lehre mich die Menschen kennen. Solange man sie nicht braucht, sind sie gut; wenn man sie aber braucht, so nimmt man mit Schrecken wahr, daß sie das Schlechteste gerade gut genug für einen halten.«

Für derartige Gedankengänge kann man nicht recht den Grund erkennen. Gerade Fontane hatte das große Glück, daß an seiner Seite wohlmeinende, ihm zugeneigte Menschen gingen, in allen Situationen zur Hilfe bereit, ob es um Geld, Unterbringung seiner Artikel und Gedichte, um das Lancieren seiner Bücher, um berufliche Anstellungen, Beihilfen oder öffentliche Anerkennung sonstwelcher Art ging, denkt man an Merckel, Wolfsohn, Lepel, Heyse, Scherz, das Fräulein von Rohr, Bernstorff, Metzel, Hesekiel oder Verleger Hertz. Was stets eine der großen Tugenden Fontanes war, nüchternes Abwägen, Sinn für Gerechtigkeit, Gelassenheit, sie verkehren sich jetzt in Mißtrauen, Gekränktheit und gereiztes Verhalten selbst den engsten Freunden gegenüber. Der tiefere Grund dafür ist das an ihm nagende Lebensgefühl der vermeintlichen Kümmerlichkeit, des ständigen Dienenmüssens, der würdelosen Observanz. Seinem Verleger gegenüber macht er seinem Unmut Luft mit der Feststellung: »Ich habe diesen Literaturbettel gründlich satt.« Seine tiefgründige Verärgerung bekam auch der gutmeinende Lepel zu spüren, der im Begriff stand, für Fontane eine Zuwendung der Schillerstiftung zu erwirken. Die Summen freilich waren nicht sehr hoch, Fontane wollte aber von vornherein nichts von solchen Almosen wissen und ersuchte den Freund, von seinen Bemühungen Abstand zu nehmen, da »einen nichts so sehr schädigt als das Renommee der Kümmerlichkeit«.

Der krisengeschüttelte Dichter und seine Frau, die unter seinen heftigen Übermpfindlichkeitsreaktionen und Verstimmungen zuweilen arg zu leiden hatte, greifen Anfang 1870 den alten Plan wieder auf, in ihrer Wohnung für junge Engländerinnen ein Pensionat zu eröffnen. Die Meringtons, eine Familie, die sie aus Londoner Tagen her gut kannten, sollten ihnen dabei behilflich sein. Fontane empfindet aus vielerlei, zum Teil eingebildeten, Enttäuschungen und Verärgerungen heraus einen solchen Groll gegen die literarische Tätigkeit in sich, daß er seine wirtschaftliche Existenz nicht ausschließlich mehr auf Bücher gestellt sehen will, auch weil ihm das angestrengte Arbeiten, »das Bücherschreiben bis in die Nächte hinein«, wie er meint, immer schwerer würde.

Um sich nach Pensionstöchtern umzusehen und entsprechende Kontakte zu englischen Familien zu knüpfen, reiste Emilie im April 1870 mit Martha nach London. Sie fühlte sich zu diesem Zeitpunkt in gesundheitlicher Hinsicht sehr angegriffen und hoffte, sich in anderer Umgebung, weg von den berlinischen Haushaltssorgen und den Kindern, auch etwas erholen zu können. Martha, die mit ihr reiste, sollte auf ein Jahr bei den Meringtons in London bleiben, um ihr auf diese Weise eine gute gesellschaftliche Erziehung angedeihen zu lassen, vor allem aber gute Sprachkenntnisse, ein Kapital fürs Leben, sollte sie sich aneignen.

Die »gütigen und freundlichen Meringtons«[19] verhelfen Mrs. Fontane zu einer Reihe von Eindrücken über das Leben in England, mit dem sie das letzte Mal vor zehn Jahren in Berührung gekommen war. Emilie berichtet in ihren Briefen aufgeräumt von Ausflügen und Bilderausstellungen, ist auch viel auf Gesellschaften und kann das Londoner Leben genießen. Sie findet, daß Berlin, angesichts des Reichtums, der ihr hier überall vor Augen trete, ein Dorf sei, daß aber andrerseits der englische Lebensstil, die Überbetonung des Äußerlichen und eine gewisse Steifheit vertraute Herzlichkeit nicht aufkommen lassen. Was ihr auffällt, ist »eine gewisse Unfreiheit, etwas Angelerntes«.

Nicht bei den Meringtons selbst, diese waren eine vorurteilslose, aufgeschlossene und modern denkende Familie. Unter den jungen Damen war damals das Frauenwahlrecht im Gespräch, Emilie war bei solchen Debatten zugegen und zeigte sich davon angetan. »Die jungen Damen sprechen alle für ihr Stimmrecht und hoffen, daß die Zeit nahe ist, daß wir gleichberechtigt sein werden mit den Herren der Schöpfung. Auch ich wurde nach meiner Meinung gefragt; aber ich konnte nur lächelnd sagen: ich hätte nicht Gelegenheit gehabt, über den Gegenstand nachzudenken. I had such a good position as the wife of you, that I don't wont a other.«[20]

Fontane amüsierte es, derlei Gedanken über die Gleichberechtigung von der eigenen Frau vorgetragen zu bekommen, *seine* sind es jedenfalls nicht, und so bescheidet er Emilie mit der Feststellung: »Man kann all diesen Dingen gegenüber sagen: ›warum nicht!‹ aber doch noch mit größrem Recht: ›wozu?‹ Die Frauen, die zur Zeit Ludwigs XIV. die Welt, den König und die Gesellschaft regierten, hatten kein Stimmrecht, haben sich aber leidlich wohl dabei befunden, jedenfalls besser als jene Unglücklichen, die sich ›in Erfüllung ihrer Bürgerpflicht‹ an die Wahlurne drängen.«

Über das Frauenwahlrecht weiter nachzudenken, bleibt Emilie in London so gut wie keine Zeit. Sie wird – wieder einmal in ihrem Leben – mit Problemen konfrontiert, die die Zukunft der Familie betreffen. Die Situation ist ernst, jedenfalls in ihren Augen. Fontane hatte, kurz nachdem seine Frau ihre Reise angetreten hatte, am 20. April bei der *Kreuzzeitung* gekündigt; vorausgegangen war eine belanglose Kontroverse. Die Redaktion traf dieser Schritt unvermutet, Hesekiel versuchte noch zu vermitteln, scheiterte jedoch an Fontanes unnachgiebiger Haltung, für die er hinreichende Gründe zu haben glaubte. Er wirft der Redaktion vor, und damit begründete er auch seine Kündigung gegenüber seiner Frau, die Frage der Altersvorsorge nicht lösen zu wollen. »Du weißt, daß ich längst entschlossen war, in dieser Weise zu handeln, und daß ich die Brutalität, die darin liegt, unsre Freiheit und unsre geistigen Kräfte auszunutzen, ohne vorsorglich und human an unsre alten Tage zu denken, ... nicht mehr ertragen kann.« Im Grunde ging es darum, daß er die

Kette, weil sie ihm lästig geworden war, nicht mehr erdulden konnte und wollte. Seinem innersten Gefühl zu folgen hielt er für sein natürliches Recht. Sicher, so wie er sich bislang gesehen hatte, nämlich als »eine Zierde, ein kleiner Stolz der Zeitung« – damit war es vorbei, er hält sich aber mit fünfzig Jahren noch für elastisch genug, um die neue Situation »mit Gottes Hilfe siegreich überwinden zu können«. Seine Frau hingegen ist von tiefsten Zweifeln geplagt, fast ohne Hoffnung. Die bisherigen Einkünfte betrugen mit dem Gehalt von der *Kreuzzeitung* etwa 2000 Taler. Die Kündigung hieß Verzicht auf 1000 Taler, eine sehr hohe Summe, für die ein Äquivalent so schnell gar nicht herbeigeschafft werden konnte. Das sahen alle mit Besorgnis – Henriette von Merckel, die den Kindern und der Familie sehr nahestand, die Freunde und die unmittelbar betroffene Emilie.

Fontane ließ derart kleinmütige Gedanken gar nicht erst aufkommen, er rechnete seiner Frau exakt vor, was an eingehenden Geldern fürs kommende Jahr real zu erwarten sei und daß von Verschlechterung oder Einbuße keine Rede sein könne. Emilie ließ sich von den Zahlen auf dem Papier nicht umstimmen, sie empfand die eigenwillige Art seiner Entscheidung der Familie gegenüber als nicht vertretbar und meinte den Grund für seinen unüberlegten Schritt in seinen Charakteranlagen zu sehen. Von London aus schreibt sie: »Du wirst nicht erwarten, daß mich Dein gestriger Brief erfreut hat. ... Jedes Gebundensein widerstrebt Deiner Natur; solange die Dinge ruhig gehen, bist Du glücklich und zufrieden; kommt aber ein Anstoß, so verwirfst Du auch alles. ... Es ist dies der Fall mit mir seit beinah 20 Jahren. Sobald ich durch irgend etwas Dir unangenehm bin, sobald ich Dir entgegenstehe, sprichst Du von einer zwanzigjährigen unerträglichen Ehe. Dasselbe gilt von Deinen Freunden; sie binden sich immer wieder an Dich; nicht Du an sie.« Im übrigen meint sie indigniert, da sie nicht gefragt worden sei, habe sie auch nicht zu antworten.

In diesen Formulierungen spricht sich, dezidiert im Ton, nichtsdestoweniger couragiert in der Haltung, der angestaute Zorn einer klugen Frau aus, die die Gleichberechtigung für sich längst praktiziert und ihre Funktion in dieser Ehe nicht nur darin sieht, die Manuskripte für sämtliche Bücher von Anfang bis Ende für den Druck in Reinschrift zu bringen – bei der Produktivität Fontanes fast eine selbständige Berufstätigkeit –, sich ferner um die Wirtschaft, die Kinder, das Hausmädchen, sämtliche Besorgungen und bei Krankheiten um alle Familienmitglieder zu kümmern, obwohl sie selbst unter mancherlei Beschwerden litt. Es half bei ihr nicht, daß er ihr zur Rechtfertigung seines Schritts und um ihre Sorgen in wirtschaftlicher Hinsicht zu zerstreuen fürs kommende Jahr Einnahmen von 2200 Talern vorrechnete. Das wäre von der genannten Höhe ein Geheimratseinkommen gewesen, das sich aus unterschiedlichen Posten zusammensetzte, darunter eine Beihilfe des Innenministeriums in Höhe von 400 Talern jährlich. 100 Taler davon hatte er fürs erste Vierteljahr schon bekommen – in Anerkennung sowie zur Erleichterung seiner patriotisch-literarischen Tätigkeit.

Als Argument reichte das alles nicht. Wie Emilie, so verstanden auch die Freunde Fontanes nicht, warum er seine gute Stellung bei der *Kreuzzeitung* aufgegeben hatte. Er hat Mühe, seine Gründe anderen gegenüber plausibel zu machen. An Mathilde von Rohr, mittlerweile für ihn eine Instanz, die er bei ernsten privaten und beruflichen Sorgen anrief, schreibt er, daß die Unfreiheit, die Dürre und die Ledernheit des Dienstes bei der Zeitung und dazu die Pensionsfrage den Anlaß gegeben hätten, dort Schluß zu machen. Mathilde von Rohr stand moralisch fast immer auf seiner Seite, Emilie hingegen bekam Rückenstärkung von ihrer Freundin Henriette. Die Merckelsche zeigte sich etwas verwundert wie zugleich beeindruckt von der Selbstsicherheit, mit der Fontane über alle Bedenken seiner Umgebung hinwegschritt. »Die Genies haben für ihre Angehörigen doch zuweilen recht schwer zu ertragende Einfälle. Fontane hat mir mit seiner gewohnten Offenheit seine Gründe auseinandergesetzt – es läßt sich nichts dagegen sagen, ja ich war ergriffen von der Macht seines Glaubens an sein Genie, daß aber der Frau sich bange Besorgnisse aufdrängen, vermag ich zu begreifen, bin ich doch selber nicht frei davon. So vermag ich leider nicht in eine helle Zukunft für die Freunde zu blicken, sondern in ein Leben von innern und äußern Kämpfen, und das tut mir im voraus weh. Möge Fontane durch den Erfolg gerechtfertigt werden!«

Es bleibt bei seiner Entscheidung, sich von der *Kreuzzeitung* zu lösen, auf keinen Fall aber aus Gründen, die in einer Abkehr von seinen konservativen Grundpositionen zu suchen wären. Darin ändert sich vorläufig und auf lange Sicht nichts. Als er sich im Oktober 1869 seiner Frau gegenüber über das Klima im »Rütli« äußerte, fallen die Worte »wichtigtuerisches liberales Gewäsch«, das ihn jedesmal »in Harnisch« bringe. Er selbst nimmt noch am 1. Juli 1873 als Ehrengast am fünfundzwanzigjährigen Jubiläum der *Kreuzzeitung* teil und bleibt selbst dann noch Abonnent des Blattes, als sich seine Ansichten vom altpreußischen Konservatismus bereits wegbewegt hatten.

Als Emilie nach sechs Wochen Aufenthalt aus London zurückkommt, hält sie sich an den Vorsatz, »mit keinem Wort mehr diesen Wechsel unseres Geschicks zu beklagen«, die Spannungen indes bleiben bestehen, selbst ein gemeinsamer Aufenthalt im Seebad Warnemünde kann sie nicht restlos abbauen. Zur Milderung der Ehekrise trugen eher schon Ereignisse von außen bei. Es verdichteten sich mit Anfang Juli die Nachrichten von einem bevorstehenden Kriegsausbruch. Fähnrich George Fontane, zur Zeit noch in Hannover auf der Kriegsschule, würde, das war abzusehen, ausrücken müssen und Fontane selbst auf diese oder jene Weise abermals in das Kriegsgeschehen einbezogen sein.

Die Ereignisse entwickelten sich schnell. Nach dem unannehmbaren Ultimatum Frankreichs wegen der spanischen Thronfolge an Preußen erklärte die Regierung Napoleons III. den Kriegszustand, ungeachtet der internationalen Ablehnung seiner provokatorischen Politik. Die *Times*, älteste und einflußreichste Zeitung der Welt, nannte den von Frankreich gewollten Krieg »ungerecht, absichtlich angelegt« und als Ziel die Okkupation »des linken Rheinufers«. Der in Frankreich virulente Militarismus und Chauvinismus drängte auch die süddeutschen Staaten wie Bayern und Württemberg auf die Seite Preußens und des Norddeutschen Bundes.

Die Tage um den Kriegsausbruch am 19. Juli 1870 herum und die Mobilmachung erlebte Fontane teils in Warnemünde, teils in Dobbertin als Gast bei Mathilde von Rohr. Eben lag für ihn die Welt noch im tiefsten Frieden mit Spaziergängen auf die Mole hinaus und Lesestunden mit Goethes »Wahlverwandtschaften«, erinnerte er sich, als Emilie mit den Kindern wieder die Koffer packen mußte. Er selbst bleibt noch einige Tage in Dobbertin und wartet ab. Als die Fontanes alle wieder in ihrer Berliner Wohnung beisammen sind, haben die verbündeten Truppen der deutschen Staaten die ersten großen Kämpfe bei Weißenburg, Wörth und Spicheren bereits erfolgreich durchgestanden und die französischen Armeen zum Rückzug gezwungen.

Unmittelbar nach seiner Rückkehr aus Dobbertin kommt Fontane mit dem Verleger Decker überein, über den Krieg mit Frankreich sein drittes Kriegsbuch zu schreiben. Die Chance, den beiden Vorgänger-Werken ein weiteres an die Seite zu stellen, war verlockend, die Situation günstig. Es war gerade der zweite Halbband des 66er Krieges erschienen. Wilhelm I., dem das Werk überreicht worden war, hatte sich wiederum anerkennend geäußert und dem Autor ein namhaftes Geldgeschenk von 50 Friedrichsdor zukommen lassen. Die zweite Auflage vom ersten Halbband des 1866er Krieges lag ebenfalls vor, der Militärhistoriker Fontane war und blieb somit im Gespräch.

Alles wiederholte sich: Ein dritter Wanderungsband wäre zum Abschluß zu bringen, der Roman zu schreiben – jedes Werk für sich genommen die Arbeit mindestens eines ganzen Jahres. Beide Bücher wurden nun von einem noch weitaus größeren Vorhaben in den Hintergrund gedrängt, und eine völlig neue Tätigkeit kam noch hinzu: Fontane nimmt das Angebot der *Vossischen Zeitung* an, für sie die ständige Theaterkritik zu schreiben. Das Ressort war durch den Tod des bisherigen Kritikers Wilhelm Gubitz[21] freigeworden und Fontane, als Kenner der englischen Bühnenverhältnisse durch vielfältige Veröffentlichungen hinlänglich ausgewiesen, für das Amt der geeignete Mann. Außerdem war es für eine Zeitung immer gut, wenn ein *Künstler* über Kunst schrieb, und das so, daß es von einem großen Kreis der Abonnenten akzeptiert wurde. Der Verdruß über den »Literaturbettel« hatte sich bei Fontane inzwischen wieder gelegt, seiner Frau gegenüber steht er mit der neuen Einnahmequelle, die die *Kreuzzeitung* weitgehend auszugleichen vermag, nun wieder rehabilitiert da. Theaterkritik entsprach durchaus seinen Neigungen. Daß die *Vossische* als liberales Blatt galt, störte ihn dabei weiter nicht. Er ist Pragmatiker. »Daß ich politisch über manches anders denke, ist irrelevant, da es sich in meinen Arbeiten nicht um politische Fragen handelt.« Er möchte beides klar voneinander getrennt sehen. In diesem Sinne engagiert er sich für das Feuilleton der *Vossischen* und wird noch Jahre später an die Redaktion schreiben, daß er der *Vossin* viel verdanke und ihr trotz politischen Gegensatzes »aufrichtig attachiert« sei.

Seine erste Theaterkritik veröffentlichte er am 19. August 1870 zur Aufführung des »Wilhelm Tell« im Königlichen Opernhaus, wo er seinen Platz ehrenhalber neben dem des Generalintendanten von Hülsen einnahm. Die offizielle Festvorstellung mit Schillers patriotischem Stück vor dem Hintergrund der aktuellen Zeitereignisse gab für Kritiker Fontane zwangsläufig die Richtung an. Zwischen einem eher ruhig als pathetisch formulierten Tagesbezug und einer Bewertung der schauspielerischen Leistungen versucht er die diplomatische Mitte zu halten, obwohl die Vorstellung »ziemlich langweilig« gewesen sei. Der Geßler-Darsteller bekommt ein Sonderlob als »Glanzleistung des Abends« und bedankt sich dafür überschwenglich bei Fontane. In den übrigen Vorstellungen saß er auf dem durch ihn selbst zur Legende stilisierten Parkettplatz Nummer 23. Die eigentümliche Lage des in die scharfe Ecke zwischen Proszeniums- und Parkettlogen hineingebauten Sitzes brachte es mit sich, daß, wer dort saß, Gegenstand erhöhter Aufmerksamkeit war, aufgrund der Abgesondertheit vom übrigen Publikum. Für einen eitlen Menschen war daher Platz Nummer 23 so etwas »wie ein kurulischer Stuhl[22], für den weniger Eitlen ein Armesünderbänkchen«. Man solle sich nur nicht einbilden, meinte Fontane über sein neues Amt, daß ein Theaterkritiker ein Richter sei, viel öfter sei er ein Angeklagter. »Da sitzt das Scheusal wieder«, habe er mehr als einmal auf den Gesichtern lesen können.

Fontane hat nicht allzuviel Gelegenheit, von seinem Richtplatz aus das Geschehen auf der Bühne zu verfolgen. Er rezensiert noch Paul Heyses Stück »Colberg«, auch »mit Rücksicht auf die große Zeit gewählt«, dazu einige Stücke aus dem klassischen und dem zeitgenössischen Repertoire, um danach seine Tätigkeit für die Muse Thalias vorerst wieder einzustellen, denn er reist am 27. September 1870 nach dem Kriegsschauplatz ab. Sohn George steht mit seinem Infanterieregiment als Offizierstellvertreter bereits vor der Beförderung zum Leutnant, mit ihm hofft er zusammenzutreffen. Schon weil eines seiner eigenen Kinder im Felde stand, ging Fontane diesmal mit absolut nüchternem Sinn an seine Berichterstatteraufgabe. Daß ihm das Fahren durch die Lande, die Besichtigung der Kampforte, das Erlebnis von Städten, Kirchen und Kathedralen aber auch höchstes Vergnügen bedeutete, darf dabei nicht übersehen werden. An Garderobe nimmt er nur das Allernotwendigste mit; daß sein Dinnerjackett für die Tafelstunden mit den Offizieren und sein »blauer Orden«, der preußische Kronenorden, mitgenommen werden, ist selbstverständlich. Diese Auszeichnung sorgte schon auf der Fahrt in den Militärzügen, die er benutzte, bei den Soldaten für »Attachement«[23], wie er Emilie wissen läßt.

Das Umherreisen im Feindesland sollte schon nach wenigen Tagen ein unerwartetes Ende finden. Er will partout, entgegen aller Warnungen, das Geburtshaus der Jeanne d'Arc besichtigen, läßt sich mit diesem Ziel in einer Kutsche von Toul aus nach Domrémy bringen. Seine »Passion pour la puchelle«[24] kommt ihn teuer zu stehen, er wird am Ort seiner Studien von Franktireurs festgenommen und als vermeintlicher Spion auf nichtbesetztes französisches Gebiet gebracht. Der Revolver, den er in die Reisedecke eingewickelt bei sich führte, die offiziellen preußischen Papiere und die Harmlosigkeit, die er zur Schau trug, machten ihn verdächtig. Es wollte ihm keiner glauben, daß er »eben weiter nichts als ein Schriftsteller pur et simple« sei, der eines Buches wegen den Kriegsschauplatz bereist. Einige Tage weiß niemand, wo er sich befindet. Erst als er am 6. Oktober seiner Frau die Nachricht zugehen lassen kann, daß er sich in Gefangenschaft befinde, wird es möglich, die Hilfsmaßnahmen für ihn einzuleiten.

Mit seinem Fall befaßt sich bald darauf ein französisches Kriegsgericht auf der Festung Besançon, wo er arretiert ist. Man spricht ihn vom Vorwurf der Spionage zwar frei, verfügt jedoch, da er in engen Beziehungen zum Militär stünde, ihn für die Dauer des Krieges im Lande zu behalten. Er wird aus dem Militärgefängnis der Zitadelle Besançon, wo er achtzehn Tage unter miserabelsten Verhältnissen zubringen mußte, auf die Insel Oléron gebracht, hier nun mit erleichterten Haftbedingungen, wie sie Offizieren zustanden und wie sie für ihn aufgrund mehrfacher Proteste von seiten kirchlicher und diplomatischer Stellen erwirkt werden konnten.

Auf der Atlantikinsel Oléron wird er zwanzig Tage verbringen. Er hat Arbeitserlaubnis, außerdem wird ihm, da er dem Rang nach als Offizier gilt, ein Bursche zugeteilt. Der Kommandant der Festung war ein kluger Mann, zu dem sich ein vertraulicher menschlicher Kontakt ergab. Er meinte eines Tages im Gespräch mit Monsieur Fontane: »Enfin, ich sehe die Tage heraufziehen, wo Sie die Gefangenschaft auf Isle d'Oléron segnen werden. Sie werden einen guten Stoff gewinnen und Ihr zukünftiger Biograph einen noch besseren.« So weit daneben lag er mit dieser Annahme nicht, was Fontanes Absichten ohnehin betraf. Noch auf Oléron beginnt er sein Buch »Kriegsgefangen« niederzuschreiben.

In Berlin sah alles anders aus. Als fünfzehn Tage lang keine Post mehr von ihm kam, verfiel die Familie in Panik und nach der Nachricht von seiner Gefangennahme erst recht. Fontane versuchte, schon mit Rücksicht auf seine Frau, die Situation so schonend wie möglich darzustellen, sprach deshalb auch nicht von »Spion«, sondern daß man ihn für einen »verkappten preußischen Offizier« halte. Sein einziger Trost, der keiner war, lautete: »Es muß getragen sein.« Die Aufgeregtheit und Kopflosigkeit Emiliens übertrug sich auf die Kinder. Der sechsjährige Friedel jammerte: »Nun müssen wir alle verhungern.« Theodor schrieb in seiner Angst um den Vater, mehr noch um seine Mutter, einen Verzweiflungsbrief an »Tante Merckel«, die sofort ihren Aufenthalt in Thomaswaldau abbrach und nach Berlin eilte. »Als ich Ende Oktober zurückkehrte, empfing mich Theodor auf dem Bahnhofe, er flog in meine Arme – es war ihm ersichtlich eine Beruhigung, daß er mich wiederhatte. Die Mutter fand ich anderen Tages zu Bett liegen – ihre Kräfte waren erschöpft, nur die Aufregung erhielt sie noch; sie sagte: ›Wenn ich nur wüßte, ob er noch lebt!‹«

Die Schritte zu seiner Rettung waren inzwischen, dank der Zähigkeit Emiliens, eingeleitet. Professor Lazarus vom »Rütli« wandte sich an den französischen Justizminister und Freimaurer-Bruder Crémieux, an den Fontane bereits aus dem Gefängnis heraus ein Telegramm gerichtet hatte. Frau von Wangenheim telegraphierte an den Kardinal-Erzbischof von Besançon. Es kam dadurch zu den bereits erwähnten Hafterleichterungen, nicht aber zur Freilassung. Wirkung zeigten erst die Aktionen von Lepel und Verleger Decker, die den preußischen Kriegsminister General von Roon unterrichten ließen, durch den die Angelegenheit Bismarck vorgelegt wurde. Dieser ließ dem amerikanischen Gesandten, der während des Krieges die preußischen Interessen vertrat, folgende Depesche[25] zur Weiterleitung an die französische Regierung zugehen: »Mein Herr! Nach glaubwürdiger Mitteilung ist Dr. Fontane, ein preußischer Untertan und wohlbekannter Geschichtsschreiber, auf einer wissenschaftlichen Reise in französischen, durch deutsches Militär besetzten Distrikten verhaftet und nach Besançon abgeführt worden, wo er in Lebensgefahr zu sein scheint. Nichts kann ein derartiges Vorgehen gegen einen harmlosen Gelehrten rechtfertigen. Ich bitte Sie daher, die Güte zu haben, formell seine Freilassung von der französischen Regierung zu verlangen und ausdrücklich zu erklären, daß wir im Weigerungsfalle eine gewisse Anzahl von Personen in ähnlicher Lebensstellung in verschiedenen Städten Frankreichs verhaften und nach Deutschland schicken und ihnen dieselbe Behandlung zuteil werden lassen, die dem Dr. Fontane in Frankreich beschieden ist.«

Kriegsminister von Roon hatte inzwischen, um der Demarche den nötigen Nachdruck zu verleihen, drei Geiseln festsetzen lassen. Das Ergebnis war, daß sich Außenminister Favre gezwungen sah, die Freilassung des preußischen Geschichtsforschers zu verfügen. Emilie, als sie von der Wendung der Dinge erfuhr, daß sich »unser großer Bismarck selbst« eingeschaltet hatte, bedankt sich bei Decker. Erst jetzt kann sie aufatmen.

Von den diplomatischen Vorgängen auf höchster Staatsebene hat Fontane auf seiner Atlantikinsel keine Ahnung. Seine Sorge ist zunächst darauf gerichtet, daß er bei der *Vossischen* sein Theaterreferat weiterbehalten kann und wie er seine in Toul im Hotel zurückgelassenen Sachen wiederbekommen kann. Eine Rechnung müßte vorher noch bezahlt werden. Emilie hat alles in die Hand zu nehmen. Sie weiß nun, daß das Schlimmste vorüber ist. Auch von Sohn George kommen aus Frankreich soweit beruhigende Nachrichten. Seines Vaters Verhalten, in einem besetzten Land unter den Bedingungen des Krieges Privatexkursionen zu machen, er gebraucht dafür den Ausdruck »herumzuturnen«, fand er allerdings »kolossal leichtsinnig«.[26] Dieser Meinung waren auch, wie er schreibt, »alle hier von den Offizieren«, die genauso wie der Sohn daran zweifelten, daß eine Freilassung zustandekommen würde. Doch am 24. November traf das Telegramm ein: »Ich bin frei! Gott sei gedankt.« Am 5. Dezember kam Fontane mit seiner Frau, die ihm in die Schweiz entgegengereist war, über Lausanne, Bern und Basel in Berlin an.

Wenn er an seine Erlebnisse mit der Jungfrau Jean d'Arc zurückdachte, vermochte er den Ereignissen soviel Schrecken eigentlich gar nicht abzugewinnen, ausgenommen die Stunden bis zum Kriegsgerichtsurteil, »wo das Letzte in aller Lebendigkeit vor mir stand«. Die Gefangenschaft selbst betrachtete er als Lebensgewinn für sich. Diese Gelassenheit, sich in die Wechselfälle des Lebens zu schicken, die er einmal als ein Erbteil aller Fontanes bezeichnete, gibt seinem Bericht »Kriegsgefangen«, den die *Vossische* nach seiner Rückkehr als Vorabdruck übernimmt, ehe er bei Decker gegen Ende 1871 als Buch erscheint, einen geradezu idyllischen, romanhaften Zug. Fontane wundert sich darüber, daß er fünf Tage lang ohne Essen ausgekommen ist, sich nur von Kaffee und Tee ernährt hat und wie gleichgültig ihn der Wegfall des Komforts berührt habe. Daß er zu den fremden Personen seiner Umgebung ein angenehmes Verhältnis hat herstellen können, verdankte er zweifellos seiner Bonhomie, einer angeborenen, auf den Menschen zugehenden Freundlichkeit, die zugleich Herzlichkeit und Natürlichkeit ausstrahlte. Von den Franzosen verschiedenen Standes ist ihm dies sicher honoriert worden. Er spricht aufgrund seiner subjektiven Erlebnisse und Beobachtungen von »allerangenehmsten Eindrükken« und daß er sich keine Nation denken könne, die imstande wäre, in diesem Punkt »ein günstigeres Urteil hervorzurufen«, und er sehe es als seine Pflicht an, dies zu sagen. In seinem militärischen Bekanntenkreis, ebenso von seinem Sohn George wurde es ihm dagegen verübelt, daß er damit die Franzosen zu sehr herausstrich.

In allen Urteilen, die den französischen Volkscharakter betreffen, nimmt er sich das Recht, ausschließlich das Herz sprechen zu lassen und die »Wahrheit«, wie *er* sie erfahren hat. Alles andere kümmert ihn nicht. Er geht in seiner Haltung sogar noch einen Schritt weiter. Weil ihm von französischer Seite das Versprechen abgenommen worden war, sich um die Freilassung eines in preußische Gefangenschaft geratenen französischen Stabsoffiziers einzusetzen, wird er beim Kriegsministerium in Berlin vorstellig, dort aber abgewiesen. Daraufhin wendet er sich an den Kriegsminister von Roon persönlich, ob man in diesem Falle nicht doch eine Ausnahme machen könne.

Nach dem Debakel von Domrémy war eine zweite Frankreichreise unvermeidbar geworden. Was er bis jetzt zusammengetragen hatte, konnte für das Schreiben des Kriegsbuches nicht ausreichen, weil diesmal die Darstellung im Vergleich zu den beiden vorangegangenen kriegshistorischen Werken in viel stärkerem Maße literarisch erzählend sein sollte. Unter diesem Gesichtspunkt beginnt er in Berlin das Material für die ersten hundert Seiten zusammenzustellen, die die Vorgeschichte des Deutsch-Französischen Krieges, die Rüstungen auf beiden Seiten sowie den Aufmarsch der gegnerischen Armeen behandeln. An den Abenden freilich beschäftigt er sich auf seinem Parkettplatz Nr. 23 ausschließlich mit friedlichen Dingen. Die Chefredaktion der *Vossischen Zeitung* hatte ihm zu seiner Beruhigung das Kritikeramt gelassen, muß sich aber damit abfinden, daß ihr Mitarbeiter am 9. April wieder als Militärhistoriker nach Frankreich aufbricht.

Die Lage zu diesem Zeitpunkt ist wesentlich anders. Der Kanonendonner ist verstummt, Frankreichs Heer an allen Fronten geschlagen. Am 28. Januar 1871 war ein Waffenstillstand geschlossen worden, und im Februar hatten die Friedensverhandlungen begonnen. Noch bevor Fontane aufbricht, erhält er vom Großherzog von Mecklenburg-Schwerin das Ritterkreuz des Wendischen Kronenordens verliehen. Es ist sein zweiter repräsentativer Orden. Er erhält ihn für seine historisch schriftstellerischen Arbeiten, speziell für seine Würdigung der mecklenburgischen Regimenter im Deutsch-Österreichischen Krieg von

1866. Veranlaßt worden war die Auszeichnung durch Seine Exzellenz Generalleutnant von Sell, einen Gönner Fontanes.

Von seinen Aufenthaltsorten in Frankreich gibt Fontane seiner Frau regelmäßig Bericht in Briefform. Er formuliert ihr gegenüber noch einmal deutlich, daß sein Ziel nicht irgendein Vergnügen sei, er sich vielmehr auf Reisen begeben habe, weil er sie von Berufs wegen für nötig halte, anders könne er nicht schreiben, schon gar nicht erzählen. Er will das Leben und nur das, denn »das Büchermachen aus Büchern ist nicht meine Sache«. Sechs Wochen lang ist er diesmal unterwegs, sie reichten aus, um daraus zwei Bände Reiseberichte zu gestalten. Sie erschienen unter dem Titel »Aus den Tagen der Okkupation. Eine Osterreise durch Nordfrankreich und Elsaß-Lothringen« noch im gleichen Jahr im November bei Decker, fast zeitgleich mit dem schmaleren Erzählbändchen »Kriegsgefangen«. Somit gehören zum Thema Frankreich insgesamt drei verschiedene Werke, das künftige Kriegsbuch mitgerechnet. Wenn man die Teilbände, so wie sie als selbständige Einzelbände im Druck erschienen, gesondert zählt, wären es sogar acht. Sie weisen Fontane als passionierten Reiseschriftsteller mit dem Blick des Wanderers, als Militärhistoriker, als Causeur und Erzähler von hohen Graden aus.

Das Erzählerische äußert sich in sehr farbigen, amüsanten Schilderungen seiner Umwelt und seiner Mitgefangenen, die er als Individualitäten porträtiert, gutmütig, humorvoll, aber auch in der romanhaften Ausschmückung an sich prosaischer Begebenheiten, wie dem Zusammentreffen mit seinem Sohn George in Mouy, der auf einer Wiese eine Kompagnie exerzieren ließ, seinen Vater aber, obwohl dieser dicht vor ihm auf einer Böschung als Beobachter der Szene saß, den Hut ins Gesicht gezogen, nicht erkannt haben will.

Zu seinen Exkursionszielen während der zweiten Frankreichreise gehörte im April auch der Mont des Moulins bei dem Dorf Sannois in der Nähe von Paris. Dieser Windmühlenberg, bastionsartig vorspringend, war unter der Besetzung ein beliebtes Ausflugsziel mit Wirtshaus und einem großen Aussichtsfernrohr. Von diesem Plateau aus wurde Fontane im Kreis seiner militärischen Begleiter Beobachter der Niederkämpfung des Aufstands der Pariser Kommunarden durch die regulären französischen Truppen. »Hier saßen wir, fast am Rande des Vorsprungs, blickten nieder in die Arena und sahen, wie die Versailler und die Föderalen, wie die dreifarbige und die rote Republik miteinander rangen. Für den Philanthropen traurig, für den Maler entzückend.«

Was fand Fontane daran so entzückend? Zunächst die Seine, die zu seinen Füßen eine mächtige Schleife zog, dann die Orte an ihren Ufern, die im funkelnden Sonnenlicht lagen, »lachendstes, friedlichstes Bild«, während es gleichzeitig unten in langen Kolonnen von Bajonetten blitzte. Das waren die Versailler Bataillone, die die Brücke passierten, »um die verschanzten Roten in Flanke und Rücken zu fassen.« Ein aufkommender Gewittersturm mit Wolkenbruch machte der Beobachtung des vorrükkenden Militärs ein Ende. Alles verzog sich, halb durchnäßt, ins Wirtshaus zu »Knickebein«, einem durchwärmenden Getränk aus Cognac und Anisette-Likör, mit Eigelb vermischt. Erst wollte Fontane gegen solche Art Medikation, von Hals und Kehlkopf wegen, protestieren, stieß aber nur auf Heiterkeit. Damit war für ihn die Frage entschieden. Der Ausflug nach dem Windmühlenberg endete somit auf der letzten Seite des betreffenden Kapitels mit den Sätzen: »So ging ich denn mutig vor. Aber o Knickebein, deiner will ich gedenken.«

Anfang Mai 1871, als Fontane wieder in Berlin eintrifft, ist der Frieden mit Frankreich perfekt, die Truppenteile befinden sich bereits auf dem Rückmarsch. Für den Einzug am 16. Juni in Berlin hatte man eine »Siegesstraße« hergerichtet, die vom Potsdamer Platz bis zum Brandenburger Tor und von da weiter bis zum Schloß reichte. Für die künstlerische Ausschmückung der Linden, speziell für die Teppichbilder, die die Straße in voller Breite überspannten, hatten sich prominente Künstler zur Verfügung gestellt, unter ihnen Anton von Werner, Reinhold Begas, Wilhelm von Kaulbach und Adolph Menzel. Es bestand eine Festkommission, der die Professoren Lucae und Eggers vom »Rütli« angehörten. Fontane selbst war an den Staatsfeierlichkeiten mit Spruchversen beteiligt, die unter den Bildern mit den Großporträts von Moltke und Bismarck erschienen. Außerdem verfaßte er diesmal wieder das offizielle Einzugsgedicht, das als Eigenbekenntnis Fontanes zu lesen ist, aus dem gleichen Geist vaterländisch-patriotischen Empfindens heraus geschrieben wie auch sein großes Werk über den Krieg selbst – mit Emphase, aber zugleich auch mit großer Ruhe.

Diesmal war er hinsichtlich des Abdrucks nicht mehr auf die *Kreuzzeitung* angewiesen. Da aber sein Einzugsgedicht auch nicht in die *Vossische* paßte, weil deren Haltung »einem gewissen Friedericianismus gegenüber den mehr oder weniger in Petroleum getauchten Liberalismus zur Voraussetzung« habe, gab er es dem Deckerschen *Fremdenblatt* zur Veröffentlichung.

Zum dritten Mal
Ziehen sie ein durch das große Portal;
Die Linden hinauf erdröhnt ihr Schritt,
Preußen-Deutschland fühlt ihn mit.

Hunderttausende auf den Zehenspitzen!
Vorüber, wo Einarm und Stelzfuß sitzen,
Jedem Stelzfuß bis in sein Bein von Holz
Fährt der alte Schlachtenstolz.
Halt,
Vor des Großen Königs ernster Gestalt.

Bei dem Fritzen-Denkmal stehen sie wieder,
Sie blicken hinauf, der Alte blickt nieder;
Er neigt leise über den Bug:
»Bon soir, Messieurs, *nun* ist es *genug*.«

Je umfassender die Kriegskompendien jenes Dezenniums zwischen 1864 und 1874 angelegt waren, desto mehr Reisen waren auch an ihrer Fertigstellung beteiligt. Fontane hatte nun einmal die Erfahrung gemacht, daß bei seiner leicht reizbaren, nervösen Natur Ortsveränderung das einzige Mittel war, sich seine hohe Produktivität zu erhalten. Ein *Vormittag* – das hieß dann *ein fertiggeschriebenes* Kapitel. Im August und September geht er als Gast der Mathilde von Rohr abermals in Klausur, diesmal in Stift Dobbertin, einem »wohlkonservierten Stück Mittelalter«. Während Emilie, die ihn begleitet, viel spazieren geht, entsteht in klösterlicher Abgeschiedenheit Kapitel um Kapitel seiner beiden Frankreich-Wanderbücher. Am 14. September erhält

Decker von ihm Bescheid, daß er Mitte Oktober mit dem Rest fertig sein würde, und im November liegen die beiden Bücher »Kriegsgefangen« und »In den Tagen der Okkupation« tatsächlich auch vor.

Nachdem diese »feuilletonistischen, schellenläutenden Vorläufer des 70er Kriegsbuches« gedruckt sind, kann er dem Verleger versichern, daß das große Kriegsbuch nun »mit aller Macht« angefaßt werden wird. Über die Aufnahme der beiden neuesten Produktionen aus seiner Feder ist er sich nicht ganz im klaren. In einem Brief nach Dobbertin heißt es: »In Petersburg, in Warschau, in New York, in der Schweiz, in Holland wird man es wahrscheinlich mit Zustimmung lesen, hier wird man es wohl wieder ›zu franzosenfreundlich‹ finden, weil ich nicht ausgesprochen habe, jeder Franzose muß zur Strafe seiner Sünden lebendig gebraten werden. Daß mich dies alles wenig anficht, werden Sie glauben.«

Zwischen Buch und Bühne

In die *Kreuzzeitung* ging Fontane nun schon seit über anderthalb Jahren nicht mehr. Sein Arbeitsplatz war jetzt ausschließlich die eigene Wohnung, wenn er sie nicht mit Thüringen, Schlesien oder Mecklenburg vertauschte. Was sich nach dem Ende der *Kreuzzeitungs*-Ära in seinem Leben verändert hatte, kam ihm so recht erst im nachhinein zu Bewußtsein. War überhaupt etwas anders geworden? In bezug auf die eigene Arbeit kaum, die blieb ihm, da er aber vieles in den Vormittagsstunden erledigen konnte, die sonst dem »englischen Artikel« gehört hatten, blieben ihm die zusammenhängenden Nachmittags-, Abend- und Nachtstunden zum Schreiben. Auf der einen Seite beruhigte es ihn zu wissen, daß er sich um Aufträge und Einkünfte nicht zu sorgen brauchte, auf der anderen Seite stahl ihm das Theater einen wertvollen Teil seiner Zeit. Gelegentlich meldeten sich Zweifel an, ob die Theaterkritikschreiberei für einen Mann wie ihn, der sich mit fundierten kriegshistorischen Werken und seriösen Geschichtsstudien befaßte, überhaupt das Richtige sei, ob sie zu ihm paßte. Emilie teilte solche Bedenken auch und meinte, daß es im Grunde seiner nicht würdig sei. Wo aber gab es eine Stellung, in der man Geld verdienen konnte, ohne immer wieder neu und anstrengend arbeiten zu müssen? Einige von den Schriftstellern hatten dieses Lebensideal, von dem Fontane träumte, wohl erreicht, aber wie wenige. Und konnte er sich mit diesen messen, zum Beispiel mit Friedrich Spielhagen, dem führenden Romancier der Zeit? Sein Urteil lautete: nein. Also würde er auch in Zukunft auf die beiden Stützpfeiler seines Daseins angewiesen bleiben – »auf Gott und das eigne Tun«.

Für die Jahre 1872 und 1873 war hinlänglich für Arbeit gesorgt, hauptsächlich an seinem Buch über den Deutsch-Französischen

Krieg und dem dritten Band der »Wanderungen«. Es kommen darüber hinaus mehr als früher Anfragen wegen Mitarbeit bei großen Zeitschriften. Vom *Salon für Literatur, Kunst und Gesellschaft*, herausgegeben von Ernst Dohm[27] und Julius Rodenberg[28], lag ein Auftrag für einen größeren Aufsatz über Willibald Alexis, den Vater des märkischen historischen Romans, vor. Der Publizist Paul Lindau suchte für seine neugegründete Zeitschrift *Die Gegenwart* prominente Mitarbeiter. Absagen? Für Fontane aus mehreren Gründen unmöglich. »Es wird mir eine Ehre sein«, antwortet er Lindau, »in die Reihe Ihrer Mitarbeiter eintreten zu dürfen. ... Die Form des Essays sagt mir besonders zu.« Die Gebiete, die infrage kämen, kenne er ja: England, Mark Brandenburg, epische Dichtung, Kriegsgeschichte, vielleicht auch mal eine Theaterfrage.

Da aber an die Zeitschriften nicht immer Neues geliefert werden kann, greift Fontane gelegentlich auf Älteres aus der Schublade zurück. Für den *Salon* stellt er im April 1872 einige so gut wie unbekannte Balladen zur Verfügung, darunter den nordischen »Gorm Grymme« und den preußisch eingefärbten »Kaiser Blanchebart«, eine erst jüngst fertiggestellte Huldigung Wilhelms I. zum Einzugstag der Truppen 1871 in Berlin. Es findet sich auch noch ein Gedicht um den Tod König Gustav Adolfs bei Lützen, entstanden in den sechziger Jahren im Umfeld der schleswig-holsteinischen Thematik, das Fontane der Sendung an Rodenberg beifügt.

In der Schublade lag auch noch ein altes Manuskript über »Die Mark und die märkischen Kriegsobersten zur Zeit des Dreißigjährigen Kriegs«. Darüber hatte er einmal, das lag gut zehn Jahre zurück, einen Vortrag zum Besten des Gustav-Adolf-Vereins gehalten. Der Redestil des Manuskripts wurde anschließend etwas überarbeitet, so ergab es 1862 einen geeigneten Aufsatz für das *Cottaische Morgenblatt*. Im großen und ganzen haben die »Kriegsobersten« die Zeiten gut überstanden. Sie werden jetzt, 1872, ein zweites Mal gedruckt, diesmal als Fortsetzung in der Sonntagsbeilage der *Vossischen Zeitung* um die Weihnachtswoche herum. Ein drittes Mal erscheinen die »Kriegsobristen«, abermals umgearbeitet, sechs Monate später im *Wochenblatt* der Johanniter-Ballei Brandenburg.

Militärhistorische und literaturhistorische Studien laufen in den siebziger Jahren ständig nebeneinander her. Von all diesen Arbeiten kommt jenem Aufsatz besondere Bedeutung zu, den Fontane über den Romanschriftsteller Alexis verfaßte. Dieser war im Dezember 1871 gestorben und Rodenberg bat Fontane um einen Nachruf. Das war der aktuelle Anlaß, geworden ist daraus ein ungewöhnlich langer, 55 Seiten umfassender biographisch kritischer Aufsatz: sowohl eine Würdigung von Leben und Persönlichkeit des Mannes wie eine Betrachtung seiner bedeutendsten Romane. Fontane gibt seiner Studie eine betont persönliche Einleitung. Er erzählt, daß schon sein Vater ein begeisterter Alexis-Leser gewesen und er selber dem Dichter schon in seinen Kinderjahren begegnet sei, als er mit anderen Jungen von Swinemünde aus nach Heringsdorf stromerte, wo Alexis eine Sommervilla hatte. Scott wie Alexis waren die Idole seiner Jugend, deren Werke er sich auch in späteren Jahren immer wieder vorgenommen hat. An den Romanen des »märkischen Scott« bewundert Fontane den klaren, gutgegliederten Aufbau, die Schärfe der Beobachtung, die Frische und Lebendigkeit der Darstellung und zieht für sich daraus Erkenntnisse darüber, was einen guten Roman ausmacht und was unbedingt zu vermeiden ist. Zum Beispiel, daß historische Romanfiguren keine Schemen bleiben dürfen, daß sie kein Interesse zu wecken vermögen, wenn sie nur als Attrapen vorgeführt würden und nicht als ausgeprägte Individualitäten, selbst dann nicht fesseln, wenn das geschichtliche Detail stimme und der Autor erzählfreudig und phantasievoll alle möglichen Szenen um sie herum erfinde. In solchen Fällen entstehe lediglich ein »Mißverhältnis zwischen Kraft und Stoff«. Für eine Untugend hält er gar, wenn in der Schilderung nichts von der Stelle rückt, zehn Seiten lang nichts wie Dialoge kommen und überhaupt alles zu lang ist. »In einem historischen Roman will man Handlung, Geschichte, nicht Betrachtung.«

Von dieser Warte aus vergleicht er Alexis mit Walter Scott, arbeitet höchst anschaulich die Gemeinsamkeiten wie die Unterschiede zwischen beiden heraus. Über Scott sagt er: »Er hat ganz den Stempel des Genies, und zwar in *allem*« – »Eine Natur ganz aus dem vollen«. Alexis sei daneben nur die kleinere Ausgabe, groß aber darin, daß er die Mark und ihre Bewohner »wie kein anderer vor ihm und nach ihm zu schildern verstanden hat«. Als ganz entscheidend hebt Fontane die Tatsache hervor, daß Alexis seine Maßstäbe für die Darstellung märkischer Landschaft und Geschichte auf seinen Reisen und Wanderungen *außerhalb* seiner engeren Heimat gewann. Hier sah Fontane in Alexis – einem Dichter hugenottischer Abstammung – einen Geistesverwandten. Ohne Anschauung, so lautet das Resümee, hat man keinen Vergleich, bleibt man im Provinzialismus stecken, denn »wer immer dasselbe sieht, sieht nichts«. Der große Gedanke des »Stechlin«-Romans vom inneren Zusammenhang zwischen Heimat und Welt ist in diesem Aufsatz, exemplifiziert am Werk eines anderen Dichters, zum erstenmal ausgesprochen.

Aus der Welt der märkischen Romane um den »Falschen Woldemar« und »Die Hosen des Herrn von Bredow« kehrt Fontane im April 1872 wieder zu seinem eigentlichen Werk zurück. Er war ein Vierteljahr lang nur mit dem Alexis-Aufsatz befaßt und sieht sich mit seinen anderen Arbeiten im Rückstand. »Ich muß nun endlich mit aller Energie an mein 70er Kriegsbuch gehn; es überrascht mich sonst wieder der ›Krieg mit Rußland‹, den der Philister ohnehin schon in der Tasche hat.«

Weder Fontane noch der Verlag hatten den Ehrgeiz, mit dem 1870er Kompendium auf dem Buchmarkt »die Ersten« sein zu wollen oder ein militärwissenschaftliches Studienbuch vorzulegen. Unterscheiden sollte es sich von anderen bis dahin erschienenen Werken hauptsächlich durch Übersicht und Klarheit, Eingehen auf das Detail und lebensvolle Darstellung, auch und gerade in der Schilderung der gnadenlosen Wirklichkeit des Krieges durch die Berichte der Dabeigewesenen. Die Überfülle des Materials erforderte von vornherein ein Gestaltungsprinzip, das sich an den Maßstäben erzählender Prosa orientierte. Bei Fontane entstehen auf diese Weise Geschichten, gleich, als er Wilhelm I. aus Berlin abreisen läßt und die Abfahrt des Franzosenkaisers Louis Napoleon schildert, der sich, ganz im Gegensatz zu Wilhelm, nicht persönlich in der Öffentlichkeit zeigte und eine Fahrt durch die Straßen vermied, »weil er die ihm feindliche Stimmung der untersten Gesellschaftsschicht, der schon damals ihren kommunistischen Projekten mit erneuter Leidenschaft hingegebenen Arbeiterklassen sehr wohl kannte«.

Beide Verleger Fontanes erhielten fast zeitgleich die fertiggestellten Manuskripte: Decker den ersten Teilband des Kriegsbuches, Hertz den dritten Band der »Wanderungen«. An diesem hatte er in den letzten Jahren immer mal wieder Stück für Stück »gepusselt«, wie er es nannte, gelegentlich auch Aufsätze daraus in der *Vossischen Zeitung* und im *Johanniter-Wochenblatt* im Vorabdruck erscheinen lassen. Ein Letztes blieb noch zu tun, das war, eine poetisch lyrische Einleitung für seine »geliebte Heimat« Havelland zu schreiben, von der im neuen Band erzählt wird.

Ade nun, Bilder der letzten Jahre,
Ihr Ufer der Somme, der Seine, Loire,
Nach Kriegs- und fremder Wässer Lauf
Nimm, heimische Havel, mich wieder auf.

Es spiegeln sich in deinem Strome
Wahrzeichen, Burgen, Schlösser, Dome:
Der Julius-Turm, den Märchen und Sagen
Bis Römerzeiten rückwärts tragen,
Das Schildhorn, wo, bezwungen im Streite,
Fürst Jaczko dem Christengott sich weihte,
Der Harlunger Berg, der an oberster Stelle
Weitschauend trug unsre erste Kapelle,
Das Plauer Schloß, wo fröstelnd am Morgen
Hans Quitzow steckte, im Röhricht verborgen,
Die Pfaueninsel, in deren Dunkel
Rubinglas glühte Johannes Kunckel.
Schloß Babelsberg und »Schlößchen Tegel«,
Nymphäen, Schwäne, blinkende Segel –
Ob rote Ziegel, ob steinernes Grau,
Du verklärst es, Havel, in deinem Blau.

Nachdem alle Verpflichtungen den Redaktionen und Verlagen gegenüber erfüllt sind, kann Fontane im Juli in die Sommerfrische nach Krummhübel fahren, diesmal mit der Familie. Hier hat er eine »sehr schöne Zeit« und viel Muße zum Lesen, in seinem Arbeitsnotizbuch sind Kleist, Achim von Arnim und Jean Paul genannt. Für die gesellschaftliche Zerstreuung sorgen Besuche von Tante Merckel mit Verwandten, Freundinnen von Emilie und den lieben Treutlers aus Neuhof, bei denen er im Anschluß an Krummhübel noch eine zusätzliche Woche Urlaub verbringt. Von hier aus unternimmt er kleinere Tagesausflüge nach Breslau und dem nahegelegenen Schlachtfeld von Walstatt bei Liegnitz, einem Ruhmesort preußischer Geschichte, wo Feldmarschall Blücher mit seinen Landwehrregimentern 1813 den Übergang über die Katzbach erzwungen und Napoleon in die Flucht geschlagen hatte.

So ging das Jahr allmählich herum. Mitte Oktober erscheint, zeitgleich mit dem ersten Teilband des 1870er Krieges, der dritte Band der »Wanderungen«. In der ersten Auflage hat er noch die Bezeichnung »Ost-Havelland«, bei künftigen Auflagen wird er nur noch »Havelland« heißen. Fontane kann Mathilde von Rohr schon Anfang November berichten, daß »die Aufnahme bis jetzt sehr günstig« sei. Von Julius Rodenberg lag ihm ein freundlicher Brief vor, auch andere Zuschriften aus seinem Bekanntenkreis trafen ein, denen er entnehmen konnte, daß die Wanderungsbücher »ungleich mehr wirken als andres aus meiner Feder«. Über die Gründe dafür ist er sich nicht im klaren. Ist es Lokal- und Provinzialinteresse, Heimatgefühl, Jugenderinnerung beim Leser, vielleicht eine verschämte Neigung für das, was der großen Mehrheit als jeder Neigung unwert erscheint, oder gar alles zusammen? Einer seiner Bekannten, Geheimrat Wiese, hatte gemeint, es sei »die dem Kleinen und Geringen zugewandte Liebe«. Fontane wollte darüber nicht weiter philosophieren, egal, was es sei, er wolle sich des Erfolgs freuen.

Von Erfolg konnte man durchaus sprechen, denn es war schon eine zweite Auflage von der »Grafschaft Ruppin« erschienen und auch schon vergriffen. Verleger Hertz dachte bereits an eine dritte Auflage. Diese sollte Fontanes Vorstellung nach in veränderter, überarbeiteter Form erscheinen. Das hieß für das Jahr 1873 abermals auf Reisen gehen, von Dorf zu Dorf, von Ort zu Ort wandern, jedes Schloß, jede Kirche, jedes Herrenhaus erfassen, soweit sie als Baulichkeiten Anspruch darauf hatten.

Diese dritte Auflage schwebte ihm als Idealausgabe, sozusagen als Musterband vor, der in zwanzig oder dreißig Jahren noch Bestand haben und der Welt zeigen sollte, wie solche Stoffe behandelt werden mußten.

Das alles würde er aber schon von der neuen Wohnung aus vornehmen. Am 3. Oktober fand wieder einmal ein Umzug statt. Das Mietshaus in der ehemaligen Hirschelstraße, umbenannt seit 1871 in Königgrätzer Straße, war ziemlich heruntergekommen und sollte verkauft werden. Der Unternehmerdrang der Gründerjahre machte sich bereits bemerkbar. Fontane muß nun Abschied nehmen von einem Domizil, das neun Jahre lang sein Zuhause gewesen war. »Alles hat seine Zeit, so auch eine Wohnung. ... Es waren wie die besten so auch die interessantesten Jahre meines Lebens.«

Eine neue Wohnung für die Familie, von deren vier Kindern drei noch zu Hause lebten, fand sich in der Potsdamer Straße 134c. Das Viertel, südöstlich vom Potsdamer Bahnhof gelegen, war um die Mitte des 19. Jahrhunderts eine von Beamten bevorzugte, leidlich billige Wohngegend, im Berliner Volksmund »Geheimratsviertel« genannt. Ihr ehemals ländliches Flair hatte diese Straße mit den breiten Blumenvorgärten vor den Häusern bereits verloren, durch sie ging der gesamte Verkehr nach Schöneberg, der die City mit dem Südwesten der großen Stadt verband. Die Nähe des Potsdamer Platzes und des gerade fertiggestellten imposanten Potsdamer Bahnhofs bezog die hier Anwohnenden unweigerlich ein in das Getriebe der aufstrebenden Weltstadt Berlin.

Das Haus, das nunmehr die Familie für lange Jahre aufnehmen sollte, war Baujahr 1848 und befand sich im Besitz des Johanniterordens der Ballei[29] Brandenburg. Diesmal war vieles umgekehrt. Hatten die Fontanes des Geldes wegen viele Male in ihrem Leben als Trockenwohner einziehen müssen, so kostete es diesmal erhebliche Anstrengungen, diese im dritten Stock gelegene Etagenwohnung soweit herzurichten, daß auch der völlig verwohnte, von Schmutz und Ungeziefer befallene Alkoven benutzbar wurde. Um diesen Teil der Wohnung gründlich zu sanieren, mußte schließlich ein Wand abgerissen werden. Das war der baufachmännische Rat von Freund Lucae, den man auch befolgte, weil gar nichts anderes geholfen hätte. Die Vormieterin, ein »altes Judenweib«, hatte Emilien gegenüber beim Einzug geäußert: »Na, Freude soll er hier nicht erleben«, worüber Fontane sichtlich verstimmt war. Als dann aus Dobbertin freundlichste Einzugswünsche der Mathilde von Rohr eintrafen, empfand er den christlichen Segenswunsch der Stiftsdame »wie eine Art Exorzismus des Teufels«. Ärgerlich blieb eben nur, daß man wegen der Zustände vorerst niemanden in der Wohnung empfangen konnte.

Ganz so lebhaft wie in der Hirschelstraße, wo »Rütli« und »Ellora« so oft getagt hatten und die Kinder durch die Wohnung gestiebt waren, allen voran die quecksilbrige Mete, von den Brüdern Pulverhexe genannt, wird es im alten Johanniterhaus nicht mehr werden. Die Freunde sind älter geworden, einige schon verstorben, wie Kugler, Merckel und nun, im August des Jahres, auch Eggers. Fontane fühlt, daß auch *er* sich allmählich auf seine vorgerückten Jahre einzustimmen hat, er wird nicht mehr so häufig wie in früheren Zeiten, als er noch bei der *Kreuzzeitung* war, in Gesellschaft gehen. Er hat als Verpflichtung schließlich jetzt das Theater, damit sind die Abende mindestens einmal pro Woche besetzt. Tags darauf war am Vormittag die Kritik zu schreiben und auf der Redaktion abzuliefern, am gleichen Abend spät kamen meistens noch die Fahnenkorrekturen aus der Setzerei und waren sofort zu lesen. Das waren jene Stunden, in denen das Hausmädchen unangemeldete Besucher mit dem freundlichen Bescheid abwies: »Der Herr hat heut Kritik.«

Auf das Jahresende zu, nachdem man schon umgezogen war, standen Schiller und Shakespeare sowie einige Stücke von zeitgenössischen Autoren zur Besprechung an. Bei einem von ihnen hatte sich Fontane bereits unbeliebt gemacht. Gleich zu Beginn seines Rezensentenamtes, im Januar 1871, schrieb er einen Verriß über Gutzkow und dessen Historienstück »Der Gefangene von Metz«, das im 16. Jahrhundert vor dem Hintergrund der Reformationswirren spielte. In der Tendenz war es in den Augen Fontanes ein borniert antifranzösisches, antikatholisches und obendrein noch künstlerisch schwächliches Stück. Da es sich um einen Autor handelte, der seit vierzig Jahren ein Begriff in der Literatur war, zu einem gut Teil die Bühnen beherrschte, schon dem jungen Fontane während seiner Apothekerzeit so etwas wie ein Leitstern gewesen war, fiel dem Kritiker auf Parkettplatz 23 die peinliche Aufgabe zu, einer Berühmtheit unwillkommene Sachen sagen zu müssen. Am Morgen des nächsten Tages stand es in der *Voss*: »Es ist ein unerquickliches Machwerk von Grund aus ... keine Szene vorhanden, die uns nicht verstimmt, geärgert, verdrossen oder geradezu entrüstet hätte.« Das Haus war am Abend der Vorstellung bis auf den letzten Platz gefüllt, in der Kritik ist das ausdrücklich hervorgehoben, so daß man sich die Wirkung der Rezension vorstellen kann. Jahrzehnte später noch, als Fontane seine Lebenserinnerungen niederschreibt, wird er sich an jenen Abend erinnern, da er sich auf seinem Platz »vor seelischem und physischem Unbehagen« krümmte. Mit Fallen des Vorhangs ergriff ein Bekannter vom Parkett her seine Hand und sagte mitfühlend: »Lieber Fontane, wenn Sie morgen darüber schreiben, vergessen Sie nicht, daß Gutzkow ein kranker Mann ist, oder wenigstens war, sehr krank.« Das machte Fontane menschlich Eindruck, auf die Rezension aber blieb es ohne Einfluß, denn wo käme man hin mit der Kritik, meinte er, wenn immer erst ärztliche Zeugnisse eingefordert werden sollten. »Schlecht ist schlecht und es muß gesagt werden.« Gutzkow war außer sich, er beschwerte sich bei der Redaktion. Ohne bemerkenswerte Folgen.

Nach dieser Seite hin waren Fontane noch andere Erlebnisse vorbehalten. Theodor Döring, damals der Star des Hoftheaters, Charakterkomiker und ein Liebling der Berliner, dessen Größe auch Fontane uneingeschränkt bewunderte, hätte ihn dennoch gern vergiftet, nur weil in der *Vossischen* eine einschränkende Bemerkung zu einer seiner Shakespeare-Darstellungen gestanden hatte. »Als ich mich so geäußert hatte, war es vorbei. Seitdem war ich, wie so viele andere, eine Kanaille, und sein Blick, wenn ich ihm begegnete, hätte mich vernichten mögen.« Dörings Freund, der spottselige Glaßbrenner, schritt daraufhin zur Aktion. In seiner *Montagszeitung* erschien unter Verwendung der Chiffre »Th. F.«, mit der die Theaterberichte gezeichnet waren, eine Glosse, in der jedesmal, wenn es um die Person des an den Pranger gestellten Kritikers ging, nicht von Theodor Fontane, sondern, immer fettgedruckt, nur vom Theater-Fremdling die Rede war. Ein kleiner Vernichtungsplan. »Und der war nicht übel, wie ich selber zugeben muß.«

Da es nirgendwo so viel Partei und Gegenpartei, Gönnerschaft und Cliquenwirtschaft gab wie am Theater, konnte es selbst der beste und erfahrenste Kritiker niemals allen Seiten recht machen. Einmal gab man die »Iphigenie«, das war im Mai 1874. Die Besetzung der Hauptrolle mit »Frau Erhartt«, einer ansonsten erstklassigen Kraft, empfand Fontane als großen »Fehlgriff von Anfang bis Ende« und schrieb das auch. Unverständlich war ihm schon, daß die Schauspielerin, als der Vorhang aufging, mit ausgebreiteten Armen, als wolle sie jemanden empfangen, die Stufen des Tempels herniederschritt, obwohl niemand auf der Bühne war. Die Deklamation der Dichtung selbst erschien ihm theatralisch, trivial, geschraubt und unwahr, dem Stück und dessen Ernst nicht angemessen. Schon am nächsten Tag flatterte Fontane ein Brief ins Haus, anonym, der ihm vorhielt, es nicht nur »auf unseren Meister Döring« abgesehen zu haben, sondern auch »rücksichtslos und gemein in seinen Ausdrücken gegen eine Dame« gewesen zu sein und nun *das* geworden wäre, wovor er sich selber gefürchtet hätte: Nörgler und Querulant. Der Brief enthielt die Empfehlung, daß es »in der Tat das Beste wäre, wenn Sie sich selbst aufhängten, und ich rate Ihnen, es zu tun, ehe Sie wieder eine solche Rezension drucken lassen«.[30]

Fontane war zu dieser Zeit schon eine prominente Persönlichkeit der Berliner Gesellschaft, von ihm hing in der Kunstausstellung der Akademie bereits ein Ölgemälde. Dieses Porträt, ausgeführt von der Berliner Malerin Antonie Eichler, erhielt eine positive Erwähnung in der *Vossischen*, in der Gewißheit, »daß dies geistreiche und doch schlicht und anspruchslos gemalte, höchst lebendige Bildnis den Lesern unsrer Zeitung, welche den Spuren seines Originals in diesen Spalten immer mit ganz besonderer Lust folgen, willkommen sein werde«.

Die Wintermonate 1872 gehen wie gewöhnlich dahin, »unter Arbeit, Gesellschaftsmajonaise und Krankheit«. So heißt es im

Tagebuch. Penibel ist darin alles Geschehen seines Alltags protokolliert, als hätte er jeden Tag Rechenschaft über sein Tun abzulegen, und zwar vor sich selbst. Darin ist Fontane ganz Märker, mit all jenen Eigenschaften, die er einmal in einem Aufsatz über die Märker[31] als ihr Eigentliches und Bestes bezeichnet hatte: Pflichtgefühl und Ordnungssinn, Eigenschaften, wie sie durch seine Großmutter väterlicherseits auf ihn übergegangen waren. Diese Großmutter, eine geborene Louise Deubel, war die Tochter eines Berliner Viktualienhändlers; Fontanes Vater war als Sohn aus dieser Ehe somit nur zur Hälfte Franzose.

Auch im Jahre 1873 laufen wieder, wie bisher schon, die Arbeiten an den »Wanderungen« und parallel dazu am 1870er Kriegsbuch, zweiter Band, weiter. Zum ersten Band hatte ihn ein Anerkennungsschreiben des preußischen Generalstabschefs Graf von Moltke erreicht. Fontane zeigt sich davon sehr beeindruckt, es sei »wie der ganze Mann: knapp, in jedem Worte von Bedeutung, gütig und wahrhaftig«. Der Brief erhielt für ihn dadurch Bedeutung, daß Moltke nicht allein ein überragender Militär, sondern auch als Buchautor im Ruf einer schriftstellerischen Kapazität stand. Seinen Rang als Schriftsteller hatte Moltke vor allem durch seine Reiseberichte erworben. Seine »Briefe aus Rußland«, die »Briefe über Zustände und Begebenheiten in der Türkei« sowie sein »Wanderbuch«, alle in mehreren Auflagen erschienen, waren weithin bekannte Werke. Zu den Bewunderern des sowohl erfolgreichen Generals als auch geistvollen Erzählers gehörte auch Fontane - ein Zeichen dafür war die Nachbildung der Hand Moltkes, die seinen Schreibtisch schmückte, ein Geschenk aus dem Kreis seiner Freunde.

Daß zur gleichen Zeit, als er das Schreiben von Moltke erhielt, auch Kaiser Wilhelm I. die dem 1870er Buch auf Extraseite vorangestellte Widmung annahm, erfüllte Fontane mit Genugtuung. Sein Brief an seinen Verleger vom 10. April 1873 spricht davon: »Hochzuverehrender Herr von Decker, Besuche, die gestern von Mittag an, als wäre mein Zimmer eine Wallfahrtskapelle, bei mir eintrafen, lassen mich erst heute dazu kommen, Ihnen, hochzuverehrender Herr von Decker, für Ihre freundliche Zuschrift zu danken. Die Gnade unsres herrlichen alten Wilhelm trifft natürlich Sie und nicht mich; ich sonne mich aber gern in diesem Strahle mit und setze mich zu diesem Behuf an den äußersten Rand meiner Diogenestonne.«

Anlaß zu danken hat er im April 1873 auch gegenüber Karl Bölsche für die »in altem Wohlwollen abgefaßte Besprechung« des Frankreich-Kriegsbuchs. Bölsche, Vater des Schriftstellers Wilhelm Bölsche, war Redakteur des Feuilletons der *Kölnischen Zeitung* und galt als nüchtern in der Beurteilung zeitgenössischen Schrifttums über den Frankreich-Feldzug, weshalb positive Besprechungen aus seiner Feder sehr großes Gewicht hatten. Er rechnete Fontanes Buch – neben dem Großen Generalstabswerk – zu jenen Werken, die, nachdem die Hochflut der Schriften über die Ereignisse verrauscht sei, »auch weiterhin die Aufmerksamkeit zu fesseln vermögen«. Obwohl es sich vornehmlich an die Gebildeten der Nation wende, würde es auch dem Fachmann eine erwünschte Muße bereiten. Wodurch? »Fontane versteht es meisterhaft, anschaulich zu schreiben, die Stoffe in epischer Gestalt vorzuführen, das Wesen der Dinge zum Bewußtsein zu bringen, kurz, die Ereignisse zu beleben und poetisch zu wirken, ohne den Vorgängen eine falsche Schminke zu geben. Im Gegenteil, sein Urteil ist nüchtern, seine Kritik unbefangen, die Benutzung der Quellen umfassend und einsichtig.« Fontane sei sich der Aufgabe vollkommen bewußt, daß, wer Zeitereignisse erzählt, »nicht durch pomphafte Phrasen oder durch hitzige Parteinahme« wirken dürfe, sondern vor allem sich der edlen Besonnenheit und des Maßhaltens zu befleißigen habe. In seinem Urteile über das französische Heer wie über die Franzosen sei der Verfasser »durchweg bescheiden und vorsichtiger, als es bei der Mehrzahl seiner Vorläufer der Fall war«.

Fontane verfügte über eine sehr rasche, konzentrierte Arbeitsweise. Den zweiten Teil vom Kriegsbuch, rund 660 Seiten, hat er im wesentlichen bis Ende des Sommers abgeschlossen. Behandelt wird darin der Verlauf der Kämpfe von der Schlacht bei Gravelotte bis zur Kapitulation der französischen Festung Metz. Das Buch erscheint noch im gleichen Jahr im Dezember, gewidmet ist es dem Chef des Generalstabs Moltke. Die Rezension für die *Vossische* übernimmt diesmal wieder Ludwig Pietsch, ein Kollege Fontanes und wie er ebenfalls freier Mitarbeiter des Blattes. Pietsch, von Haus aus Kunstkritiker und einer der besten Journalisten Berlins, war während des Krieges akkreditierter Berichterstatter im Kronprinzlichen Hauptquartier, außerdem selbst Autor eines vielbeachteten Buches über den Feldzug[32] und mithin eine kompetente Stimme.

Pietsch schrieb: »Fontane hat sich nicht überstürzt, sondern abgewartet, bis sich der Pulverdampf gesenkt hatte, der Donner schwieg, und es möglich geworden war, unverwirrt durch die hochgehenden Leidenschaften klar zu sehen, zu prüfen und zu sichten, die wahren Quellen von den falschen zu unterscheiden und sie, von Trübungen befreit, zu benutzen. Dabei kommt Fontane seine eigenste Geistesart, sein hoher, durch Liebe und Haß, Parteistellung, Patriotismus, persönliche Sympathie oder Aversion gleich unbeeinflußter, lauterer Gerechtigkeitssinn, seine freie, ruhige Objektivität, die Dinge, die Menschen und ihr Tun zu sehen und zu beurteilen, vortrefflich zustatten.« Der Rezensent würdigt darüber hinaus die Fontanesche Gabe der durchsichtig klaren und prägnanten Darstellung historischer und militärischer Abläufe. All dieser Vorzüge wegen hatte Pietsch schon in seiner ersten Rezension des ersten Halbbands des 70er Kriegsbuchs vom 20. April 1873 Fontanes Arbeit als »Unterhaltungsbuch« bezeichnet und zwar in einem Sinne, »wie ein Geschichtswerk bisher noch selten oder kaum je als ein solches zu gelten vermocht hat«.[33]

Pietsch, seinem Metier nach ursprünglich von der Zeichenkunst und der Malerei her kommend, ist derjenige unter den Kritikern, der von Anfang an das Künstlertum Fontanes als Charakteristikum seiner Persönlichkeit herauszuarbeiten versucht, um damit den Kunstmenschen näher an den Theatermenschen heranzurücken, weg vom Militärmenschen.

Da zwischen Manuskriptablieferung und Erscheinen eines Buches in der Regel einige Monate vergingen, konnte Fontane in dieser Zeit seine Wanderungen wieder aufnehmen, diesmal vornehmlich, um seine »Grafschaft Ruppin« in der dritten Auflage anzureichern. Im Grunde hätte er einem unveränderten Nachdruck ohne weiteres zustimmen können, so wie der Band mit seinen beiden bisherigen Auflagen eingeführt war, aber Fontane war ein viel zu gewissenhafter, zu sich selbst kritisch stehender Autor, als daß er vermeintliche oder auch tatsächliche

Mängel der Arbeit hätte tolerieren können. Deshalb bereist er im Herbst wieder einmal seine engere Heimat, nachdem er sich brieflich der Mithilfe von Pastoren, Gutsbesitzern, Neuruppiner Bekannten sowie seiner Schwester Lise versichert hat.

Die mit großen Erwartungen im September angetretene Reise fiel buchstäblich ins Wasser, da es fast nur regnete und er verschiedene Personen, auf die er gesetzt hatte, nicht antraf. Selbst das große Ereignis der Stadt, der Einzug des 24. Infanterieregiments, das als Besatzungstruppe in Frankreich stationiert gewesen war, erfolgte in strömendem Regen. Fontane war Zuschauer unter seinem Alpacaschirm. Ansonsten konnte er als »Wanderer« an Emilie nichts Besonderes berichten außer von einem unfreiwillig gemeinsamen Gastmahl mit dem Wirt einer Ruppiner Gaststätte, was auch nicht gerade poetisch ausfiel. Aufgetischt wurde Brühsuppe, Schnittbohnen mit Hering und Kalbsbraten – ein Menu in einer etwas sonderbaren Zusammenstellung. Der Wert des Ganzen betrug 5 Silbergroschen, bezahlen mußte Fontane 15, was er mit Rücksicht darauf, daß er an dem Tag der einzige Gast dort war, gern bezahlt hätte, wenn ihm der Wirt, der sich zu ihm an den Tisch setzte, durch seine Zahnstocherei, und das noch unter Zuhilfenahme aller fünf Finger, nicht den Appetit verdorben hätte. Fluch über die Märker – »Schweine sind es und Rüpel, nur dies steht fest.«

Trotz der desillusionierenden Erlebnisse findet sich am Ende doch genügend Stoff, um das Buch durch achtzehn neue Kapitel zu ergänzen. Für das großangelegte Kapitel »Gentzrode« erhält er von einem Nachkommen der Familie Gentz vorzügliche schriftliche Aufzeichnungen, die ohne große Mühe einer Bearbeitung übernehmbar sind. Der Papa des Absenders erhält dafür unter eigener Überschrift einen eigenen Abschnitt im Buch. Es waren noch andere Helfer am Werk. Ein Prediger, mit Namen Schinkel, stellte ihm einen Vortrag über die Mark während des Dreißigjährigen Krieges zur Verfügung und fertigte Abschriften aus dem Gottberger Kirchenbuch an. Pastor Buchholtz desgleichen, während die Familie des alten Michel Protzen, des im Buch abgehandelten Schankwirtsoriginals, verbreiten ließ, Fontane habe nicht das Recht, über ihre Vorfahren irgendwelche Dinge in der Öffentlichkeit publik zu machen.

Von derlei Einwendungen abgesehen, kann für die Entdeckungsfahrten durch das Territorium der einstigen Grafschaft Ruppin dasselbe gelten, was ihr Chronist schon 1861 im Vorwort zur ersten Auflage des Buches festgehalten hatte: »Ich bin die Mark durchzogen und habe sie reicher gefunden, als ich zu hoffen gewagt hatte. Jeder Fußbreit Erde belebte sich und gab Gestalten heraus, und wenn meine Schilderungen unbefriedigt lassen, so werd' ich der Entschuldigung entbehren müssen, daß es eine Armut war, die ich aufzuputzen oder zu vergolden hatte. Umgekehrt, ein Reichtum ist mir entgegengetreten, dem gegenüber ich das bestimmte Gefühl habe, seiner niemals auch nur annähernd Herr werden zu können.«

Angenehmer als die regenbeschwerten Herbsttage in Neuruppin war der Sommerurlaub des Jahres verlaufen, diesmal mit der gesamten Familie am Fuße des Thüringer Waldes. Sie mieteten sich in Tabarz für sieben Wochen »in einem kleinen eigenen Häuschen bei Weber Schack« ein. Fontanes Refugium ist eine Lattenlaube, in der er, umgeben von gackernden Hühnern und meckernden Ziegen, die obligaten Briefe schreibt; an die Freunde sind sie gedacht als Feriengruß und an die Verleger zur Verständigung über die laufenden Arbeitsdinge. Die Kinder unternehmen derweil Kletterpartien, das Hausmädchen Luise, das sie mitgenommen haben, kocht für alle und führt den Haushalt. Ausflüge zur Wartburg, nach Gotha und dem geschichtsträchtigen Schmalkalden sorgen für Abwechslung. »Die Welt ist herrlich überall, / wo Berlin nicht hinkommt mit seinem Schwall«, konnte er frei nach Schiller sagen.

Fontane ist jetzt schon soweit Thüringer geworden, daß er sich in Gedanken mit einem neuen Großprojekt zu befassen beginnt, das die Örtlichkeiten deutscher Sage und Geschichte umfassen sollte, angelegt auf mehrere Bände, einer davon speziell über Thüringen, Sachsen und Meißen. Es war ein Plan für die Schublade, ihn auszuführen hat seine Zeit nicht gereicht.

Von der Sommererholung in der grünen Natur des Thüringer Waldes muß Fontane für lange Zeit zehren, denn die Arbeit an den Büchern geht nach der Rückkehr ohne Verzug weiter. Jetzt steht der dritte Teil des Deutsch-Französischen Krieges an, abzuschließen bis zum Herbst, dazu die Durchsicht seines Gedichtbandes für die zweite Auflage, und danach schließlich würden wieder ganz neue Aufgaben auf ihn zukommen. Die einzige Abwechslung sind im Winter 1874 die Schopenhauer-Abende in der Wohnung der Familie von Wangenheim. Es handelte sich um ein kleines Symposium, einen Cercle intim, an dem nur wenige Personen teilnahmen: die beiden Familien Fontane und Wangenheim sowie Pastor Windel, Pfarrer an der Charité-Kirche, und dessen Cousine. Diese Abende hätten ihm viel Freude gemacht und ihm viel Anregungen gegeben, schreibt er an Mathilde von Rohr.

Die Begegnung mit der Gedankenwelt des großen Lebensphilosophen, der seit den sechziger Jahren die Lehrstühle der Universitäten zu dominieren begann, dürfte Fontane dem genannten Pastor Windel zu verdanken haben. Das läßt sich aus dem Toast schließen, den Fontane auf einem kleinen Herren-Diner zu Ehren des »Tunnel«-Dichters Scherenberg im August 1876 auf jenen Theologen ausbrachte.

> Windel auch, wie eingewindelt
> Moses einst am Nil gelegen,
> Gab er mir ein kleines Stichwort
> Aus dem Schatz des Pessimismus,
> Und das Wort, es ward ein Riese,
> Und sein Name: Schopenhauer.

Als Lektüre hatte sich Fontane seinen Schopenhauer schon in die Thüringer Sommerfrische mitgenommen und sich wahrscheinlich schon dort Notizen und Exzerpte angefertigt. An die befreundeten Zöllners schrieb er, die Sache ins Humoristische gewendet: »... in die Tiefen Schopenhauers wird hinabgestiegen, und Wille und Vorstellung,[34] Trieb und Intellekt sind beinahe Haushaltungswörter geworden, deren sich auch die Kinder bemächtigt haben. Mete sagt nicht mehr: ›Theo, du bist zu dumm‹, sondern ›Suche das Mißverhältnis zwischen deinem Willen und deinem Intellekt auszugleichen.‹« Eine ergänzende Tagbuchnotiz über jene Wochen lautet: »In Tabarz viel gelesen: Tristram Shandy, Sentimental Journey, Schopenhauer, Schiller-Goethe Briefwechsel.«

Was Fontane an Schopenhauer reizte, was er »brillant« daran fand und was er nach seinen eigenen Lebenserfahrungen »einfach für Unsinn« hielt, geht aus den erhalten gebliebenen Notizen hervor, die er sich nach der Lektüre zu einzelnen Kapiteln machte. Brillant ist für ihn, was dieser streitbare, kauzige Privatgelehrte über Lärm und Geräusch, über Berlin, über »Kritik« und über den Orang-Utan schreibt. Vorbehalte dagegen meldet er gegen etliches an, was er bei Schopenhauer zu Shakespeare und Scott findet, und zum Schwächsten gar zählt er die Ausführungen des Philosophen über die »Dame«, denen er beim besten Willen nicht folgen kann. Nicht das »Monstrum europäischer Zivilisation« sei sie, wie behauptet, sondern geradezu die Blüte, denn es gebe »nichts Schöneres, Wohltuenderes, Sittigenderes als eine wirkliche Dame«. Und was er in dem ganzen Kapitel »Über die Weiber« mitzuteilen habe, sei »das Gequackel eines eigensinnigen, vorurteilsvollen, persönlich vergrätzten alten Herrn«.

Anfang Januar 1874 kommen die Franzosen nach Berlin. Eine französische Schauspielergesellschaft gibt – zum erstenmal wieder nach dem Deutsch-Französischen Krieg – ein Gastspiel im kleinen Saaltheater des königlichen Schauspielhauses. Fontane hat vom ersten Neujahrstag an zu tun. Gegeben wurde die Gesellschaftskomödie »Les vieux Garçons«[35] von Victorien Sardou in französischer Sprache. Die nach Berlin, trotz der noch bestehenden Spannungen aus der Kriegszeit, eingeladene Schauspielertruppe erhielt eine Subvention von 1300 Talern aus der königlichen Privatschatulle. Gerade das fand Unverständnis in manchen sehr nationalbewußten Kreisen. Fontane fechten derlei politische Querelen wenig an. Er kommt in seiner Rezension zu einem sehr ausgewogenen Urteil, was die Vorzüge der französischen wie der deutschen Schauspielkunst betrifft. Von dem Abend könne man lernen, wie man auf deutschen Bühnen in französischen Stücken, die ja damals einen beachtlichen Teil des Repertoires ausmachten, wirkliche »*französische Gestalten* vor uns hinstellte«. Bestätigt fände man sich auch wieder in der Erkenntnis, daß die »Lehre vom Ensemble« kein leerer Wahn sei, gerade bei den Gruppenszenen, die bei den Franzosen in ihrer

Natürlichkeit und Ungezwungenheit ungleich stärker ausfielen als bei den Deutschen. Sein Resumee: Konkurrenz dieser Art könne man ertragen und *mehr* als ertragen, dürfe allerdings die bestehenden Unterschiede in der *nationalen* Auffassung nicht außer acht lassen.

Zum Auftreten von Theaterleuten der »Feindmacht« in der neuen Reichshauptstadt merkt Fontane lediglich an: »Wollten wir warten, bis die Franzosen ihre innerliche Stellung zu uns änderten, ... so würden wir lange warten müssen. Sie werden sich *nicht ändern*; dafür sind sie eben Franzosen.« Damit war für ihn das Thema erledigt.

Die souveräne Art der Betrachtung konnte sich Fontane, der nun im dritten Jahr die Theaterkritik einer großen Zeitung repräsentierte, durchaus leisten, ohne die Empfindungen einzelner Kreise der Gesellschaft zu verletzen. Es zeigte sich auch, wie weitsichtig die Entscheidung der *Vossischen Zeitung* gewesen war, für die regelmäßige Berichterstattung über die Königlichen Schauspiele einen Mann zu wählen, der bei Hofe Renommee besaß. Nicht nur das. Hinter Fontanes Urteil stand die Autorität einer Künstlerpersönlichkeit, eines Mannes von Bildung, Geist und Witz, selbst noch in der Ironie von Distingue. In manchen seiner Bonmots, wenn er die Vorgänge auf der Bühne mit dem realen Leben verglich und *diesem* vor einer schwachen Kunst den Vorrang gab, scheint die Haltung seines Schülers Alfred Kerr vorweggenommen, der Jahrzehnte später in Versen von der Lust des Daseins eines Kunstrichters schwärmte und die Fontanesche Welt der holden Mimen zuletzt doch durch Humor zu adeln wußte.

Fontane, Schöngeist und zugleich Pragmatiker des Lebens, verließ sich in der Beurteilung von Kunstdingen einzig und allein auf die Richtigkeit seiner Empfindung, auf das, was er den bon sense, den gesunden Menschenverstand, nannte. Natürlichkeit und Glaubwürdigkeit waren für ihn die ästhetischen Maßstäbe. »Meine Berechtigung zu meinem Metier«, sagte er von sich, »ruht auf einem, was mir der Himmel mit in die Wiege gelegt hat: Feinfühligkeit künstlerischen Dingen gegenüber. An diese meine Eigenschaft hab' ich einen festen Glauben; hätt' ich ihn nicht, so legte ich heute noch meine Feder als Kritiker nieder. Ich habe ein unbedingtes Vertrauen zu der Richtigkeit meines Empfindens. Es klingt das etwas stark, aber ich hab es, und muß es darauf ankommen lassen, wie dies Bekenntnis wirkt.« Indirekt war dies eine Antwort auf Glaßbrenners Invektive mit dem »Theater-Fremdling«, genauer gesagt eine Richtigstellung: »Denn offengestanden, ich hatte nicht den Ehrgeiz, ein Theater-Habitué[36] zu sein«, und was das »Wissen« oder »Nichtwissen«, das »Eingeweihtsein« oder »Nichteingeweihtsein« betreffe, so käme es im Leben mehr auf den angeborenen als den anstudierten Beruf an.

Was in der Betrachtung des Jahres 1874, außer den Theatergastspielen und den Schopenhauer-Abenden, für Fontane noch von Belang war, ist im Tagebuch festgehalten: Erkältung, Schinkelfest im Großen Kaisersaal der Passage und Besuch der Vorlesungen von Professor Lazarus[37] über Völkerpsychologie. Seine Vermerke darüber sind in der Regel nur knapp, stichwortartig. Eine Ausnahme davon macht lediglich ein Ereignis, einen langjährigen Kollegen betreffend; es ist Fontane Anlaß zu einigen Zeilen nachdenklichen Kommentars: »Ende Februar oder Anfang März stirbt mein alter Hesekiel; er wird auf dem Matthäi-Kirchhof begraben, ohne daß sich Hof, Adel, Militär um ihren Verherrlicher par excellence gekümmert hätten. Ein schlimmes Zeichen für *beide* Teile. Man soll des Guten nicht zuviel tun, auch nicht in der Loyalität und im Preußentum. Die ›lieben blauen Jungen‹ waren alle ausgeblieben.«

Mit den veränderten Einkommensverhältnissen der sechziger und siebziger Jahre und dem sichtbar zu verfolgenden Aufstieg Fontanes innerhalb der Berliner Gesellschaft bekam sein Leben auch materiell eine andere Qualität. Reisen können jetzt ins Auge gefaßt werden, wie sie sich das Ehepaar, solange die Kinder noch klein waren, nicht hatte leisten können. Der Traum von Italien, jahrelang in weiter Ferne, kann jetzt verwirklicht werden. Ende September 1874, als »nach angestrengtester Arbeit« der dritte Teilband vom »Krieg gegen Frankreich« fertiggeworden ist, treten Emilie und Theodor Fontane eine Reise nach Italien an, die erste große gemeinsame Fahrt ihres Lebens. Finanziert werden kann sie von dem Gelde, das er für die Nachauflage seines Ruppiner Wanderungsbandes und seiner »Gedichte« erhält.

Über München, Innsbruck und Verona fahren sie »in das schöne Land Italia« hinein. In allen berühmten Städten bleiben sie jeweils mehrere Tage. Erste Station ist Venedig, für sie nicht nur die Begegnung mit der italienischen Kunstgeschichte, sondern, als Zugabe des Zufalls, auch mit dem französischen Politiker Adolphe Thiers nebst Frau und Schwägerin. Mit freundlicher Selbstironie berichtet Fontane darüber den Freunden nach Berlin: »Die beiden bedeutendsten Kriegsschriftsteller der Neuzeit standen nebeneinander und grüßten sich. Meine Lage war die günstigere: *ich* wußte, wen ich neben mir hatte; *er* ist hingegangen ohne Ahnung des Glücks, das ihm die Stunde bot.«

Alle Herrlichkeiten dieser Reise – von Venedig über Rom nach Neapel – zogen an ihren Augen vorüber. Plätze, Paläste, Kapellen, Thermen, Kolonnaden, Mosaike und Galerien, Tizians, Tintorettos, Christus- und Marienbilder, Canale grande, Vatikan und Vesuv – wer das alles zwingen wolle, würde nur konfus dabei. Allein das Bild des malerisch poetischen Markusplatzes, »um dies eine Stunde zu sehen«, lohne es, tausend Meilen zu reisen.

Von Neapel geht am 10. November 1874 der letzte Italienbrief an Zöllners ab. »Alles was auf dem Rückwege abgemacht werden sollte, ist, wie immer, aufgegeben worden. Milachen ist müde, ich bin krank; dazu ist das Geld ausgegeben, nachdem sich zu den 150 in Rom schändlich eingebüßten Francs, noch ein weiterer kleiner Verlust gesellt hat: Mein Portefeuille wurde mir auf dem Toledo von einem geschickten Langfinger aus der Brusttasche gezogen. Sei so freundlich und schicke mir nach München 50 Thaler unter der Adresse: An den Herrn Eigenthümer des ›Hôtels Marienbad‹ (Herrn Th. Fontane bei seiner Ankunft einzuhändigen). Ich werde die Summe kaum brauchen; aber besser ist besser. Herzlichste Grüße an alle Freunde, besonders an die Italianissimi: Lepel, Wichmann, Heyden. In der Hoffnung auf ein glückliches Wiedersehn, unter Vorweg-Dank für so viele bewiesene Freundlichkeit, wie immer Dein alter Noel.«

Am 20. November 1874 sind die Fontanes nach »sieben schönen Wochen« wieder in Berlin, wo sie schon den vollen Winter vorfinden. Von den Freunden werden sie in humoristischen Versen als Italienfahrer empfangen.

Willkommen, Ihr alten Römer, willkomm!
Seid gegrüßt, Ihr liebe Antiken!
An Eurer italischen Sphäre laßt
Uns nun saugen, bohren und piken.

Laßt sehn uns das Land der Länder, die Welt
Der Kirchen und alten Tempel,
Laßt hören den Spruch über Kunst und Natur,
Kurz über den ganzen Krempel.

Und so geschah es. »Seitdem fallen wir aus einer Gesellschaft in die andre und man muß sich ... den Mund geradezu fusslig reden. »Rütli«, zweimal bei Heydens, gestern bei Wichmanns, morgen bei Lucaes, übermorgen bei Zöllners und Sonntag bei Wangenheims, und ich fürchte, daß der Kreis hiermit noch keineswegs geschlossen ist.« Auf Gedrucktes in Form größerer Feuilletons oder Reisetagebücher kann er Verwandte, Freunde und Bekannte diesmal nicht verweisen; im Gegensatz zu England, Schottland oder Frankreich hat der Aufenthalt im Süden keinen Niederschlag in Buchform gefunden. Lediglich in der Sonntagsbeilage der *Vossischen Zeitung* vom 3. Januar 1875 erscheint als einzelnes Feuilleton »Ein letzter Tag in Italien«. Dieser Aufsatz war seine Beschäftigung über die Weihnachtsfeiertage. Er habe ihm mehr Zeit gekostet, als er wert gewesen sei, habe sich aber dadurch glänzend bezahlt gemacht, daß er seinen Entschluß befestigt habe, »über Italien *nicht* zu schreiben«.

Warum nicht? Fontane sah sich als Nordlandmensch. Italien war für ihn großartig fürs Auge, weniger fürs Herz. Vor dreißig Jahren vielleicht, gesteht er, hätten ihn nicht zehn Pferde von Neapel weggekriegt, und er würde Kopf und Kragen daran gesetzt haben, sein Leben oder doch ein bestes Stück davon, dem Studium Pompejis und seiner ausgegrabenen, wunderbaren Schätze zu widmen. Aber *jetzt*, mit 54 Jahren, könne ihm ein solcher Wunsch nicht mehr kommen. In dem ausführlichen Briefbericht, den Mathilde von Rohr von ihm erhält, heißt es weiter: »All dieser Herrlichkeit gegenüber empfand ich deutlich, und nicht einmal schmerzlich, daß meine bescheidene Lebensaufgabe nicht am Golf von Neapel, sondern an Spree und Havel, nicht am Vesuv, sondern an den Müggelbergen liegt.«

Während seiner Abwesenheit waren nun auch seine Bücher gedruckt erschienen. Das Jahr 1874 schließt somit für ihn mit drei Neuerscheinungen ab: dem dritten Teilband des »Kriegs gegen Frankreich«, der dritten Auflage des Wanderungsbandes »Grafschaft Ruppin« und der zweiten Auflage seiner »Gedichte«. Zu den Gedichten erhält er von Wilhelm Lübke, einem seiner Getreuen aus dem »Ellora«-Kreis, in der Beilage zur *Münchner Allgemeinen Zeitung* eine »glänzende Besprechung«. Für die *Vossische Zeitung* würdigte Ludwig Pietsch die »markige Kraft und die echt heimische Volkstümlichkeit der Anschauung, der Form des Verses, des Wortes, des Reims«. Der *Salon für Literatur* sieht Fontane als den »größten Balladendichter der Gegenwart«, dessen »Lied und Name fortleben wird im Gedächtnis der Nation«. Nur in der Zeitschrift *Im neuen Reich* wird ihm nachgesagt, daß er daß Volkslied »unglücklich» nachahme und die Erwartungen »unserer Zeit« nicht erfülle.[38]

»Lebensstellung« aufgegeben

In den Monaten Februar und März 1875 befindet sich Fontane, was als Ausnahme gelten darf, bei leidlich guter Gesundheit. Dafür haben sie in der Wohnung einen kranken Logiergast. Fräulein Clara, die Tochter von Emiliens Freundin Johanna Treutler, ist zu Besuch und liegt ernstlich krank darnieder. Alle machen sich Sorgen. Fontane fühlt sich nicht weiter gestört, da seine Frau sich um alles kümmert. Mutter Treutler kommt aus Liegnitz angereist und übernimmt zusammen mit Emilie die Pflege der Siebzehnjährigen. Nach vier Wochen hört Fontane bereits wieder vergnügliches Lachen aus dem Nebenzimmer, wo die Damen am Bett ihres Schützlings permanente Kaffeeplauschgesellschaften abhalten. Der Krankheitsfall hatte den Vorteil, daß sie nicht so oft auf Gesellschaft gehen mußten und unwillkommene Einladungen wegen der »Unabkömmlichkeit« Emiliens als Krankenpflegerin guten Gewissens ablehnen konnten. Ohnehin verspürte Fontane keine große Lust mehr zu solchen »Abendreunions mit Majonnaise und Kaiser-Wilhelm-Torte« und hätte, wenn das gegangen wäre, völlig darauf verzichtet, schon weil er jede Stunde zum Schreiben für das noch immer nicht abgeschlossene Kriegsbuch benötigte.

Thema ist jetzt der Kriegsverlauf vom November bis Dezember 1870. Bis Juni des Jahres hat er die zentralen Teile, die die Kämpfe um Straßburg und Dijon betreffen, fertiggestellt. Ausführlich sind im letzten Halbband die Aktivitäten des italienischen Unabhängigkeitskämpfers Garibaldi[39] dargestellt, den die französische Regierung in ihren Dienst übernommen hatte und dem sie das Kommando über die neuzubildende Vogesen-Armee übertrug, ein Sachverhalt, den Fontane besonders kommentierte: »Die Roten wollten es, versprachen sich Wunderdinge von dem Auftreten des ›Champion de la liberté universelle‹[40]

und ließen in ihrem Enthusiasmus der besseren Einsicht Gambettas keine Wahl.«

Die bereits fertigen Teile des vierten Halbbands sind jetzt nur noch mit den neuen Kapiteln zusammenzufügen; damit nähert sich das Gesamtwerk allmählich dem Abschluß. Nebenher ist Fontane stark vom Theater in Anspruch genommen, es gibt viele Gastspiele, und als die Theaterferien beginnen, ist er von der Arbeit und der Hitze so erschöpft, daß er eine Pause einlegen muß. Erholung verspricht er sich von einem Aufenthalt in Italien, der sich dieses Mal auf Oberitalien und die Toskana beschränken soll. Er reist allein, mit seiner Frau wird er erst auf dem Rückweg in München zusammentreffen, um mit ihr noch einige Tage gemeinsam in Österreich zu verbringen.

Über die Schweiz führt die Route des großstadtmüden Berliners ins ersehnte Land, doch Lago Maggiore, Comersee und Gardasee können ihn, so schön sie sind, nicht wirklich entzükken, es fehlt an Bekanntschaften und damit an Gelegenheiten zum geistvoll anregenden Gespräch, ohne das es nun mal nichts ist. Fontane hatte eine eigentümliche Theorie: Es sollte auf solchen Reisen alles anders sein als zu Hause: neue Menschen, neue Eindrücke, neue Bilderwelten für die Augen, aber es sollte auch alles genauso sein wie zu Hause: Komfort, angenehme Umgebung, Konversation, interessante Menschen. Finden sich auf Reisen keine Gesprächspartner, die die Ansprüche erfüllen und lassen sich an der Table de hôte keine neuen Bekanntschaften knüpfen, fehlt dem Aufenthalt in der Fremde der Reiz. Dann finden sich in seinen Briefen tadelnde Bemerkungen über die Mitreisenden oder die Gasthöfe oder die Landessitten oder die einheimische Bevölkerung. Wenn es ihm aber gefällt und die Aufenthalte angenehm verlaufen, vergibt er auch gute Noten an das Gastland wie diesmal: »Das norditalische Volk ist doch sehr anders als das römische und neapolitanische. Bis jetzt bin ich nur einem gesitteten, wohlanständigen und durchaus unbettelhaften Wesen begegnet. *Wirklich* ein Kulturvolk. Artig, lebhaft, intelligent; geschäftlich exakt, weder Betrug noch Unverschämtheit.« Er würde sich ja auch, wenn nicht Gründe dagegensprächen, in kleineren Gasthöfen einquartieren, abseits vom offiziellen Fremdenverkehrsbetrieb, wo man die Einheimischen viel besser kennenlernt und wo man im großen und ganzen billig, freundlich und gut bedient wird – aber es geht nicht. Da sind die unerträglich penetranten Gerüche, die nicht nur aus der Küche kommen. Man sei gezwungen, »gleichsam mitzukochen und mitzubraten«, in einem gewissen Alter alles nicht mehr das Richtige. Und dann verfalle man womöglich einer solchen Räuberhöhle mit »dem ganzen Schrecknis von Knoblauch-Cotelettss« und ist auf Wochen ruiniert. Was hat man dann von der ganzen Reise?

Was er ansonsten für das Ideale hält, wenn einer auf Reisen geht, hat er unter sommerlich-südlichem Himmel, während er an Bord eines Bootes auf dem Lago Maggiore kreuzt, zu Papier gebracht. Sein Baedeker privat lautet: »Das *Fahren* ist das Beste von der Geschichte. Einige machen die Hotels zur Hauptsache, andere die Bildergalerien, noch andere das Bergeklettern, als ob der Mensch von der Ziege abstammte. ... Das Beste ist *fahren*; mit offenen Augen vom Coupé, vom Wagen, vom Boot, vom Fiaker aus die Dinge an sich vorüberziehen lassen, das ist das A und O des Reisens. Was noch übrigbleibt, ist Sache des Studiums.«

Während er auf diese Weise seine Plauderreisebriefe von unterwegs nach Hause schreibt, ist Emilie in Berlin mit der Vorbereitung der Silberhochzeit im Oktober beschäftigt. Diesen Tag hätte er gern mit ihr in Oberitalien verbracht, doch Emilie bestand darauf, eine Familienfeierlichkeit auch angemessen festlich zu begehen. In seinen Augen alles Mumpitz, überflüssig, die reine Sentimentalität, doch er fügt sich dem Wunsch seiner Frau.

Vorläufig ist er noch auf Reisen. In München, der Kalender zeigt den 26. August, sind die Eheleute Fontane wieder zusammen. Sie besuchen Salzburg und Linz und verbringen anschließend einige Tage in Wien, wo sie im Hotel Müller am Graben, Ecke Kohlmarkt logieren. Am Burgtheater gibt man in jenen Tagen das Historienstück »Arria und Messalina« von Adolf Wilbrandt,[41] das sie sich ansehen. Es wird Jahre später in dem Roman »Graf Petöfy« den gesellschaftlichen Gesprächsstoff abgeben. Aber auch Straßen und historische Sehenswürdigkeiten der Wiener Altstadt, vor allem das Café Daum, wo sich die Fontanes zur Nachmittagsstunde niederließen, werden als Lokalkolorit um den alten Petöfy, der sein Landschloß zwar in Ungarn, sein Stadtpalais aber in Wien hat, romanhaft arrangiert wiederkehren.

Über Prag und Dresden geht es Anfang September wieder zurück ins heimatliche Berlin, wo der zweitälteste Sohn Theodor am College Française erfolgreich das Abitur bestanden hat, in der Familiengeschichte der Fontanes etwas ganz und gar Außergewöhnliches. Die Eltern haben ihm als Belohnung aus Wien Hosenträger in den österreichischen Landesfarben mitgebracht – etwas wenig, wie der Sohn fand, den sonst Bescheidenheit und Genügsamkeit auszeichneten. Er war eigentlich mehr der Ziehsohn von »Tante Merckel« als das Kind der Fontanes, christlich und preußisch geprägt, von ihr im Klavierspiel unterrichtet und auf seinem gesamten Lebensweg, seit der Schulzeit, in jeder Weise unterstützt. Nach dem Abitur nahm er unverzüglich sein Jurastudium auf. Das Geld dafür verdiente er sich selbst durch seine Tätigkeit als Hauslehrer in einer Kommerzienratsfamilie. Lediglich für Kost und Kleidung erhielt er einen kleinen Zuschuß von zu Hause. Was die Eltern übrig hatten, wurde für die Kleinen benötigt und für George, der als Leutnant noch immer auf kleine Scheine des Vaters angewiesen war.

Nachdem die Silberhochzeit vorbei ist, wendet sich Fontane – es ist nun Spätherbst – wieder seinem Deutsch-Französischen Krieg zu. Das Buch steht dicht vor dem Abschluß. Es ist mit rund 1900 Seiten das umfangreichste aller seiner Werke geworden, fünf Jahre hat er daran gewendet. Als er es zu schreiben begann, war er 51 Jahre, als er beim letzten Kapitel angelangt war, 56 Jahre alt. Würde man ihm dieses Lebenswerk von seiten der Öffentlichkeit auch entsprechend honorieren? Es angemessen würdigen? Er hofft es.

In den letzten Wochen des Jahres sitzt er dem befreundeten Maler August von Heyden für ein Porträt, was ihm zu Reflexionen über das fortgeschrittene Leben Anlaß gibt. »Daran, daß man alt geworden, wird man nicht bloß durch einen Blick in den Spiegel, nicht bloß durch das eigene Bildnis (Heyden hat mich gemalt und mir meinen *weißen* Bart erst so recht zu Gemüte geführt), sondern vor allem auch durch die Kinder gemahnt, von denen nun drei bereits erwachsen sind.« Und manches Mal flicht er jetzt in seine Briefe ins Stift Dobbertin den

Seufzer hinein, daß er »unsagbar menschenmüde« sei und müde des Strebens, das zu nichts führe.

Mit Jahresbeginn 1876 zeigt sich, völlig unerwartet, ein Lichtstreifen am Horizont. Die Stelle des Ersten Sekretärs der Königlichen Akademie der Künste war vakant geworden. Die beiden alten »Tunnel«-Freunde Zöllner und Lucae mit Einfluß bis hinauf in die Ministeriumsspitze hatten sofort an Fontane gedacht und waren selbstverständlich auch bereit, die Sache zu seinen Gunsten in die Wege zu leiten. Im literarisch-künstlerischen Freundeskreis war man natürlich daran interessiert, einen so einflußreichen Posten mit jemandem aus den eigenen Reihen zu besetzen, gleichzeitig wollte man dem vom freien Schriftstellertum lebenden Fontane im Hinblick auf dessen ungesicherte Zukunft im Alter zu einer Stellung verhelfen, die jene von ihm in gesellschaftlicher Hinsicht immer herbeigesehnte Reputation darstellte und eine altersgerechte Sicherung verhieß. Richard Lucae, seit 1872 Direktor der Berliner Bauakademie mit besten Beziehungen zum Kultusministerium, »focht die Sache durch«, wie Fontane im Tagebuch vermerkt. Durchfechten hieß, die Zustimmung durch den Kaiser zu erhalten, der derartige Stellungen zu genehmigen hatte, da die Akademien auf dem Etat seiner Privatschatulle standen. Hinsichtlich der Person Fontanes war außer vielleicht der Frage, inwieweit er für den Posten geeignet sei, kaum kaiserlicher Einspruch zu erwarten. Der Literat Fontane war von seinen Londoner und *Kreuzzeitungs*-Jahren her bei Hofe hinlänglich bekannt. In dem Antragschreiben des amtierenden Kultusministers Falk an Wilhelm I. wurde, wie aus den Akten ersichtlich, gebührend darauf hingewiesen, daß es sich um einen zuverlässigen Mann mit tüchtiger historischer und ästhetischer Bildung handele, der eine »nicht gewöhnliche Beherrschung des Wortes und der Feder« zur Seite gehe.

Die Zeichen standen günstig, Fontane reichte am 30. Januar 1876 sein Bewerbungsschreiben an Geheimrat Friedrich Hitzig, den Präsidenten der Akademie, mit der Bitte ein, ihm »das Vertrauen schenken und bei der bevorstehenden Besetzung des Sekretariats der K. Akademie der Künste Ihre Entscheidungen zu meinen Gunsten treffen zu wollen«.

So sehr er den Vorteil einer auf Jahre hinaus, im Grunde lebenslänglich stabilen Einkommenssituation schätzte – das Jahressalär war festgelegt mit 2300 Reichstalern –, so sehr war er sich auch der Schwierigkeiten bewußt, die ihn wegen der stadtbekannten Querelen zwischen dem Senatspräsidenten Hitzig und dem Direktor der Akademie, Anton von Werner, erwarten würden. Fontane schätzte auch seinen eigenen Charakter realistisch genug ein, als er an seinen »lieben Chevalier« Zöllner schrieb: »Ich brauche Dir wohl nicht erst zu versichern, daß ich – falls ich die Stelle überhaupt erhalte – den allerherzlichsten Wunsch habe, als Sekretär der Akademie zu leben und zu sterben. ... Man kann aber doch nie wissen, wie der Hase läuft, um so weniger, als ich von Anfang an in eine ziemlich arge Fehde werde hineingestellt werden. Reizbar wie ich bin, kann ich Beleidigungen nicht ertragen und jeder dummste Mensch hat es leicht, mich in 3 mal 24 Stunden aus einer Stellung herauszuärgern.«

Anfang März erhält er die Berufung und wird in sein Amt eingeführt. Zu einem denkbar ungünstigen Zeitpunkt. Der Inspektor war aus Krankheitsgründen zurückgetreten, der Schreiber hörte auch auf. Es war niemand da, der ihm bei der Abwicklung anstehender Verwaltungsvorgänge hätte behilflich sein können. Schlimmer noch: Fontane, selbst nicht versiert, hätte die Arbeit der beiden anderen mitmachen und, falls eine Hilfskraft eingestellt worden wäre, auch diese noch anleiten müssen. Er fand diese Zustände »von Anfang an miserabel«, alles schleppte sich bis Anfang Mai hin, dann riß ihm der Geduldsfaden. Nachdem es auf einer Senatssitzung noch zu einer Auseinandersetzung zwischen ihm und Hitzig gekommen war, durch die er sich in seiner Ehre verletzt sah, reichte er beim Kultusministerium kurz entschlossen am Tag darauf seine Entlassung ein.

Ein ungewöhnlicher Schritt. Es handelte sich dabei keineswegs um einen Zusammenstoß mit der vielbeschrieenen preußischen Bürokratie, da er damit unmittelbar gar nicht konfrontiert war, sondern um Empfindlichkeiten im Wesen Fontanes, die seinen »Ehrpunkt« berührten. Welche Äußerungen Hitzig in einer erregten Aufwallung gegen ihn vorgebracht haben soll, geht aus den Akten der Akademie nicht hervor,[42] Fontane selbst spricht in privaten Briefen lediglich von einer »Verdächtigung meines Charakters« und in bezug auf Hitzig von einer »eigengearteten

Persönlichkeit«. Die vermeintlich erlittene Kränkung hätte vielleicht noch beigelegt werden können, wenn Fontane es gewollt hätte und wenn nicht der allgemeine desolate Zustand der Büroverhältnisse - »alles verloddert und verfahren« - ihm den Glauben, hier an der richtigen Stelle zu sein, genommen hätte. Zwar wußte er von vornherein, daß er nur ein Rad in dem großen Verwaltungsmechanismus sein würde, daß es aber *so* schlimm kommen würde, hatte er sich nicht vorgestellt. »Alles lag pechös wie nur irgend möglich«, nichts wie Ärger und Kränkungen, dazu das Gefühl des »Degradiertseins«, was er um keinen Preis ertragen konnte, schon deshalb nicht, weil er sich als Nichtstudierter Akademikern gegenüber immer in der Position des Unterlegenen fühlte. Zudem war er nicht der Mann mit den starken Nerven, der sich zwischen rivalisierenden Koryphäen zu behaupten und unangenehme Dinge souverän abzuwehren verstanden hätte.

Am 19. Juni 1876 reichte Fontane beim Kaiser sein Entlassungsgesuch ein, als Grund nannte er mangelnde Befähigung in geschäftlichen Fragen und Ungeeignetheit zur Protokollführung. In Wirklichkeit handelte es sich um den fehlenden Willen der beiden Akademieparteien zur Zusammenarbeit, auf die Fontane ohnehin keinen Einfluß hatte. Was ihn letzten Endes zur Kündigung veranlaßte, war seine Erkenntnis, hier in keiner Richtung schöpferisch tätig werden zu können und sich obendrein noch kränkender Behandlung unterziehen lassen zu müssen. Auch wollte er sich nicht, was er kommen sah, in eine Abhängigkeit dem Direktor gegenüber »hineingepreßt« sehen. In der Akademie machte schon eine diesbezügliche spitze Bemerkung von ihm die Runde, daß er keine Lust habe, für Herrn von Werner die Skelette zu beschaffen.

Es ist denkbar, daß Fontane nach einer gewissen Zeit die ihm nicht zusagende Tätigkeit von sich aus wieder aufgegeben hätte, ohne Eklat, so geschah es vorfristig und sehr zur Überraschung aller seiner Freunde und Bekannten, die nur den Kopf schüttelten und sich fragten, wie jemand eine solch gute Stellung ohne triftigen Grund aufgeben konnte, die eigene Lebensabsicherung so verachtete, ergo nur unüberlegt und leichtfertig handeln konnte.

Einen Monat später trifft die Entlassungsurkunde ein. Wilhelm I. hatte sich indigniert über ihn und den Gang der Dinge geäußert. Und das nicht ohne Berechtigung. Hatte er doch trotz seiner Zweifel an der Geeignetheit des Bewerbers zugestimmt. Außerdem war er – auf ein dringendes persönliches Ersuchen Fontanes hin – einverstanden gewesen, eine sofortige Festanstellung zu akzeptieren, obwohl üblicherweise ein Probejahr dazwischenzuliegen hatte. So jedenfalls war es bei den Vorgängern im Amt gewesen, auch beim verstorbenen Prof. Gruppe, der dem Akademiesekretariat zuletzt vorstand. Die Aufkündigung der Stellung konnte in diesem Falle nur als Zurückweisung einer dem Betreffenden zuteil gewordenen Begünstigung, oder, wie man zeitüblich sagte, einer Gnade aufgefaßt werden.

Bis zum 31. Oktober des Jahres hat Fontane seinen Dienst noch zu versehen, erst dann tritt sein Nachfolger an. Es ist kurioserweise der befreundete Zöllner, der das Privileg dieser Stellung gerade Fontane zugedacht hatte und nun wegen der mitverursachten Panne einspringen muß. Zöllner gelingt es allerdings, vor Antritt ein besseres Unterstellungsverhältnis auszuhandeln, als Fontane es hatte. Diesem geht am Schluß der leidigen Affaire noch die Aufforderung zu, das zuviel bezahlte Gehalt von 400 Talern an der Kasse zurückzuerstatten. Das erst empfindet er als schmachvoll und empörend. Seine Frau darf gar nichts davon wissen. Das Geld nimmt er von einem Vorschuß, um den er seinen Verleger Hertz bitten muß.

Fontanes Schritt war seiner Natur nach logisch, allerdings nicht für seine Freunde und Bekannten und noch weniger für seine Frau. Daß er den guten Posten bei der Königlichen Kunstakademie wieder aufgab, führte zu einer anhaltenden, tiefgehenden Krise in seiner Ehe. Es kam zu heftigsten Auseinandersetzungen mit seiner Frau, die jetzt, nach so vielen Jahren der Sorgen und Hoffnungen, ihre Lebensträume erfüllt zu sehen glaubte und sich darin bitter enttäuscht sah. Ihre Abreise zu den Treutlers nach Liegnitz, um weiteren Auseinandersetzungen zu entgehen, kam diesmal einer Flucht aus der Wohnung gleich. Fontane seinerseits sieht sich auch schwer enttäuscht, daß er bei seiner Frau kein Verständnis, keinerlei Unterstützung findet, nur Vorwürfe und Anklagen. »Alle Welt verurteilt mich, hält mich für kindisch, verdreht, hochfahrend.« Es sind unglückliche Tage für ihn.

Wie es im Hause Fontane aussah und was er durchzustehen hatte, ist seinen Briefen zu entnehmen. An Tochter Mete, die sich um diese Zeit wie gewöhnlich wieder bei Wittes in Rostock aufhält, heißt es am 2. Juni: »Sei glücklich, daß Du diese letzten Wochen auf neutralem Boden zugebracht hast.« Einen Tag darauf geht ein Instruktionsbrief an Emiliens Freundin Johanna Treutler nach Neuhof ab, daß seine Frau derzeit alles durch die schwarze Brille des Trübsinns betrachte. »Sie ist ganz und gar gebrochen, *sehr* unglücklich und von ihrem Standpunkt aus mit Recht. Ich aber hatte ebenso Recht von *meinem* Standpunkt aus und konnte ihr diese schweren Tage nicht ersparen.« Mathilde von Rohr gegenüber kommentiert er das Geschehen ebenfalls in langen Briefen, jedoch schon aus einem mittlerweile gewonnenen Abstand heraus. Er könne eben jetzt nur noch durch Taten beweisen, daß er nicht leichtsinnig gehandelt habe, trotzdem: »Ich habe furchtbare Zeiten durchgemacht, namentlich in meinem Hause.«

Fräulein von Rohr solle doch, wenn möglich, seiner Frau ein paar freundliche, trostreiche Worte schreiben; »ein paar Hiebe gegen mich können immer dabei abfallen«.

Alles wäre aus der Sicht Fontanes im Grunde nicht so schlimm, wenn seine Frau souveräner in solchen Fällen reagieren würde und er eine Stütze in ihr hätte. Das vermisse er leider, klagt er. »Meine Frau, die große Meriten hat und in vielen Stükken vorzüglich zu mir paßt, hat nicht die Gabe des stillen Tragens, des Trostes, der Hoffnung. In dem Moment, wo ich ertrinkend nach Hilfe schreie und wo ein freundlich ausgestreckter Finger mich über Wasser halten würde, hat sie eine Neigung, ihre Hand nicht rettend unterzuschieben, sondern sie wie einen Stein auf meine Schulter zu legen. Bescheiden in ihren Ansprüchen, ist sie in ruhigen Tagen eine angenehme, geist- und verständnisvolle Gefährtin, aber ebenso wenig wie sie die Stürme in der Luft ertragen kann, ebenso wenig erträgt sie die Stürme des Lebens.« Sie hätte eine vorzügliche Predigers- oder Beamtenfrau, in einer gut und sicher dotierten Stelle, abgegeben, leider aber sei sie ihrer Natur nach nicht eingerichtet auf eine

Schriftsteller-Existenz, die sich zugegebenermaßen immer am Abgrund entlang bewege. Da sie ihn aber schließlich als Schriftsteller geheiratet habe, müsse sie sich auch darein finden, daß es so ist, wie es ist.

Verglichen mit seiner Frau ist Fontane weitaus gelassener, vermag keine Katastrophe darin zu sehen, daß er eine ihm unerträgliche Stellung wieder aufgab. Es müsse eben auch so gehen, und im übrigen sei der mit den 2300 Talern dotierte Posten der Akademie keineswegs das Gelobte Land, wie Emilie glaube, denn diese Summe könne er auch *so* mit seiner schriftstellerischen Arbeit verdienen. Außerdem liege das Glück nicht in den äußeren Dingen. Nur, indem er die bereits erlangte Beamtenstellung wieder aufgab, verzichtete er auf seine Altersabsicherung, die bei seinen bisherigen »Ämtern« eine so große Rolle gespielt hatte und um deretwillen er ja bei der *Kreuzzeitung* gekündigt hatte. Das eben verstand man in seiner Umgebung nicht, wie jemand eine so sichere Stellung, wie sie einem nur einmal im Leben geboten wird, ausschlagen konnte, freiwillig auf den sicher zu erwartenden Geheimratstitel und die damit verbundene Reputation nach der gesellschaftlichen Seite hin verzichtete. Gerade auch um die war es Emilie zu tun. Fontane sah das alles anders. Er hatte zu wählen zwischen einem Beamtendasein und seinem, wie er glaubte, aufzugebenden Schriftstellertum, zwischen dem Geldpunkt und dem Ehrpunkt. Er entschied sich für das letztere, sich selbst Mut zusprechend mit dem Bonmot: »Mir ist die Freiheit Nachtigall, den andern Leuten das Gehalt.«

Seine Frau ließ sich von solchen Sprüchen wenig beeindrukken, es war diesmal auch weitaus schwerer sie umzustimmen als im Falle der *Kreuzzeitung*. Damals befand sie sich auf längere Zeit in England, weit weg von Berlin, hatte Ablenkung durch London und die Meringtons und fand alsbald zu einer ruhigeren Betrachtung der Dinge zurück. Diesmal nicht. Zwischen den Fontanes und den Zöllners bestand eine enge Familienfreundschaft, und so saß in der Person Karl Zöllners, der das Amt bei der Akademie übernommen hatte und es keineswegs so schrecklich fand, der stumme Vorwurf stets mit am Tisch. »So konnte die Affäre nicht rasch vergessen werden, und es gab immer wieder zu argen Verstimmungen und traurigen Szenen Veranlassung. »Besser wurde es erst im Dezember, wie dem Tagebuch zu entnehmen ist. Bis dahin hatte der Gescholtene die Situation durchzustehen, am Anfang mit Groll und Grimm, später mit Humor, was in der kleinen satirischen Betrachtung zum Thema »Wie sich meine Frau einen Beamten denkt« seinen Niederschlag fand.

1. Ein Beamter lebt lange.
2. Solange er lebt, hat er ein auskömmliches Gehalt.
3. Ist er krank, so wird er vertreten. Je öfter, desto besser.
4. Badereisen sind garantiert.
5. Der Dispositionsfonds ist unerschöpflich und wird nur von der unergründlichen Güte seines Verwalters übertroffen.
6. Arbeit Chimäre.
7. Dienststunden werden gehalten oder nicht gehalten. Werden sie gehalten, so wechselt die Lektüre der »National-Zeitung« mit der der »Vossischen«.
8. Fehler sind gleichgültig, solange nur nach außen hin die eigene und des Standes Unfehlbarkeit gewahrt bleibt.
9. Zum Ordensfest und zu Königs-Geburtstag muß der Beamte gesund sein. (Weiße Binde.)
10. Erfüllt er dies, so verdoppelt der König die Witwenpension aus dem Schatullen-Fonds. Für die Töchter: Erziehungsgelder; für die Söhne: drei Kadettenstellen frei.

Auf keinen Fall will sich Fontane, trotz seines Humors, mit der Rolle des Schuldigen oder Angeklagten abfinden. Wo er meint, seiner Frau auch einmal wieder ernste Worte sagen zu müssen, um über die leidige Krise hinwegzukommen, sagt er sie auch. »Du bist eine durch Deinen Mann, Deine Kinder, Deinen Lebensgang und Deine Lebensstellung unendlich bevorzugte Frau. Es gibt wenige, die es *so* gut getroffen haben. Daß Du das Glück nach der Zahl der Geldrollen bemessen solltest, für so inferior halte ich Dich nicht, habe auch keine Ursach dazu.«

Ein Teil der Sorgen war schon aus dem Weg geräumt, indem zum 1. Oktober 1876 seine Wiedereinstellung als Theaterkritiker bei der *Vossischen* erfolgte; die Tätigkeit war wegen der Akademie zuvor aufgegeben worden. Emilie hatte den Verwaltungsratsvorsitzenden und Haupteigner der Zeitung, Landgerichtsdirektor Lessing, persönlich aufgesucht und ihm die Lage geschildert, warum es zum Bruch mit der Akademie gekommen war.

Während der betrüblichen Akademiemonate war an ein Arbeiten nicht zu denken. Seine Nerven waren vollständig »zernörgelt«, erst nachdem er die Stätte seines ruhmlosen Wirkens verlassen hatte, fühlt er sich wieder fähig zu literarischer Arbeit. Er kann neue Projekte in Angriff nehmen, mit dem Krieg war nun ein für allemal Schluß. Im Oktober 1876 erschien der vierte und letzte Band seines Deutsch-Französischen Krieges. Behandelt wird darin der Zeitraum vom Herbst 1870 mit der Belagerung von Paris bis zum Friedensschluß im März 1871 und dem Einzug der Truppen in Berlin. Damit war nun eine militärhistorisch-schriftstellerische Arbeit beendet, die ihn mehr als ein Jahrzehnt in Anspruch genommen hatte. Seit 1864 war er fast ausschließlich damit beschäftigt gewesen, das Geschehen dreier Kriege, deren Zeitgenosse er war, aus einer über den Tag hinausgehenden Sicht für die Mit- und Nachwelt festzuhalten, genauer gesagt mit- und nacherlebbar zu machen, weil er glaubte, daß sich die Literatur solcher bedeutenden vaterländischen Stoffe anzunehmen habe und er ein berufener Gestalter dafür sei. Fontane zitiert am Schluß des Werkes die Worte des Feldprobstes der Armee Thielen, der in seiner Predigt für die heimkehrenden Soldaten das politisch neugeeinte Deutschland »ein Bollwerk des Friedens, einen Hort der Freiheit und des Rechts« nannte. Diesen Worten setzte Fontane hinzu: »Und so bleib' es in alle Zeit!«

Hatte nun der Verfasser dieser drei riesenhaften Kompendien Grund, mit sich und seiner Arbeit zufrieden zu sein? Ja und nein. Der wichtigste Mann des preußischen Militärs, der Chef des Generalstabs von Moltke, stand diesen Werken wohlwollend gegenüber, das war das Entscheidende, wenn sich der Autor auch nicht von der militärpublizistischen Fachwelt in *dem* Maße anerkannt sah, wie er es vielleicht erwartet hatte. Zum 1870er Kriegsbuch heißt es lakonisch im Tagebuch: »Freude und Ehre hat es mir wenig eingetragen; es ist da, und nun ist es gut.« Daß seine Bücher in ihrer Substanz und Gewissenhaftigkeit militärgeschichtlich bestehen konnte, wußte er, es war ihm auch von der zeitgenössischen Kritik bestätigt worden. Was Fontane nun darüber hinaus noch an Zielen und weiterwirkenden Impulsen mit seiner Arbeit verbunden haben mag, darüber konnte endgültig nur die Geschichte urteilen.[43] Er selbst hat seine Kriegsbücher – ohne jede Einschränkung – als festen Bestandteil seines Gesamtwerkes, als eine tragende Säule neben den Balladen und den Wanderungsbänden angesehen. Mehr noch: Er betrachtete sie als Brücke auf seinem Weg zum Romanschriftsteller. Wenn von Verlagsbuchhändlern oder Lexikonherausgebern seine »Biographie« angefordert wurde, hat er in dem Text, den er dafür zur Verfügung stellte, die kriegsgeschichtlichen Werke jedesmal in ihrer Vollständigkeit mit aufgeführt. In der Überzeugung der eigenen Leistung kommt er in den neunziger Jahren, rückschauend, in einem Brief an den jüngeren, befreundeten Historiker Richard Sternfeld zu der Feststellung: »Ich zweifle, – selbst beste Generalstabsoffiziere nicht ausgeschlossen – daß irgendwer in der *ganzen* Geschichte so beschlagen ist wie ich. Zwölf Jahre lang von 1864 bis 1876 habe ich nur in dieser Zeit- und Kriegsgeschichte gelebt.« Nochmals hebt er hervor, was seine Überzeugung all die Jahre hindurch geblieben ist, daß »auch die Darstellung des Kriegshistorischen … zu sehr wesentlichem Teil Sache literarischer und nicht bloß militärischer Kritik« sei.

Da Wilhelm I. die Widmung angenommen und sich auch anerkennend zu dem Fontane-Werk geäußert hatte – es lag auch zum vierten Teil des Kriegsbuchs wieder ein kaiserliches Dankschreiben vor –, unternahm Fontane, klug oder nicht klug, einen Vorstoß. Es ging ihm um die Erlangung einer besonderen »Gnade« von Seiner Majestät, »*nicht* Titel oder Orden«, wie er ausdrücklich betonte. Eher dachte er wohl an eine Ehrenpension auf Lebenszeit. Der Chef des kaiserlichen Zivilkabinetts, von Wilmowski, schüttelte vorweg den Kopf, versprach trotzdem, sich seiner Bitte anzunehmen. Die von Wilmowski beim Kaiser vorgebrachte, nach Fontanes Worten »ungeheuer naive Frage«, ob Seine Majestät »vielleicht einen *besondren* Grund habe, mir wohlzuwollen«, wurde schlichtweg verneint. Die Sache war damit erledigt.

Fontane hatte offensichtlich mit einem anderen Ergebnis gerechnet. Er war verärgert, wütend. Für ihn war jetzt das Maß der vermeintlichen Zurücksetzung voll. Daß er den »Gnadenbeweis« mit der Akademieberufung durch Wilhelm I. bereits erhalten hatte, war ihm wahrscheinlich gar nicht bewußt, als er verbittert und enttäuscht Mathilde von Rohr von der Ergebnislosigkeit seiner Bemühungen unterrichtete. »Ich habe diese Kränkungen satt. Die letzte war die größte.« Die Ablehnung seiner Anfrage und die Wirkung auf ihn spiegelt sich in einer Tagebuch-Eintragung wider. »Ich warne meine Söhne, oder jeden, der dies später liest, vor ähnlichen Schritten. Es ist die schlechtangelegteste Zeit; nur nicht von Fürsten und Herren etwas wollen; um zu reüssieren muß man ein ganz gemeiner, ehrloser Schnurrer sein, der, zur Vordertür hinausgeworfen, zur Hintertür wieder hereinkommt Wer nicht in diese Kategorie gehört, der bleibe davon. Man blamiert sich nur und hat sich vor sich selbst erniedrigt.«

Die mit der Obrigkeit gemachten Erfahrungen werden ihn in künftigen Jahren vor weiteren Illusionen bewahren. Um eine Stellung wird er jetzt nirgendwo mehr nachsuchen. Sich selbst und seine Arbeit sieht er in Beziehung zur Umwelt von da an nüchterner und realistischer, wenn auch der Romantiker und Idealist in ihm, trotz gegenteiliger Lebenserfahrung, nicht zum Schweigen gebracht werden können. Mehr noch, er fühlt sich auch da noch im Recht, wo er es nach der Logik der Dinge nicht sein kann. Er weiß nur eins: daß er nach dem Debakel mit der Akademie, das seinen Ruf in Berlin aufs äußerste geschädigt hat – was sich auch darin zeigte, daß man sich von ihm zurückzog –, vermögenslos wie er war, »in meinen alten Tagen von vorne anfangen muß«.

Er zieht sich zunächst einmal zurück. Besuche empfängt er zwar noch, wie den von dem jungen Herrn von Rohr, zum Gegenbesuch kann er sich schon nicht mehr aufraffen. »Bei Tage sitz' ich an meinem Schreibtisch, fleißig bei der Arbeit, am Abend bin ich im Theater, oder lese oder mache einen zweistündigen Dauerlauf am Rande des Tiergartens. Ich bin aus allem Verkehr heraus und werde in diesem ganzen Winter weder eine Gesellschaft besuchen noch Freunde einladen.« Selbst als Sohn

Theo mit jungen Damen und Herren seinen Geburtstag in der elterlichen Wohnung feiert, zieht es der Dichter vor, nach Küstrin und Frankfurt zu reisen, mit der Begründung, daß er sich für seinen Roman, der jetzt wieder auf dem Schreibtisch obenauf liegt, Verschiedenes ansehen müsse. Ansonsten vertraut er seiner optimistischen Haltung zum Leben und der inneren Überzeugung, daß auch wieder andere Zeiten kommen.

Tröste dich, die Stunden eilen,
Und was all dich drücken mag,
Auch das Schlimmste kann nicht weilen,
Und es kommt ein andrer Tag.

In dem ew'gen Kommen, Schwinden,
Wie der Schmerz liegt auch das Glück,
Und auch heitre Bilder finden
Ihren Weg zu dir zurück.

Harre, hoffe, nicht vergebens
Zählest du der Stunden Schlag;
Wechsel ist das Los des Lebens,
Und – es kommt ein andrer Tag!

Zu Emiliens Geburtstag im November greift er abermals zur Feder und bietet Versöhnung in Versen an:

Und so du dazu bereit,
Will ich Dank dir sagen,
Aber ohne Bitterkeit
Auch das andre tragen.

Über die leidige Sache mit der Akademie wuchs allmählich Gras. Erleichtert kann er Ende November 1876 nach Dobbertin berichten: »Die Stimmung meiner Frau klärt sich auf, das Gewölk verzieht sich; ich habe so eine Vorahnung, daß, wenn nicht neue Schläge kommen, das Schlimmste überstanden ist.« So war es. Er kann sich auf das Jahresende hin wieder seiner geliebten literarischen Beschäftigung zuwenden. Sein Roman, »die alte Seeschlange«, erhebt wieder ihr Haupt. Auf dem Tisch lagen aber auch etliche Neuerscheinungen zur Rezension: Storm, Professor Herman Grimms Goethebuch, die Schrift eines Armeeoffiziers über Gambettas wehrpolitische Vorstellungen sowie die Briefe der Brüder Friedrichs des Großen – alles Sachen, die ihn lebhaft interessierten und kleine zusätzliche Einnahmen brachten. Freilich mußte dafür straff gearbeitet werden, eine Rezension ließ sich nicht so hinschreiben, am wenigsten die über die Schrift des Offiziers von der Goltz über Gambetta, die das für bestimmte militärische Kreise heikle Thema der Volksbewaffnung behandelte und wegen ihrer demokratischen Tendenzen Anstoß erregt hatte. Fontane stellte sich mit seiner Rezension hinter die in der Schrift vertretene Auffassung, daß die Bildung eines Volksheeres auf breitester Grundlage, der Teilnahme aller wehrfähigen Männer, beruhen und damit eine Verkürzung der Dienstzeit einhergehen müsse. Für die siebziger Jahre war das eine sehr couragierte Gegenhaltung zu einer bestimmten Gruppe einflußreicher Militärs, die die Scharnhorstschen Reformen am liebsten zu Fall gebracht und ein Berufsheer aufgestellt hätten, das »bei guter Bezahlung vorwiegend gegen die inneren Feinde Anwendung finden« hätte können, wie Feldmarschall Graf Waldersee es Wilhelm II. einige Jahre später in einer Denkschrift vorschlug. Aufgrund des heiklen Themas erschien die Rezension in der *Gegenwart* diesmal nicht unter Fontanes Namen, sondern unter dem fingierten, unverfänglichen französischen Signet Pequin – der »Zivilist«.[44]

Im Januar 1878 ist wie alljährlich die französische Theatergruppe wieder in Berlin, das Jahr beginnt somit für Fontane schon am ersten Neujahrstag streng mit Arbeit. Er hat die Berichterstattung wahrzunehmen und das heißt alle Vorstellungen zu besuchen. Da wieder mehrere Wochen Krankheit dazwischenkommen, gerät er mit seinem Roman in Rückstand. Es geht nur schleppend voran, im März erst ist der zweite Teil fertig. Vier Teile insgesamt sollen es werden. Nervlich fühlt er sich aber so angegriffen – noch immer die Nachwirkungen der Akademie-Affäre –, daß er die Berliner Wohnung hinter sich läßt, um sich für drei Wochen in Thale im »Hotel Zehnpfund« einzumieten. Hier befindet er sich an dem Schauplatz seines späteren Romans »Cécile«. Was er braucht ist weiter nichts als Ruhe. Auf die üblichen Partien, wie sie Hotelgäste zu unternehmen pflegen, verzichtet er diesmal, widmet sich dafür der Feinkorrektur des dritten Romanteils vom »Sturm«. Zum Fünfuhrtee findet man ihn im »Waldkater«, einer Ausflugsgaststätte im Bodetal, wo er sich bei Tee und Milch, das Rauschen des Gebirgsflusses im Rücken, der Lektüre Walter Scotts widmet. Er hat sich diesmal den »Antiquary« mitgenommen, den er kritisch auf das Künstlerische und Gestalterische hin liest. Er kommt zu dem Urteil, daß er in einigen Passagen doch »ziemlich gehuschelt« sei, daß sich überhaupt durch alle Scott-Romane ein Element des Oberflächlichen ziehe, des Zu-Leichtnehmens beim Arbeiten. Sein Gesamturteil, als er das Buch zuklappte: »So gut machst Du's auch.«

Fontanes Glaube an die eigenen künstlerischen Fähigkeiten ist ungebrochen, aus dieser Selbstsicherheit zieht er die Kraft zum Weiterarbeiten, denn er weiß, daß seine freie Schriftsteller-Existenz von dieser Seite her absolut gesichert ist, nie bedroht sein wird. Was ihm dagegen zu schaffen macht, sind die alten Selbstzweifel, ob er tatsächlich alles richtig gemacht hat in seinem bisherigen Leben. Die Unzufriedenheit darüber, im üblichen Sinne nichts geworden zu sein, bohrt in ihm zu Zeiten unerbittlich weiter. Ehe er nach Thale abreiste, hatte er Besuch von einem alten Bekannten aus Londoner Jahren, mit dem er für die Deutschenglische Korrespondenz eng zusammengearbeitet hatte. Dieser Bekannte hatte es zu was gebracht, Fontane mußte sich recht schmerzlich eingestehen, »daß aus allen Menschen, auch aus den ärmsten und unbedeutendsten, mit denen ich längre Zeit auf meinem Lebenswege verkehrte, reputierliche Leute geworden sind und daß ich fast als der einzige dastehe, aus dem nichts geworden ist«. Das ist insoweit richtig, als Fontane, seinem Alter entsprechend, keine adäquate gesellschaftliche Stellung bekleidete, wie es im bürgerlichen Leben normal war, alle Chancen dazu ausgeschlagen hatte, weil er sich – ganz Romantiker, ganz Freigeist – keine Karriere erkaufen wollte, die mit dem Verzicht auf seine persönliche Würde und seine persönliche Freiheit verbunden gewesen wäre. Jedenfalls sah *er* das so. Sein bisheriger »Lebenslauf«, wie er 1877 im Brockhaus-Lexikon nachzulesen war, konnte demzufolge auch nur aus dem bestehen, was er an Arbeit aufzuweisen hatte, und das waren ausschließlich seine

Bücher. Wer sich über ihn informieren wollte, konnte dort nachschlagen.

Fontane hatte an Brockhaus ein sorgfältig ausgearbeitetes Manuskript für den Lexikontext geliefert und war mit dem Resultat, wie es durch Kürzungen und unsorgfältige Bearbeitung durch den Verlag entstanden war, bestimmt nicht zufrieden, zumal als ganze Einschätzung seines schriftstellerischen Werkes lediglich die Allerweltsformulierungen »interessant« und »von besonderem Reiz« verwendet worden waren. Seine volkstümlich kräftigen Feldherrnballaden sollten, erfuhr er zu seinem Erstaunen, von zarter Empfindung sein und die »Rosamunde« eine *Balladen*dichtung, was sie gar nicht war. Immerhin, er war im Brockhaus aufgeführt, und sieben Jahre lief es so. Für die neue Ausgabe, die 1883 erschien, ließ er ergänzend hinzufügen, daß er 1876 für kurze Zeit Erster Sekretär der Berliner Akademie der Künste war, ein Indiz dafür, daß er die Bedeutung dieser Stelle im nachhinein doch höher ansetzte als zehn Jahre zuvor, als er von seiner »so ziemlich schlechtesten Lebenszeit« gesprochen hatte.

Zum Jahresende 1877 gab es noch einmal viel mit dem Theater zu tun. Die Shakespeare-Königsdramen standen als Zyklus auf dem Programm, das gesellschaftliche Leben mußte etwas zurückstehen. Fontane ist soweit zufrieden, daß er mit dem Roman »Sturm« gut vorangekommen ist, er hat nur noch den letzten Teil abzuschließen. Die anderen drei Teile befinden sich bereits in Leipzig bei Dr. Koenig, dem Redakteur der Familienzeitschrift *Daheim*. Koenig war schon zu Beginn des Jahres nach Berlin gekommen, um mit ihm den Vorabdruck zu besprechen. Er fand den »Stoff wundervoll«, ebenso »die Gesinnung, Tendenz«, war angetan von der »Sorglichkeit der Behandlung«, aber – alles zu breit. Fontane faßte das Gespräch, halb belustigt, halb indigniert, fürs Tagebuch zusammen. »Ich sagte ihm, daß ich mit den Sensationshelden nicht zu konkurrieren gedächte, daß ich ein Zeitbild hätte geben wollen und Autodafés, eingemauerte Nonnen und Skalpierungen im Winter 1812 auf 13 in märkischen Dörfern nicht vorgekommen wären.« Etwas später stellte sich dann heraus, daß die Meinung Koenigs gar nicht seine eigene war. Schuld daran, wie er gegenüber Fontane ehrlich zugab, sei im Grunde die *Gartenlaube*, die mit ihren gepfefferten Geschichten den Geschmack des Publikums verdorben habe, so daß sich alle Blätter, die mit ihr konkurrieren wollten, gezwungen sähen, sich diesem Geschmack anzupassen. Dies wiederum fand nun Fontane mehr als ein trauriges Eingeständnis, am traurigsten von einem Blatt wie *Daheim*, das aufs »Christlich-Germanische hin« gegründet worden sei.

Wegen der Länge einigte man sich. Fontane gab sein Einverständnis, daß die Redaktion Kürzungen an dem Roman vornehmen durfte, *einen* Wunsch allerdings schlug er der Redaktion rundheraus ab: ein Geburtstagsgedicht auf Kaiser Wilhelm zum Achtzigsten zu fertigen, das die Leipziger von ihm gern gehabt hätten. Zu tief saß noch der Groll in ihm, daß er für seine Kriegsbücher, gewidmet dem Monarchen, keinen »wirklichen Dank«, keinen »Gnadenerweis«, erhalten hatte, wie er meinte. Er empfiehlt für das Gedicht seinen alten Freund Lepel, der diesen Auftrag auch annahm, von Fontane aber Kritik einstecken muß, weil das Gedicht »nicht würdig genug gehalten«, aber »in seiner Art doch ein *sehr* hübsches Geburtstagsgedicht« geworden sei.

Um Weihnachten herum, zu seinem Geburtstag, kann sich Fontane einigermaßen zufrieden zurücklehnen. Bis auf den vierten Teil vom »Sturm«, der bereits in der Endkorrektur ist, befindet sich sein Romanerstling in Leipzig. Der kulante Verleger Hertz, der zwölf Jahre auf dieses Werk hatte warten müssen, gewährt abermals 300 Taler Vorschuß, damit sich sein Autor »bis Ende Mai durchschlagen« kann. Mit dem Druck des Buches kann nun begonnen werden.

Das Tagebuch Fontanes für das Jahr 1877 schließt mit dem Satz: »Am Sylvester waren wir heiter en famille zusammen.«

Teil drei
1878–1898

Eröffnet: »Romanschriftstellerladen«

Der 1. Januar 1878 ist ein besonderes Datum im Leben Fontanes. Auf der Titelseite der Leipziger Familienzeitschrift *Daheim* beginnt der Abdruck seines Romans »Vor dem Sturm«, jenes erzählerischen Werkes, dem er einst als Titel den Namen seines Helden Lewin von Vitzewitz zugedacht hatte. Damit hat der Balladendichter, Kriegshistoriker und Wanderer Fontane – kurz nach seinem sechzigsten Geburtstag – seinen »kleinen Romanschriftstellerladen« eröffnet.

Obwohl *Daheim* im Königreich Sachsen erschien, nun zum Reich gehörend, war darin nicht viel Sächsisches zu finden. Das Leipziger Blatt, in Preußen nicht weniger verbreitet als in Süddeutschland, war in seiner Tendenz deutsch, die Regionen übergreifend. Es fanden sich darin viele patriotische Geschichten aus grauer Vergangenheit und jüngster Gegenwart, auch vieles von Preußen, dem Zentrum der neuen Einheit. Für gehobene Unterhaltungszeitschriften dieser Art war der Fortsetzungsroman das Kernstück, um ihn herum gruppierten sich Landschaftsschilderungen vom Schwarzwald bis zum Riesengebirge, aufgelockert durch Zeichnungen und Bilder jeglicher Art. Bis in den September hinein würde der Vorabdruck der einzelnen Folgen seines Romans dauern, so konnte Fontane den letzten Teil noch in Ruhe überarbeiten, ehe er ihn im April an die Redaktion abschickte. Von Leipzig schrieb man ihm, wenn das ganze Buch so ausgefallen wäre wie der Schlußteil, wäre es »ein Durchschläger« geworden.

Der »Sturm«, der ganz idyllisch – es ist der Heilige Abend – mit einer Pferdeschlittenfahrt Lewins aus dem verschneiten Berlin nach dem Oderbruch in Lewins Vaterhaus beginnt, war für die Leser von anno 1880 nichts anderes als einer von den vielen, beliebigen Zeitschriftenromanen, mit denen gute bis durchschnittliche Autoren die Blätter belieferten. Von der Kritik wurden Druckerzeugnisse dieser Art nicht sonderlich beachtet, man zählte sie zur Unterhaltungsware, zum Alltag des kommerziellen Zeitschriftenbetriebs, gedruckt, gelesen und vergessen. Für ein Kunstwerk gar sah niemand es an. Anders Fontane. Nach sieben Folgen, es ist Mitte Februar, wird er bereits ungeduldig. Er findet es im ganzen »geradezu tragikomisch, mit welcher äußersten Nüchternheit solche Lebensarbeit hingenommen wird«. Wer aber von seinen Lesern in Leipzig oder anderswo wußte schon, daß ein Herr Fontane, in Berlin eigentlich nur als Theaterkritiker der *Vossischen* ein Begriff, in Brandenburg-Preußen nur einem kleinen Kreis von Kennern als Mann der »Wanderungen« und einem noch kleineren Kreis in Deutschland als Verfasser von Kriegsbüchern geläufig, und, außer mit seinen Balladen und Aufsätzen, in Literaturkreisen vollkommen unbekannt, jetzt einen Roman zum Abschluß gebracht hatte, dessen älteste Notizen fünfzehn Jahre zurückreichten? Selbst für seine nächsten Freunde war die Sache kaum von Belang, und so blieb das Echo bis auf ein paar Zuschriften von lesefreudigen, wohlwollenden älteren Damen in den Anfangsmonaten gering. »Lieber F., wir sind nun doch übereingekommen, bis zum Erscheinen des Buches zu warten«, hieß es von seiten gerade *der* Bekannten, von denen er sich eine Äußerung erhofft hatte.

Wie es mit diesem Roman weitergehen wird, bleibt abzuwarten. Vorläufig ist Fontane vom Theaterbetrieb voll in Anspruch genommen. Die Franzosen sind wieder da wie jedes Jahr im Januar. Für die Vorstellungen erhält er jetzt aber zwei Billetts, so daß er seine Frau, die ein Faible für die Komödianten hat, mit ins Theater nehmen kann. Es ist nicht nur Mühsal, was das Gastspiel der Franzosen für den Rezensenten mit sich bringt. Fontane sagt, er beginne dabei auch für seine Schreiberei zu lernen. Seine Meinung ist, daß in Deutschland die gesamte französische Produktion auf literarischem Gebiet überschätzt würde. In all diesen Stücken und Romanen sei nichts Bleibendes, ihnen fehle, obwohl die Fertigkeiten ihrer Autoren beneidenswert seien, der große Inhalt, das, dessen sich die Nationen als eines unveräußerlichen Schatzes bewußt würden. Die Mache, das rein äußerliche Können sei eben nicht das Höchste.

Neben der journalistischen Tagesarbeit galt es nun vorrangig auch für Nachschub für seinen »Romanschriftstellerladen« zu sorgen. Der Vorabdruck des »Sturm« lief noch, als er im Mai bei Paul Lindau anfragte, ob er in seiner Zeitschrift *Nord und Süd* eine altmärkische Novelle bringen wolle, die er noch im Lauf des Sommers zu schreiben beabsichtige. »Ort Salzwedel; Zeit 1660; Heldin: Grete Minde, Patrizierkind, das durch Habsucht, Vorurteil und Unbeugsamkeit von seiten ihrer Familie, mehr noch durch Trotz des eigenen Herzens, in einigermaßen großem Stil, sich und die halbe Stadt vernichtend, zu Grunde geht. Ein Sitten- und Charakterbild aus der Zeit nach dem dreißigjährigen Kriege.«

Die Zeitschrift sagt zu, der Autor kann mit der Ausarbeitung beginnen. Wie er an Mathilde von Rohr schreibt, hat er schon fast ein Dutzend Novellenstoffe gesammelt. Wenn noch mehr zusammengekommen sind, will er unmittelbar mit dem Schreiben beginnen. Seine Dispositionen haben wie immer den großen Stil, es ist aber weniger eine Frage der Großzügigkeit als der existentiellen Notwendigkeit eines Schriftstellers, der seine Ideen verkaufen und ausreichend Varianten dafür zur Verfügung haben muß. »Es liegt für mich etwas ungemein Beruhigendes darin, über eine Fülle von Stoff disponieren zu können, etwa wie man mit einer Extrasumme auf der Brust leichter auf Reisen geht, wie wenn man schon zwischen Berlin und Jüterbog an zu rechnen fängt und von der Frage gequält wird: wird es auch reichen?«

Was er derzeit parat hatte reichte. In seinem Schreibtisch befanden sich bereits weit ausgearbeitete Entwürfe, deren Arbeitstitel die Richtung andeuteten: »Neuer Roman«, »Wir halten zusammen«, »Immer gleich«, »Die Geschichte der Frau von M.«, »Ein Idyll«, »Der Flötenspieler«, »So oder so?«. Die Orte der Handlung waren verschieden, einige Geschichten spielten in Berlin, andere in Oberschlesien und in der Mark, auch Schleswig-Holstein und die Uckermark, wo er sich näher auskannte, gaben den landschaftlichen Hintergrund ab. Und die Form sollte wechseln. »Immer gleich« sollte eine Novelle in Briefen werden, »So oder so« war als Novellette konzipiert.

Was jetzt auf dem Spiel stand, nachdem er seine Akademieanstellung verworfen, sich generell gegen jede feste berufliche Bindung in irgendwelchen Ämtern entschieden hatte, war ihm voll bewußt. Nach wie vor ist seine Situation kritisch, er selbst sieht es ganz realistisch. In einem Alter, wo die meisten Schriftsteller die Feder aus der Hand zu legen pflegen, muß er sie, wie es die Situation erforderte, noch einmal recht fest in die Hand nehmen, und das auf einem Gebiet, auf dem er sich bisher nicht versucht hatte. »Mißglückt es, so bin ich verloren.« Unterliegen dürfe er nicht, seine Arbeit müsse daher mindestens *so* gut sein, daß er auf sie hin mit seinem »kleinen Romanschriftstellerladen« bestehen könne. Auf den »Sturm«, der ein historischer Roman war und ein sehr breit angelegtes, nahezu idyllisch patriarchalisches Bild der märkischen Adelswelt vor dem Entscheidungsjahr 1813 gab, sollte deshalb unmittelbar ein zweiter Roman folgen. Er dachte an eine heitere humoristische Darstellung des Berliner gesellschaftlichen Lebens, abermals etwas Umfängliches. Ausarbeitungen dazu lagen schon vor – der Titel sollte lauten: »Allerlei Glück«. Er will aber erst die Wirkung des »Sturm« abwarten und deshalb einen Novellenband dazwischenschieben. Das aber nur zur Überbrückung. Obwohl er sich bemüht, einen weiteren Roman unterzubringen, läßt sich weder 1878 noch 1879 ein Verleger dafür finden, der dem Autor in seinen materiellen Ansprüchen entgegenzukommen bereit gewesen wäre. Fontane meinte es »unter fünftausend Talern« nicht machen zu können, weil er nach seiner Schätzung wenigstens drei Jahre daran würde arbeiten müssen. Als sich bis Mitte der achtziger Jahre kein Verleger gefunden hatte und mittlerweile genügend andere Zusagen für Romane und Novellen vorlagen, wurde das Projekt endgültig ad acta gelegt.

In seiner Wohnung hoch oben im dritten Stock hat Fontane das ganze Jahr hindurch absolute Ruhe zum Arbeiten. Seine Frau reist schon Ende Mai zu ihrer schlesischen Freundin nach Neuhof bei Liegnitz. Der älteste Sohn George, inzwischen Premierleutnant, steht in seiner Garnison. Theo, jetzt 22, wohnt als Hauslehrer bei Kommerzienrat Lachmann und bereitet sich aufs Referendarexamen vor. Martha hat im April ihre Lehrerinprüfung bestanden und sich zur Erholung wieder auf mehrere Monate zu den befreundeten Wittes nach Rostock begeben. Nur Friedel ist noch im Hause, auch er schon ein Heranwachsender, der seinem Vater manchen Weg abnimmt, zum Beispiel die Korrekturabzüge auf die Druckerei bringt. Fontane selbst ist wegen des Theaters noch an Berlin gefesselt und kann erst mit Ende der Spielzeit an Urlaub denken. Als Ziel der Sommerfrische ist wieder Wernigerode vorgesehen. Bis dahin hat er noch die Berliner Gesellschaftsverpflichtungen wahrzunehmen, die sich freilich nur noch auf wenige Familien und Freundeskreise erstrekken. Emilie möchte dennoch über alles unterrichtet sein. Was gab es zu schreiben? Daß er Besuche bei Heydens zum Geburtstag gemacht hat, bei Wangenheims vorbeigegangen ist, die »Lebensrätsel« seine Lektüre sind und der »Rütli« bei Menzel diesmal »unsagbar langweilig« war. Erst fehlte der Gastgeber eine halbe Stunde lang, wenn er da war, redete er »fabelhaftes Zeug«, Heyden verbreitete sich in langen Reden, Lepel gab Antworten darauf ohne Sachkenntnis, und die beiden anderen schwiegen.

Nur Bagatellen sind es, von denen er in den Briefen berichten kann. Die Korrespondenz gewinnt erst wieder an Substanz, als das Berliner Leben durch ein unerhörtes »Ereignis« in politische Bewegung geraten war. Am 11. Mai 1878 unternahm ein politischer Wirrkopf mit Namen Max Hödel, Klempnergeselle, in der Nähe des Brandenburger Tors ein Attentat auf den alten Kaiser Wilhelm. Er schoß dreimal mit einem Revolver, ohne jemanden zu treffen. Drei Wochen später war die Sache ernster. Ein Beamter, Dr. phil. Karl Nobiling, verkrachter Landwirt, mit Mitgliedskarten von mehreren Arbeiterorganisationen ausgestattet, schoß am 2. Juni Unter den Linden mit einem Jagdgewehr, geladen mit Schrotmunition, auf Kaiser Wilhelm und fügte ihm ernsthafte Verletzungen zu. Beide Attentate gaben Bismarck den erwünschten Anlaß, im Reichstag die Sozialistengesetzgebung verabschieden zu lassen. Die Attentate waren das Tagesgespräch von Berlin, besonders die Schüsse des Anarchisten Nobiling. Emilie, die von Neuhof und Liegnitz aus die Ereignisse verfolgt, schreibt nach Berlin: »Man zitterte vor jeder neuen Nachricht, und erst heut beruhigen sich unsere Gemüter, da die Depeschen und Nachrichten über unseren teuren Kaiser so fortlaufend günstig lauten. ... Alles hat geflaggt, aber auch in Liegnitz scheinen, wie in Berlin, die unheimlichen Gestalten aus dem Boden zu wachsen ... Blousenmänner und wilde Gestalten, wie sie die Commune nicht schlimmer hat aufweisen können. Mich beschäftigt immer die Frage, ... solche Zeiten müssen doch schon dagewesen sein und welches Mittel brachte dann Hilfe und Ordnung?«

Einen Tag danach erhält sie bereits die Antwort auf ihre Frage. Fontane erläutert ihr, daß es früher solche Bewegungen nicht gegeben habe. Es hätte ausgereicht, die Anführer aufzuhängen und kleine berechtigte Forderungen zu erfüllen, danach seien die aufrührerischen Bewegungen zerfallen. Jetzt sei das anders. »Millionen von Arbeitern sind grade so gescheit, so gebildet, so ehrenhaft wie Adel und Bürgerstand, vielfach sind sie ihnen überlegen. ... Sie vertreten nicht bloß Unordnung und Aufstand, sie vertreten *Ideen*, die zum Teil ihre Berechtigung haben und die man nicht totschlagen oder durch Einkerkerung aus der Welt schaffen kann. Man muß sie *geistig* bekämpfen, und das ist, wie die Dinge liegen, sehr, sehr schwer.« Fontane teilte mit dieser Haltung die Meinung mancher Konservativer, die schon zur Zeit, als er noch bei der *Kreuzzeitung* war, Kontakt zu Lassalle gesucht hatten und die, wie auch die meisten Nationalliberalen, der geistigen Auseinandersetzung den Vorzug vor der Bismarckschen Verbotspolitik gegenüber den Sozialdemokraten gaben.

Die Berliner Gesellschaft nahm die Attentate recht gelassen auf. Man war nach wenigen Tagen, wie Fontane konstatieren konnte, »schon wieder fidel und die Meininger[1], der Congreß[2] und die Badereisen fangen schon wieder an die hiesige Menschheit mehr zu interessieren als die 38 Schrotkörner.« Da er in jenen Tagen gerade in der Nationalgalerie zu tun hatte, nahm er den Heimweg zu Fuß die Linden hinunter, um sich den Baum zu besehen, der einen Teil der Schrotladung aus der Flinte Nobilings abbekommen hatte. »Es müssen 2 furchtbare Schüsse gewesen sein und N. ein brillanter Schütze.«

In einer Bänkelstrophe unter der Überschrift »Kaiser Wilhelms Helm«, frei nach dem berühmten Tschech-Lied,[3] das damals noch im Volk lebendig war, memoriert er das Geschehen noch einmal, nur so – für sich.

Das war nicht nobel, Nobiling!
Du nahmst die Sache zu gering,
Man schießt mit dreißig Körner Schrot
Nicht einen deutschen Kaiser tot.
Du warst kein Held, du warst ein Schelm,
Der Held, das war des Kaisers *Helm*,
Der stellte sich vor den Doppellauf
Und fing die dreißig Körner auf,
Ihn feiert mein Sang, *ihn* feiert mein Lied, –
Es lebe der Schroten-Winkelried.

Im Juli 1878 ist das Kaiserattentat auch für Fontane vergessen. Es geht in die Sommerfrische nach Wernigerode, diesmal zu viert mit Emilie, dem vierzehnjährigen Friedel und der Hauswirtschafterin Mathilde, die das Kochen und die Küchenarbeit übernimmt. Der alte Wiesike aus Plaue, das Schopenhauer-Original, hatte sich auf zwei Wochen in der gleichen Pension bei Borchart's im Mühltal einquartiert, so daß die Abende nicht langweilig wurden.

Da Fontane niemals ohne Arbeit sein konnte, selbst im Urlaub nicht, unternimmt er für seine Novelle »Grete Minde« einen Ausflug nach Tangermünde. Stadtbeschreibungen und historische Werke über die Altmark hatte er schon zu Hause durchgearbeitet, jetzt war nur noch das Terrain in Augenschein zu nehmen – der Weg, auf dem Grete durch die Straßen zur Kirche hin eilte, um die Stadt anzuzünden, und der Kirchturm selbst, mit dem sie in den Flammen versank. Die Novelle um das sonderbare Geschöpf Grete wird unmittelbar nach der Rückkehr aus Wernigerode »hintereinander weg«, wie das Tagebuch vermerkt, niedergeschrieben. Im Brouillon, das hieß bei ihm im ersten Entwurf, war das kleine Werk schon um den 10. September herum fertig. Er kann sich danach mit seiner Frau nochmals eine kleinere Reise vornehmen, diesmal nach Hamburg und Kiel, wo sie ein paar »jours de fête« als Gäste auf dem Landsitz des Industriellen und Reichstagsabgeordneten Meyer-Forsteck verbringen.

Als Fontane Ende September wieder nach Berlin zurückkam, fand er unter der Post die Belegstücke des »Sturm« vor. Hertz hatte die Buchausgabe des Romans einen Monat nach Auslaufen des Vorabdrucks fertiggestellt. Große Erwartungen hatte Fontane nach dem, was er aus seinem Bekanntenkreis zu den Fortsetzungen in *Daheim* gehört hatte, nicht. Von den Rezensionen ist er dann doch etwas überrascht. Daß die Besprechungen von Ludwig Pietsch und Wilhelm Lübke wohlwollend ausfallen würden, wußte er, es schrieben aber auch noch andere Gutes über ihn. Pietsch sah im »Sturm« – trotz der in die Breite geschilderten Szenen und Nebenszenen und des Überwiegens von Kontemplation statt Handlung – »eine der wertesten Bereicherungen unserer modernen erzählenden Literatur«. Lübke empfahl das Buch »zum sinnigen Durchkosten und Genießen«. Wer edlen Lebensinhalt in edler Form zu würdigen wisse, der werde seine Freude daran haben. Von einigen Zeitungen wie der *Norddeutschen Allgemeinen*, der *Magdeburger* und der *Kieler Zeitung* wurde es als ein Werk des preußischen Patriotismus gewürdigt.

Weil der Roman kein Roman im herkömmlichen Sinne ist, wollte Fontane ihn ursprünglich im Titel als das bezeichnen, was er wirklich war: »Zeit- und Sittenbild aus dem Winter 1812 auf 1813«. Verleger Hertz wehrte jedoch gleich ab, weil es dann wohl niemand kaufen würde, und 1500 Exemplare hatte er drucken lassen. In der *Deutschen Rundschau* fand sich Fontane dann doch in seiner ursprünglichen Überlegung bestätigt. Es hieß dort, das ganze sei mehr »eine Folge von Zeit- und Sittenbildern, eine Galerie von Familienporträts, mit großer Kunst gemalt«, die Handlung gehe aber »oft unter der Episode verloren, weil ihm der innere, der organische, der künstlerische Zusammenhang« fehle. Sinngemäß schrieb das aus Rostock auch Tochter Mete. Man fände den Roman »nicht spannend, aber interessant«. Diese Feststellung konnte man auch umgekehrt lesen: nicht uninteressant, aber langweilig.

Insgesamt fand Fontane, daß die Kritik ihn merkwürdig artig und rücksichtsvoll behandelt habe. Was sonst mitunter darüber geschrieben worden sei, wäre »ungeheuer unbedeutendes Zeug«, man ersähe daraus, daß nur geblättert, aber nicht gelesen würde. Bestätigt fühlte er sich dagegen durch Bemerkungen und Äußerungen aus dem Munde namhafter Historiker und Schriftstellerkollegen, wie Heyse, Geibel, Droysen, Mommsen und Treitschke, der den »Sturm« als »deutschen Roman« bezeichnet hatte, »an dem man seine Freude haben könne«. Fontane selbst meinte zu seinem Buch, er habe die Sensationsschreiberei, das Modische, eben *nicht* mitmachen wollen, ihm sei es um die Kunst gegangen, und er sei überzeugt davon, daß sich einzelne noch um seine Arbeit kümmern würden, »wenn der Dreck, der jetzt den Tag regiert«, längst vergessen sei.

Im Grunde genommen war sein Romanerstling aus den »Wanderungen« herausgefiltert, nicht nur was das Verbindende der märkischen Oderlandschaft betraf, sondern auch den Stil der gemächlich verweilenden Erzählweise und mehr noch die patriarchalisch konservative Zeit- und Gesellschaftsbetrachtung. Die »Wanderungen« und das mit ihnen über lange Jahre hinweg aufgespeicherte Material zur Geschichte der Mark, speziell Biographisches, Familiengeschichtliches, Sagengut, außergewöhnliche Charaktere und Ereignisse bleiben auch für die nächsten Jahre Fundus und Ausgangspunkt für das Novellen- und Romaneschaffen.

Der Ort Küstrin lag nicht weit entfernt von Letschin, auch nicht von Hohen-Vietz, dem fiktiven Ort im Oderbruch, wo der Roman unter der Gutsherrschaft der Adelsfamilie derer von Vitzewitz spielt. So lag es nahe, sich jetzt wieder einem Thema zuzuwenden, das im engeren Sinne mit den »Wanderungen« zu tun hatte. Für die dritte Auflage des »Oderland«-Bandes war das Kapitel über Küstrin und Katte neu aufzuarbeiten. Zu diesem Zweck begibt sich Fontane im Dezember 1878 ein weiteres Mal nach Küstrin, wo er mit Unterstützung des dortigen Pastors die Bastion Brandenburg, einen bestimmten Teil der Festung, noch einmal ausführlich in Augenschein nimmt. Das hatte einen besonderen Grund. Beim Durcharbeiten der historischen Literatur war ihm aufgefallen, daß präzise Angaben zu der Stelle, an der 1730 die Hinrichtung Kattes stattgefunden hatte, fehlten, auch bei Kugler in dessen berühmtem Werk »Geschichte Friedrichs des Großen« fand sich nichts. Wenn der Kronprinz, der engste Freund Kattes, von dem besagten Fenster seines Gefangenen-Zimmers aus Kattes Enthauptung hat mit ansehen müssen, konnte die Exekution nicht dort vorgenommen worden sein, wie in den historischen Quellen angegeben oder vermutet. Die Stelle mußte und konnte nur in Sichtweite jenes Schloßfensters gelegen haben – aber wo? Diese Frage war eine Herausforderung an den Historiker Fontane. War keine Klärung möglich, so war wenigstens nachzuweisen, welche von den überlieferten Hypothesen Anspruch auf Wahrscheinlichkeit erheben konnte und welche nicht. Seinen Verleger machte Fontane vorsorglich darauf aufmerksam, daß es sich diesmal um sehr umfängliche Erweiterungen handeln würde, aber alles sei ihm wichtig und müsse berücksichtigt werden. Des weiteren existierten keine authentisch gesicherten Bildnisse von Katte, die Fontane einen Anhaltspunkt für die Beschreibung der Persönlichkeit dieses jungen Offiziers hätten geben können. Er wandte sich deshalb an Menzel, ob er etwas wisse, aber Menzel konnte nicht weiterhelfen. So mußten am Ende die 54 Seiten über Küstrin und die Katte-Tragödie in den »Oderland«-Wanderungen ohne Personen- und Bildnisbeschreibung bleiben und sich auf die Festung, die Flucht des Kronprinzen, das Kriegsgericht, die Familiengeschichte der Kattes und das Schicksal des mit dem Kronprinzen in Zuneigung eng liierten Hans Hermann Katte beschränken.

Da Fontane in seiner Arbeit, und das schon immer, vom Prinzip der Mehrfachverwertung ausging, bot er ein Kapitel seines großen Katte-Aufsatzes vorab *Westermanns Illustrierten Monatsheften* zur Veröffentlichung an. Seine Leser hatten damit schon Einblick in ein interessantes Kapitel preußischer Geschichte, noch bevor die neue Auflage des Buches erschienen war.

Obwohl Kriegshistorie im engeren Sinne für Fontane schriftstellerisch nun kein Buchthema mehr war, nimmt er Ende des Jahres 1878 noch einmal einen Auftrag in dieser Richtung an. Etwas sehr Lukratives. In einem Berliner Verlag sollten die legendären »Reiterbilder«, die der Maler Wilhelm Camphausen[4] zur brandenburgisch-preußischen Geschichte geschaffen hatte, als Prachtband erscheinen. Mit entsprechenden Biographien dazu. Der Schriftsteller Brachvogel[5] hatte sie zum Teil schon verfaßt, verstarb aber im November darüber, so daß der Auftrag an Fontane ging, das Buch abzuschließen. Ihm bereitete die Arbeit keinerlei Schwierigkeiten, da er in der Materie stand, undankbar war die Aufgabe nur insofern, als er die Brachvogel-Texte vollkommen umarbeiten mußte, weil sie in der »furchtbaren Wuschelform« nicht zu gebrauchen waren. »O Stil des deutschen Doktors und Professors. Oder gar Brachvogels.«

Viel Zeit hat er für das Manuskript nicht, schon im Juni kommenden Jahres mußte abgeliefert werden. Zu den *historischen* »Reiterbildern« – das betraf den Großen Kurfürsten, Friedrich den Großen und dessen Generäle Zieten, Keith, Schwerin und Seydlitz – konnte Fontane nicht viel mehr sagen, als was er schon in seinen Feldherrnballaden, den Aufsätzen oder Vorträgen behandelt hatte; die Porträts der Zeitgenossen hingegen mußten neu geschrieben werden. Von der kurbrandenburgischen Zeit über die friderizianische Epoche bis hin zu Moltke und Bismarck doziert Fontane in den insgesamt siebzehn Porträts preußisch-deutsche Geschichte und skizziert in knappen Strichen das Wesentliche zum Militärischen und zur Staatsentwicklung aus vaterländisch-patriotischer Sicht. Eine ausgesprochene Vorliebe zeigt er für Bismarck und Moltke, deren Profil mit höchster Sorgfalt herausgearbeitet ist, in voller Bewunderung der historischen Leistung beider Staatsmänner. Es heißt: »Man mag Bismarck lieben oder ihn hassen, so muß doch immer zugestanden werden, daß intellektuell dasselbe von ihm gilt, was in physischer Beziehung von ihm gesagt worden ist: ein gewaltiger Mann.« In Moltke wird das Bild eines Mannes gezeichnet, der, von seinem militärstrategischen Genie abgesehen, »überhaupt zu den hervorragenden Naturen« zählt, »voll echter Seelengröße«, ausgestattet mit Eigenschaften wie »selbstlos und bedürfnislos« und dem selten anzutreffenden Charakterzug, die Leistungen anderer voll anzuerkennen.

Auch der alte Kaiser Wilhelm, mit dem Fontane aus rein persönlichen Gründen überkreuz, erhält ein Zehnseitenporträt, das seiner historischen Rolle absolut gerecht wird. An ihm waren nicht großartige Intellektualität zu rühmen, auch nicht irgendwelche Pioniertaten bei der Reichsgründung, denn viel lieber hätte er ja sein altes Preußen behalten. Dafür aber war die Person des Königs von Preußen und Kaisers von Deutschland durch ihre »Standhaftigkeit in gefährlichen und Mäßigung in glücklichen Lagen« ein Faktor der Berechenbarkeit und Stabilität in Europa. Das Resumee: »Ein glänzendes Beispiel, daß im Staatsleben ein Charakter mehr bedeutet als ein Talent. ›Einfach, bieder und verständig‹, so ward er von seiner Mutter in einem ihrer letzten Briefe geschildert, und dieser Schilderung hat er sein Lebtag entsprochen.«

Wenn Fontane dem Verleger Hertz gegenüber untertreibend meinte, er habe sich bei den »Reiterbildern« beschwatzen lassen, so mit Sicherheit nicht ungern. Mit der erwähnten »Artikelschreiberei«, der er ein für allemal abgeschworen habe, hatte diese Arbeit auch gar nichts zu tun. Camphausen zählte zu den bedeutendsten Militär- und Schlachtenmalern der Zeit, einige seiner lebensgroß dargestellten Reiterbildnisse hingen im Schloß, mehrere Gemälde befanden sich im Besitz Kaiser Wilhelms, andere Werke waren Bestand großer Museen wie der Berliner Nationalgalerie und der Neuen Pinakothek München. Dies war Fontane natürlich bekannt und dürfte bei der Übernahme des Auftrags ebenfalls eine Rolle gespielt haben. An einem Camphausen-Buch mitzuarbeiten – ausgedrückt durch den Eindruck »Text von Theodor Fontane« – war im allgemeinen Verständnis der Zeit höchst ehrenhaft und verdienstvoll. War das Redigieren mit Um- und Neuschreiben des Brachvogel-Manuskripts in mancher Hinsicht auch »eine wahre Hundearbeit«, so war die Reputation, die es machte, nicht zu unterschätzen. Auch nicht das Honorar. Fontane erhielt 1200 Mark, umgerechnet 400 Taler, etwa so viel wie im Schnitt für den Druck einer Novelle in Buchform. Die verhältnismäßig hohe Summe ergab sich aus dem Preis des Buches, der 50 Mark betrug. Die Ausstattung in Ganzleinen mit Prägedruck und das Großformat von 42 mal 30 Zentimetern, dazu innen die Kopfleisten und Initialen von Burger hatten ganz den Charakter des Repräsentativen.

Da Fontane noch ganz am Anfang seines Weges als Novellen- und Romandichter stand, ungewiß, was die Zukunft bringen würde, war er weiterhin auf Veröffentlichungen in den Zeitschriften angewiesen. Themen dafür hatte er sehr viele, doch nicht alle Projekte gelangten zur Ausführung. So schrieb er Mitte Juni 1879 an die Redaktion der *Gegenwart*, daß er für sie seit Herbst vergangenen Jahres zwar verschiedene Aufsätze im Kasten liegen habe, auch schon angefangen, sie aber leider nicht hervorholen könne, weil sie in der Bewältigung zu schwierig seien. »Eins der Themata lautet ›Das Judentum und die Berliner Gesellschaft‹ und ist – was Sie von mir vielleicht nicht erwarten werden – ziemlich anti-adlig und sehr judenfreundlich abgefaßt.« Aus dem überlieferten Entwurf geht hervor, was gemeint war. Er hält den Adel für zu »binnenländisch beschränkt und zu unkosmopolitisch«, während das reiche Judentum »das Enge, das Provinziale« abgestreift habe. Die Gründe dafür? »Der Courszettel verträgt sich besser mit der Weltbildung als der Rennbahn- oder Wochenmarktbericht. Sprachen werden gesprochen und Weltreisen gemacht, und die Interessen sind über die Rangliste hinausgewachsen.«

Fontane hat in diesem Punkt Beobachtungen und Erkenntnisse formuliert, die dem allgemeinen sozialen Leben der Zeit, der Dynamik des wirtschaftlichen und technisch-wissenschaftlichen Fortschritts, aber auch ganz persönlichen Erfahrungen entsprachen, die er mit vielen seiner Freunde, die dem Judentum zugehörig waren, gemacht hatte. Einer dieser frühen Freunde war Wilhelm Wolfsohn gewesen, Sproß einer gebildeten jüdischen Kaufmannsfamilie aus dem ukrainischen Odessa, der als Untertan des Zaren nach Preußen gekommen war und sich zuletzt in Dessau niedergelassen hatte. Durch diesen jungen Gelehrten fand Fontane Zugang zur russischen Literatur, insbesondere zu Turgenjew. Wolfsohn vermittelte dem Freund auch den ersten Verlagskontakt zu den Gebrüdern Katz – ein unverkennbar jüdischer Name. Für die Verbreitung des literarischen Fontane-Werks sorgte seit nunmehr rund zwanzig Jahren der jüdische Verlagsbuchhändler Wilhelm Hertz, durch den der märkische »Wanderer« zu einem Begriff auf dem brandenburgischen Buchmarkt wurde. Fontane machte aber nun – das ist eine Eigentümlichkeit seines Denkens und Urteilens und betrifft keineswegs nur seine Haltung gegenüber den Juden – einen Unterschied zwischen den einzelnen Individuen und dem Großen und Ganzen. Zum selben Thema kann man bei ihm zur gleichen Zeit sich widersprechende, völlig konträre Bemerkungen und Urteile finden. Als er sich 1893 im Zusammenhang mit den

»Sommerbriefen aus dem Havellande« in einer als Fragment hinterlassenen Manuskriptnotiz noch einmal dem jüdischen Thema zuwandte und die Agitation des antisemitischen Pädagogen und Politikers, des Reichstagsabgeordneten Ahlwardt verurteilte, meinte er in bezug auf die eigene Position: »Ich bin nicht eigentlich ein Philosemit. Mir ist das Germanische lieber.« 1880, am 1. Dezember, zu einer Zeit, da er seine Notizen zu dem Aufsatz über das Judentum und die Berliner Gesellschaft gerade wieder in die Schublade zurückgelegt hatte, heißt es in einem Brief an Mathilde von Rohr: »Ich bin von Kindesbeinen an ein Judenfreund gewesen und habe persönlich nur Gutes von den Juden erfahren, – dennoch hab' ich so sehr das Gefühl ihrer Schuld, ihres grenzenlosen Übermuts, daß ich ihnen eine ernste Niedelage nicht bloß gönne, sondern wünsche. Und das steht mir fest, wenn sie sie jetzt *nicht* erleiden und sich auch nicht ändern, so bricht in Zeiten, die wir beide freilich nicht mehr erleben werden, eine schwere Heimsuchung über sie herein.« Fontane ist in solchen Auffassungen stark von antijüdisch christlichen Vorurteilen geprägt, wie sie in vielen Kreisen anzutreffen waren. Er kann sich auch später nicht davon lösen. Wahrscheinlich ist dies einer der Gründe, weshalb der Aufsatz für die *Gegenwart* nie beendet wurde.

So wie die verschiedenen Entwürfe über Adel, Bürgertum und Judentum nicht weitergeführt wurden, so gelangten auch andere Vorhaben nicht über den Rohentwurf hinaus. Thematisch handelt es sich dabei um recht unterschiedliche Stoffe, teils sind es »Späne« von seinen Wanderungen durch die Mark zu einzelnen, historisch bedeutsamen Bauwerken wie Schloß Schwerin oder Kloster Dobbertin, teils Essays zu vieldebattierten Fragen der Zeit, teils amüsante Plaudereien zum Thema »Wie man in Berlin so lebt«, was der »Berliner Sprechanismus« bedeutet und was ihn so unerträglich macht.

Der »Berliner« Fontane betrachtet seine historisch im Schnellverfahren zur Weltstadt emporgeschossene preußische Residenz und deren tonangebende bürgerliche Schichten aus der Distanz und kommt zu recht reservierten Urteilen, aus denen verständlich wird, warum Fontane sich zum Beispiel mit dem Werk und der Person Glaßbrenners, der den weniger feinen Nante-Typ in der Literatur repräsentiert, nie so recht anfreunden konnte, ebenso nicht mit den in den Sprachgebrauch eingedrungenen derben Couplets der nachmärzlichen Lokalpossen mit ihren Witz- und Schlagworten. Ihn störte vermutlich daran das Fehlen einer feineren Gesittung, die Vornehmheit, die der Berliner nun ganz und gar nicht an sich hatte, am wenigsten der moderne Spree-Athener der Nachgründerjahre. In den achtziger Jahren sieht Fontane sein Berlin als »ein mit Bureaus und Kasernen reich ausgestattetes Dorf großen Stils«, das eines Tags erwachte als eine »Residenz mit einem Hof, einem Reichstag und einem Heuschrecken-Proletariat«. Tugenden der Politesse, der Teilnahme, der Menschenfreundlichkeit, des Wohltuns hatten sich aufgrund des »beständigen Zuflutens neuen Rohstoffs« nicht ausbilden können. Darin jedoch, wie genau Fontane den Berliner Geist und die berlinischen Spracheigentümlichkeiten als Ausdruck einer Haltung definiert, kommt er den scharfsinnigen Urteilen des Kunsthistorikers Karl Scheffler nahe, der in seinem Buch über Berlin das Wesen aller seiner Erscheinungen, Kunst und Lebensformen einbegriffen, aus dem Charakter Berlins als einer Kolonistenstadt herleitete – »dazu verdammt: immerfort zu werden und niemals zu sein.«[6]

Während Fontane sich in Gedanken und Notizen mit den großsprecherischen Zügen des von sich und seiner Meinung überzeugten Berliners beschäftigt, ihn zugespitzt porträtiert, wie er sich privat und außerhalb der Familie in Gesellschaft verhält, also sich in seiner eigenen Umwelt umblickt, verbleibt er als Novellendichter vorläufig noch im Bereich von märkischer Sage und Geschichte. Seine »Grete Minde« spielt weit zurück im 17. Jahrhundert in der Altmark, die »Ellernklipp«-Novelle im Harz, doch wird sich bald eine Affinität zwischen den in der Essayistik bereits vorgedachten kritischen Bildern zum Berliner Leben sowie seinem Romanschaffen herstellen.

Zunächst, noch ehe es wieder in den Sommerurlaub nach Wernigerode geht, erscheint im Mai- und Juniheft von *Nord und Süd* die Novelle »Grete Minde«. In die Freude darüber mischt sich ein kleiner Wermutstropfen, weil Hertz auf den Vorschlag, daraus für 1879 noch »ein hübsches kleines Weihnachtsbuch« zu machen, nicht eingegangen ist. Sein Verleger ist für Abwarten. Es sind bei ihm noch ausreichend Exemplare der »Gedichte«, der »Grafschaft Ruppin« sowie des »Havellands« am Lager, und neue »Oderland«-Bücher würden Ende des Jahres noch hinzukommen.

Die Überarbeitung dieses Bandes ist Fontanes Beschäftigung in der Sommerfrische. Für ihn, wie er stöhnt, eine »riesige und sehr ärgerliche Arbeit«, weil das Korrigieren viel aufwendiger ist und länger dauert als das Schreiben. Solange er beschäftigt ist, hat auch Emilie zu tun. Sie hat die neuen »Oderland«-Kapitel für den Druck ins Reine zu schreiben, erst dann kann das Manuskript, bogenweise, zur Post gehen. Der Fontanische Schriftsteller-Haushalt geht, auch wenn die Familie sich sommers nicht im alten Johanniterhaus aufhält, unverändert weiter, und ein jeder ist so oder so daran beteiligt. Man hat aber die sauerstoffreiche, belebende Bergluft, die liebliche Landschaft und, wenn man zufällig alte Berliner Bekannte trifft, fast wieder das gewohnte Milieu.

Im Herbst 1879 arbeitet Fontane gleichzeitig an drei verschiedenen Novellen, so wie es in seiner Planung vorgesehen war – an »Schach von Wuthenow«, »Sidonie von Borcke« und »Ellernklipp«. Im Dezember des Jahres kommt ihm unverhofft aufgrund eines Gesellschaftsskandals ein dankbares Thema ins Haus, woraus ein kleinerer Berlinroman mit dem Titel »L'Adultera« hervorgehen sollte. Wenn sich bei ihm auch wieder einmal gastrisch nervöse Störungen bemerkbar machen und eine gereizte Leber auszukurieren ist – er geht darüber hinweg, seine Schreiblust und -energie ist durch nichts zu beeinträchtigen. Sein ganzes Leben war und ist auf die Freude des Schaffens gestellt. Und so wird es auch bleiben. Wie hieß es in dem Brief an seinen Verleger Hertz vom 18. August aus Wernigerode? »Ich fange erst an. Nichts liegt hinter mir, alles vor mir.«

Jahresende ist bei Fontanes wieder »Buchzeit«. Der »Oderband« in dritter Auflage liegt vor, im Honorar zwar niedriger ausgefallen als erwartet, man muß es hinnehmen. Dafür glich der Prachtband mit den Camphausen-Reiterbildern, der gleichzeitig in den Buchhandel kam, das Minus wieder aus. Wirklich Neues aus der Feder Fontanes lag im Hinblick auf seinen sechzigsten Geburtstag allerdings nicht vor.

Um die Weihnachtszeit ist die Familie in der Berliner Wohnung auf ein paar Tage wieder zusammen. George, Premierleutnant, ist nach Lichterfelde als Lehrer an die Kadettenanstalt kommandiert, Theo leistet sein Dienstjahr als Einjährig-Freiwilliger beim Gardegrenadierregiment Kaiser Franz ab, wo vor mehr als dreißig Jahren auch sein Vater »das Einjährige abmachte«, aber anders als der Vater wird der angehende Jurist, soviel steht fest, zum Reserveoffizier avancieren. Mete als geprüfte Lehrerin wird Ostern eine neue Stelle antreten, sie hat mittlerweile als Stütze ihrer Eltern die Familienrepräsentation der Verwandtschaft und Bekanntschaft gegenüber übernommen, denn »Emilie will nicht, was ich ihr nicht groß verdenke, und ich kann nicht.«

Der sechzigste Geburtstag Fontanes war kein großes offizielles Fest. Bernhard von Lepel hat es so eingerichtet, daß er von Prenzlau aus, wo er jetzt Kommandeur einer Invalidenkompanie ist, um die Jahreswende mit seiner Frau einige Tage in Berlin verbringen kann, um seinem lieben Lafontaine zu gratulieren. Das war einerseits eine noble Geste, andrerseits doch nicht viel mehr als nur ein Anstandsbesuch, da Fontane »Die Neue«, die Lepel nach seiner Scheidung geheiratet hatte, durch und durch unsympathisch fand. Wie er an Mathilde von Rohr berichtet, scheint er sich auch innerlich von Lepel selbst entfernt zu haben. Sein alter Freund sei »ein Querkopf« geblieben, stockig und hochmütig und sein Auftreten das eines alten pommerschen Gutsherrn aus dem vorigen Jahrhundert, der »in seiner Jugend statt der Bibel zufällig Voltaire gelesen« habe und dadurch auf die »politisch halbliberale Seite« gefallen sei.

Eine sehr abfällige Äußerung. Die daraus sichtbar werdende Verstimmung läßt auf vorher schon vorhandene, tiefergehende Differenzen schließen. Fontane macht dafür ausschließlich Lepels Betragen verantwortlich, weil dieser, von Fontanes Rechthaberei und Überzogenheit in vielen Dingen unangenehm berührt, ihm mehrfach kritische Worte gesagt habe, genau wie Emilie, die ihm ebenfalls Vorwürfe machte, daß *er* es sei, der sich nicht genügend um die Freunde und Freundschaften kümmere und statt dessen nur die andern beschuldige. Derartige Mängelrügen und Erziehungsversuche an ihm ertrug Fontanes stark entwickeltes Selbstbewußtsein nur schwer, selbst wenn der andere berechtigten Anlaß hatte. Daß er sich selber, bei anderen Gelegenheiten, als querköpfig, eigensinnig und selbstgerecht bezeichnete, stand auf einem ganz anderen Blatt.

Am 31. Dezember 1879 las Fontane in der Zeitung die Meldung von einem schweren Eisenbahnunglück an der Ostküste Schottlands. Die große Brücke über den Firth of Tay, die Dundee mit Edinburgh verband, war während eines Orkans, als der fahrplanmäßige Zug die Brücke passierte, zusammengestürzt. Der Zug mit 75 Menschen mitsamt den Brückenpfeilern wurde in die Tiefe gerissen. Die Bridge war auf 85 Ziegelsteinpfeilern in Eisengitterkonstruktion ausgeführt und galt mit ihren drei Kilometern als die längste Brücke der Welt. Erst im Mai 1878 war sie zu den Klängen eines Händelschen Siegesmarschs eingeweiht worden, gepriesen von den Zeitungen und Zeitgenossen als genialer Triumph der Technik und des Fortschritts. Ihr Erbauer, ein junge Ingenieur, war dafür geadelt worden. Da die Brücke aber, wie sich später herausstellte, leichtfertig auf ungenügend tragende Fundamente gesetzt war, unter Nichtberechnung der Kräfte einer Orkangewalt, hielt sie dem Sturm in jener Nacht nicht stand. Der Druck der aufgewühlten Wassermassen, nicht ausgebesserte schadhafte Stellen und die Fahrgeschwindigkeit des Zuges brachten sie im Mittelteil auf einer Länge von einem Kilometer zum Einsturz. »Tand, Tand, / ist das Gebilde von Menschenhand.«

Die Ballade, die Fontane unter dem Eindruck dieser Meldung schrieb, erinnert an Shakespeare, nicht allein dadurch, daß die drei Hexen aus »Macbeth« in Erscheinung treten, um ihr Zerstörungswerk zu verabreden. Die grenzenlosen metaphysischen Gewalten und der kleine Lebenszirkel des Menschen sind miteinander konfrontiert. Die Brücknersleute stehen in jener Nacht am Fenster und schauen nach dem Zug aus. In der Ferne sehen sie schon die Lichter, wenige Minuten kann es nur noch dauern, daß ihr Sohn, der den Zug so viele Male über die Brücke geführt hat, zu Hause sein wird, um mit ihnen das Weihnachtsfest zu feiern.

Und es war der Zug. Am *Süder*turm
Keucht er vorbei jetzt gegen den Sturm,
Und Johnie spricht: »Die Brücke noch!
Aber was tut es, wir zwingen es doch.
Ein fester Kessel, ein doppelter Dampf,
Die bleiben Sieger in solchem Kampf,
Und wie's auch rast und ringt und rennt,
Wir kriegen es unter: das Element.

Und unser Stolz ist unsre Brück;
Ich lache, denk ich an früher zurück,
An all den Jammer und all die Not
Mit dem elend alten Schifferboot;
Wie manche liebe Christfestnacht
Hab ich im Fährhaus zugebracht,
Und sah unsrer Fenster lichten Schein,
Und zählte, und konnte nicht drüben sein.«

Auf der Norderseite, das Brückenhaus –
Alle Fenster sehen nach Süden aus,
Und die Brücknersleut ohne Rast und Ruh
Und in Bangen sehen nach Süden zu;
Denn wütender wurde der Winde Spiel,
Und jetzt, als ob Feuer vom Himmel fiel',
Erglüht es in niederschießender Pracht
Überm Wasser unten ... Und wieder ist Nacht.

Vier Zeilen nur benötigte Fontane, um das Unglücksgeschehen ins Bild zu bringen, eigentlich nur vier Worte: Winde, Feuer, Wasser und Nacht.

Sein Gedicht habe in Berlin »eine Art Sensation gemacht«, kann er nach Dobbertin berichten, »vielleicht mehr als irgend 'was«, was er geschrieben habe. In Lindaus *Gegenwart* erscheint die Ballade eine Woche später abgedruckt. Man hörte sie auf einer Abendgesellschaft bei Generalfeldmarschall von Moltke, kurz danach stand sie auf dem Programm eines Konzerts in der Berliner Singakademie, vorgetragen von Hofschauspieler Richard Kahle; sie wurde Schullesestoff und mit der Zeile »Tand von Menschenhand« zu einem geflügelten Wort, das in den allgemeinen Sprachschatz einging.

Da mit Jahresbeginn 1880 das französische Theatergastspiel ausfiel, konnte Fontane die freie Zeit an die Niederschrift seiner neuen Novelle wenden. Er gab ihr den für Kunstsachverständige vielsagenden italienischen Titel »L'Adultera« – die Ehebrecherin, nach einem Gemälde von Tintoretto. Für die Berliner Leser, die das neue Werk zuerst aus der Zeitschrift kennenlernten, hatte die Geschichte einen pikanten Reiz. Vor einigen Jahren hatte Therese Ravené, die Frau eines stadtbekannten Industriellen und Kunstsammlers,[7] genannt »die schöne Therese«, wegen eines Geliebten ihren Mann und ihre drei Kinder verlassen. In den Kreisen der Berliner Gesellschaft war dieser Skandal lange Zeit Gesprächsstoff gewesen und noch immer aktuell, als Fontane die Novelle publizierte, obwohl der betroffene Ehemann inzwischen verstorben war. Viele Leser zeigten sich aber von der Gestaltung des Ehebruchs ziemlich enttäuscht. Es kam »nichts vor«, jedenfalls nicht das, was sie sich versprochen hatten.

Novellen und kleinere Romane sollten Fontanes Planung gemäß nunmehr rasch hintereinander entstehen und im Vorabdruck erscheinen, um sie alsbald zusammengefaßt als Buch herausbringen zu können. Soviel Zeit wie über dem »Sturm« durfte nicht wieder vergehen. Als nächstes schließt er Ende August »Ellernklipp« ab – eine Vater-Sohn-Tragödie um Liebe, Eifersucht, Mord und Sühne. Die Harzlandschaft mit ihren wildromantischen Klippen, die der Geschichte Titel und Stoff gab, ist der Hintergrund zu einer schicksalhaften Verstrickung, die den Menschen gegen seinen Willen ins Unglück reißt.

Außer der Ehebrecherin und dem Förster, der als Rivale des eigenen Sohns an dessen Todessturz von der Klippe schuldig wird, liegt in Fontanes Mappe noch die Geschichte »Graf Petöfy«, die einen operettenhaften Abglanz auf die k.u.k.-Monarchie wirft, halb idyllisch, halb tragisch. Andere Arbeiten für Zeitungen und Zeitschriften laufen weiter nebenher. Die *Vossische* erhält für die literarische Beilage ein von Ironie umspieltes, superior erzähltes Feuilleton, »Nach der Sommerfrische«, auch wird er sich auf Wunsch der Redaktion nochmals als preußischer Militärhistoriker betätigen. Man hatte ihn als Autor für einen Aufsatz über die Zieten-Husaren ins Auge gefaßt. So ganz recht ist es ihm nicht, die Zieten-Legende hatte für ihn womöglich etwas schon an Glanz eingebüßt, oder er wollte aus dem Klischee des Militärdarstellers heraus oder sich mit derlei Artikelschreiberei generell nicht mehr aufhalten, was auch immer, sein »preußisches Herz« kann nicht nein sagen, er übernimmt den Auftrag. In seinem Brief an den Redakteur der Sonntagsbeilage der *Voss*, Hermann Kletke, heißt es: »Zwei meiner Söhne sind zur Zeit Soldat, aber ich bekenne offen, daß mich die alleinseligmachende Militärhose nachgerade zur Verzweiflung bringt. Spartanertum! Bah, Maschinentum ist es. Und jeden Tag wird es toller. Dennoch! Es lebe Zietenhusaren.«

Sohn Friedrich und Tochter Mete werden stante pede mit zur Arbeit herangezogen, sie müssen die von Papa angegebenen Stellen aus den für den Aufsatz benutzten Büchern herausschreiben. Im April 1880 konnten die etwa 25000 Leser der *Vossischen Zeitung* in mehreren Fortsetzungen die an Siegen und Legenden reiche Geschichte der Zieten-Husaren erfahren, die über die Zeiten hinweg ein Stück Geschichte des preußischen Adels repräsentierten durch Namen wie von Rohr, von Prittwitz, von der Goltz, von Kalckreuth oder von der Groeben. Der Aufsatz endet mit einem Resumee, das kaum anders hätte ausfallen können: »Die ›Zietenschen‹ waren immer eine Lieblingstruppe des Volks, durchaus populär. Selbst in den schlimmsten Zeiten des Siebenjährigen Krieges fehlte es ihnen nie an Ersatz. Zu den ›Husaren‹ wollte man immer noch, und während andere Regimenter aus Fremden bestanden, waren die Zietenhusaren immer Landeskinder.«

Der Dank des Regiments ob solcher Worte war dem Autor gewiß. Er währte noch über dessen Tod hinaus. Als im Mai 1899 der zweihundertste Geburtstag des Namenspatrons des Kavallerieregiments begangen wurde, erhielt Emilie Fontane von Oberst von Schmidt, dem Kommandeur, ein Telegramm, in dem Theodor Fontanes im Namen der Husaren ehrend gedacht wurde.

In der Vorsaison 1880 begibt sich Emilie mit der Schwester Adolph Menzels zu einer Kaltwasserkur nach Bad Nassau, größere Urlaubsreisen fallen damit für das Ehepaar in diesem Jahr aus. Nachdem seine Frau wieder zurück ist, nimmt Fontane seine Wanderungen wieder auf, dieses Mal nach Schloß Liebenberg, dem Sitz der Grafen von Hertefeld und Eulenburg, deren Familiengeschichte er zu schreiben vorhat. Er sucht außerdem Stoff für seine märkischen Kapitel über Schloß Hoppenrade, im Ruppiner Land gelegen und seit dem 18. Jahrhundert im Besitz der Familie von Kraut. Die Krauten-Tochter und ihre drei Ehen haben es Fontane angetan. Das ist jedoch schon der Stoff für einen neuen Wanderungsband. Um mit der Materialsammlung ein Stück weiterzukommen, macht er im Anschluß an die Eulenburgs noch einen Besuch bei Graf Knyphausen in Lütsburg und bleibt dort ebenfalls mehrere Tage.

Noch immer ist Fontane lieber unterwegs als zu Hause, wenn dort nicht die Arbeit wäre. In Berlin ist, was den »Rütli« angeht, nicht mehr allzuviel los, was ihn wirklich reizen könnte. Er spricht mehrfach davon, daß die Tischrunde der Rütlionen nur noch vegetiere. »Alles wird alt und reizbar und verdrießlich.« Von seiten der alten Freunde und Bekannten hat er jetzt nicht mehr in dem Maße Aufmerksamkeit und Zuwendung, wie er es erwartet, muß sich, wenn er sich deswegen beklagt, von seiner Frau sagen lassen, daß dies zum guten Teil an ihm selber liege. Er kümmere sich nicht wirklich um sie, sei ihnen gegenüber nicht aufmerksam genug und müsse den Grund für seine Verdrießlichkeit bei sich selber suchen. Überhaupt sei er zu launenhaft, zu ungerecht in seinen Urteilen, voreingenommen und zu soupconnös[8]. Auch mit den armen Schauspielern gehe er in seinen Kritiken mitunter zu streng ins Gericht, und daß er überhaupt die erforderlichen gesellschaftlichen Talente besäße – auch daran zweifelten seine Damen. Wie könne er sich sonst auf Gesellschaft ohne Rücksicht auf das Ganze so lange oder ausschließlich einzelnen Personen zuwenden, dazu noch unwichtigen, oder auf ein leicht hingeworfenes Wort den Leuten gleich lange Vorträge halten, was sie doch nur geniere.

Wechselhaft wie seine Urteile im Privaten, resultierend aus unterschiedlicher Stimmung, sind auch seine Urteile im Politischen. Mal ist der »preußische Standpunkt« einer »der dummsten und langweiligsten in der Weltgeschichte«, mal befindet er, Preußen habe »nun selbst die Gegenden in Deutschland weit überflügelt, die früher Vorbilder für uns sein konnten«. Kritische Reminiszenzen solcher Art finden sich vorerst nur in seinen Briefen, wenn er seinen persönlichen Unmut über dieses und jenes zu Papier bringt. In den offiziellen Dichtungen hingegen sind seine Positionen nach wie vor die alten. Seinen Standpunkt zu dem 1871 geschaffenen Deutschland kennenzulernen, gab das Gedicht Gelegenheit, das er für die *Illustrirte Frauen-Zeitung* zur Weihe des Kölner Doms am 15. Oktober 1880 verfaßte – ein Bekenntnis zu Bismarck und zur deutschen Einheit.

Ein Einheits-Zeichen! Ach, und *doch* gespalten,
Uneinheitlich des Volkes Herz und Sinn; –
Ersehnter Tag, in deines Mantels Falten
Nimm, eh' Du scheidest, unsren Zwiespalt hin!

Laß *Einigkeit* aus Einheit sich gestalten;
Aus *ihr* erblüht der größere Gewinn,
Und klingst du, hohe Kaiserglocke, heute:
Versöhnung, Friede sei dein erst Geläute!

Im trüben November sitzt Fontane alle Vormittage der Bildhauerin Anna von Kahle im Atelier Modell für eine Büste. »Sehr angenehme Tage«, registriert er im Tagebuch, »Fräulein von Raven, Gesellschaftsfräulein, pflegte vorzulesen.« Zu Jahresende hat er diesmal mehr Zeit als sonst. Es gab keine neuen Bücher zu versenden, keine Widmungsverse zu dichten und keine Briefe dazu zu schreiben wie in so manch anderem Jahr. Insgesamt waren 1880 nur zwei Bücher von ihm erschienen: die zweite Auflage vom »Havelland«, das war aber schon Mitte März, und »Grete Minde«, ausgeliefert schon im September. Es erscheinen vor Weihnachten auch noch die Kritiken, anerkennend zwar, was die hohe poetische Schönheit, die Stimmungsmalerei und das Lokalkolorit betraf – einer der Rezensenten glaubte darin »ein Seitenstück zu ›Michael Kohlhaas‹« zu erblicken –, und doch: Viel Aufsehen hat seine altmärkische Novelle nicht gemacht, der erhoffte große Erfolg war auch diesmal ausgeblieben. Resigniert konstatierte er, er habe in literarischen Dingen eben kein Glück. »Und ich bin an Nicht-Erfolge so gewöhnt, daß ich's kaum noch anders wünsche.«

»Ich fange erst an«

Um seinen sechzigsten Geburtstag herum beklagte Fontane seiner Frau gegenüber wiederholt sein Schicksal, daß er eigentlich gar keine rechte Lust mehr zum Weitermachen habe, wenn er sehe, daß die Bücher von der Marlitt,[9] von Max Ring[10] oder Brachvogel, die er so gar nicht als Schriftsteller ansehen könne, soundsoviele Auflagen bekämen, womöglich noch ins Vorder- und Hinterindische übersetzt würden, während sich um *ihn* »keine Katze« kümmere. Über den geringen Erfolg seiner Bücher ärgerte er sich zu Zeiten so sehr, daß es ihn zu ungerechten Äußerungen hinriß. Als er von *Westermanns Monatsheften* den Bescheid erhielt, daß man »Ellernklipp« zum Vorabdruck angenommen habe, bedankte er sich, setzte aber gleichzeitig hinzu, daß die Freude darüber bei ihm nur mäßig sei, denn wonach er sich sehne, sei ein *wirklicher* Erfolg, könne er den nicht haben, würde ihn das »literarische Sechsdreiertum« mehr langweilen als erfreuen.

Recht bittere Worte, im Grunde unberechtigt und obendrein an die falsche Adresse gerichtet. Sie ließen aber erkennen, wie sehr er das mäßige Interesse, die Gleichgültigkeit der Zeitgenossen seinen Büchern gegenüber als verletzend und entmutigend empfand. In solcher Seelenverfassung mußte die Rezension des Literaturhistorikers Eduard Engel, die im Februar 1881 im *Magazin für Literatur* erschien, wie eine heilsame Medizin auf ihn wirken. Fontane erschien noch am gleichen Tag, als er die Kritik in der Hand hatte, bei Engel in dessen Wohnung am Lützowufer, um dem Verfasser persönlich seinen Dank abzustatten.

Im *Magazin* waren zwei Titel besprochen: »Grete Minde« und »L'Adultera«, das als Buch noch gar nicht vorlag. Gerade die letztere, in Berlins Gesellschaftskreisen spielende Novelle bewertete Engel als literarisches Kunstwerk, vortrefflich konzipiert und ausgeführt, mindestens so gut wie die vielgepriesenen Franzosen, viel feiner als Zola, viel wärmer als Maupassant und auf gleicher Höhe mit Daudet. In der Rezension finden sich Worte wie »außerordentlich feinfühliges Geschick«, »haarscharfe Charakterisierung«, »taghelle Beleuchtung der Gegensätze« und schließlich die Bemerkung, daß es ein nicht hoch genug zu veranschlagender Gewinn für die deutsche Romanliteratur wäre, wenn sie auf dem hier eingeschlagenen Wege fortschreiten würde.

Eine derart positive, von einer Autorität des Literaturlebens getroffene Feststellung, daß es sich nicht um irgendwelche Dutzendware, sondern um wahrhaft dichterische, wegweisende Werke handele, war mehr, als Fontane erwarten konnte. Jenen denkwürdigen Tag, da Fontane bei ihm in der Wohnung erschien, hat Engel in seinen Erinnerungen[11] festgehalten. »Ja, da stand er an der Tür, tat keinen Schritt vorwärts ins Zimmer, schüchtern wie ein armer Bittsteller, und – ja dann sah ich Tränen in seinen Augen. Ich streckte ihm die Hand entgegen: Lieber Herr! – da umarmte er mich und lächelte mich durch Tränen an. Und dann saßen wir einander gegenüber vor meinem Schreibtisch und er begann: ›Ich *muß* Ihnen danken: Sie sind der erste und der einzige, der auszusprechen gewagt hat, daß Theodor Fontane ein Erzähler hohen Ranges sei, so bedeutend wie die großen englischen und französischen Erzähler unsrer Zeit. Das hat noch keiner von mir öffentlich gesagt. Allen bin ich nur der Dichter der preußischen Balladen in den Schullesebüchern und der Theaterberichterstatter für die Vossische. Ich selbst habe immer geglaubt, daß ich noch was andres könne, und meine Frau hat es auch geglaubt, aber wer sonst? Vielleicht noch mancher andre, mancher hat es mir sogar wohlwollend gesagt, unter vier Augen, aber drucken hat es keiner lassen. Nie werde ich Ihnen das vergessen!‹«

Wenn die Darstellung auch etwas theatralisch ausgeschmückt erscheint, so trifft sie doch die innere Verfassung des einundsechzigjährigen Fontane, dessen Eintritt in die Literatur als Romancier sich unter großen Widrigkeiten vollzog. Man kannte ihn bis dahin – das hebt Engel ausdrücklich hervor – in Berlin lediglich als Theaterberichterstatter und sonst nur durch die

Schullesebuch-Balladen. In den gebildeten Kreisen wußte man, daß er auch einmal einen Roman geschrieben habe, »na ja, aber wer kannte ihn? Ich nicht, meine Freunde beim ›Magazin‹ auch nicht«. Es stellte sich zwischen beiden Männern von jenem Tag an ein sehr freundschaftliches Verhältnis ein, in das auch die Familien einbezogen waren. Für Fontane schienen sich nun ganz neue Perspektiven zu eröffnen, Engel vermittelte den Kontakt zu dem Leipziger Verleger Wilhelm Friedrich, in dessen Verlag das *Magazin für Literatur* erschien, das maßgebende Organ in Sachen Literatur.[12] Engel war der leitende Redakteur des Blatts, von ihm lagen auch profunde Bücher über die englische und französische Literatur vor.

Zum großen Bedauern Fontanes zerschlug sich jedoch die Hoffnung, schon die Novelle »L'Adultera« bei dem neuen Leipziger Verleger herausbringen zu können und mit ihm generell eine Zusammenarbeit auf Dauer zu begründen. Es kam zwischen Engel und Friedrich wegen unlauterer Geschäftspraktiken zum Bruch. Der Verleger hatte unrechtmäßig dessen englische und französische Literaturgeschichte nachgedruckt, worauf Engel die Herausgeberschaft des *Magazins* niederlegte. Damit war auch Fontane der Boden für eine weitere Mitarbeit entzogen. Die Novelle »L'Adultera« erschien schließlich im März 1882 in einem Breslauer Verlag.

Die Bestätigung seiner künstlerischen Leistung durch den namhaften Eduard Engel war ein hoffnungsvolles Zeichen und eine Ermutigung für Fontane, die übers Literarische weit hinausging. Er konnte nun hoffen, daß die Öffentlichkeit in ihm nicht mehr nur den Lokaldichter der Mark sah, vielmehr ihn auch als Romanautor anerkannte. Die »Wanderungen« durften deswegen nicht vernachlässigt werden, mit ihnen hatte er schließlich seinen bisherigen Erfolg als erzählender Autor begründet. Bei Hertz sollte bald ein vierter Band erscheinen, der Vertrag darüber lag schon vor. Fontane nimmt deshalb mit Beginn des Frühjahrs 1881 seine Wanderungen wieder auf. Über Ostern reist er ins Land Beeskow-Storkow, er will bei Rauen die legendären Markgrafensteine besichtigen, sich auch Notizen vor Ort über die alte Dom- und Garnisonstadt Fürstenwalde machen. Für Unterkunft war gesorgt, in Fürstenwalde wohnte der Apotheker-Schwiegersohn seiner Schwester Jenny. Mit ihm zusammen unternimmt er einen Ausflug nach Bad Saarow an den Scharmützelsee, der Apotheker begleitet seinen Onkel auch nach Rauen, jener Ortschaft, die jedem Berliner durch die Granitschale im Lustgarten ein Begriff war. Goethe schon hatte die interessante geologische Fundstätte in den Rauener Bergen aufgesucht und wie Fontane von der Höhe aus ins Land geblickt. Im »Spreeland«-Buch ist es der Kutscher Moll, der sie dorthin fährt, ein liebenswürdiger Alter, der dem kleinen Kapitel »Rauen und die Markgrafensteine«, in Dialogform angelegt, original märkisches Kolorit verleiht.

Das Gesehene und Erlebte wird nach der Rückkehr sofort niedergeschrieben, da unmittelbar danach, noch im April, ein Besuch bei Pastor Windel in Potsdam auf dem Plan steht. Dort ist für vierzehn Tage seine Unterkunft das Pfarrhaus der Friedenskirche, Fontane hat somit als Wanderer den gesamten Park von Sanssouci zur Verfügung. Da er sich von seinem Amt als Theaterkritiker nicht beurlauben kann, bricht er schon nach dem Kaffee gegen 17.30 Uhr wieder nach Berlin auf, begibt sich in die Vorstellung vom »Leibarzt«[13], anschließend zum Bahnhof und ist gegen Mitternacht wieder in Potsdam. Am nächsten Vormittag schreibt er seine Kritik – »Herr Müller als Fürst war gut oder doch ausreichend, während Herr Mügge als Doktor und Leibarzt mir wieder nicht genügen konnte« –, sein Sohn Friedel holt das Manuskript ab und bringt es auf die Druckerei nach Berlin. Bei der Rückfahrt von Potsdam, als die schönen Tage von Sanssouci zu Ende sind, geht es selbigen Abends abermals direkt vom Bahnhof aus zu »Wallenstein« ins Theater.

Weil jetzt wegen der vereinbarten Zeitungsfeuilletons übers »Spreeland« die Wanderungen wieder den Vorrang haben, muß die Arbeit an der neuen Novelle »Graf Petöfy« einstweilen zurückstehen. Erst im Herbst 1881 kann es daran weitergehen. Dafür beginnt im April der Vorabdruck von »Ellernklipp« in *Westermanns Monatsheften*, und im Herbst folgt die Buchausgabe bei Hertz – der erste literarische Ertrag des Jahres. Was den Erfolg betrifft, gibt er sich keinen Illusionen hin. Der Gedanke, damit in die Reihe der Erfolgshelden allerpersönlichst eingereiht zu werden, liege ihm sonnenfern, er sei zufrieden, »wenn sich's weiterläppert«. Zu seinen Lebzeiten sollte Fontane tatsächlich keine weitere Auflage erleben, obwohl auch diese Novelle, wiederum sehr sorgfältig gearbeitet, von der Kritik freundlich behandelt wurde. Verschiedene Rezensenten machten allerdings kritische Einwendungen geltend, was die Gesamtkonzeption und die Führung der Personen betraf. Warum heiratete Hilde, da sie doch einen eigenen Willen habe, am Schluß, als der Sohn tot in der Waldschlucht liegt, den Vater, seinen Mörder? Ja, warum? Die Zeitschrift, die diese Frage aufwarf, gab Fontane Gelegenheit, darauf zu antworten. Er sagt, daß er seit seinem sechzehnten Lebensjahr Balladenschreiber sei, sich darauf einexerziert habe und davon nicht los könne. Die Ballade liebe Sprünge, diese seien ihr Gesetz und ihre Lebensbedingung. Da jeder im Banne seiner Veranlagung und Schulung bleibe, lasse er sich bei allem, was er schreibe, von diesem balladesken Gefühl leiten.[14]

Im November liegt das nunmehr zweite Buch des Jahres 1881 vor: der vierte Band der »Wanderungen«, der den Titel »Spreeland« führt. In seinem Schlußwort dazu erläutert Fontane noch einmal, was er mit diesen erzählenden Berichten und Schilderungen beabsichtigt habe und was nicht. Sie seien nicht für den Berufshistoriker geschrieben und jede wissenschaftliche Prätention habe ihm ferngelegen. Denn: »Wer sein Buch einfach ›Wanderungen‹ nennt und es zu größerer Hälfte mit landschaftlichen Beschreibungen und Genreszenen füllt, in denen abwechselnd Kutscher und Kossäten und dann wieder Krüger und Küster das große Wort führen, der hat wohl genugsam angedeutet, daß er freiwillig darauf verzichtet, unter die Würdenträger und Großcordons[15] historischer Wissenschaft eingereiht zu werden. Ich habe ›mein Stolz und Ehr‹ und zwar mit vollem Bewußtsein auf etwas anderes gesetzt, aufs bloße Plaudernkönnen, und erkläre mich auch heute noch für vollkommen zufriedengestellt, wenn mir *dies* als ein Erreichtes und Gelungenes zugestanden werden sollte.«

Fontane sieht damit die »Wanderungen« als Teil seines erzählerischen Werkes, in dem, unabhängig von der gewählten Gestaltungsform, doch auch ein bestimmtes Quantum historischen Stoffes niedergelegt worden sei, das eben nur *hier* existiere. Zusammengetragen war es mit Hilfe von Landpastoren, Lehrern und der »so viel verklagten ›Junker‹«, die doch anders und besser seien als ihr Ruf und denen er, das müsse er bekennen, »eine Zahl allerglücklichster Stunden verdanke«.

Anders als bei »Ellernklipp« konnte Verleger Hertz bei »Spreeland« mit einem gesicherten, zügigen Absatz rechnen. Mit seinen poetischen Baedekern war der Dichter längst ein bekannter Regionalautor geworden, im Bewußtsein der Zeitgenosse zum »Sänger der Mark« erhoben, was er selber »schrecklich« fand, zu ändern war es aber nicht. Es hatte ja auch viel Gutes, indem er mit einer Stammleserschaft rechnen konnte. Vorwiegend setzte sich diese aus den Abonnenten der *Kreuzzeitung* und der *Vossischen Zeitung* zusammen.

Die im altpreußischen Konservatismus wurzelnde *Kreuzzeitung* hatte sich von Anfang an, als Hesekiel noch lebte, für die »Wanderungen« eingesetzt. Jetzt war es Hesekiels Tochter Ludovica, ebenfalls Schriftstellerin, die Fontane als den alten Freund der Familie mit warmherzigem Lob bedenkt und ihre Besprechung im Dezember 1881 mit einem selbstgereimten Vierzeiler beschließt. Wenn man in der Mark Brandenburg den Namen Fontane höre,

> Dann rauscht ihm dankbar der Kiefern Chor,
> Dankbar tönt es durch Sumpf und Moor,
> So lang Mark Brandenburg besteht,
> Des ›Wanderer's‹ Namen nicht vergeht.

An seinem Geburtstag liegt Fontane, wie so oft, wieder einmal zu Bett, erkältet und unbehaglich. Von Emilie läßt er sich aus einer neuen Erzählung von Wilhelm Raabe vorlesen. »Fabian und Sebastian«, wie die beiden Helden der Geschichte heißen, haben keine belebende Wirkung auf den sich matt fühlenden Hausvater, der über den dichtenden Kollegen das Verdikt fällt: »Ganz Raabe; glänzend und geschmacklos, tief und öde.« Das war nur eine Meinung für den Hausgebrauch, wie sie Eingang ins Tagebuch fand, abhängig von seiner Stimmung und Laune und keinesfalls zu verabsolutieren. In einer für das *Magazin* zu schreibenden Besprechung wird er kurze Zeit später die Geschichte um die beiden ungleichen Brüder »ein gutes Buch« nennen, »sehr kunstvoll«, man hätte lediglich einen Teil der »Ausspinnungen und Wiederholungen« streichen müssen. In seiner kühnen und unkonventionellen Art, wie Raabe an den Stoff herangegangen sei, erinnere er ihn an Keller und Lawrence Sterne.

Ins neue Jahr 1882 geht Fontane mit großen Plänen, was die Weiterführung seines »Schriftstellerladens« betrifft. Schon der 2. Januar steht voll im Zeichen der Korrekturen, der Breslauer Verleger Schottlaender hat die Druckereiabzüge von »L'Adultera« geschickt, in den ersten Märztagen soll das Buch vorliegen. Hertz hatte es nicht haben wollen, über die Gründe ist nichts zu erfahren. Ob sie nur rein kommerzieller Natur waren? Vielleicht war ihm das Thema zu heikel oder es störte ihn, daß der Liebhaber der schönen Melanie van der Straaten, der in die Ehe einbricht, Sohn eines jüdischen Frankfurter Bankiers ist, für den Fontane den Namen Ebenezer Rubehn gewählt hat, just nach jenem Ruben des Alten Testaments, der dort hinsichtlich seiner Begierden und moralischen Qualitäten nicht gut wegkommt. Fontane machte sich darüber weiter keine Gedanken, er war auch nicht gewillt, nach irgendwelchen Seiten hin Rücksichten zu nehmen, und wenn sein bisheriger Verleger ein neues Buch von ihm nicht haben wollte, gab er es eben einem anderen. Für die Projekte, die auf seinem Schreibtisch lagen, wird er sowieso zu verschiedenen Verlegern Bindungen eingehen müssen.

Wie sahen nun die Vorhaben für 1882 und die folgenden Jahre aus? Acht Arbeiten sind so gut wie sicher oder schon im Stadium des Entwurfs. Im einzelnen:

Die Novelle »Schach von Wuthenow«, die er in einem Zug zu Ende schreibt. Im März ist sie fertig, ab Juli erscheint sie in der *Vossischen*.

Der Roman »Graf Petöfy« ist zu Teilen fertig, die Überarbeitung wird er aber erst 1883 vornehmen.

Die Novelle »Stine«, mit der er sich schon seit 1880 beschäftigt, bleibt vorläufig liegen, sie wird erst 1890 erscheinen. Zurückgestellt wird ebenfalls der Berliner Roman »Irrungen, Wirrungen«, von dem lediglich Skizzen vorliegen.

Eine weitere Novelle aus seinem Schatzkästlein, auch schon angefangen, hat den Titel »Storch von Adebar«. Darin sollte der pietistische Konservatismus in Preußen in der ersten Hälfte des 19. Jahrhunderts kritisch beleuchtet werden.

Anfang 1883 wird als weitere Arbeit die Kriminalnovelle »Unterm Birnbaum« hinzukommen.

Eine Störtebeker-Novelle könnte ihn ebenfalls reizen. Der Stoff dafür beschäftigt ihn intensiv während eines Aufenthalts auf Norderney.

Zu diesen erzählerischen Werken nimmt er 1882 noch eine Arbeit über die Geschichte des literarischen Berlins zwischen 1840 und 1860 in Angriff. Es handelt sich um eine große Studie über den einstigen Präses vom »Tunnel«, den 1881 verstorbenen Christian Friedrich Scherenberg, den Dichter des alten Preußen und seiner Armee. Bestehen bleibt weiterhin die Idee, als Parallelwerk zu den »Wanderungen« ein mehrbändiges großes Werk unter dem Titel »Aus alten und neuen Tagen der Mark Brandenburg« zu schaffen.[16]

In dem Tempo, wie Fontane literarische Projekte entwirft, können die Verleger gar nicht folgen. Als nächstes liegt vorerst einmal »Schach von Wuthenow« als Buch vor. Auch diesmal geht es wieder um eine intrikate Angelegenheit, der Stoff dazu war der preußisch-märkischen Historie entnommen. Ein Rittmeister von Schack vom vornehmen Kavallerie-Regiment Gensdarmes,[17] männlich flotte Erscheinung, hatte ein Verhältnis mit einer weniger schönen adligen jungen Dame begonnen, ließ aber deutlich werden, daß er trotz der Folgen, die seine Amouren hatten, nicht an Heirat denke. Die Mutter des Fräuleins, alter Adel, wird daraufhin beim König vorstellig und erwirkt, von oben sozusagen, um der honneteté[18] willen, den »Befehl« zur Verlobung. Der Liebhaber-Offizier wird zur allgemeinen Spottfigur und fühlt sich in seiner Ehre so ramponiert, de facto in seiner Existenz erledigt, daß er sich die Kugel gibt.

Fontanes Absicht war, den Blick des Lesers kritisch auf Preußisches zu lenken, wie es sich in einem hohl gewordenen Standes- und Ehrbegriff innerhalb der Gensdarmes, die noch in friderizianischen Traditionen standen, manifestiert hatte. Man betitelte ihn im *Magazin für Literatur* zu seinem Leidwesen wiederum als

»novellistischen Archivdirektor der Mark Brandenburg«, dafür ließ aber der Verleger rasch eine zweite Auflage folgen.

In der *Vossischen Zeitung* hatte er nicht nur für die Ehrpunktgeschichte des »altpreußischen Schach« ein Forum gefunden, sondern auch für seine Preußen-Aufsätze, die als ein eigentümliches literarisches Genre, auf der Mitte zwischen Plauderei und Wissensvermittlung im Fach vaterländischer Geschichte stehend, sein Romanschaffen flankieren, für ihn immer wieder Anstoß zu neuen Wanderungen oder das Ergebnis davon. Im Jahr zuvor war eine fünfteilige Folge über die Hertefelds[19] auf Liebenberg abgedruckt, im Anschluß daran folgte eine neue Serie über Schloß Hoppenrade bei Havelberg und nun sollte über Schloß Dreilinden, den Prinzen Friedrich Karl von Preußen[20] und Fontanes Besuche bei ihm erzählt werden.

Der Prinz, ein Neffe Kaiser Wilhelms, hatte Fontane im Jahr zuvor schon zu seiner Tafelrunde herangezogen, was dieser als Auszeichnung außergewöhnlicher Art betrachtete. In Tagebuchnotizen wie in einem Brief an seinen Vetter Carl Fontane, Chefredakteur der *Posener Zeitung*, der die »Dreilinden«-Aufsätze aus der *Vossischen* gern nachgedruckt hätte, schwärmte Fontane: »Ein im Walde gelegenes halb ›verwunschenes‹ Haus und ein Prinz darin mit seiner Tafelrunde bei Lichterglanz und Fanfaren. Alles wie aus dem Märchen, alles Geheimnis.«

Die Teilnahme an den Gesprächen im Kreis von erlauchten Personen bedeutete ihm offensichtlich mehr als der »Rütli« und alle »Tunnel« zusammengenommen, auch mehr als die Standeszirkel der *Kreuzzeitung*, durch die er seinerzeit erstmals Anschluß an die höheren Gesellschaftskreise fand. Verkehr mit einem Prinzen des regierenden Hauses hieß soviel wie Verbindung zu den Kreisen des Hofes, wenn es auch im Falle Friedrich Karls Querelen mit dem obersten Familienchef, Kaiser-Onkel Wilhelm, gab. Friedrich Karl, ein anerkannter Militär seit den Tagen von Düppel, Königgrätz und Metz, dazu wissenschaftlich interessiert, war das enfant terrible in seiner Verwandtschaft. Wegen seines ostentativen Fernbleibens bei den Familiendiners war ihm vom alten Kaiser Wilhelm, der darin impertinentes Verhalten sah, kurzerhand der Zutritt zu diesen Festivitäten verboten worden. Der Gemaßregelte reagierte auf das kaiserliche Verdikt mit der Bemerkung, daß es ganz in seinem Sinne sei, da ohnehin kein geistiger Genuß an der Tafel der Familie zu haben sei. Eine der Folgen der Zerwürfnisse war, daß sich der Prinz auf seinem Jagdschloß Dreilinden im Grunewald eine eigene Tafelrunde schuf. Auf diese fiel noch ein Abglanz aus den Tagen von Schloß Charlottenhof, dem Musenhof Friedrich Wilhelms III. und der Königin Luise, die seine Großmutter war.

Der Hohenzoller, eine ernste, etwas verschlossene Natur, war als Causeur ein Mann ganz im Sinne Fontanes. Begegnet war er ihm schon wiederholt im Hauptquartier während des Deutsch-Dänischen Krieges, nun konnte er seinen Gastgeber von einer anderen Seite, als Mann der geistreichen Gesprächsführung, kennenlernen. An Nachmittagen in der Woche und gelegentlich auch an Sonntagen machte sich Fontane auf den Weg nach der Stadtwohnung des Prinzen im Berliner Schloß oder mit der Potsdamer Bahn nach Dreilinden. Mit der Rückkehr wird es meistens spät. Man debattiert bis nachts gegen eins, das alte Rom und die moderne Archäologie standen mit obenan, desgleichen das Preußisch-Brandenburgische, Fontanes ureigenste Themen: »Wieviel es erschien da, das flüchtig oder auch in eingehenderer Behandlung an mir vorüberzog: Otto mit dem Pfeil und der sagenreiche Werbellin; die beiden Waldemare (der echte und der falsche); die Schlacht am Cremmer Damm ... Hussitenzeit und Pommernkämpfe; dazu Lücher und Brücher, Wendenkirchhöfe, versunkene Dörfer und Heideflächen.«

Wem Fontane von den Koryphäen der Wissenschaft oder der preußischen Militär- und Hofelite in persona bis dahin noch nicht begegnet war, konnte er hier kennenlernen, wie den Ägyptologen Professor Brugsch-Pascha, den Hofprediger Rogge, den Obersten Graf Schlieffen, Kommandierende Generäle und Offiziere von den Garderegimentern und vom Generalstab, dazu Kammerherrn und Flügeladjutanten bei Hofe. Die Tage, an denen es an der Tafel besonders festlich herging, sind im Tagebuch Fontanes akribisch vermerkt. »Um 4 1/2 zu Prinz Friedrich Karl zum Diner in Jagdschloß Dreilinden. Wir aßen zu 12 ... Wundervolles Lokal, reich an historischen Erinnerungen und Curiositäten. Schöne Weine, brillante Verpflegung, ungezwungene Unterhaltung. Das Ganze dauerte von 5 bis 8. Alles ein sehr verfeinertes ›Tabakscollegium‹.« Einmal war sogar die ganze Familie Fontane zur Tafel geladen und konnte der Herrlichkeiten eines veritablen Schlosses teilhaftig werden. Fontane selbst sammelte während seiner Besuche beim Prinzen Friedrich Karl – »mein besonderer Gönner« – das Material für seinen Wanderungsband »Fünf Schlösser«, der ein großes 70-Seiten-Kapitel »Dreilinden« enthielt. Die Verbindung zu Dreilinden blieb auch zwischen den Besuchen bestehen. Fontane schickte dem Prinzen, der sämtliche seiner Feldherrenlieder auswendig wußte, ein Exemplar seiner »Gedichte«, desgleichen den neusten Wanderungs-Band über das Spreeland. Zum Geburtstag Fontanes entsandte der Prinz, ehe er Anfang 1883 eine längere Orientreise antrat, seinen Adjutanten Baron von Maltzahn in die Potsdamer Straße zur Gratulation. Nicht nur das Militär, auch die »liberale Fraktion« gratulierte. Jugendfreund Witte aus der Apothekerzeit erschien, jetzt Fabrikbesitzer und Reichstagsabgeordneter der oppositionellen Freisinnigen.

Trotz mancherlei Unterbrechung hat sich der Tagesrhythmus des Dreiundsechzigjährigen auf ein gewisses ruhiges Gleichmaß eingependelt. Die stereotyp im Tagebuch wiederkehrenden Vermerke lauten: »Gearbeitet. Gelesen. Briefe geschrieben. Abendspaziergang.« Daß das nun für den Rest seines Lebens so bleiben wird, darauf scheint er sich eingerichtet zu haben. In jenem Brief, in dem er seinem Vetter in Posen den Märchenglanz von Dreilinden ausmalt, heißt es zur eigenen bürgerlichen Existenz: »Änderungen werden sich in meinem Leben nicht mehr vollziehn. Ich arbeite vom 1. Januar 83 ab an einer ... im ersten Entwurf bereits fertigen, längeren Novelle und nebenher laufend an einer Scherenberg-Biographie. Bin ich mit diesen beiden Arbeiten bis zum 1. Oktober fertig, so kann ich noch von Glück sagen. Ich setze mich dann aufs Neue hin, schreibe, während des Schluß-Vierteljahrs ... eine neue Novelle im Brouillon fertig, und beginne danach vom 1. Januar 84 genau dasselbe Leben.« Das sollte heißen, daß sein Vetter für sein Blatt nicht mit irgendeiner Mitarbeit zu rechnen brauchte. Briefe ähnlichen Inhalts bekommen auch die anderen Verwandten, ihnen schildert er sein Dasein als »Zurückgezogenheit von der Welt«. Sie sollen sich bloß nicht einbilden, daß er ein Leben wie in »Tausend und einer Nacht« führe, nur noch, wie die Legende gehe, mit berühmten Exzellenzen und Künstlern diniere und nur dann nie zu sprechen sei, wenn jemand von der Familie etwas von ihm wolle.

1882 bietet sich für Fontane wieder einmal Gelegenheit, sich mit Themen der Malerei zu befassen, wie er es schon in seiner Zeit als Presseagent bei der preußischen Gesandtschaft in London getan hatte und später bei der *Kreuzzeitung*. Er schreibt für eine Zeitschrift an einem größeren Aufsatz über Carl Blechen, der als Vater der märkischen Landschaftsmalerei in die Kunstgeschichte eingegangen ist. Bei einem Berliner Sammler in dessen Wohnung in der Friedrichstraße läßt er sich Gemälde und Zeichnungen zeigen und »allerhand über Blechen und seine Schicksale« berichten. Fontane engagierte sich für den Künstler zu einer Zeit, als dieser noch nicht in seiner vollen Bedeutung gewürdigt wurde. Mittelpunkt der Berliner Kunstausstellungen war er nicht. Zum Jahresende 1882 war dort gerade wieder einmal ein neues Großgemälde von Hans Makart, »Der Sommer«, ausgestellt, das Fontane zutiefst mißfiel, weil es seiner Auffassung von der Natürlichkeit der Kunst widerstrebte. Was sah er? Fast genau dasselbe wie auf dem Bild »Die Jagd der Diana«. »Dieselben hetärenartigen Weibsbilder, die alle wirken, als wären sie Chansonette-Sängerinnen gewesen oder als wollten sie's morgen werden. ... Dort sind sie bei der *Jagd*, hier sind sie im *Bade*. ... Ich gebe zu, daß die Technik bewundernswert, die Farbenwirkung bedeutend, das Compositionstalent nicht gering und das Weibervolk verführerisch«, und doch lasse ihn alles ganz kalt, mehr noch, es langweile ihn, weil man nicht recht an das Leben dieser Gestalten glaube, es seien Abgeschiedene und Verurteilte. Auch wenn sie den Sünden- und Todeskeim nicht in sich trügen, wäre es nichts damit. Es bliebe eine »geschraubte Geschichte«. Während er an seinem Blechen-Aufsatz für die Zeitschrift *Nord und Süd* arbeitete, hatte er eine Begegnung mit dem russischen Maler Werestschagin, seit dem Krimkrieg eine europäische Berühmtheit als Schlachtenmaler, der in Berlin weilte und Gast im Hause von Wilhelm Gentz war. Über ihn wird Fontane wenige Tage später ebenfalls einen Aufsatz schreiben. Auch wird er noch zu Menzel ins Atelier gehen, um sich dort das fertiggestellte neue Bild »Piazza d'Erbe« anzuschauen.

Im Juni 1883 wird Fontane selbst auf der Berliner Kunstausstellung als »Objekt« zu sehen sein. Sein von dem Maler Carl Breitbach gefertigtes Porträt ist ausgestellt, für das er seit März Modell gesessen hatte. Seine Frau Emilie schreibt ihm in die Sommerfrische nach Thale, daß ihr sein Bild »den weniger guten Eindruck gemacht habe von den wenigen Malen«, wo sie es gesehen habe, aber Sohn Friedel habe drei alte Damen davor sich unterhalten hören, die gesagt hätten, es sei »das schönste Porträt der Ausstellung«. Sie waren sich aber nicht recht einig, wen es darstelle. Es wäre ein Schriftsteller. »Wer denn?« – »Ich glaube, Brachvogel.« – »I nein, der Kritiker von der Vossin.«

Ganz im Gegensatz zu Berlin hatte sich Fontane über solche »Verkennung« seiner Person auf Norderney, wo er im Anschluß an Thale noch einmal einen längeren Arbeitsaufenthalt nahm, nicht zu beklagen. Er begab sich dort wegen einer Besorgung in die Inselapotheke und hat mit dem Besitzer, einem »stattlichen Friesen von Bildung, Manieren und Distinktion« ein überraschendes Erlebnis. »Ich bat um ein Fläschchen Esprit des Menthe und bestellte mir ein großes Oxycroceum-Pflaster. Bei der Gelegenheit nannte ich ihm meinen Namen und begann diesen wie gewöhnlich zu buchstabieren. Er lehnte dies aber mit einer verbindlichen Handbewegung ab und sagte nur, halb fragend, halb sich verneigend, ›*Theodor* Fontane‹ mit Betonung des Vornamens. Als ich nun meinerseits nickte und so zu sagen meinen Prinzen-Stern zeigte, murmelte er allerlei dunkle Huldigungsworte, so daß ich die Apotheke mit dem Gefühl verließ, den größten Triumph meines Lebens erlebt zu haben. Und dies nicht etwa scherzhaft«, versicherte er seiner Frau im Brief, »sondern ganz ernsthaft gemeint. Du weißt, wie mißtrauisch und ablehnend ich in diesem Punkte bin. Dies war aber *wirklich* 'was und wiegt mir drei Orden auf.«

Das war im kalten, stürmisch regnerischen Juli auf Norderney, im Tagebuch taucht witterungsgemäß auch das zu dem Pflaster gehörende Wort »Hexenschuß« auf. Fontane wollte auf der Insel, so war es gedacht, in naturelementarer Zurückgezogenheit seinen »Graf Petöfy« abschließen und die »himmlische Luft«

genießen. Bei seinem diesjährigen Aufenthalt, er ist schon das zweite Mal hier, trifft er wieder mit Graf Knyphausen, dessen Frau und den sechs lieblichen Töchtern zusammen. Die gräfliche Familie zählt er mittlerweile schon zu seinem alten Bekanntenkreis, denn er war 1880 schon Gast bei ihnen auf Schloß Lütsburg gewesen, als er wegen alter Chroniken für seine märkischen Kapitel über Schloß Hoppenrade unterwegs war. Sowohl das alte Schloß der Knyphausens aus dem 18. Jahrhundert mit den ehemals prunkvoll barockenen Parkanlagen wie die Insel selbst war vom Wanderer Fontane schon in Versen besungen worden. Anläßlich einer Soirée musicale zum Besten einer Kinderheilanstalt war er dem Wunsch des Hausherrn nach einem Prolog nachgekommen.

Nicht in die Berge diesmal, an das *Meer*,
Ans *wirkliche* (das frei von Ufer-Engen),
Ans *wirkliche*, wo schon vom Weltmeer her
Atlant'sche Wasser sich mit deutschen mengen;
Ans *Nordmeer* also! Nur die Wahl ist schwer,
Weil siebenfach sich stolze Namen drängen;
Indes von sieben bleiben schließlich drei:
Sylt, Helgoland und – unser Norderney.

Im September ist Fontane wieder in Berlin, die Theater haben begonnen und am »Scherenberg« muß weitergearbeitet werden. Es geht nur stockend voran. Die »Nervenpleite«, wie seine Selbstdiagnose heißt, hat sich wieder eingestellt und das heißt »Arbeit mit halber Kraft«. Es wären die Kapitel über Lassalle und die Poeten des »Berliner Figaro«, die die Idole seiner Apotheker-Jugendzeit waren, fürs Buch zu schreiben, aber es geht nicht. Ein Blick ins Tagebuch für 1884 läßt erkennen, daß in den ersten Monaten die Kraft gerade reichte, um das sehr aufwendige und anstrengende Scherenberg-Buch zu Ende zu bringen und die *Vossische* mit der laufenden Theaterkritik zu versorgen.

Während er für »Scherenberg« in Gedanken die Tage seiner Jugend und die »Tunnel«-Epoche heraufbeschwört, begegnet ihm auf einem seiner Nachmittagsspaziergänge durch den Tiergarten, es ist Sonntag, ein Stück eigener Vergangenheit in der Person Leo Goldammers, der gerade auf dem Weg in den »Tunnel« ist. Dort war er 1850, also vor 34 Jahren, als »Neuer« eingetreten, zu einer Zeit, da Fontane schon sechs Jahre dabei war. Der einstige Mitstreiter für die hehren Ziele der Kunst kommt anno 1884 bei Fontane nicht gut weg. Am Abend nach der Begegnung wird er ins Tagebuch folgende Notiz eintragen: »Dichter dritten Ranges sind schon lächerlich, wenn sie jung sind, aber solch 72jähriger, mit kolossalem Asthma, der immer noch bei seinem vor 40 Jahren angefangenen ›Großen Kurfürsten‹ sitzt, ist die Lächerlichkeit in höchster Potenz. Dabei immer noch einen schwärmerischen Augenaufschlag, immer noch lyrisch und schwabbelig. Er war mal Bäcker, das läßt sich begreifen, dann aber auch städtischer Nacht-Wachtmeister oder Nachtwächter-Oberst, das läßt sich *nicht* begreifen. Unter seinem Regime muß furchtbar eingebrochen worden sein. Guter Kerl, aber just einer von der Sorte, die die Dichter-Reputation immer tiefer in den Dreck hineinbesorgen.« Das war boshaft und hämisch und ein gut Stück elitärer Überhebung gegenüber einem Mann, mit dem er ein Stück Weges im »Tunnel« gemeinsam gegangen und dessen »Kurfürsten«-Stück immerhin mal ein Bühnenerfolg gewesen war. Stellt man seinem Tagebucheintrag noch sein öffentliches Urteil über Goldammer gegenüber, das er zehn Jahre später in »Von Zwanzig bis Dreißig« fällt, wo er ihn einen »vortrefflichen« Erzähler nennt, ja einen »kleinen Zola«, so bleibt der Nachgeschmack wechselnder Ansichten und Meinungen je nach Opportunität und Laune.

Der Mai des Jahres 1884 sieht Fontane bereits wieder auf Wanderschaft in die Umgebung von Berlin, erforderlich geworden »im Interesse meiner Novelle«. Diese Novelle trug den Titel »Irrungen, Wirrungen« und ließ einige Kapitel in der Nähe von Berlin spielen, in einem Ausflugslokal bei Zeuthen, das den Namen Hankels Ablage führte. In diesem, ganz solitär auf einem Uferstreifen der wendischen Spree gelegenen Domizil bezog Fontane, das neue Manuskript in der Tasche, ein Zimmer. Eine abgeschiedene und gerade deswegen ideale Gegend, denn hinter dem Villenvorort Zeuthen begann nach Fontanes eigenen Worten »die Wendei«, was soviel bedeutete wie daß Zivilisation, Lärm und Großstadt hier zu Ende waren. Vom Wasser her kam eine beständig frische Brise, das alte schilfgedeckte Wirtshaus stand im Schatten mächtiger Ulmen, es war ein paradiesischer Arbeitsplatz. »Ich war 14 Tage da und habe nie einen bessren Sommeraufenthalt gehabt: still, himmlische Luft, Wasser und Wald, ausreichende Verpflegung und freundliche Leute.« Acht Kapitel zu seiner Berliner Liebesromanze um Botho und Lene entstehen, womit der Roman im Grundentwurf glücklich zum Abschluß gelangte.

Ehe Fontane im Juni wieder in die »große« Sommerfrische nach dem Harz aufbricht, liefert er noch die fertigen Kapitel des »Scherenberg«-Buchs in der Redaktion der *Vossischen* ab, die mit dem Druck beginnen will. Einige Briefe sind noch zu schreiben, die *Gartenlaube* möchte eine neue Novelle bei ihm bestellen, eine Kunstausstellung mit spanischen Landschaften ist noch zu besuchen und ein Bericht darüber zu geben, desgleichen eine Ausstellung des Berliner Porträtmalers Gustav Richter. Seinen beiden Söhnen war außerdem versprochen, daß er und Emilie an einer Sommerpartie teilnehmen würden, die von den Mitgliedern der »Zwanglosen« Anfang Juni nach dem Havelseengebiet bei Pichelsberg geplant war.

Die »Zwanglosen«, ein Zusammenschluß junger Leute, dem George und Theo Fontane angehörten, hatten sich im Januar 1884 gegründet. Die Anregung dazu war von den Literaturhistorikern Otto Brahm, dem späteren Theaterleiter und Vorkämpfer Ibsens und Hauptmanns, sowie Paul Schlenther ausgegangen, die sich, wie auch Fritz Mauthner und andere als Verehrer Fontanes verstanden und sich der Pflege und Verbreitung seines Werkes verschrieben hatten. Dem Kreis schlossen sich zahlreiche junge Leute an, die mit Bühne, Literatur und Verlagswesen zu tun hatten oder an der Kunst Interesse fanden. Mit achtzig Personen geht die Fahrt nach Pichelswerder, der gutbewaldeten, großen Ausflugsinsel in der Havel. Mit von der Partie sind die Töchter des Dichters Spielhagen, »das ganze Haus Meyerheim«[21], die junge, bereits avancierte Schauspielerin Paula Conrad[22] und die Tochter des Verlegers Müller-Grote[23], die mit Mete befreundet war. Von dieser Exkursion, diesmal wirklich zum Vergnügen und frei von Arbeitspflichten, heißt es: »Sie verlief sehr gut. ... Um Mitternacht wieder zu Haus.«

Im Bannkreis des Brockens

Mit dem Monat Juni 1884 war im Haushalt der Familie Fontane wieder einmal die Zeit gekommen, die Koffer für die Reise in die Sommerfrische zu packen. Es spielte sich alles genau so ab, wie es alsbald in dem Roman »Cécile« nachzulesen war. Man steht am Bahnsteig, die Fahrkarten werden geknipst, der Wagen zweiter Klasse wird bestiegen, mit Genugtuung darüber, daß das Abteil leer ist und hoffentlich bis Thale so bleibt. Der Unterschied war nur, daß jenes Berliner Roman-Ehepaar, das in Berlin den Zug besteigt, nicht Fontane hieß, sondern St. Arnaud und daß Fontane, der Schöpfer des Romans, die Fahrt ins liebliche Bodetal im Harz ohne seine Frau antrat.

Daß er allein wegfuhr hatte seinen Grund darin, daß der Juni in der Regel für den Abschluß einer größeren Arbeit vorgesehen war, für die sowohl innere wie äußere Ruhe benötigt wurde. Die Landschaft zu Füßen des Brockens war, wie er in zurückliegenden Jahren wiederholt hatte feststellen können, eine für ihn geeignete Umgebung. Unbehelligt vom Verkehrslärm der Potsdamer Straße, abgeschirmt von Besuchern und Verpflichtungen, die man so oder so der Umwelt gegenüber hatte, konnte er nun endlich wieder in die Stille eintauchen. Obwohl er zu Hause über ein eigenes Arbeitszimmer verfügte, wußte er, daß sich beim besten Willen und bei größter Rücksichtnahme die Ansprüche der lieben Nächsten mit den Anforderungen, die die Figuren seiner Romane an ihn stellten, nicht immer in Übereinstimmung zu bringen waren. Irgendwann gab es immer eine Störung, ein Mißverständnis, eine Verstimmung. Es war auch jetzt nicht so, daß es ihm an Einladungen aus seinem großen adligen und nichtadligen Bekanntenkreis gefehlt hätte, Quartier bei ihnen zu nehmen und irgendwo an einem märkischen oder holsteinischen See zu schreiben. Versucht hatte er diesen kostensparenden Weg schon etliche Male, aber es war für die Produktion zu wenig herausgekommen. Es ging eben nur in der Einsamkeit, als Solo-Krebs, wie er festgestellt hatte, denn »die Menschen, unter denen man lebt, stellen sich zwischen einen und das Papier, darauf man schreiben will«.

Kurz vor der Abreise nach Thale erreichte ihn noch ein Brief einer Freundin der Familie mit einer Einladung zum gemeinsamen Aufenthalt in Schlesien. In Aussicht gestellt war ein Ausflug zur Besichtigung des Schlachtfelds von Hohenfriedberg. An sich eine verlockende Sache, die Fontane aber nicht in die Planung paßte, weil er gerade diese drei Wochen unbedingt in Thale zubringen müsse, um dort mit der Niederschrift seiner neusten Novelle zu beginnen, die zur Hälfte in Thale im Hotel Zehnpfund spiele, und dazu müsse er das Lokal vor Augen haben und absolute Ruhe. So lauteten die Gründe für die Ablehnung im Brief. Von sich aus war aber Arbeit nicht unbedingt vorgesehen, weil diesmal tatsächlich die Erholung an erster Stelle stehen sollte. Es war das erstemal, daß er sich nach vielen Jahren tatsächlich einmal »wirkliche Ruhe« gönnen konnte. Würde sich etwas fürs Schreiben ergeben, dann gut, wenn nicht, war nichts weiter versäumt.

Den Harz hatte Fontane in den zurückliegenden Jahren wiederholt als Refugium gewählt. Den Band »Ruppin« hatte er hier überarbeitet, neue Novellen entworfen, Scott- und Zola-Studien getrieben und im Jahr zuvor, auch im Juni, letzte Hand an »Graf Petöfy« gelegt. Die kräftig würzige Luft der Tannenwälder und die Weite der Landschaft mit dem Gebirgspanorama des Brokkens empfand er als überaus wohltuend für Nerven und Gemüt. Schon von früheren Aufenthalten her hatte er nach Hause geschrieben, was es doch für ein »himmlisches Arbeiten in solcher Berges- und Feiertagsstille« sei. Von seinem Hotelzimmer aus hatte er die Teufelsmauer bis zum Hexentanzplatz im Blick, und vom großen Balkon des Hotels sah er auf die Roßtrappe und ins Bodetal. Was war dagegen seine Stube zu Hause, in die nur einmal am Tag das Licht kam und deren Tür in das noch dunklere Berliner Hinterzimmer führte.

Da auch Nachdenken über die Kapitelgestaltung einer Novelle Arbeit bedeutete, ließ sich diese Art künstlerischer Beschäftigung gut mit Ausflügen verbinden. Auf den Hexentanzplatz hinaufzuwandern oder entlang der Bode konnte gleichermaßen erholsam wie abenteuerlich sein. In Verfehlung des Heimwegs blieb ihm bisweilen weiter nichts übrig, als barfuß, Stiefel und Socken in der Hand, die Hosen hochgekrempelt, über glitschig scharfkantige Steine den Fluß zu durchwaten. Ausflüge mit derartigen Strapazen, einmal fast einen ganzen Tag lang mit fünf Stunden Fußmarsch, teilweise steil bergan, empfand er als »eine glänzende Leistung«, über die er mit Stolz nach Hause berichtete. Das alles lag nun freilich schon etliche Jahre zurück, aber es waren doch schöne Tage, da er sich nach Tisch mit seinen Büchern von drei bis sechs in eine Weinlaube zurückziehen konnte, die, noch nicht zugewachsen, einen Blick in die Berge hinein freigab. Mit der Sonntagsruhe und dem Lesen in der Laube war es sofort vorbei, wenn an den Wochenenden unten am Bahnhof mit kurzem Pfiff der Zug einrollte, der neue Scharen von Ausflüglern heranbrachte. Sie zu beobachten hatte seinen Reiz. Es amüsierte Fontane, wie die so unterschiedlichen Temperamente, am Ausflugsort angelangt, sich zu ihrer Umgebung stellten, wie sie redeten und agierten. Die Jüngeren wollten sofort eine Bergtour unternehmen, ohne sich überhaupt für ihr Hotel und ihre Unterkunft zu interessieren. Andere wiederum, die »Renommisten«, erkannte er daran, daß sie sich sogleich an die Spitze ihrer Gruppe stellten, die Wanderkarte in der Hand, die gleichsam zum Kommandieren berechtigte. Gegen solche Experten mit dem Überlegenheitslächeln hatten die einheimischen Führer keine Chance. Bestand eine Ausflugsgruppe nur aus Damen, so waren in unmittelbarer Nähe zu ihnen »die Elegants« zu bemerken, die sich vor der Eroberung des Gebirges möglicherweise noch eine andere »Eroberung« versprachen und sich mit den Angekommenen zunächst im Hotel zu einem Bier, einer Tasse Kakao oder einer Bouillon mit Ei niederließen, ehe sie zum gemütlichen Wanderkränzchen in Richtung Hexentanzplatz aufbrachen.

Neben den führungsbedürftigen Damen gab es noch »die Dikken« als Sonderkategorie, die »kurzbeinig, kurzhalsig, apoplektisch, rot und schweißtriefend über den Kiesweg ins Hotel hineintänzelten«, wo sie bei einem Glas Selterwasser ernsthaft-komisch ihre großen Touren entwarfen, daß es einem unbeteiligten Beobachter »trotz der Hitze kalt werden konnte«. Jeder hatte vor, am gleichen Tage noch » den Harz abzumachen«.

Das Ehepaar St. Arnaud, das in Fontanes Roman »Cécile« nach Thale kommt, gehörte in keine der beschriebenen Kategorien. Der vornehme französische Name legte eher den Gedanken nahe, daß Leute ihrer Herkunft als Kuraufenthalt in der Regel die Riviera oder Bad Kissingen wählten, nicht aber ein gutbürgerliches Hotel Zehnpfund, wo jedermann anzutreffen war, denn daß die Arnauds zu den besseren Kreisen gehörten oder doch einmal dazugehört haben mußten, daran ließ die Vornehmheit ihrer Erscheinung nicht den geringsten Zweifel. *Ihn* konnte man sich in Uniform gut als einen höheren Militär vorstellen, was er ja tatsächlich auch einmal war, *sie* war eine Dame durch und durch, von bestrickender Schönheit und einem einzigartig slawisch-melancholischen Charme. Das Interesse für dieses außergewöhnliche Paar geht im Buch von einem Hotelgast aus, der sich von der Erscheinung Céciles angezogen fühlt und hinter ein vermutetes Geheimnis zu kommen trachtet. Wer ist sie? Wo stammt sie her? Wie kam sie an diesen Oberst, der – obwohl ganz Kavalier, immer aufmerksam, immer korrekt – doch nicht der ersehnte Mann an ihrer Seite sein konnte?

Man schließt Bekanntschaft, unternimmt gemeinsame Ausflüge in die nähere Umgebung, die bei Fontane in liebenswürdiger Kleinmalerei geschildert sind. Man nimmt als Leser teil an den Gesprächen, läßt sich willig forttragen von den Dialogen, einbezogen in eine sich fortspinnende Geschichte, die, in der Schwebe zwischen Idylle und Illusion, von der sich anbahnenden Beziehung zwischen zwei Menschen erzählt, die nach unabänderlichem Gesetz beiden zum Verhängnis werden muß.

Alles, was Urlauber Fontane an Eindrücken und Beobachtungen bei seinen Harzaufenthalten in sich aufgenommen hat, fand Eingang in seine Dichtung. Geradezu minutiös sind die Abende im Hotel, die Gespräche an der table de hôte, die Personen mit ihren Spleenigkeiten, Eitelkeiten und Begehrlichkeiten nachgezeichnet, jede nach dem Leben und mit dem genauen Abbild ihrer Umwelt, ganz wie auf den Bildern des Berliner Gesellschaftsmalers Skarbina.[24] Phantasie und Realität fließen zusammen, es gibt keine Schranken mehr dazwischen. Mit seinen Romanfiguren wiederholt Fontane seine eigenen Ausflüge nach dem benachbarten Quedlinburg, der tausendjährigen Kaiserstadt, doziert dabei aus dem Munde seiner Personen einschlägiges Wissen aus dem Baedeker. Alles ist am Ende poetisch geformter Rohstoff von der Hand eines Künstlers, der selbst die fragwürdigste Priorin und die ehrwürdigste Äbtissin aus dem mittelalterlichen Gemäuer von Stift Quedlinburg heraufzubeschwören vermag.

Der Tag ist heiß, als Arnauds und ihr Begleiter, der Amant Céciles, Herr von Gordon, zu Pferde einen Ausflug machen, vorbei an einem Dorf, wo der rote Mohn im Kornfeld blüht. Man ist froh, in den kühlen Schatten des Waldes eintauchen zu können, wo das Klopfen des Spechts und das Echo des Kuckucks zu vernehmen sind. Am Abend, als die Ausflügler den Heimweg antreten, steht bereits der Mond am Himmel, die Abendkühle des Gebirges zieht herauf. Oben auf dem Plateau, wo die Drei zu Pferd entlangreiten, »war nichts als Gras und Acker, zwischen denen ein schmaler Weg lief, nur gerade breit genug, um in gleicher Linie nebeneinander bleiben zu können. Die Schatten aller drei fielen vorwärts auf den wie Silber blitzenden Weg, und diesem ihrem Schatten ritten sie nach. ... Unten im Tal, von Quedlinburg und der Teufelsmauer her, kam im selben Augenblicke klappernd und rasselnd der letzte Zug heran, und das Mondlicht durchleuchtete die weiße Rauchwolke, während vorn zwei Feueraugen blitzten und die Funken der Maschine weithin ins Feld flogen.«

Man denkt bei solchen, in den Handlungsablauf eingestickten Naturbildern unwillkürlich an die Ausführungen, die Fontane in seinem Aufsatz über Willibald Alexis dargelegt hatte, wonach Landschaftsschilderungen in Romanen nur dann noch ihre Berechtigung hätten, wenn damit der Zweck verfolgt würde, »Stimmungen vorzubereiten oder zu steigern«. Das Muster hierfür war schon für Alexis und so auch für Fontane die Kunst des großen Shakespeare, bei dem das gewaltig Unerhörte, das geschieht, immer von verwandten Erscheinungen draußen in der Natur begleitet ist. Das Ausmalen der Idylle bei Fontane im Zenit des Sommers sollte heißen, daß auch der Zenit einer Annäherung überschritten ist und sich das Schicksal der Betreffenden jäh wenden wird. Einen solchen Sommer werden die Drei nicht wieder erleben.

Roter Mohn, Kuckuck, Specht und Reiterglück – so war es im Roman. Die Realität war weniger poetisch. Als Fontane im Juni 1884 in Thale ankam, war es kalt. Nach Hause schreibt er, daß er friere und immer müde sei, weshalb mit der Arbeit wohl nicht viel werden würde. Die Zeit vergeht auch so mit Gesprächen, Zeitunglesen und Briefeschreiben. »Trotz der barbarischen Kälte lebe ich glückliche Tage, doppelt glücklich dadurch, daß ich mir seit vielen Jahren zum ersten Male wieder eine wirkliche Ruhe gönne.« Zu einem Ausflug reizt ihn diesmal nur Quedlinburg, die anderen Orte wie Goslar, Blankenburg und Ballenstedt, einen der Stammsitze des Askanier, will er aufgeben. »Man hat doch zu wenig von solchen Nestern«, meint er mißmutig und überhaupt seien ihm Kirchen, Schlösser, Bilder und dergleichen »langweilig geworden«. Goslar, die alte Kaiserpfalz, mache freilich eine Ausnahme.

Nach acht Tagen Harzaufenthalt kommt er zu der Feststellung, hier irgend etwas noch zu arbeiten habe er aufgegeben. Er wolle aber trotzdem etwas tun und bittet seine Frau, ihm die letzten Kapitel seiner »Scherenberg«-Studie zu schicken und noch zwei neue Hemden, die er dringend benötige. Er könne nichts mehr im Hotel in die Wäsche geben, da sie alles nur ruinierten. Die Hemden und die »Scherenberg«-Skripten sind eingetroffen, er will sich an die Überarbeitung machen, als plötzlich sein Interesse an seiner Phantasiegestalt Cécile, der Frau mit dem Gemmenkopf und den mandelförmigen Augen, wieder aufflammt. Aus der Bemerkung seines Briefes an seine Frau, er »pussle seit gestern« an seiner neuen Novelle, war herauszulesen, daß nunmehr die Geschichte von einer verhinderten Liebe klar vor seinen Augen stand.

Ein Kapitel seines Buches erlebt er schon vorweg, als er eine Fußwanderung am Bode-Fluß entlang nach dem Dorf Altenbrak hin unternimmt, wo ein weit und breit als Original bekannter achtzigjähriger Kantor, genannt »der Präzeptor«, einen kleinen Familiengasthof führt. Von den Unterhaltungen mit dem Alten, ehedem Prediger und Schullehrer, ist Fontane höchst angetan. Emilie liest davon in seinem Brief.

Altenbrak a.d. Bode
19. Juni. Donnerstag. »Zum Rodenstein«.
Liebe Frau,
Heute von *hier* aus einen Gruß!
Nach dreistündigem Marsch traf ich hier in Altenbrak ein und will nun über Treseburg zurück, nachdem ich mit dem »*Herrn Praeceptor*«, einer klassischen 80jährigen Figur (Kopf genau wie Roquette, aber 6 Fuß groß und in tiefstem Baß sprechend) zwei Stunden lang geplaudert habe. Alles wundervoll, phantastisch-humoristische Märchenwelt. ... Alles wundervoller Stoff für meine neue Novelle (*nicht* die Gartenlauben-Novelle), die sich mir heut auf dem dreistündigen Marsch in allen Teilen klar ausgestaltet hat. Es kann nun also damit los gehn, – ich glaube was ganz Feines.
Herzliche Grüße Dir und den Kindern ....

Und seine Frau schrieb zurück: »Ich freue mich sehr Deinetwegen, daß der Genius noch über Dich gekommen ist.«

Im Unterschied zu dem Genius, der Fontane im Bannkreis des Brockens umschwebte, hat sich seine Frau zu Hause in der Wohnung mit recht prosaischen Dingen herumzuschlagen. Sie ist wieder einmal gezwungen, alles im Haushalt allein zu machen, selbst die Milch von Bolle muß sie von unten von der Straße heraufholen. Das Hausmädchen hatte gekündigt und ein neues war noch nicht gefunden. So enthalten ihre Briefe an den »geliebten Alten« nur belanglose Mitteilungen, daß das Wetter in Berlin kühl, regnerisch und windig sei, Theo sich erkältet habe und Metes Rückkehr aus Italien bevorstehe.

Die kleine Romance um Cécile, deren Handlung und Niederschrift in Thale begann, hat für ihre 180 Seiten eine ziemlich lange Entstehungszeit. Fontane nahm die Novelle im Anschluß daran wieder in den großen Sommeraufenthalt nach Krummhübel mit, um die ersten Teile auszuarbeiten. Von Thale her existierten lediglich zehn Blatt Papier, auf ihnen war aber der Inhalt der vierzehn Buchkapitel bis ins kleinste exakt niedergelegt. Darüber hinaus gab es Notizen von den Ausflügen nach Quedlinburg, die, zu eigenen Kapiteln gestaltet, in den Roman eingebaut werden sollten. Soviel an Stoff und Vorstellungen auch vorhanden war – das Gestalten wollte und wollte diesmal nicht recht glücken, soviel er auch umstellte und nachdachte. Immerhin standen die Haupt- und Nebenpersonen fest, desgleichen die Schauplätze, und er glaubte auch, daß die von ihm geschaffene Frauengestalt, weil sie in der bisherigen erzählenden Literatur so noch nicht da war, das Interesse der Leser finden müßte.

Es ist April 1886 geworden, als er allmählich die letzten Korrekturen am Manuskript beendet, in dem Gefühl, »eine riesig mühevolle Arbeit« vollbracht zu haben, die »vielleicht nicht mal geglückt« sei. Emilie hat diese Zweifel auch, sie war von dem Geschöpf seiner dichterischen Phantasie nicht hingerissen. Ihre Meinung war, Cécile verbreite »eine starke Langweiligkeit«, was nun Fontane ganz und gar nicht akzeptieren konnte.

Es sollte auch nicht jene Cécile sein, die Frau, die ihre Jugend schon hinter sich hatte, sondern ein ganz anderes Wesen, das Fontanes großen Ruhm als Romancier begründete. Die Berggeister des Brockens hatten letzten Endes doch alles zum Guten gewendet. Denn es war in Thale, daß ihm »Effi« durch einen glücklichen Zufall vor Augen trat. »Ich saß im Zehnpfund-Hotel in Thale, auf dem oft beschriebenen großen Balkon, ›Sonnenuntergang‹, und sah nach der Roßtrappe hinauf, als ein englisches Geschwisterpaar, er zwanzig, sie fünfzehn, auf den Balkon hinaustrat und drei Schritt vor mir sich an die Brüstung lehnte, heiter plaudernd und doch ernst. Es waren ganz ersichtlich Dissenterkinder, Methodisten. Das Mädchen war genau so gekleidet, wie ich Effi in den allerersten und dann auch wieder in den allerletzten Kapiteln geschildert habe: Hänger, blau und weiß gestreifter Kattun, Ledergürtel und Matrosenkragen. Ich glaube, daß ich für meine Heldin keine bessere Erscheinung und Einkleidung finden konnte, und wenn es nicht anmaßend wäre, das Schicksal als etwas einem für jeden Kleinkram zu Diensten stehendes Etwas anzusehen, so möchte ich beinah sagen: das Schicksal schickte mir die kleine Methodistin.«

Schreiben ist Pflicht

Der Juli des Jahres 1884 war ein heißer Monat mit schwülen, drückenden Temperaturen, die sich auf Fontanes Befinden und die Arbeit ungünstig auswirkten. Aus Thale war er schon recht ermattet in Berlin angekommen, ohne hier die gewohnte Ordnung vorzufinden. Es ist noch immer kein neues Hausmädchen gefunden, seine Frau wirtschaftet nervös in der Wohnung umher, eine Aufwartefrau hatte wieder abgesagt, zum Verdruß Emiliens, die am liebsten ihre kleine Wirtschaft ganz allein besorgt hätte, wenn ihr Stand – wie sie meinte – es zugelassen hätte. Fontane regelt ein paar Verlagsgeschäfte und fährt nach einigen Tagen, auch um der häuslichen Unruhe zu entkommen, zum zweiten Mal in die Sommerfrische, diesmal nach Krummhübel. Den kleinen schlesischen Ort am Fuße der Schneekoppe kannte er schon von einem Aufenthalt 1872 – damals schrieb er noch am 1870er Kriegsbuch.

Krummhübel, von Schmiedeberg aus mit der Kleinbahn zu erreichen, zieht sich im Tal der Lomnitz tief in die Berge hinein, mit seinen weit zerstreuten Ortsteilen war es zu Fontanes Zeiten schon ein besonders auch von den Berlinern geschätzter Luftkurort. Nicht weit davon liegen Hirschberg und Schmiedeberg, die befreundeten Treutlers auf ihrem Gut in Neuhof bei Liegnitz sind fast Nachbarn, mit denen man gemeinsame Ausflüge ins Riesengebirge unternehmen kann. Da Schlesien ihm als Ferienaufenthalt besonders zusagt, wird Fontane von nun an für längere Jahre im Hirschberger Tal seine Zelte aufschlagen. Und wie der Harz, so wird auch diese deutsche Landschaft in seinem Werk ihre Spuren hinterlassen.

In Krummhübel lebt er sich schnell ein. Er trifft es gut mit der Unterkunft und seinen Wirtsleuten und macht schon in den ersten Tagen so viele interessante Bekanntschaften, daß er seiner

Frau zuredet, doch lieber nach Krummhübel zu kommen anstatt in Berlin zu bleiben, wo man sich doch nicht richtig erholen könne und eigentlich nur langweile. »Ich habe hier mehr Personen gesprochen, mehr Konversation gemacht, mehr Fragen berührt, mehr Lob und Freundlichkeit eingeerntet, als in Berlin in einem ganzen Jahre.« Zugespitzt fügt er hinzu: »Wie lebe ich denn in der Reichshauptstadt? Arbeit bis um drei, Mittagbrot, Schlaf, Kaffee, Buch oder Zeitung, Abendspaziergang und Tee. Von 365 Tagen verlaufen 300 nach dieser Vorschrift. Du denkst ›ich wünsche es so‹. Das ist aber nicht der Fall; ich dürste nach Umgang, Verkehr, Menschen, aber freilich alles muß danach sein und speziell *die* Formen haben, die mir gefallen.« Das hörte sich im März in einem Brief an seine Vertraute Mathilde von Rohr, die ständig mit den Familiennachrichten versorgt wird, noch ganz anders an. Da war das Leben, wie es in Berlin still dahinfloß, ganz nach seinem Geschmack, nur Emilie, so klagte er, wolle nichts von dieser Stille wissen und langweile sich.

Unter den zahlreichen Personen, mit denen Fontane in Krummhübel verkehrt, sind Professoren, Geheimräte, Industrielle, adlige Witwen mit schönen Töchtern, viele davon aus dem heimatlichen Berlin. Er trifft auch den Neffen des Dichters Scherenberg, des alten »Tunnel«-Weggefährten, über den er gerade geschrieben hat. »So ging man aus einer Hand in die andere, hatte Anregung und Zerstreuung.« Mit einem Schmiedeberger wird er sich in diesem Sommer besonders anfreunden, es ist der dortige Amtsrichter Dr. Georg Friedlaender, bei dem Fontane mit seiner Frau häufig zu Gast ist. Friedlaender war ein Nachfahr einer weitverzweigten jüdischen Gelehrtenfamilie, die im 18. Jahrhundert das geistige Leben Berlins mitbestimmt hatte, sein Großvater, ein Schüler Moses Mendelssohns, war der zum Christentum übergetretene Reformschriftsteller David Friedlaender. Aus der Verbindung mit dem sehr liebenswürdigen und schöngeistig gebildeten Juristen wird einer der umfangreichsten Freundesbriefwechsel Theodor Fontanes hervorgehen.

So angenehm sich die äußeren Verhältnisse in diesem Punkt gestalten, so bleibt das Leben doch selbst in Krummhübel nicht ganz ohne Verdruß. Nachdem die Erinnerungen an Scherenberg in der *Vossischen* erschienen waren, trafen Briefe mit ärgerlichen Nachrichten ein. Die Familie Hesekiel war wegen ein paar Bemerkungen in dem Buch verletzt und betrübt worden. In der Familie Schneider durfte der Name Fontane aus ähnlichen Gründen nicht mehr erwähnt werden, da der königliche Vorleser und Schriftsteller mit intrikaten Zügen versehen worden sei. Bei Hesekiel seien es Bemerkungen, die eine Neigung zur Trinkfreudigkeit erkennen ließen, die für Verstimmung sorgten. Fontane, um Schadensbegrenzung bemüht, sah sich gezwungen, lange Briefe zu schreiben, warum es keine wahrhaftige Darstellung verdienstvoller Persönlichkeiten geben könne, wenn man diese nicht als Menschen schildere und er gar nicht verstehen könne, wie man an solchen »absolut harmlosen Kleinigkeiten« überhaupt Anstoß nehmen könne. Sämtliche weiblichen Hesekiels, aus dem sächsisch-hallischen Raum stammend, nahmen aber Anstoß daran, was ihn am Schluß erboste, weil sich daran ganz kleiner Stil, so recht sächsischer Art zeige: »Immer Kuchen und Bliemchenkaffee, dünn und süß. Was haben solche Kaffeetitscher[25] für Anschauungen von Literatur! Und daß hunderte solcher Blaustrümpfe mit Sechser-Moral und Dreier-Patriotismus unsre Literatur ›besorgen‹, à Elle 3 Mark, *das* ist der Fluch unsrer Literatur. Es ist alles ohne Saft und Kraft.«

Fast zeitgleich mit dem »Scherenberg« war die Veröffentlichung der Novelle »Graf Petöfy« erfolgt, und zwar in der wöchentlich erscheinenden Romanbibliothek der Deutschen Verlagsanstalt. Der Dresdner Verleger Steffens bereitete für den Herbst schon die Buchausgabe davon vor. Die erste Leserin und das erste »Publikum« für alle seine Novellen und Romane war seine Frau, die die Manuskripte mit den Korrekturen vor dem Druck verläßlich ins Reine schrieb, als einzige mit seiner Handschrift wirklich vertraut. Zu der neuen Geschichte um die eheliche Verbindung zwischen einem ungarischen Grafen und einer Soubrette bei erheblichem Altersunterschied zwischen beiden wollte Emilie anfangs nichts an Einwendungen äußern. Weil ihr Schweigen sie aber verdächtig gemacht hätte, wie sie sich sagen mußte, hielt sie mit ihren Bedenken dann doch nicht länger zurück. Sie fand, daß dem Roman die Handlung fehle und daß die Hinwendung der Aktrice Franziska am Schluß zu einem andern Manne, der im Roman nur ein Schemen sei, dem Leser unverständlich und abrupt erscheinen müsse, gar nicht motiviert. Die Ursache dafür glaubt sie zu kennen. »Liebesschilderungen, merkt man Dir doch sehr an, sind nicht Deine Sache; ein *Tröpfchen* von Storms ›Bibber‹ könnte meinem Geschmack nach nicht schaden.« Auch Sohn Theo, mittlerweile 28 Jahre, fand, Papa könne keine Liebhaber darstellen. Obwohl Emilie in gebotener Zurückhaltung nur von einem »Tröpfchen« gesprochen und einen richtigen Tropfen gar nicht ins Gespräch gebracht hatte, war der Vergleich mit Storm von vornherein unglücklich. Fontane war enttäuscht, daß seine Frau seine Arbeit mit der herkömmlichen Elle der »landläufigen« Novellenliteratur messe und so konventionell urteile, wo doch in dieser Novelle alles von den Charakteren abhänge und nicht vom »Bibber«. Er sei geradezu stolz darauf, daß er ihn *nicht* habe. »Storm ist ein kränkliches Männchen, und ich bin gesund trotz meiner äußren Kränklichkeiten.« Der Weitschweifigkeit, über die sich seine Frau ebenfalls bedenklich geäußert hatte, hielt er entgegen, daß auch *das* ein Vorzug seiner Schreibkunst sei. »Ich behandle das Kleine mit derselben Liebe wie das Große, weil ich den Unterschied zwischen klein und groß nicht recht gelten lasse, treff ich aber wirklich mal auf Großes, so bin ich ganz kurz. Das Große spricht für sich selbst; es bedarf keiner künstlerischen Behandlung, um zu wirken.« Da in dieser Novelle aber nichts »Großes« geschieht, blieb es am Ende für den herkömmlichen Leser ein »Liebesroman« ohne eigentlichen Liebhaber. Der etwas lebensfremd erscheinende, schon im hohen Alter stehende Graf mit Landschloß im Ungarischen benötigte Künstlerin Franziska ausschließlich als Dekor zur Verschönerung seines Lebensabends, Liebhaber Egon dagegen, dem sie schließlich zufällt, erscheint gar nicht als potentieller Liebhaber. Doch wenn man seine Novelle aufmerksam lese, argumentiert Fontane gegenüber seiner Frau, könne man die sich anspinnende Beziehung zu Egon, dem Jüngeren, bereits in den ersten Kapiteln herausspüren. Die Ansichten über sein neues Werk gingen nicht nur zwischen ihm und der Familie auseinander, auch die Pressekritik konnte sich nicht einig werden.

Mit Beginn des Novembers konnte Fontane wieder einmal feststellen, mit welcher Elle die Durchschnittskritik künstlerische Arbeit, wie er sie vorlegte, maß. Über das Gros der Rezensionen, die ihm der Verleger zuschickte, befand er:» ...alles jammervoll, das Lob öde, der Tadel unsinnig, böswillig«. Es gab freilich auch seriöse Stimmen in der Presse. Die *Vossische Zeitung* urteilte über das neue Buch ihres Mitarbeiters, daß die Personen darin »lebenswahr« seien, wie »aus der um uns flutenden Gegenwart herausgegriffen«. Fontane habe sich abermals als ein »Meister feiner Charakterisierung« erwiesen. Die *Deutsche Literaturzeitung* schloß sich diesem Urteil an, sie fand die Geschichte »trefflich komponiert« und »meisterhaft, mit tiefster Menschen- und Gesellschaftskenntnis, mit höchster Feinheit und Sauberkeit durchgeführt«. Ein Werk von »imponierender Dichterkraft« nannte der Rezensent des *Magazins für die Literatur des In- und Auslands* diese wienerisch ungarisch eingefärbte Erzählung, eben nichts für den durchschnittlichen, nur stoffhungrigen Leser. Auch Fontanes ehemaliges Blatt, die *Kreuzzeitung*, äußerte sich. Die sehr liebenswürdige Besprechung, die Ludovica Hesekiel darin veröffentlichte, nahm Fontane zum Anlaß, den Frieden zwischen den Familien wieder herzustellen.

Ein bedeutendes gesellschaftliches Ereignis gibt Fontane in den Herbsttagen 1884 Gelegenheit, als Preuße und Poet in Berlin wieder einmal offiziell in Erscheinung zu treten. Die Schiller-Stiftung mit ihrem Berliner Zweigverein feiert ihr fünfundzwanzigjähriges Bestehen. Es findet aus diesem Anlaß am 22. November 1884 eine Festveranstaltung statt, mit einem eigens für diesen Tag geschaffenen Chormusikwerk von Joseph Joachim, einem Festspiel von Julius Rodenberg und einer glänzenden Rede des den Vorstand des Berliner Zweigvereins repräsentierenden Professors Moritz Lazarus. Fontane, der auch zum Vorstand gehörte, war mit der Abfassung des Kaisertoasts betraut worden. Lazarus spricht in seinen Erinnerungen[26] von »einer der vornehmsten Feiern«, die Arnims Festsaal Unter den Linden je gesehen habe. Versammelt waren nahezu alle Berühmtheiten Berlins, einschließlich Industrie, Handel und Beamtenwelt. Zugegen war auch der Kronprinz, der nachmalige Kaiser Friedrich III.

»An uns vorüber zog ein festlich Spiel ... Der *Dichter*-Fürst.

Ihn schmückten Lorbeer-Reiser, – / Der erste Trinkspruch aber unsrem *Kaiser*!« Für den Vortrag seiner Verse hatte sich Fontane den prominenten Schauspieler Arthur Deetz, den Heldendarsteller vom Königlichen Hoftheater, erkoren. Das in der gehobenen Sprache der Goethe- und Schiller-Zeit in Stanzen abgefaßte Gedicht – Fontane hat es in die Ausgabe seiner »Gedichte« aufgenommen – sollte die allgemein sympathischen menschlichen Züge des »alten Wilhelm« betonen, der den Zeitgenossen als Pflichtmensch und geradliniger Charakter galt.

Ja, in der Horen wechselvollem Tanz –
Er sprach es selbst – erfuhr er viel der Gnaden,
Doch der ihm vorbestimmte Siegeskranz
Ward auch *erkämpft* auf dornenreichen Pfaden;
Mit Zwangskraft, weil Pflicht sein Leben ganz,
Hat er das Glück an seinen Tisch geladen,
Das Glück auch *ihn* – doch wozu teilen, scheiden,
Er war zu groß, um Größe zu beneiden.

Anfang September – das Schiller-Fest lag zu diesem Zeitpunkt noch weit hin, und die Theatersaison hatte noch nicht begonnen – benutzte Fontane seine Freiheit, um einen kleinen Abstecher an die Ostsee zu unternehmen. Er wollte sich mit den Verhältnissen auf Rügen näher vertraut machen und sich einen Eindruck von Saßnitz und Putbus verschaffen. Irgendwann sollte diese Landschaft Handlungsort zu einem neuen Vorhaben sein. Ihn interessierten damals schon die Likedeeler und die Gestalt Klaus Störtebekers, über die es in seinem Schreibtisch schon eine eigene Mappe gab. Ein Roman hätte es werden sollen, der Gedanke hatte ihn schon auf seiner Ostfriesland-Reise im Sommer 1880 beschäftigt. Als er sich 1882 auf Norderney aufhielt, ließ er sich von einem ansässigen Lehrer die verschiedenen Störtebeker-Plätze zeigen. Auch in den folgenden Jahren behält er das Thema im Blick, er sagt, »der Stoff in seiner alten mittelalterlichen Seeromantik und seiner sozialdemokratischen Modernität« reize ihn ganz ungeheuer.

Nach dem Schiller-Fest bleiben für den Rest des Jahres nur noch die Überarbeitungen des »Scherenberg« für die Buchfassung und die laufende Theaterberichterstattung für die Zeitung.

Große, umwälzende Bühnenereignisse sind für jene Jahre nicht zu vermelden. Es kommt ein neues Stück des vielgespielten Autors Gustav von Putlitz zur Aufführung. »Das Testament des Großen Kurfürsten«. Fontane rezensierte es sehr wohlwollend und rechnete es zu den »vier vortrefflichen patriotischen Schauspielen der engeren Heimat«, zu denen seiner Meinung nach Kleists »Prinz von Hessen Homburg«, Raupachs »Vor hundert Jahren« und Heyses »Colberg« zählten.

Weihnachten wird sich die Familie, wie es Brauch war, wieder unter dem Tannenbaum zusammenfinden. Nicht dabei ist dieses Mal Friedrich, der seine Lehrzeit bei Langenscheidt beendet hat und bei einem Buchhändler in Jena in Stellung ist. Die Silvesterpunschrede hält deshalb Theo an seiner Stelle. Mit Beginn des neuen Jahres wird der Schriftstelleralltag wie gewohnt weitergehen – mit »Rütli«, Briefeschreiben, Diners, Theater, Reisen und Politik. Fontane sitzt mehrmals auf der Empore im Reichstag, um Bismarck zu hören, der an verschiedenen Tagen spricht, »mehr und glänzender denn je«.

Von den verschiedenen in Arbeit befindlichen Projekten ist jetzt die Novelle »Fein Gespinst«, die er bald in »Unterm Birnbaum« umbenennen wird, in die Feinkorrektur zu nehmen. Jeden Tag ein Kapitel, mag sein Befinden sein, wie es wolle, es gilt nur die eine Devise: Schreiben ist Pflicht! Das Wort »Birnbaum« hat keinen Bezug zu dem »Herrn von Ribbeck auf Ribbeck im Havelland«, in dessen Garten ein Birnbaum stand. Aus den Zeilen dieser märkischen Volksballade leuchten die Züge eines vortrefflichen alten Herrn, voller Bonhomie und Güte gegen die Menschen. Die ganze Szenerie ist überstrahlt von der Sonne eines goldenen Herbstes. Anders in der Novelle »Unterm Birnbaum«, die ein düsteres Nachtstück ist. Der Birnbaum ist hier der Ort eines weit in die Franzosenzeit zurückreichenden Verbrechens und der im Mittelpunkt der Handlung stehende Gastwirt und Händler Abel Hradscheck ein verschlagener Mensch, der im Schatten des Birnbaums seines eigenen Grundstücks ein neues Verbrechen begeht. Die Geschichte führt Fontane noch einmal zurück nach Letschin, den Ort seiner Jugend im Oderbruch, wo er jedes Haus kannte. Wenn sie fertig ist, wird er sie wie versprochen an die Redaktion der *Gartenlaube* geben.

Mitten in der Arbeit kommt von der Zeitschrift *Nord und Süd* ein neuer Auftrag. Der Herausgeber Paul Lindau, dem Fontane verpflichtet ist, möchte zu Bismarcks siebzigstem Geburtstag ein Gedicht von ihm haben und zwar eines, das im Kontext zu einer Zeichnung stehen kann, die den Kanzler in seinen jungen Jahren zeigt. Die Anfrage traf Fontane nicht ganz unvorbereitet. Er hatte, Bismarck-Verehrer, der er war, bereits ein Gedicht begonnen, allerdings auf den alten Bismarck, interpretiert von ihm als der von Gott geschickte Zeus, »Deutschland wieder auf die Beine zu stellen«. Die Zeitschrift konnte diese Fassung nicht gebrauchen, so willigte Fontane schließlich ein, zu dem betreffenden Tag – es war der erste April, an dem seit Jahren die ganze Familie Fontane stets ihre Karten im Reichskanzlerpalais in der Wilhelmstraße abgab, »wo wir wie ein ganzer Clan auftauchten« – ein neues Poem zu fertigen. Ein wenig erinnert dieses »Jung-Bismarck«-Porträt im Tonfall an »Prinz Louis Ferdinand«, ein wenig auch an den Steuermann »John Maynard«.

In Lockenfülle das blonde Haar,
Allzeit im Sattel und neunzehn Jahr,
Im Fluge weltein und nie zurück –
Wer ist der Reiter nach dem Glück?
  Jung-Bismarck.

Was ist das Glück? Ist's Gold, ist's Ehr,
Ist's Ruhm, ist's Liebe? Das Glück ist mehr,
Noch liegt es im Dämmer, erkennbar kaum,
Aber er sieht es in seinem Traum,
  Jung-Bismarck.

In dem Gedicht wird das Dasein des deutschen Kanzlers im gut preußischen Sinne gleichgesetzt mit der höchsten Form von Glück: dem Leben und Streben fürs Vaterland. »Gott segne fürder deine Hand, / Jung-Bismarck.« Lindau brachte die Verse, von denen Fontane der Meinung war, daß sie doch bloß Blech werden würden, da er seine ursprüngliche Idee für besser hielt, zusammen mit anderen Gedichten auf den Kanzler von Felix Dahn, Ernst von Wildenbruch und Paul Heyse, alle im Geist ihrer Zeit wurzelnd. Sein ursprüngliches Poem auf Bismarck als

»Zeus in Mission« wird Fontane noch vollenden, allerdings nicht sofort. Er wird auch beide Fassungen in alle weiteren Ausgaben seiner »Gedichte« aufnehmen.

Daß der Dichter Fontane, ein eminent politisch denkender Mensch, von Bismarck und seiner Politik in besonderem Maße fasziniert war, ist aus vielen seiner Briefe wie aus öffentlichen Bekundungen, zuletzt in dem biographischen Begleittext zu den Camphausen-Reiterbildern, ersichtlich. In seinen Tagebüchern finden sich regelmäßig Eintragungen, daß er die Reichstagsreden des Kanzlers bemerkenswert findet. Er liest sie selbst oder läßt sie sich von seiner Frau vorlesen. Trotz der charakterlichen Eigenarten, die er an Bismarck nicht übersieht, hin und wieder auch rügt, konnte er bei der Ausfertigung der bestellten Huldigungsverse »ganz ohne mich zu zwingen, das Thema changieren oder doch an Stelle des Alten den Jungen setzen«.

Es ist März, mittlerweile lag nun die »Scherenberg«-Biographie als Buchausgabe vor, kein großer Erfolg. Mit dem Fortsetzungsabdruck in der *Vossischen* war das Thema im Grunde schon aus der Diskussion, lediglich in einer Berliner Zeitung wird noch über Scherenberg debattiert, einen Dichter, dessen große Poeme wie »Ligny«, »Abukir«, »Leuthen« und »Waterloo« vor zwei Jahrzehnten einmal aktuell gewesen, jetzt aber verblaßt waren. Die Presse schreibt, daß mit Fontanes Buch »im großen und ganzen ein Memoirenbüchlein nach gutem alten Stile« vorliege, an dem man, darauf wird in fast allen Rezensionen hingewiesen, »eine eingehende Betrachtung von Scherenbergs dichterischer Wirksamkeit« vermisse. Man erfahre nicht, was Fontane im ganzen vom Poeten Scherenberg halte. Seinen alten Weggefährten Lepel, der ihm nach der Lektüre des Vorabdrucks schon ein paar anerkennende Worte geschrieben hatte, ließ er wissen, daß jetzt »von Lob und Anerkennungseinstecken, wie in jungen Jahren, gar keine Rede mehr« sein könne. Ignoriertwerden sei die Regel und würde etwas gesagt, so sei es Tadel. Es wäre an sich gleichgültig, meint er, wenn nur das Gesamtresultat günstiger ausgefallen wäre; mehr Geld oder mehr Reputation hätte herauskommen müssen, aber beides sei »mediocre geblieben«.

Diese Korrespondenz sollte die letzte sein, die die beiden

Freunde miteinander führten. Lepel, krank schon seit längerer Zeit, starb am 17. Mai in Prenzlau, 67 Jahre alt. Fontane erfuhr von seinem Tod, als er gerade von Hankels Ablage wieder in seine Wohnung zurückgekehrt war. Nun blieb ihm, auf den ältesten seiner Freunde den Nachruf zu schreiben. Darin würdigte er ihn als Dichter aus dem »Tunnel«-Kreis, dessen »Lieder aus Rom«, die er noch als junger Gardeoffizier verfaßt hatte, seiner Generation vertraut waren. Er sei »ein schönes Talent« gewesen mit dem Zug zur Ballade, hieß es, und ein Meister im Humor, gleichviel ob er sprach oder schrieb. Drei Dinge seien es, die sein Dichten und Trachten in Anspruch genommen hätten: Italien, der »Tunnel« und die Loge.

An dem Nachruf in der *Vossischen Zeitung* fällt auf, daß er in einem allzu sachlichen, unpersönlichen Ton geschrieben ist, ein Text, wie er in jedem Lexikon hätte stehen können. Es war wohl keine rechte Liebe mehr zueinander, weshalb die »herzliche Freundschaft«, von der im Nachruf die Rede ist, merkwürdigerweise auch nur auf »die Jugendepoche von 40 bis 48« bezogen wird. Ihre Wege hatten sich so gut wie schon getrennt, als Lepel sich auf sein Landhaus »Schlößchen Bellevue« bei Köpenick vor den Toren Berlins zurückzog, mit der Kommandierung nach Prenzlau ging dann die ehemals enge Verbindung allmählich verloren. Es gab noch gelegentliche Besuche, auch gemeinsame »Rütli«-Sitzungen. Lepel fühlte sich aber über die Jahre von einigen Charakterzügen Fontanes unangenehm berührt, insbesondere von dessen Hang, bei allen Dingen gleich in Abhandlungen zu verfallen oder aufs Rechthaben zu bestehen: Es hieß dann immer: »Ich *kann* mich nicht irren!« Fontane wiederum konnte kein Verständnis dafür aufbringen, daß Lepel sich hatte scheiden lassen und sich in so starkem Maße für seine Freimaurer-Loge engagierte. Kurz nach Lepels Tod schreibt er einen Brief an Mathilde von Rohr, in dem er sehr kritisch über Lepels Persönlichkeit befindet und Gefühlsregungen abermals nicht erkennen läßt. Es heißt von dem Freund, daß er »eine schwache, träge Natur« gewesen sei, nicht richtig habe arbeiten können und seine unseligen »Verhältnisse«, gemeint waren seine Amouren, ihn zu Fall gebracht hätten. So wie Lepel wird es, bis auf wenige Ausnahmen, vielen alten Freunden ergehen, denen Fontane wenig gedankt hat, obgleich er ihnen sehr viel zu verdanken hatte.

»Alle Welt reist«, heißt es in einer Betrachtung Fontanes. »So gewiß in alten Tagen eine Wetter-Unterhaltung war, so gewiß ist jetzt eine Reise-Unterhaltung. ›Wo waren Sie in diesem Sommer?‹ heißt es von Oktober bis Weihnachten; ›Wohin werden Sie sich im nächsten Sommer wenden?‹ heißt es von Weihnachten bis Ostern. Viele Menschen betrachten elf Monate des Jahres nur als eine Vorbereitung auf den zwölften, nur als die Leiter, die auf die Höhe des Daseins führt. Um dieses Zwölftels willen wird gelebt, für dieses Zwölftel wird gedacht und gedarbt; die Wohnung wird immer enger und die Herrschaft des Schlafsofas immer souveräner, aber *der Juli bringt es wieder ein.*«

Im Juli befindet sich Fontane bereits die vierte Woche in Krummhübel, wo er diesmal dreieinhalb Monate Sommerurlaub machen wird, aber keineswegs ohne seine geliebte Schreibarbeit. Die Novelle »Cécile« ist noch in die Endfassung zu bringen, dann geht es an ein neues Werk. Verlagsbuchhändler Kröner in Stuttgart möchte für das kommende Jahr eine neue Erzählung haben. Das Familienleben wird vom alten Johanniterhaus wieder einmal nach den schlesischen Bergen verlegt. Emilie, vorläufig noch in Berlin, wird nachkommen, auch Sohn George, inzwischen Militärlehrer an der Kadettenanstalt in Berlin-Lichterfelde, mietet sich in der Nähe der Eltern ein. In Berlin hatte Fontane, wie er beklagt, gesellschaftlich all die Zeit über wenig erlebt. Sein Wohlbefinden, durch häuslich familiäre Belastungen – langwierige, sich ständig neu einstellende Krankheitszustände Metes – stark beeinträchtigt, stellt sich erst in Krummhübel wieder her. Er findet die gewünschte Anregung im Verkehr mit den zahlreichen Sommergästen seiner Pension, die er schon zu seinen Bekannten zählt – Professoren, Pastoren, Geheimräte, Beamte, Industrielle, ihm sehr angenehm, wie er hervorhebt, aber fast schon wieder zuviel. Er ist mehrfach zu Gast im Hause von Prinz Reuß auf Schloß Neuhof. In diesem Gesellschaftskreis, vornehmlich gebildetes und wohlhabendes Bürgertum sowie reichlich Adel, liest er einige von seinen fertiggestellten Gedichten vor. Eines davon hieß »Gulbrandsdal«, eine Huldigung an das gleichnamige Tal der Langlebigkeit in Südnorwegen und dessen Bewohner. Es gehörte zu dem früheren Zyklus seiner nordischen Bilder und Balladen, mit denen er sich jetzt wieder beschäftigt.

Die Felsen sind steil, die Schlucht ist schmal,
Der Snöhättan blickt auf Gulbrandsdal.

Und weht es im Sommer heiß und schwül,
So halten die Felsen den Talgrund kühl,
Und starrt es im Winter hoch oben von Eis,
So sprudeln unten die Quellen heiß,
Herbststürme ziehen drüber hin,
Nur Frühling und Friede wohnen darin,
Kein Fieber schleicht, keine Krankheit geht um,
»Tal des Lebens« heißt es drum.

Und die Menschen im Tal verlassen es nie,
Zu hohen Jahren kommen sie,
Keine Last, keine Sorge beugt ihre Gestalt,
Sie werden weiß, aber sie werden nicht alt.
Und drei Lebelang sehen dem Leben sie zu,
Da sind sie müd und verlangen nach Ruh
Und sie rufen den Tod, der aber spricht:
»*Ihr* müßt kommen, *ich* komme nicht.«

Und sie steigen hinauf. Und zum ersten Mal,
Um zu *sterben*, lassen sie Gulbrandsdal.

In Krummhübel kommt auch das lange, schon in Berlin konzipierte Gedicht auf Bismarck zur Vollendung. Fontane trägt es auf einer der Gesellschaften im Hause von Prinz Reuß vor, wo er, wie er selbstironisch an seine Tochter Mete schreibt, den »Fürstenknecht« spiele. Aber Gesellschaftlichkeit verpflichtete nun mal, und für den Gastgeber war es etwas Selbstverständliches, daß der berühmte Schriftsteller aus Berlin – und so erschien er der Tafelrunde – sich bereitfand, auch einmal etwas aus seiner Poetenwerkstatt vorzutragen. Die Abende findet Fontane soweit ganz nett, aber anstrengend. Er spürt, daß er »zu solchem Arbeiten am Trapez« doch nicht mehr jung genug ist –

und auch nicht unbedeutend genug. Diese Schaustellerei ist in seinen Augen eigentlich ein Rückfall, wobei Ausnahmen seiner Meinung nach immer auch ihre Berechtigung haben. Seiner Frau, die schon nach Berlin zurückgekehrt ist, gesteht er ehrlich ein, daß die ihm zugefallene Rolle als Unterhalter, das »vielwöchentliche Massensprechen«, ihn ganz müde gemacht habe. Sein Hang zur Courtoisie, der galanten Aufmerksamkeit den Damen gegenüber, immerwährende Konversation, immer Auf-dem-Quivive-Sein verlangte ihm einiges ab. Am Tag nach den Diners kamen die Magenbeschwerden mit Unwohlsein und Kopfschmerzen, das Dasein war wieder einmal auf nichts als Pfefferminztee gestellt. »Das ewige Schwerenöterspielen, das ich nun mal, lächerlich oder nicht, nicht lassen kann, greift mich zu sehr an. Und dabei darf man nicht mal ausspannen, um nicht den Eindruck des alten Herrn zu machen.« Ein tiefer Seufzer entringt sich ihm: »Man ist ewig das Opfer seiner eignen Eitelkeiten.« Dann war es ja auch so: *Eine* Einladung zog die andere nach sich. Erst lernte er Georg Friedlaender näher kennen, dieser führte ihn bei Prinz Reuß ein, wo er neue Leute traf. Auf diese Weise kam in den dreieinhalb Monaten, die alten, wiederaufgenommenen Bekanntschaften hinzugerechnet, ein immens großer Gesellschaftskreis zusammen, wie er in Berlin das ganze Jahr hindurch nicht stattfand. Er sagt dazu, daß ihn dieser ganze reiche Verkehr lebhaft interessiert habe und er würde ihn zwanzig Jahre früher glücklich gemacht haben, so aber habe er doch beständig empfunden: zu spät!

Die Abschlußarbeiten an »Cécile«, seine Hauptbeschäftigung in diesem Sommer, ziehen sich bis nach Mitte September hin. Erst danach verläßt Fontane das ihm vertraute Krummhübel. Er ist der letzte Sommergast, die Saison ist zu Ende, in manchen Pensionen wird schon der Ofen angeheizt. Nun ist wieder die Potsdamer Straße das Ziel seiner Sehnsucht. Er fährt zurück in dem dankbaren Gefühl, daß er mit 65, »wo doch die meisten schon sehr klapprig sind«, so schöne, glückliche Tage in seinen geliebten schlesischen Bergen hatte verleben können.

In Berlin steht das Fest zum zweihundertjährigen Bestehen der Französischen Kolonie bevor. Den Fontanes, Vater und Sohn, war der Auftrag zugefallen, das Festspiel dafür zu verfassen. Den Hauptteil der Arbeit übernahm Sohn Theo, jetzt Intendanturassessor beim siebzehnten Armeekorps in Münster. Große Lust fürs Dichten ließ er nicht erkennen, mußte sich vielmehr von seinem Vater sagen lassen, daß es im Leben Pflichten gebe, die man zu erfüllen habe, und zwar »heiter, freudig, nicht widerwillig«.

An sich waren die Beziehungen der Familie zur Französischen Kolonie ganz lose. Fontane sah sich nach eigenem Bekenntnis als »Berliner, Preuße und Deutscher« und besaß, obwohl Nachfahr hugenottischer Familien, für das Vereinsleben der Kolonie keinen Sinn, beteiligte sich auch nie daran. In diesem Fall lag es anders. Sohn Theo hatte eine Zeitlang das Theologische Seminar der Französischen Kolonie besucht, unentgeltlich, war dann zum weltlichen Collège Française übergewechselt, wodurch die Schulgeldfreiheit hinfällig geworden war. Es bestanden noch immer Rückzahlungsverpflichtungen, die in kleinen Summen abzulösen waren. Theo hatte nolens volens das Festspiel zu verfassen, während sein Vater nur den Prolog dafür und die Texte zu den stehenden Bildern übernahm.

Die Feier mit Festspiel, Souper und Tanz fand am 1. November 1885 im Großen Saal der Philharmonie statt. Mit Zufriedenheit vermerkt Fontane im Tagebuch, daß Theo als Dichter sehr gefeiert wurde, allerdings seien die offiziellen Reden auf dem Koloniediner, das zwei Tage später im Englischen Hause stattfand, im Punkte Preußenanbetung und Katholizismusbekämpfung schwach gewesen. Aber sonst: »... die Kolonistentöchter waren schön und graziös und ihren Toiletten merkte man an, daß der *Seiden*-Webstuhl an der Wiege vieler gestanden hatte. Der Atlas knisterte von allen Seiten.« Fontane brach kurz nach dem Diner auf, der Arbeit wegen, aber Emilie blieb noch, mit ihr auch George und Theo, die bis in die halbe Nacht hinein mit den Schönen getanzt und sich gut amüsiert haben. »Theo in konstantem Geplauder mit seiner ganz pikanten Marion, George im Geplauder mit einem hübschen Fräulein Bandonia, Vater Rentier und Häuserbesitzer.«

Die poetischen Verpflichtungen gehen unmittelbar nach dem Koloniefest weiter. Adolph Menzel, der Maler Preußens und einer aus der Runde des »Rütli«, hat am 8. Dezember siebzigsten Geburtstag. Ein Gedicht für die *Vossische Zeitung* war zu schreiben. Fontane war der Meinung, daß ihm damit etwas ganz Apartes gelungen sei. Ganz Berlin hatte sich sozusagen seiner Auffassung angeschlossen. Der Kronprinz, so war zu vernehmen, habe die Verse seiner Gemahlin zweimal beim Frühstück vorgelesen und sich das Gedicht aus der Zeitung ausgeschnitten. Auch die Presse fand Fontanes Huldigung »Auf der Treppe von Sanssouci« gut, sie wurde mehrfach nachgedruckt. »Alles hat mir gehuldigt, der Kronprinz, der ganze Menzelsche Freundeskreis, Pietsch, Anton von Werner etc. ...«, und trotzdem mischten sich in die Freude Ärger und Demütigungen, noch ehe das Gedicht überhaupt gedruckt war. In der Redaktion der »Voss« scheint es keine rechte Meinung gegeben zu haben. Chefredakteur Stephany fand, daß ein längerer Artikel über Menzel, der ohnehin obligat war, und ein langes Gedicht »zu viel« sei. Für so ein Gedicht, an dem er mehrere Wochen gearbeitet hatte, hätte man ihm »alle möglichen schönen Dinge sagen« und »12 Flaschen Champagner oder dergleichen ins Haus schicken« müssen, aber nicht herummäkeln. Menzel selbst, der mit so heiterem Esprit Gepriesene, schien sich nur schwer zur Danksagung entschlossen zu haben. Es vergingen zwei, drei Tage darüber, was Fontane sehr verunsicherte, zuletzt empfand er solch Betragen ungehörig. Es war Fontane zu Ohren gekommen, daß Menzel über das Gedicht verstimmt gewesen sei, weil darin die Verszeile enthalten war, dem im Elysium einwohnenden Friedrich dem Großen in den Mund gelegt, der Menzel zu seiner himmlischen Tafelrunde einlädt mit der Bemerkung: »Ein Jahrer zehne will ich gern noch warten.« Menzel hat das wahrscheinlich als unangemessene Beschneidung der Lebenserwartung empfunden. Vielleicht war es ihm auch nicht recht, daß er gemäß dem Gedicht auf die durch Voltaire freigewordene Stelle einrücken sollte, nur als »Nachfolger« eines anderen. So schwieg er erst einmal. Der Feinfühligkeit Fontanes stellte sich das Verhalten als Demütigung dar, und bei Menzel traf ihn das doppelt, da für ihn Menzel, wie er einmal in einem Brief an den Kollegen Ludwig Pietsch geschrieben hatte, zu jenen Künstlern gehöre, zu denen er als zu seinen Meistern und Vorbildern aufblicke. Gerade den lebensstarken Realismus der Menzelschen Kunst hatte er in dem Gedicht, unter Betonung der patriotisch-historischen Inhalte, herausheben wollen. Vielleicht war das Gedicht in der Aneinanderreihung von Hühnern, Gänsen, Schuhschnallen, Bismarck, Hofball und Hummermayonnaise zu sehr Sammelsurium, mit dem der Jubilar sein Lebenswerk geistig nicht erfaßt sah. Auf die Frage Friedrichs des Großen, wer Menzel sei, hatte Fontane auf der Treppe von Sanssouci folgende Antwort gegeben:

> Ja, wer ist Menzel? Menzel ist sehr vieles,
> Um nicht zu sagen alles; mindstens ist er
> Die ganze Arche Noäh, Tier und Menschen:
> Putthühner, Gänse, Papagein und Enten,
> Schwerin und Seydlitz, Leopold von Dessau,
> Der alte Zieten, Ammen, Schlosserjungen,
> Kathol'sche Kirchen, italien'sche Plätze,
> Schuhschnallen, Bronzen, Walz- und Eisenwerke,
> Stadträte mit und ohne goldne Kette,
> Minister, mißgestimmt in Kaschmirhosen,
> Straußfedern, Hofball, Hummer-Mayonnaise,
> Der Kaiser, Moltke, Gräfin Hacke, Bismarck.

Eine kleine Spur der Verstimmung ist über die Jahre, so scheint es, zwischen beiden geblieben.

Der November 1885 war der Monat, in dem die Novelle »Unterm Birnbaum« als Buch erschien. Auch das kein Ereignis, das Fontane aus seiner allgemein gedrückten Stimmung, was den geringen Erfolg seiner Arbeit betraf, hätte herausreißen können. »... macht gar keinen Eindruck. Absatz womöglich noch schlechter als bei Hertz«, ist sein ganzer Kommentar dazu. Der »Birnbaum« galt zwar als historische märkische Kriminalgeschichte, aber selbst Fontanes Stammleserschaft von den »Wanderungen« her scheint wenig neugierig auf das neue Werk aus seiner Feder gewesen zu sein. Im Ganzen wurden nur wenige hundert Stück davon verkauft, die Wirksamkeit war im Grunde, genau wie bei »Scherenberg«, mit dem Fortsetzungsabdruck in der *Gartenlaube* erloschen. Daran änderte auch die sehr eingehende Besprechung von Pietsch in der *Vossischen Zeitung* nichts, der die »köstliche kleine Erzählung« wegen der darin vollendet gezeichneten Personen, der echt Oderbruch-dörflichen Lokalfarbe sowie der Lebensfülle rühmte. Fontane erzählt die Geschichte eines aus Habgier begangenen Raubmords, den ein in Schulden steckender Gastwirt und Händler auf sein Gewissen lädt und den er durch die richtende Hand des Schicksals zu sühnen hat. Einige Rezensenten fanden die Handlung von nur geringer Spannung, andere wiederum waren davon beeindruckt, wie es Fontane verstanden habe, durch »fortwährend neue genrebildliche Szenen die Teilnahme des Lesers bis zur letzten Seite festzuhalten«, auch wenn keine schöne, herzerquickliche Gestalt darin vorkäme. Die großartige Kunst des Erzählens wie des Verschweigens mache nicht zuletzt die Wirkung auf den Leser aus. All das mag wohl richtig gewesen sein, aber es gab eben in der Novelle zuviel Tote, zuviel Begräbnisatmosphäre, eine fröhlich stimmende Lektüre war es nicht.

Weihnachten 1885 findet im Kreis der Familie ein besonderes Fest statt. Hauptmann George Fontane verlobt sich mit der Justizratstochter Martha Robert. »Allseitige große Freude.« Am 30. Dezember ist die kleine Wohnung der Familie noch einmal voller Gäste, als Fontane seinen Geburtstag feiert. Er selbst muß an diesem Abend zur Arbeit gehen, im Theater werden »Die Journalisten« von Gustav Freytag gegeben.

Mit einem versöhnlichen Eintrag ins Tagebuch klingt das Jahr aus. »Die Kinder munter und fidel, die Alten mit. Mög' es so bleiben!«

Für das kommende Jahr sollte dieser Wunsch in Erfüllung gehen. Nachdem George sich gebunden hatte, verlobt sich im März in Münster auch Theodor junior. Seine Wahl fiel auf die Postbeamtentochter Martha Soldmann, die er noch im gleichen Jahr heiratet. Sein Vater scheint froh darüber, daß die Entscheidung seines jüngeren Sohnes nun doch für das »richtige« Mädchen ausgefallen ist. Schon zur Verlobung hatte er dem Sohn, der eine Zeitlang eine Verbindung mit einer jüdischen Partnerin ins Auge gefaßt zu haben schien, einen lebensphilosophischen Rat mit auf den Weg gegeben. Dieser lautete: »Die frühere Deklination Deiner Gefühle nach der semitischen Seite hin, so begreiflich sie mir war, war doch nicht das Richtige. Das Richtige ist: Verbleib innerhalb der eigenen Sphäre, dieselbe Nationalität, dieselbe Religion, dieselbe Lebenseinstellung. Nur aus dieser Gleichheit ergibt sich auch die Gleichheit der Anschauungen, die Übereinstimmung in den entscheidenden Dingen, ohne die kein rechtes Glück und keine rechte Freude möglich ist. Man muß sich verstehen.«

Während Fontane als Vater die Eheschließung Theos schlechtweg »als Ideal« erschien, wird Tochter Martha, jetzt 27 Jahre alt, den Eltern vorerst »erhalten« bleiben. Sie ist kränklich, an nervösen Verstimmungen leidend, wohnt weiterhin bei der Familie, soweit sie sich nicht bei ihren Freundinnen oder als Gesellschafterin außerhalb Berlins aufhält. Ihre Tätigkeit als Lehrerin hat sie aufgegeben. Beinahe wäre es einmal zu einer Verlobung gekommen, die jedoch der Familie mehr Schande als Freude bereitete, da der Kandidat sich aus dem Staube machte, weil er, worin man den Grund vermutete, im juristischen Staatsexamen durchgefallen war. Das ereignete sich 1882. Fontane, höchst konsterniert über das Betragen des Bräutigams in spe, mußte sich damals an Metes intime Freundin in Rostock wenden, um sich Klarheit zu verschaffen, ob Mete auf den Wartestand hin eine heimliche Verlobung geschlossen hatte, und zwar bindend, oder nur schnöde sitzengelassen worden war. Im ersten Falle wollten sie sich als Eltern nicht weiter einmischen, im zweiten Falle aber wollten sie, in Metes Interesse, daß reiner Tisch gemacht würde.

Nach der Hochzeit der Söhne schüttet Fontane seiner Frau gegenüber sein Herz aus. Mete leide darunter – so sieht er als Vater –, daß sie nicht genug Anerkennung von den Menschen erfahre, zu wenig Freundlichkeit, Entgegenkommen und Dankbarkeit empfange, die man ihr doch schulde. »Sie tut mir schrecklich leid. Sie hat das Bedürfnis nach Auszeichnung und kann sie, nach ihren Gaben, beanspruchen. Und es wird ihr unter der Krummhübler und leider auch unter der Berliner Gesellschaft so wenig davon zu Teil. An Georges Hochzeit wirkte sie wie eine Fremde, so sehr, daß mir das Herz weh tat. Schlimm.«

Das neue Theaterjahr 1886 beginnt für den Kritiker Fontane ziemlich ruhig. Es gibt keine Novitäten zu vermelden, das Königliche Schauspielhaus am Gendarmenmarkt gehörte ohnehin nicht zu den Stätten, wo die Modernität und die künstlerische Fortschrittspartei zu Hause waren. Viel Zeit bleibt somit, die Überarbeitung der beiden Novellen »Cécile« sowie »Irrungen, Wirrungen« zum Abschluß zu bringen. »Cécile« war dem *Universum*, einer gerade erst gegründeten, noch wenig bekannten Zeitschrift in Leipzig zugesagt, die günstige Bedingungen geboten hatte. Je Bogen sollte er 500 Mark erhalten, für die sieben Bogen also 3500 Mark. Im April schon beginnt der Abdruck, die Buchausgabe selbst läßt allerdings diesmal auf sich warten. Die in Aussicht genommenen Berliner Verlage Hertz und Müller-Grote hatten abgelehnt, ein neuer Verleger fand sich erst 1887.

Nach Georges Hochzeit, die in Berlin im Englischen Haus gefeiert wurde, fährt Fontane mit Tochter Mete Mitte Juni nach Krummhübel, wo die Familie wieder den großen Sommerurlaub verbringen wird. Die *Kreuzzeitung* und die *Deutsche Rundschau* werden für diese Zeit in Berlin abbestellt. In die große Reisetasche wird außer den obligaten Produktionsmanuskripten auch etwas zum Lesen für die Mußestunden verstaut: Rankes Weltgeschichte, »Der alte und der neue Glaube« des Philosophen und Religionskritikers David Strauß, dazu noch Paul Lindaus neuester Roman »Der Zug nach dem Westen« und Pestalozzis großes Volkserziehungsbuch »Lienhard und Gertrud«, das seine Spuren in dem Roman »Quitt« hinterlassen hat.

Nach der gesellschaftlichen Seite hin, für die Lebensbalance Theodor wie auch Emilie Fontanes ganz entscheidend, verläuft der Aufenthalt an der Lomnitz ganz nach ihren Erwartungen. Sie empfinden den Verkehr mit den Graevenitzens, den Friedlaenders, den Schwerins und anderen ihnen bekannten Familien »sehr angenehm«, wenn es in ihrer Unterkunft nicht diese Geruchsbelästigung gegeben hätte, wie sie in ländlichen Gegenden mit Viehhaltung und Landwirtschaft oder mangels moderner hygienischer Verhältnisse zur Natur gehörte – für empfindliche Großstädter nicht das Ideale. Sie sind deshalb froh, als der Tag naht, da sie »abreisen und wieder Berliner Glut und Berliner Kanalluft einatmen konnten«.

Mit dem Arbeitsergebnis der zehn Wochen Schlesien ist Fontane soweit zufrieden, die Leser der *Gartenlaube* werden bald eine neue Geschichte von ihm im Blatt finden können.

In Berlin vergeht das Jahr geregelt zwischen Theater und häuslichem Schreibtisch. Im Oktober ist abermals ein Fest der Französischen Kolonie – man hatte Fontane inzwischen als Mitglied gewonnen –, für das ein Prolog zu schreiben war. George und Mete konnten als Mitwirkende in einem Festspiel, das man in Krolls Etablissement im Tiergarten gab, ihre schauspielerischen Fähigkeiten unter Beweis stellen.

Das Jahr 1886 endete ohne eine Buchneuerscheinung von ihm. Er hatte zwar drei Werke in Arbeit, da er aber nach eigener Einschätzung »ein Pussler« war, benötigte die Endfertigung bei ihm lange Zeit. Er gab nichts aus der Hand, wenn es nicht bis ins Letzte, bis ins scheinbar nebensächliche Detail hinein ausgearbeitet war. Damit hing zusammen, daß er, wie er dem Herausgeber der *Gartenlaube* zu erklären versuchte, pro Jahr eben nicht mehr als nur *eine* solche Arbeit wie »Unterm Birnbaum« schaffen könne. Ähnliches schreibt er an Verleger Hertz: Drei Viertel seiner gesamten literarischen Tätigkeit sei Korrigieren und Feilen gewesen, und möglicherweise sei auch das noch zu gering angegeben. Wäre er nicht der Pussler, hätte er inzwischen auch eine Stube mit Atlastapeten.

Für seine exakte und gründliche Arbeitsweise spricht das Beispiel mit den Spreewälder Gurken, die in Band vier seiner »Wanderungen« vorkommen. In dem betreffenden Kapitel »Spreewald«, mit dem das Buch beginnt, befanden sich Angaben zur jährlichen Gurken- und Meerrettichproduktion der Spreewaldbauern, die mittlerweile veraltet waren. Nun sollte der Band für eine zweite Auflage in Druck gehen. Fontane schrieb also einen Brief an den Händler nach Lübbenau im Spreewald, von dem er jährlich ein Fäßchen Gurken bezog, er möchte für ihn doch die aktuellen Gurken- und Meerrettichzahlen ermitteln. Da der Händler es zwar versprach, danach aber nichts mehr von sich hören ließ, bittet Fontane seinen Verleger Hertz, ihm die Adresse der Buchhändlerfirma in Lübbenau zu geben, damit er dort sein Glück versuchen könne.

1887 wird Fontane in der Umgebung von Berlin ein neues Sommeridyll für sich entdecken, in dem es sich fast ebensogut arbeiten läßt wie in Hankels Ablage an der Dahme, üblicherweise auch wendische Spree genannt. Er fährt Anfang Juli, bevor die große Hitze kommt, ins Seebad Rüdersdorf bei Erkner, wo er sich mit Blick auf die Kranichsberge und einer großen Waldlandschaft im Rücken, vor sich den Kalksee, vier Wochen lang gut aufgehoben fühlt. Angenehm für ihn, »weil der kostspielige Plunder in Wegfall kommt, der einem das Badeleben in den eigentlichen Badeplätzen verleidet«. Er lernt auf diese Weise das Städtchen Rüdersdorf kennen, weithin bekannt durch seine Kalkberge, kann an den Nachmittagen von der Dampferanlegestelle seines Gasthofs aus nach Café Interlaken übersetzen oder auf endlos einsamen Wegen durch schönen Hochwald Richtung Forsthaus wandern. Ein kleines Gedicht wird er später in Erinnerung an seinen Aufenthalt als gereimten »Gruß nach ›Seebad Rüdersdorf‹« versenden.

Fliege, leichtgereimte Zeile,
Fliege hin mit Windeseile,
Fliege, schon warten Schiff und Ferge,
Vorüber am Gasthaus zum Kranichsberge,
Fliege, du kommst sonst zu spät zur Stelle,
Vorüber selbst an der »Liebesquelle«,
Fliege, schon glüht im Westen die Wolke,
Hin zu dem Küsten- und Ufervolke. –

Das Areal des Seebads Rüdersdorf war so weitläufig, daß ihn der Betrieb der Badeanstalt nicht störte. Es sind an die zwanzig Berliner Vorstadt-Familien da, die zu dieser Zeit dort Urlaub machen; an ihnen konnte er echtes Berlinertum und den originellen Berliner »Sprechanismus« studieren. Bei Liesens im Seebad schreibt Fontane seinen großen Aufsatz über Schloß Quitzöwel und die Quitzows, auch etliche Kapitel über Schloß Plaue im Havelland entstehen. Weit über hundert Seiten. Es sind schon die Teile zu dem neuen Band »Fünf Schlösser«.

Während sich Fontane in Rüdersdorf in märkischer Wald- und Wasserlandschaft bereits neuen Themen zugewendet hat, läuft in der *Vossischen Zeitung* der Abdruck von »Irrungen,

Wirrungen«, abermals eine Geschichte – »*sehr* diffizil, sehr intrikat« –, bei der er aus bestimmten Kreisen von vornherein mit Ablehnung gerechnet hatte. Der Widerstand kam schon aus den Reihen der Redaktion selbst. Einer der Mitarbeiter der *Vossischen* stellte dem Chefredakteur Stephany die Frage, ob denn die »gräßliche Hurengeschichte« nicht bald aufhöre.[27] Man fand die ganze Geschichte unpassend, anstößig, beinahe als künstlerischen Mißgriff.

Mit der völlig unbefangenen Darstellung eines freien Liebesverhältnisses zwischen einem Offizier und einer Schneidermamsell hatte Fontane ein gesellschaftliches Tabu verletzt, was zur Folge hatte, daß Stephany in seiner Haltung wankend wurde, die *Kreuzzeitung* das Buch völlig ignorierte, und wichtige Zeitungen sich dem Boykott anschlossen. Die Alten mit ihrem Moralkodex fanden es unschicklich, wenn nicht geschmacklos, daß ein so banales »Verhältnis«, wenn es schon vorkomme im Leben, zum Gegenstand der Kunst erhoben wurde. Die Jungen dagegen, wie Maximilian Harden, fanden es als eine Geschichte ganz nach dem Leben, modern, realistisch, mutig, großartig. »Berliner Liebe«, so wie sie war und wie sie ist.

Fontane sah sich mit Botho und Lene, wie die beiden sympathischen Menschen in seinem Buch heißen, in eine heftige Auseinandersetzung hineingestellt. Diesmal aber hatte er vorgesorgt. Alle ihm feindlichen Blätter wurden rigoros von der Liste der Rezensionsexemplare gestrichen. Nur an *die* Personen wurden Exemplare vergeben, von denen er wußte, daß von ihnen sachlich fundierte, wohlwollende, sowohl ästhetisch wie auch literaturhistorisch wertende Aufsätze zu erwarten waren. Gerade darauf kam es ihm diesmal an, daß diese von ihm besonders geliebte Arbeit, an der er weit über ein Jahr gesessen hatte, angemessen gewürdigt wurde.

Die Rechnung ging auf. Die besten Kritiker – es waren Paul Schlenther, Otto Brahm, Otto Pniower, Julius Rodenberg und etliche andere – stellten sich hinter ihn. Ob sie ihn nun in ihren Kritiken mit der Bezeichnung »Realist«, »Naturalist« oder »Dichter des modernen Berlin« ein für allemal gültig einordneten, war für den Augenblick unwichtig, denn es ging vorrangig um das Thema, um die freie, vorurteilslose, die Standesgrenzen ignorierende Behandlung einer Berliner Alltagsamoure und mithin um realistische Prinzipien in der Kunst, und diese hatten mit den Rezensionen aus dem Kreise der »Zwanglosen«, die sich mit dem alten Fontane verbanden, gesiegt. Der altkonservativ determinierte Widerstand und das verknöcherte Moral- und Kunstdenken, dem auch ein Teil der Liberalen anhing, war niedergekämpft. Dem alten Fontane war somit von den Jungen, und zwar öffentlich, so etwas wie ein künstlerischer Auftrag erteilt, den er, im wesentlichen auf sich allein gestellt, in den vergangenen Jahren zwar auch schon erfüllt hatte, jetzt aber durch die Literaturkritik sah er sich offiziell anerkannt. »Jetzt ist Ernst in die Sache gekommen, und ein Streben nach Wahrheit ist da. Es beglückt mich, diesen Wechsel der Dinge noch erlebt zu haben.«

Was die Moralheuchelei und das Muckertum einiger Zeitgenossen und Zeitungen anging, so hatte er sich dazu schon seinem Sohn Theo gegenüber, mit dem er sich über die Problematik des kleinen Romans austauschte, geäußert: »Empörend ist die Haltung einiger Zeitungen, deren illegitimer Kinderbestand weit über ein Dutzend hinausgeht (der Chefredakteur immer mit dem Löwenanteil) und die sich nun darin gefallen, mir ›gute Sitte‹ beizubringen.« Daß sich sein Buch stark mit dem realen Leben berührte und ins Zentrum hohl gewordener gesellschaftlicher Konventionen zielte, bestätigten ihm viele Briefe von Lesern. Das frappierendste Erlebnis war jedoch für ihn, als eines Tages eine sechsundvierzigjährige Frau bei ihm erschien und sagte, Lene, das sei *sie*, er hätte *ihre* Geschichte geschrieben. »Es war eine furchtbare Szene mit Massenheulerei. Ob sie verrückt oder unglücklich oder eine Schwindlerin war, ist mir nicht klargeworden.«

Im heißen Monat August 1887 kehrte Fontane aus seiner Rüdersdorfer Wald- und Wasseridylle wieder in seine Wohnung zurück. Das Gebimmel und Gerassel der Potsdamer Straße, Staub, Lärm und die dünne Kanalluft hatten ihn wieder. Ein bißchen arbeitete er noch zu Hause an seinen märkischen Kapiteln, dann war wieder die Zeit der Abreise in die schlesischen Berge gekommen. Mete fuhr voraus, um eine passende Pension für sich und ihren Vater zu finden. Diesmal mieteten sie sich bei »Mutter Meergans« in Krummhübel ein. Emilie kam nur auf einige Tage, es war diesmal ein Urlaub mehr für Vater und Tochter. Wenn Fontane von seinen kleinen Wanderungen zurück in die Pension kam, zog er sich auf sein Zimmer zurück, um noch etwas zu arbeiten. Ein Sohn der Familie Meergans, der den dichtenden Sommergast noch als Junge im Haus seiner Eltern kennengelernt hatte, erinnerte sich: »Ei dar grußa Stube, rechts vo der Haustüre, und ei dar kleenen Hinterstube hoat er mit senner Tuchter gewohnt. Und goar ufte hoa iech zugesahn, wie dar Fontane oa semm' kleena Tischla geschrieba hoat mit'm Faderkiele. Dan hoat ar sich – die Prille uff die Noase geschoba – mit am kleena Masserla immer salber gespitzt. – Na, und uff dam Tische soas immer tulle aus. Die viela Bicher, die so druffe loaga.« Über Mete war Meergans junior gar erstaunt, daß sie im Stall bei den Kühen Bescheid wußte und sogar beim Melken helfen konnte, als Frau Meergans erkrankt war.

Als Fontanes im September des Jahres aus der Sommerfrische in Krummhübel zurückkehrten, erwartete sie eine besorgniserregende Nachricht: George in Lichterfelde schwer erkrankt. – Eine ernste Sache. – Blinddarmentzündung im fortgeschrittenen Stadium. Mete begab sich sofort ans Krankenbett des Bruders und übernahm die Pflege. Als Fontane am nächsten Tag seinen Sohn besuchte, sah er in ein Gesicht, »das der Tod schon gestempelt hatte«. Zwei Tage später stirbt George Fontane, sieben Wochen nach seinem sechsunddreißigsten Geburtstag. Sein Vater notiert im Tagebuch: »Er liegt nun auf dem Lichterfelder Kirchhof, einem umzäunten Stück Ackerland, und ich wünsche mir die gleiche Stelle.«

Der frühe und sehr schmerzliche Tod Georges hat den achtundsechzigjährigen Fontane mehr berührt als die wenigen überlieferten Äußerungen erkennen lassen. In einem Brief an Theodor Storm sagt er: »Alle Rütlionen, soweit sie nicht selber an die Reihe gekommen sind, haben nun diesen Zoll zahlen müssen: Sie, Heyse, Zöllner, ich. Die Arbeit rettet einen, aber auch in sie hinein drängt sich bei 70 und was daran grenzt die Frage: wozu Deine Arbeit? wozu Du selbst?«

Als das Jahr um war und mit dem 27. Oktober wieder die Erinnerung an jenen leuchtenden Herbsttag kam, da sie den Sohn in die märkische Erde hinabsenkten, entstand dieses Gedicht:

Heut ist's ein Jahr, daß man hinaus dich trug,
Hin durch die Gasse ging der lange Zug,
Die Sonne schien, es schwiegen Hast und Lärmen,
Die Tauben stiegen auf in ganzen Schwärmen.
Und rings der Felder herbstlich buntes Kleid,
Es nahm dem Trauerzuge fast sein Leid,
Ein Flüstern klang mit ein in den Choral,
Nun aber schwieg's, – wir hielten am Portal.

Der Zug bog ein, da war das frische Grab,
Wir nächsten beide sahen still hinab,
Der Geistliche, des Tages letztes Licht
Umleuchtete sein freundlich ernst Gesicht,
Und als er nun die Abschiedsworte sprach,
Da sank der Sarg und Blumen fielen nach.
Spätrosen, rot und weiße, weiße Malven,
Und mit den Blumen fielen die drei Salven.

Das klang so frisch in unser Ohr und Herz,
Hin schwand das Leid uns, aller Gram und Schmerz.
Das Leben, war dir's wenig, war dir's viel?
Ich weiß das Eine nur, du bist am Ziel,
In Blumen durftest du gebettet werden,
Du hast die Ruh nun, Erde wird zu Erden,
Und kommt die Stund uns, dir uns anzureihn,
So laß die Stunde, Gott, wie diese sein.

Um den Siebzigsten

Mit dem Tod des ältesten Sohnes legte sich auf das Leben des Ehepaars Fontane ein Schatten, der von nun an ihr ständiger Begleiter wurde. In der Wohnung, wo von den Kindern nur noch Mete lebte, kehrte Stille ein. Fontane zog sich mehr und mehr in die schützende Sphäre seiner Kunst zurück, konzentriert auf das Nächstliegende. Hertz will eine neue Auflage der Gedichte herausbringen, dafür sind neue Balladen zu verfassen, Daliegendes ist in die Endfassung zu bringen. Die Monate Januar und Februar 1888 stehen somit ganz im Zeichen der Poesie, meist sind es nordische Stoffe, die ihn beschäftigen.

Der März und April sind der Ausarbeitung verschiedener Novelletten und kleiner Prosastücke vorbehalten, denn auch hier muß es weitergehen. Er hat sie früher schon, zwischen den Romanen, immer mal wieder hervorgeholt; wenn sie fertig sind, sollen sie einen eigenen kleinen Band ergeben. Man wird sehen. »Stine«, der neue Roman, ist auch schon weit fortgeschritten, doch nehmen will ihn Dominik, der Verleger von »Cécile«, nicht, es sei doch »zu brenzlig«, ein Pendant zu »Irrungen, Wirrungen« zu drucken, befürchtet er. Auch die *Vossische* hat keine Courage, noch einmal so eine Geschichte von einem anstößigen »Verhältnis« zu drucken. Stephany gibt ihm das Manuskript zurück. Sie nehmen dafür lieber seine Plaudereien, die das Reisen oder Begegnungen mit sonderbaren Zeitgenossen betreffen, beides ebenso unverfängliche wie klassisch zeitlose Geschichten aus dem Leben, erzählt im Ton des sprichwörtlich Fontanischen »heiteren Darüberstehens«. Also wird die Geschichte von Stine und ihrer Schwester, der schwarzhaarig schönen, attraktiven Witwe Pittelkow, und dem bei ihr verkehrenden Grafen noch etwas im Schreibtisch liegen müssen, ehe sie ans Licht gelangen kann. Kontinuität im Erscheinen zeigt sich nach wie vor allein bei den »Wanderungen«. Die Bände »Havelland« und »Oderland« sind vergriffen und sollen neu herauskommen, gleichzeitig mit dieser guten Nachricht schickt Hertz den Vertrag über den neuen Band »Fünf Schlösser«.

An Reflexionen zur Politik verzeichnet Fontanes Tagebuch für den Anfang des Jahres nichts Besonderes, ausgenommen die große Rede Bismarcks vom 6. Februar. Diese hält er für sehr bedeutend, meint, daß sie »von einem Pol zum andern klingt«.[28] Die Situation ändert sich, als am 9. März 1888 Kaiser Wilhelm stirbt und der Kronprinz, nunmehr Kaiser Friedrich III., dem Reichskanzler sein Regierungspapier aushändigt. Eine sogenannte liberale Ära kündigt sich wieder einmal an, doch ist Fontane von vornherein mißtrauisch den neuen Proklamationen gegenüber, schon weil er die Person Bismarcks nicht angemessen behandelt sieht, und zum andern, weil es »ohne Adel, Geistlichkeit und Bürokratie« nicht gehe, selbst wenn die verkündeten liberalen Absichten die besten seien. Die Politik des Reiches ist jetzt in der Familie Fontanes wieder das Thema. Emilie läßt es sich nicht nehmen, in den Reichstag zu eilen, um auf der öffentlichen Besuchertribüne die angekündigte Erklärung Bismarcks zu verfolgen. Am Nachmittag beim Tee zu Hause erfolgt die Verlesung der Rede durch Emilie aus der Zeitung. Fontane ist tief davon beeindruckt, er zählt diese Bismarck-Rede, die unpathetisch, eher nüchtern, das Ableben des Monarchen dem Hohen Hause kundtat, »zu dem Schönsten, Klügsten, Bedeutungsvollsten, was er *je* gesprochen hat«. Als Fontane am nächsten Tag einen Brief an seine Tochter Mete schreibt, kommt er abermals auf den Kanzler und dessen Auftritt zu sprechen, der ihn nach wie vor beschäftigt: »Denn während er anscheinend eine Trauer-Rede hält, in der er seinen Gefühlen einfach Ausdruck gibt, ist es in Wahrheit eine eminent politische Rede, durch Hervorhebung dessen, was dem Kaiser in seinen letzten Lebenstagen ein Trost und eine Freude gewesen sei: das Hinschwinden des partikularistischen Gefühls in Deutschland, die Freude am Reich.«

Die öffentlichen Trauerfeierlichkeiten für Wilhelm I. interessieren ihn weniger, er nimmt in keiner Weise Anteil daran, da ihm »der Berliner Radau«, der sich hineinmischt, zutiefst zuwider ist. Er sagt sich: heute »eines Volkes Neugier und Schaulust« angesichts des im Dom aufgebahrten Monarchen, und morgen? Mag das, was vor sich geht, das große inszenierte Volkstrauerschauspiel, auch elementar, sogar vielleicht berechtigt sein und jedes kritische Sich-Mokieren darüber völlig sinnlos, wenn nicht lächerlich, räumt er ein – und trotzdem könne er, sagt er zu Mete, »diese Dinge nicht gläubig *mitmachen*, Dinge, von deren Hohlheit und Lüge ich durchdrungen bin«. An diese Mitteilung knüpft er philosophische Betrachtungen über das Heilsame und Trostreiche menschlicher Gefühlsäußerungen, die zugleich auch etwas Trughaftes und Imponderabiles an sich haben und verweist auf eine Bemerkung des verstorbenen Kaisers, der, nachdem das Sich-Versammeln bei den Wachaufzügen vor dem Fenster seines Palais Unter den Linden in Mode gekommen war, gesagt haben soll: »Dieselben Menschen, wenn ein politischer Umschlag eintritt, zerreißen mich!« Fontane setzt hinzu: »Nur *zu wahr.*« Was aber bliebe denn dann an unverrückbaren und wirklichen Werten in dieser Scheinheiligkeitswelt von Lügen und Selbsttäuschungen? Fontane kann diese Frage nur für sich selbst beantworten, und einen Teil dieser Antwort nimmt er aus der Lektüre Schopenhauers, die er für sich so deutet: »Wir haben nur das bißchen Kunst und Wissenschaft, das uns, in ehrlicher Arbeit, über uns erhebt und haben als Bestes die *Natur.* Alles andre ist Mumpitz, und je mehr Lärm und patriotischer Raudau desto mehr. Es hat alles gar keinen Wert.«

Die politischen Vorgänge in Berlin, die auf Instabilität deuten, hat er richtig eingeschätzt. Er meinte schon ein Vierteljahr zuvor in seinem Neujahrbrief an Mathilde von Rohr: »Wir gehen wohl sehr bewegten Zeiten entgegen; mir wär' es lieber, sie blieben aus.« In seinen Vorbehalten gegen die neue Ära sieht er sich jetzt nach den ersten Zeitungsmeldungen über die Verlautbarungen des neuen Kaisers bestätigt. Zu Recht interpretiert er sie als Kritik an der Bismarckschen Politik, was ihm Emilie anfangs nicht glauben wollte. Sie hatte seine Befürchtungen mit dem Satz abgetan: »... ach, Du redest immer ...« Für Fontane aber stand fest, daß mit dieser »Kriegserklärung« des neuen Kaisers an seinen Kanzler die Ära Bismarcks zu Ende gehen würde, jenes Mannes, zu dessen Politik er sich stets bekannt hatte, und zwar von jenem Tage an, da er sich von den preußischen Altkonservativen und ihrer *Kreuzzeitungs*-Partei zu lösen begonnen hatte, ohne sich jedoch dem freisinnigen Liberalismus, wie er die *Vossische* beherrschte und wie ihn auch sein Jugendfreund Witte als Reichstagsabgeordneter vertrat, der ebenfalls im Gegensatz zu Bismarck stand, zu verbünden. Deshalb: »›Berlin in schwarz‹ interessiert mich gar nicht (alles Blech und Straßenkomödie), aber ›Bismarck in schwarz‹ und seine Politik auf dem Katafalk tot ausgestellt und mit Fingern drauf gewiesen, – *das* interessiert micht.«

Fontane hat, nicht zuletzt durch seine Redakteursarbeit bedingt, sein ganzes Leben hindurch ein eminent starkes Interesse am politischen Tagesgeschäft gehabt. Wiederholt heißt es im Tagebuch: »Ich bin wieder ganz Politik.« Sich zu politischen Fragen journalistisch zu äußern, öffentlich und nicht nur im engeren Familien- und Freundeskreis, hätte ihn schon interessiert. Vieles deutete darauf hin. Ein Jahr später, im Juni 1889, als die Würfel über sein Ausscheiden als Theaterkritiker und eine beliebige Mitarbeit auf Fixum gefallen sind, gesteht er dem Chefredakteur der *Vossischen*,[29] Friedrich Stephany: »Wären nicht – ich habe einen ganz freien Sinn, bin aber freilich nicht ›freisinnig‹ – die verdammten politischen Unterschiede, so wäre ich wundervoll als Leitartikelschreiber zu verwenden, was Sie vielleicht nicht glauben, was aber doch wahr ist.« Ein später Wunsch, längst unerfüllbar. Zu Blättern einer nationalliberalen oder nationalkonservativen Richtung, bei denen sich sein Wunsch seinen Überzeugungen gemäß vielleicht hätte realisieren lassen, bestanden keine Kontakte, zum andern war er im Verständnis der Zeitgenossen im Zeitungsprofil festgelegt als Kunst- und Kulturbetrachter sowie als preußischer Erzähler und in den letzten Jahren als Berliner Romancier.

So bleibt er als Zuschauer der Politik weiterhin auf Gespräch und Brief beschränkt. Er zeigt sich erleichtert, daß mit dem Tode Kaiser Friedrichs III., der als reformfreudig und liberalen Ansichten zugeneigt galt – er hatte nur 99 Tage den Thron innegehabt –, »das Kranken- und Weiberregiment« ein Ende nahm, daß durch die Kaiserin Victoria nicht mehr »fortschrittlerisch hineingewirtschaftet wurde« und Schluß war mit »Willkürlichkeit und Konfusion«. Fontane war und blieb in bezug auf den Staat ein Mann der »Ordnung« und stand »für festes Gesetz und festen Befehl«, wie der von ihm selbstverkündete Grundsatz lautete. Es entsprach seiner Überzeugung, daß Völker »Bestimmtheiten und Befehle verlangen«. Das »Ins-Belieben-Stellen«, das schon im Privatleben nicht gehe, argumentiert er, gehe erst recht nicht im Staatsleben. Er begrüßt daher, daß der Thronfolger in Gestalt des jugendlichen Kaisers Wilhelm II. das Heft in die Hand nimmt, und notiert zufrieden ins Tagebuch: »Alles hat wieder die Empfindung, daß die Gewohnheitspferde nicht bloß so weiter trotten und instinktmäßig den Abgrund vermeiden, sondern daß ein ›Dirigent‹ da ist, der nicht bloß alles dem Zufall überläßt.« Noch drei Wochen und der jetzt schon hoffnunggebende Fürst werde ein Stern sein.

Fontanes Hauptarbeit für 1888 besteht in der Schlußredaktion der »Fünf Schlösser«. Es sind für das große Kapitel »Dreilinden« noch verschiedentlich Korrekturen vorzunehmen, da Prinz Friedrich Karl im Mai 1885 gestorben war. Auch das neue Buch von Professor Brugsch, dem Ägyptologen, der mit dem Prinzen auf Orientreise gewesen war, ist noch aktuell einzuarbeiten. Als das umfangreiche Wanderungswerk über die Schlösser im Juni endgültig fertig auf dem Tisch liegt, ist Fontane froh, Berlin wieder einmal auf längere Zeit hinter sich lassen zu können. »Nicht bloß von Luft und Gesundheit wegen, sondern auch von Leben-, Verkehrs- und Umgangs wegen.« Es geht abermals in die Sommerfrische nach Schlesien. Mit ihm reist diesmal von Anfang an auch Emilie. Schwiegertochter Martha ist schon vorausgefahren und hat für die Familie auf der Brotbaude bei Krummhübel eine hübsche Wohnung gemietet, ganz in der Nähe der Kirche Wang, einer 700 Jahre alten norwegischen Holzstabkirche, die ein Wahrzeichen der Landschaft war. Friedrich Wilhelm IV. hatte sie als Architekturdenkmal erworben und im Riesengebirge neu aufstellen lassen. Im Roman »Quitt« gibt diese Kirche und die weitere Umgebung einen Teil der Kulisse ab.

Unter allen bisherigen Aufenthalten im Gebirge war der 88er

Urlaub der ruhigste und behaglichste. Sein Entschluß, mit seinem bevorstehenden Siebzigsten den Kritikerposten bei der *Vossischen* niederzulegen, mag ihm in der Aussicht auf ein in ruhigeren Bahnen verlaufendes, nunmehr ausschließlich seinen Romanen gewidmetes Dasein ein Gefühl größerer innerer Ruhe gegeben haben. Wie auch immer – »Wir waren guter Stimmung und erholten uns.« In einem Brief an Moritz Lazarus malt er am 9. August ein geradezu idyllisches Bild von der Baudenlandschaft, 2500 Fuß hoch. »Um uns her liegt schon Schnee, freilich nicht viel; dazu die Kirchenglocken von Wang und die Kuhglokken der Hampelbaude; fehlt nur noch der Stier von Uri, um uns ganz in die schweizerisch alpine Welt zu träumen.«

Daß Fontane sich so stark nach dem Schlesiergebirge hingezogen fühlte, hing nicht allein mit der Luftveränderung zusammen, sondern auch damit, daß hier für ihn noch ein gesellschaftlicher Kreis existierte, dem er sich zugehörig fühlte. In Berlin wurden der Freunde immer weniger, gegenseitige Besuche immer seltener. Krankheiten, Todesfälle, die Beschwerden des Alters mit Unlust und Unpäßlichkeiten zehrten auch am »Rütli«. »Sie glauben gar nicht, in welcher Vereinsamung wir hier leben, namentlich *ich*«, klagt er vor der Reise in einem Brief an Mathilde von Rohr. Bei seiner Frau ginge es ja, da sie noch Beziehungen pflege, Mete auch, »aber *ich* bin ganz allein, und dies Alleinsein wird womöglich noch wachsen«. Auch daran empfinde er, daß es Zeit sei, »einen geordneten Rückzug anzutreten«. Na, und Berlin? – Hier habe er regelmäßig das Gefühl des Übriggebliebenseins. Nicht aber in Krummhübel, wo sich ihm alljährlich das Gefühl erneuere, daß doch noch eine ganze Menge von der alten Garde lebe.

Solche Betrachtungen über das vorgerückte Alter und die sich immer enger ziehenden Lebenskreise finden sich von nun an häufiger in seinen Briefen. Es scheint, als sei mit dem Tod seines Sohnes eine Zäsur vorgegeben, die ihn an das Gesetz der Zeit gemahnte. 1888 verlor er wieder einige aus dem Kreis ihm nahe gewesener Menschen. Bevor er nach Krummhübel abreiste, erreichte ihn die Nachricht, daß sein »lieber alter Freund Scherz auf Kränzlin« gestorben war. Drei Wochen darauf starb Theodor Storm und am gleichen Tag der ihm durch seine Vaterstadt und die »Wanderungen« eng vertraut gewesene Alexander Gentz aus Neuruppin.

Was nun eine in seinen Augen angemessene Umgebung betraf, so fragt er sich, mit wem er denn jetzt noch verkehren solle. Ja, er hätte nichts dagegen, wenn Bismarck ihn alle vier Wochen zu Tisch lade oder Graf Otto Stolberg[30] oder Fürst Putbus[31] oder wenn der Herzog von Ratibor[32] ihn in den Kreis der Intimen zögen – darunter könne er es aber nicht tun. Mit dem jungen Nachwuchs, so klingt seine Klage, sei es nichts, für den sei er ein toter Mann, außerdem seien in einer großen Stadt »die Alten« der Jugend sowieso nur im Wege. Damit konnte natürlich nicht gemeint sein, daß er als Dichter von den »Jungen« nicht genügend beachtet worden wäre. Gerade das Gegenteil war der Fall, wie das einhellige Engagement der »Zwanglosen« für seine realistisch moderne Romankunst gerade gezeigt hatte. Solche Verbindungen konnte er allerdings nicht in der gelobten Provinz und auch nicht beim Herzog von Ratibor haben, dazu war eben das von ihm geschmähte Berlin mit seinen jungen Journalisten, Theaterleuten und engagierten Jungverlegern die Voraussetzung.

Obwohl diesmal in Krummhübel nicht viel gearbeitet wurde, sieht er seinen neuen Roman »Quitt« noch einmal durch, der zur Hälfte in Schlesien spielt. Die *Gartenlaube* wartet auf das neue Buch von ihm. Die eigentliche Beschäftigung ist diesmal das Briefeschreiben, für ihn weniger Pflicht als eine Form der Unterhaltung in absentia des Partners, mit dem er freiweg über alles plaudern kann, ganz wie es die Stimmung eingibt, keinem Zwang und keinem Termin geschuldet, einzig und allein der Sprache seines Herzens.

Mitte Oktober, er ist schon etliche Wochen wieder aus dem Gebirge zurück, erscheint sein neues märkische Buch über die »Fünf Schlösser«. Diesmal thematisch ein Mischband, wie aus dem Untertitel »Altes und Neues aus der Mark Brandenburg« ersichtlich. Das Problem der Rezensionen geht er abermals pragmatisch an, indem er Hertz eine Liste unterbreitet, welche Blätter keine Exemplare erhalten sollen. Das waren die *Kreuzzeitung, Die Post*, die *Norddeutsche Allgemeine*, das *Berliner Tageblatt* und noch einige andere, durch die er sich bei einigen seiner zurückliegenden Bücher übergangen fühlte oder unangemessen behandelt. Er bringe keine große Geneigtheit mit, erklärt er zur Begründung seiner Versandliste, sich von irgendeinem Schmock im *Börsen-Courier* oder irgendeinem Stoeckerschen[33] Predigtamtskandidaten in der *Kreuzzeitung* Sottisen[34] sagen zu lassen, also deshalb: keine Exemplare mehr dorthin! Als Ergebnis dieser Aktion konnte er mit Zufriedenheit feststellen: »Das Buch findet wohlwollende Aufnahme.« Das Echo[35] las sich, verkürzt, wie folgt:

Frankfurter Zeitung: »Das Buch legt Zeugnis ab von der echt vornehmen, d.h. unabhängigen konservativen Gesinnung Fontanes.«

Die Nation: »Fontane ist bei aller Freude am Tun und Treiben der märkischen Altvordern kein grämlicher laudator temporis acti.[36] Nein, er ist ein im modernen Leben zufrieden wurzelnder Poet.«

Deutsches Wochenblatt: »Er schmeichelt und liebedienert nirgend ›nach oben hin‹, nimmt keinen Parteistandpunkt ein, … sondern geht stets der Wahrheit nach, erforscht die Beweggründe der Handlungsweise aller Menschen, mit denen seine Feder es zu tun hat.«

Der Bär (Wochenschrift für die Geschichte Berlins): »… fesselnde Form der Wiedergabe … anziehende Sprache und lebensfrische Schilderung.«

Nachdem im Mai 1888 der brisante Berliner Gesellschaftsroman »Irrungen, Wirrungen« von der jungen Kritikergeneration durchgesetzt worden war, konnte sich Fontane nun, ein halbes Jahr später, aus dem gleichen Kreis ebenso zustimmender Kritiken über seine »Schlösser« erfreuen. Ein schönes Geburtstagsgeschenk zum Ausgang des Jahres. Das Neue daran war, daß seine »Wanderungen« aus dem engeren Sichtfeld märkischer Historiographie endgültig herausgenommen und als Kunstwerke spezifischer Art gewürdigt wurden. Die bisher mitunter noch vorgenommene Trennung zwischen den »Wanderungen« und dem übrigen Erzählwerk der Novellen und Romane war damit unter Hinweis auf die einheitliche künstlerische Handschrift aufgehoben. Es war Otto Brahm, der in seiner Betrachtung der »Fünf

Schlösser« in der *Deutschen Rundschau* das Wort von dem »allerpersönlichsten Theodor-Fontane-Stil« prägte, der den größten Reiz des Buches ausmache. Ein Dichterwerk sei es für ihn. »Einer der liebenswürdigsten Erzähler spricht zu uns, der den ererbten Gaben der französischen Emigrantenfamilie vielleicht jenen graziösen Plauderton dankt, welcher in Deutschland eine so große Rarität ist; und eines der feinsten Künstlertemperamente spricht, das in einer reizvollen Mischung von Überlegtheit und Caprice, von weisem Vorbedacht und Planlosigkeit seinen Zickzackweg geht.«

Für die literaturgeschichtliche Einschätzung des großen Werks der »Wanderungen« war auch der Hinweis Maximilian Hardens von Bedeutung, daß sein historischer Sinn wie »seine gut altkonservative Gesinnung« Fontane zu einer gerechten Beurteilung altmärkischer Adelsgeschichte führe und es auch in diesem Buch wieder Kapitel von fast novellistischem Charakter gebe, so »als habe der Dichter den Historiker mit sich fortgeführt«.

Im Oktober gab es in Sachen Dichtung noch einmal eine offizielle Veranstaltung zu beachten. Der Verein für die Geschichte Berlins bereitete eine Gedenkfeier für die beiden verstorbenen deutschen Kaiser Wilhelm I. und Friedrich III. vor und bat um einen Prolog. »Das Gedicht zur Erinnerung an die beiden Kaiser muß ich machen«, heißt es kurz an Emilie. Feier und Prolog fanden in der Berliner Presse angemessene Würdigung, Fontane als Verfasser vieler offizieller Dichtungen der vergangenen zwei Jahrzehnte wurde herausgestellt. Der Dank des Hauses Hohenzollern ließ diesmal nicht auf sich warten. Am 10. Dezember 1888, im Vorfeld seines Geburtstags, erhält Fontane das »Ritterkreuz des Hohenzollernschen Hausordens«, eine seltene Auszeichnung, die nur erfolgte, wenn Verdienste um das preußische Königshaus vorlagen oder ein Offizier vierzig Jahre in Reih und Glied gestanden hatte. Im vorliegenden Falle ehrte man den Poeten und Chronisten der Mark, der die Stammlande der Hohenzollern wie auch deren regierende Fürsten in die Literatur der Zeit einbezogen hatte. In der Verleihung konnte Fontane zu Recht nicht nur eine noble Geste des beantragenden Kultusministers Goßler, eines Verwandten der Familie Merckel, erblikken, vielmehr auch ein Zeichen kaiserlichen Wohlwollens von seiten des jungen Wilhelm, über den er künftig noch manch anerkennendes Wort sagen wird. Seine wahren Empfindungen gegenüber diesem Orden dürften damit nicht erfassend umschrieben sein, daß er ihm, wie er gegenüber seinem Briefpartner Friedlaender sagt, nur deshalb etwas bedeute, weil man damit in Preußen als »staatlich approbiert« gelte, man davon also »einen wirklich *praktischen* Wert« habe. »Man wird respektvoller angeguckt und besser behandelt.« Das sagt der gleiche Fontane, der den Satz prägte: »Kunst ist nichts. Geheimrat ist alles.«

Der Eintrag ins Tagebuch zur Jahreswende 1888/89 ist knapp wie immer. »Weihnachten und Silvester still wie gewöhnlich.« Das bezog sich aber nur auf den Verkehr mit den engeren »Rütli«-Freunden, den Zöllners, sonst traf es nicht zu. Sohn Theo und dessen Frau waren aus Münster für länger zu Besuch gekommen, es ging ziemlich lebhaft in der Wohnung zu. Sie hatten den Enkel mitgebracht, den kleinen Otto, eineinviertel Jahr alt und »ein allerliebster kleiner Junge von gutem Charakter, ... an dem ich mich zum Großvater herangebildet habe«. Sohn Friedel, der als Jüngster sonst immer an den Weihnachtstagen zu Hause war, hat jetzt nicht mehr soviel Zeit für die Familie, seit er im Oktober den Verlag »Friedrich Fontane & Co.« gegründet hat. Sein Geschäftspartner ist der »junge dicke Lewy als kapitaleinzahlender Associé«. Der sonst auf alle Dinge skeptisch herabblickende Fontane scheint mit des Sohnes Unternehmen zufrieden zu sein. »Die Sache beginnt ganz gut, gutes Weihnachtsgeschäft und sogar Verlagsartikel.«

Im Februar 1889 wird der Freundeskreis abermals um einen Getreuen ärmer, als der Kunsthistoriker Wilhelm Lübke, einst die Seele der »Ellora«-Runde, Berlin verläßt, um am Polytechnikum in Stuttgart einen Lehrstuhl zu übernehmen. Fontane erwirbt aus Lübkes Besitz dessen Riesenschreibtisch, ein veritables Gelehrtenmöbel, das an der Rückseite mit Fächern versehen und somit von beiden Seiten nutzbar war. Als Mittelpunkt des Zimmers, obwohl er genau genommen vor den Fenstern stand, trennte er »The poet's corner« von dem übrigen Teil des Raumes, dem ovalen Frühstückstisch der Familie mit dem schon etwas verschlissenen Sofa, über dem ein Stich von Friedrich dem Großen und seinen Generälen hing, derselbe, der in seines Vaters Zimmer in Swinemünde über dem Sofa seinen Platz hatte und vordem schon in der Berliner Wohnung des Großvaters Pierre Barthélemy Fontane.

Von dem Arbeitszimmer des Vaters ist durch Sohn Friedrich eine genaue Beschreibung überliefert.[37] In der Ecke von der Tür links stand der Berliner Ofen, der stets mit Buchenholz geheizt wurde, der guten Luft wegen. Außer zwei Regalen gehörten zur Zimmereinrichtung auch zwei Bücherschränke, ein kleiner und ein großer. An dem kleinen war oben eine Miniaturplakette von Walter Scott befestigt, ganz obenauf stand eine Nachbildung des Goethekopfes vom Schaperschen Denkmal im Tiergarten. Der große Bücherschrank, der fast bis zur Decke reichte, enthielt die märkische Spezialliteratur und die für die Arbeit ständig gebrauchten Handexemplare seiner eigenen Bücher. Im Winter war der Schrank zugleich auch Aufbewahrungsort für Gebäck, Pfefferkuchen und das beliebte Ingwerkonfekt. Das Vertiko, das in der Fensterecke stand, diente zur Aufbewahrung von Manuskripten, darüber hing eine Darstellung der »Schlacht von Königgrätz«. Der anheimelnde Charakter des Zimmers ist von vielen, die Fontane besucht haben, empfunden worden. Es gab als Blickfang die zwei von seinen Eltern ererbten, aufklappbaren Spieltische aus der Neuruppiner Löwen-Apotheke und auch sonst an den Wänden allerlei interessante Stiche: Menzels »Tafelrunde in Sanssouci«, einer der ersten davon gefertigten Drucke, der Alte Fritz von Chodowiecki und »Prinz Heinrich in Rheinsberg« – alles bildgewordene Motive seiner »Wanderungen« durch die preußisch-märkische Historie und eine ihm liebgewordene Landschaft. Einen büromäßigen Eindruck machte das Zimmer mitnichten. Die Korrespondenz, nur die allernotwendigste, war in eigens angefertigten Pappkästen im Regal deponiert. Darüber thronte die Blechkanne, in der sich Fontane als Gefangener auf der Insel Oléron den Kaffee zubereitet hatte – ein Andenken aus den Tagen des Deutsch-Französischen Krieges. Und trotzdem sah es bei Fontanes nicht nach einem Museum aus. Das Zimmer mit seinen Möbelstücken, einheitlich in Altmahagonifarbe gehalten, strahlte wärmenden Glanz aus, alles war wohnlich, prunklos. Der Fußboden war mit einem großen flaumigen türkischen Teppich belegt, manche sagten »gutbürgerlich« dazu, der Sohn meinte »urgemütlich«, nicht zuletzt deshalb, weil es auch keine Hängelampe gab, sondern nur eine Petroleumstehlampe mit grün abgeblendeter Glocke. Mit dem alten Großvaterstuhl und einem kleinen dreibeinigen türkischen Stuhl, vom Sohn als »Meditationsstuhl« bezeichnet, gab es genügend Sitzgelegenheiten, wenn Besucher kamen. Ansonsten war die Vierzimmerwohnung nicht übermäßig groß. Neben Fontanes Arbeitszimmer lag das Zimmer seiner Frau, ebenfalls nach der Straße zu, im Rücken von Fontanes Schreibtisch befand sich eine Tür zum Alkoven, dessen Renovierung den Neueingezogenen damals so viel Kummer bereitet hatte. Man sah übrigens an der Landkarte, die den Glasteil der Tür ausfüllte, daß Fontane auch ein Mann der Karten war. Der riesenhafte Schreibtisch ließ einen Gang an der Fensterfront frei. Fontane hatte beim Arbeiten einen Blick seitlich auf die alte Familienstanduhr von Kleemeyer und vor sich, an der Wand zwischen den Fenstern, auf eine Photographie seines Vaters.

Noch immer hat Fontane mit dem Theater zu tun, zuweilen von ihm doch schon als Belastung empfunden, wenn er allein an die Briefe dachte, die er – neben der Kritik – im Laufe von fast zwei Jahrzehnten an die Schauspieler zu schreiben gehabt hatte. Aus diesem und jenem Grunde. Gerade hatte er wieder an Fräulein Paula Conrad einen Entschuldigungsbrief richten müssen wegen der ihm unterlaufenen Floskel »reizend«, die eigentlich nichts besagte und von einer ersten Kraft am Königlichen Schauspiel als nicht ausreichend empfunden werden mußte. Seine beiden Damen, die in den gleichen Schauspielerkreisen verkehrten, hatten dazu noch unglückseligerweise einen ganz falschen Eindruck von seiner Meinung ausgeplaudert, so hatte er nun noch einmal, nur für die eine Person, eine ganz ausführliche »Rezension« in Briefform abzufassen.

Um die Jahreswende 1888/89 sind es im wesentlichen zwei Stücke, die am Theater für Debatten sorgen, Fontane ist lebhaft daran beteiligt. Das eine, »Die Quitzows« von Wildenbruch, stehen am Ende einer Epoche der Bühnenkunst, die sich an historisch vaterländischen Stoffen orientierte, das andere, »Die

Frau vom Meere« von Henrik Ibsen, verweist auf das Vordringen der neuen Kunstrichtung des Naturalismus und führt Fontane endgültig an die Seite seiner Förderer und Anhänger in Deutschland. Die *Vossische Zeitung* gehörte allerdings nicht dazu. Als Paul Schlenther dort zwei Jahre zuvor, das war im Januar 1887, Ibsens »Gespenster« euphorisch rezensierte, das aufregendste Ereignis der Saison, fügte die Redaktion eine Notiz hinzu, daß die Meinung des Kritikers nicht der Standpunkt der Redaktion sei. Für sie, hieß es, gelte unumstößlich das Gesetz, daß die Kunst Genuß, Freude und Erhebung bereiten müsse, nicht aber Entsetzen und Qual oder, was noch schlimmer sei, hoffnungslose Verzweiflung wie bei den »Gespenstern«.

Das neue Stück, von dem jeder sprach, hatte Fontane sich im Residenz-Theater ebenfalls angesehen und war so stark beeindruckt davon, daß er, nachdem Schlenthers Kritik erschienen war, in der *Vossischen* noch einmal Stellung dazu nahm. Er begrüßt es, daß mit Ibsen neue Stoffe und Fragestellungen auf die Bühne gelangten, schien ihm doch der Betrieb auf den Brettern des königlichen Schauspiels seit langem »ledern und leer«. Ihn faszinierte, wie bei dem norwegischen Dichter ein Stück Lebensmilieu in künstlerisch zwingender Form vorgeführt wurde, mitreißend, packend, unabhängig von den darin postulierten Anschauungen.

Im Oktober 1888 ist Ibsen abermals in Berlin, in einer Matinee des Residenz-Theaters gibt es eine Wiederholungsaufführung der »Wildente«. Dazu erklärt Fontane in der *Vossischen*: »echt und wahr bis auf das letzte Tüttelchen«. Wer ihn, der sehr nüchtern sei, so packen könne, sei eben »kein Nachtwächter aus Rixdorf«. Seine Begeisterung hält an. Als im März 1889 Ibsens neuestes Schauspiel »Die Frau vom Meere« in Berlin zur Aufführung kommt, trägt er ins Tagebuch ein: »Nur die Ibsenianer und ich treten dafür ein, alle andern verhöhnen und verurteilen es.« Wenn er auch den weltanschaulichen Pessimismus als Doktrin, wie er in den »Gespenstern« zum Ausdruck kam, für sich als nicht annehmbar erklärte, so begrüßte er doch die neuen Theaterstücke, schon deshalb, weil sie Anstoß gaben, sich »an die schwierigsten Fragen heranzumachen«. An Friedlaender schreibt er, schon in der Absage »an das Alte«, liege ein

Genuß für ihn. Trotzdem bleibt es dabei, daß er mit Ablauf des Jahres sein Kritikeramt bei der *Vossischen* aufgeben wird. Er kann es von seinen Kräften her nicht mehr bewältigen. Der Abschied tut ihm leid, aber auch wieder nicht. »Blick ich auf diese neunzehn Jahre mit ihrer langen Reihe von Vorzügen und Annehmlichkeiten zurück, so starrt mich dieses Demissionsgesuch fast wie Undank an. Aber es sind lediglich die nun vor der Tür stehenden siebzig Jahre, die mich zu drücken beginnen und mir Rückzugssehnsucht eingeben.« Sein Chefredakteur Stephany muß es so hinnehmen, wie er es sagt.

Die Wildenbruchschen »Quitzows«, die Fontane als vaterländisches deutsches Stück gegen den Partikularismus lobte, haben den Anstoß gegeben, sich wieder stärker seinem großen Altersprojekt zuzuwenden. Er hat vor, eine umfassende Arbeit über das altmärkische Adelsgeschlecht der Bredows und das Ländchen Friesack zu schreiben, abermals auf der Mitte zwischen Geschichtsbeschreibung und erwanderten Impressionen. Ein Muster sollte das Buch werden, so wie er es vor Jahren schon einmal bei der neugestalteten Ausgabe der »Grafschaft Ruppin« proklamiert hatte: künftigen Zeiten ein Leitfaden, wie brandenburgische Historie zu sehen und zu schildern sei.

Der Sommer 1889 steht vor der Tür. Der Roman »Quitt« ist inzwischen an die *Gartenlaube* abgeliefert, ebenso an Verleger Hertz das stark erweiterte Manuskript für die »Gedichte«, die zu seinem siebzigsten Geburtstag herauskommen sollen. Er kann sich nun auf den Weg ins Havelland zu den Bredows begeben. Alles wiederholt sich, was vor dreißig Jahren mit den ersten glanzvoll geschriebenen Wanderungskapiteln über Schloß Rheinsberg begonnen hatte: Korrespondenzen, Empfehlungsschreiben, Studium der historischen Quellenwerke und Familienchroniken sowie Besuche und Besichtigungen vor Ort. Mathilde von Rohr, die gütige alte Dame in Stift Dobbertin, schon auf dem Krankenlager, schreibt für ihn noch einmal Empfehlungsbriefe, er wird freundlich auf den Gütern aufgenommen und kehrt mit guter Ausbeute, mehr als erwartet, von seiner ersten Exkursion zurück.

Hertz hat mittlerweile mit dem Druck der Gedichte begonnen. Die dritte Auflage wird in neuer Ausstattung mit Beigabe eines Porträts herauskommen. Honorarzahlung vorab erfolgt diesmal nicht, Fontane soll am Schluß am Gewinn beteiligt sein, was ihm nach längerer Zeit rund 700 Mark einbringt. Diese Lösung war finanziell gesehen für ihn akzeptabel, da er eine größere Zahl der neu aufgenommenen Gedichte vorab in der Zeitschrift *Zur guten Stunde* veröffentlichte – darunter Arbeiten »nicht von schlechten Eltern«, wie er meinte, »apart, lebendig und den preußisch-brandenburgischen Ton treffend, wie ich ihn kaum je zuvor getroffen habe«.

Das Buch, vom Umfang fast doppelt so groß wie bisher, liegt etwa zur gleichen Zeit auf dem neuen Schreibtisch, als er auch den Hoforden empfängt. Verleger Hertz hat Goldprägung für Buchrücken und Einband gewählt und wird auch diese Auflage gut verkaufen.

Den Sommer werden die Fontanes 1889 zum erstenmal nicht im Gebirge verbringen. Sie fahren auf sechs Wochen nach Bad Kissingen zur Kur, wo sie mit der Familie Menzel-Krigar zusammen sind. Emilie erhofft sich von dem Aufenthalt eine Linderung ihrer Gallen- und Leberbeschwerden; und was Fontane betrifft, so sagt er, daß ihm die Brunnenkur sehr gut bekomme, seit er von dem unsinnig starken Kaffee Abschied genommen habe. Anfangs klangt er über Langeweile, da er unter der »versammelten Weltjudenschaft« keinen Menschen trifft, den er kennt, er betätigt sich in Ermanglung vertrauter Table-d'hôte-Gesellschaft als Menschenbeobachter. Das ist ihm eine liebgewordene, unterhaltsame wie lehrreiche Beschäftigung, weil so etwas von »Genuß« darin stecke, von einer ganz feinen Sinnlichkeit, wie sie künstlerisch veranlagten und künstlerisch sehenden Menschen immer eigen sei. Seine Studienobjekte sind vornehmlich die weiblichen Toiletten in ihrer Schönheit und Sonderbarkeit, mehr noch die Frauengesichter, aus denen man lange, schreckliche Romane herauslesen könne.

In die Zeit seiner wiederaufgenommenen Wanderungen ins Havelländische auf den historischen Spuren der Bredows fällt ein Briefwechsel mit einem seiner Rezensenten, dem Publizisten Guido Weiß von der *Berliner Reform*. Dieser schickte einen Aufsatz, in dem er in kluger, souveräner, wohltuender Art einige

Bücher von ihm besprochen hatte, was Fontane so berührte, daß er sich umgehend bedankte und einige Gedanken dazu ergänzte. Unter anderem sagt er, daß er den märkischen Adel, den er weiß Gott nicht überschätze, in seinem Tun und seiner Lebenstüchtigkeit aber doch »hoch interessant« finde, besonders, wenn er sich im Vergleich dazu die »kolossal unbedeutenden Berliner Trivialgestalten« ansehe, die er gerade wieder in Kissingen habe studieren können. Seine alte Liebe zum Landadel der Mark ist unverändert.

Noch einmal fährt er, als das Jahr sich dem Ende zuneigt, im September zu den Bredows. Diesmal jedoch war in den Begegnungen etwas Störendes, nicht eigentlich Unfreundlichkeit dem Gast gegenüber, aber das Gefühl, daß er bei Herrn von Bredow auf Bredow und seiner Frau, geb. von Stechow, störe, so daß er schon am Tage darauf den Besuch beendete. In der weiteren Konzeption seines Buches wird ihm klar, daß er alle Linien Bredow, die sich bis auf die Zeit der Askanier und der frühen Besiedlung der Mark im 12. Jahrhundert zurückführen lassen, im Buch nicht behandeln kann, das scheint ihm zu viel. »Ich werde nun die Bredowarbeit«, beschließt er, »auf das ›Ländchen Friesack‹ beschränken.«

Im »Englischen Haus«

Zum Arbeiten kam Fontane im letzten Vierteljahr 1889 nicht mehr viel – er sagt, wegen seines siebzigsten Geburtstags, der »gefeiert« werden sollte, was ihn ängstigt und bedrückt. Je näher der 30. Dezember rückt, um so kränker fühlt er sich, hat Fieber und liegt meist zu Bett. Endlich ist der Tag heran, die Spannungen lösen sich. Der Verlauf des Geburtstags ist in einer nüchternen Zeile im Tagebuch festgehalten: »Deputationen, Blumen, Gedichte, 400 Briefe und Telegramme.« Wie es im einzelnen ablief, schilderte Ludwig Pietsch in der *Vossischen Zeitung*.

Das einfache Mietshaus in der Potsdamer Straße mit dem Johanniterkreuz über dem Eingang sah eine nicht abreißende Schlange von Menschen, die sich in das Haus hineinringelte und wieder heraus. Mietskutschen fuhren vor, es kamen Exzellenzen, Offiziere, Beamte, Professoren, Künstler, schick gekleidete Schönheiten vom Theater, forsche junge Leute wie ergraute soignierte Herren. Die Post- und Telegraphenboten des Viertels hatten einen heißen Tag. Die Besitzer der *Vossischen Zeitung* trugen eine prächtige Kaminuhr nach oben, repräsentatives Neobarock in Bronze; die Mitglieder der Redaktion stifteten eine stattliche Anzahl teuerster Weine. Das Geschenk des »Rütli«, jenes Künstlerbundes, dem Fontane nunmehr seit fast vierzig Jahren zugehörte, war ein Album in Leder mit den Photographien aller seiner Mitglieder, der ansässigen wie der auswärtigen, und kleiner Gedichte darunter. Zu diesem Album hatte Adolph Menzel als »Rütli«-Ältester eine Titelzeichnung beigesteuert, allerdings nur Bleistift. Man sah die Muse der Dichtung, die Lyra in der Linken, wie sie olympisch-graziös auf das rundliche Köpfchen eines lieblichen kleinen Knaben, soeben vom Storch gebracht, herniederschwebte.

Die Gratulationsverse im Album waren höchst launig gereimt.

Paul Heyse versah sein Photo, das noch immer einen edlen, jugendschönen Kopf suggerierte, mit Seitenblick auf die Retuschierkunst der Photographen mit den Zeilen:

So oft wir zwei uns wiedersehen,
Werd' ich ein muntrer junger Mann.
Die hellen alten Zeiten erwachen,
Wieder erklingt Dein junges Lachen,
Der Rauhreif, der uns angefrostet,
Wir schütteln ihn aus Herz und Haar;
Der beste Retuscheur fürwahr
Ist alte Liebe, die nicht rostet.

Obwohl Ende Dezember längst schon winterliche Stimmung über dem Tiergarten lag, wurde es im Arbeitszimmer Fontanes zusehends Frühling. Evergreens und Blumen in immer neuen Arrangements - als Töpfe, Körbe, Gebinde, als Füllung eines silbernen Schwans oder in Gestalt einer Lyra, alles mit Bändern und Schleifen, selbst die Palme, die ihm Paula Conrad von der Zunft der Berliner Schauspieler überbrachte, war von einem hauchfeinen, farbig gestreiften orientalischen Gewebe umhüllt. Das Hausmädchen und Emilie, die die Geschenke abnahmen, wußten zuletzt nicht mehr wohin mit den Lorbeerkränzen in Grün, Gold und Silber, den vielen Pokalen, Schreib- und Kunstmappen, Decken, Landkarten, Radierungen und wertvollen Büchern. Die Möbel waren vollgestellt, Depeschen und Briefe hatten auf dem Tisch keinen Platz mehr. Auch in der Wohnung wurde es immer enger. Nur indem sich das Defilee naturgegebenermaßen zum Buffet hin bewegte, war wieder Platz für die Neuangekommenen freigeworden.

Paul Schlenther, mittlerweile schon ein enger Freund des Hauses, kam mit einer aus fünf Personen bestehenden Deputation vom »Verein der Zwanglosen« - Otto Brahm, Ludwig Fulda, Herz und Meyer -, um in einer Rede in Versen dem verehrten Dichter im Namen des »Bundes der Jugend«, wie sie sich im Geiste Ibsens[38] sahen, zu huldigen. Sie setzten zwei große flache Körbe zu seinen Füßen nieder, in denen sich von Weinlaub und Blüten garnierte, in Moos gebettete Flaschen Rheinwein befanden. Jede Flasche hatte man mit einem Streifen versehen, auf dem ein einschlägiger Vers oder Spruch zu lesen war, herausgesucht aus Fontanes gesammelten Werken. Eine recht mühselige und von den Anwesenden bewunderte Arbeit, da Fontane kein Mann im eigentlichen Sinne des Trinkens war und folglich nach den geeigneten Zitaten fleißig gesucht werden mußte. Das Ritual nahm seinen Lauf, Schlenther reichte Fontane den Pokal, der, nachdem der Dichter als erster daraus getrunken, unter den Jungen die Runde machte. Für alle war es ein bewegter Tag. Als Ludwig Pietsch die Wohnung verließ, war ein Ende der Besucher noch nicht abzusehen. Vor der Haustür unten traf er den Dichter der »Quitzows«, Ernst von Wildenbruch, der, lange Zeit auf dem Kriegsfuß mit dem Kritiker der *Voss* lebend,[39] nunmehr ausgesöhnt die 36 Treppenstufen nach oben stieg.

Der Geburtstagsempfang in der Wohnung war überstanden, nun ging es weiter. Nach Neujahr, am 4. Januar 1890, fand im »Englischen Haus« in der Mohrenstraße das offizielle Festbankett statt, daran nahmen auf Einladung des Vereins der Berliner Presse, der Literarischen Gesellschaft, des »Rütli« und der *Vossischen Zeitung* etwa 250 Personen teil. Fontane kam in Begleitung seiner Frau und seiner beiden Söhne. Auf seinem Frack blinkten die Ordenssterne seiner erhaltenen Auszeichnungen, was die Berliner *Volks-Zeitung* in ihrem Bericht am nächsten Tag mit spöttischem Seitenblick auf seine Person zu vermerken für notwendig hielt. An den langen, reich dekorierten Tafeln bei Lachsforelle und Nußstück vom Rind sah man die Maler Adolph Menzel, Franz Skarbina und August von Heyden, die Schriftsteller Paul Lindau, Julius Stettenheim, L'Arronge, Schmidt-Cabanis und Friedrich Spielhagen, der als Vorsitzender des Festkomitees präsidierte, ferner die Professoren Erich Schmidt von der Berliner Universität, Moritz Lazarus, Theodor Mommsen und Brugsch-Pascha. Auch die Literaten der jungen Generation wie Maximilian Harden, Paul Schlenther, Ernst von Wolzogen und andere, die als Publizisten, Kritiker oder Romanautoren etwas galten, waren erschienen.

Franz Krolop vom Königlichen Opernhaus trug, wie es in den Zeitungen hieß, zur Eröffnung etwas akademisch die »Douglas«-Ballade vor, das Bekenntnis zur Heimattreue. Das Gedicht war, seitdem es existierte, zu festlichen Anlässen immer auf dem Programm gewesen. Berlin und Brandenburg feierte vor allem »seinen« Dichter, so wie das Bild Fontanes in der Öffentlichkeit noch immer geprägt schien und wie die *Kreuzzeitung* in ihrem umfangreichen Bericht über den Abend auch diesmal wieder betonte: den »vaterländischen Dichter«. Auch in dem Toast von Karl Frenzel, der den Presseverein und die *National-Zeitung* vertrat, ging die Betonung in diese Richtung.

Mit uns'rer Landschaft lebt in seiner Dichtung
Vom Höchsten bis zum Kleinsten unser Volk.
Der Edelsitz, das Kirchlein und das Strohdach
Sind seinem Aug' und Herzen gleich vertraut.

Minister von Goßler gab dem Abend zusätzlich einen politischen Akzent, indem er zum Ausdruck brachte, daß die Literatur unendlich viel zur Einigung Deutschlands geleistet habe und die Regierung diesen Beitrag zu schätzen wisse. Es gelte nun, Änderungen im Verhältnis zwischen Staatsleitung und moderner Literatur anzustreben. Seine Rede umrahmte der Schauspieler Josef Kainz mit dem Vortrag der Fontanischen Kaiser-Friedrich-Gedichte.

Die Gesellschaft war mittlerweile, immer wieder unterbrochen von würdigenden Reden, schon beim Nachtisch mit Eis angelangt, der Champagner hatte entsprechende Arbeit geleistet, so daß, wer nun noch reden wollte, mit seinem Wort im allgemeinen Gemurmel unterging. Es war aber noch ein Schriftsteller da, mit einem Gedicht in der Tasche, der unbedingt, vom Vorsitzenden ständig zur Geduld ermahnt, seinen Toast ausbringen wollte. Es war der 34jährige Ernst von Wolzogen,[40] Bohemien, sich weltmännisch-liberal gebend, für den es überhaupt nur drei Männer gab, die ihm imponieren konnten – Bismarck, Fontane und Björnson. Spielhagen winkte ihn schließlich aus dem Saal heran. »Wenn Sie es *nach dem Käse* noch versuchen wollen. Ich möchte Ihnen aber abraten, Sie sehen ja ...« Da regte sich in Wolzogen, wie er sagt, sein alter guter Trotz. »Nu gerade. Und als der Käse kam, schlug ich ans Glas und brüllte wie ein Stier. ›Ich bitte um Ruhe!!!‹ Ich begann meine Verse zu schreien, zu donnern. Ich knallte los wie ein überladener Böller – und wahrhaftig! – ich brachte das unmöglich Scheinende zustande: man hörte mucksmäuschen still zu, und keines meiner Worte ging verloren.«

Von einem greisen Grenadier,
Der, zählt er gleich über die Sechzig schier,
Noch bei jeder Bataille dabeigewesen,
Hab' ich in deinen Gedichten gelesen,
Der sich nicht um die müden Glieder scherte,
Freundwillige Mahnung von sich wehrte
Und blitzenden Auges den Spruch getan:
»Die Jungen müssen ein Beispiel ha'n!
Proppere Arbeit im Kriege zu schaffen,
Lehr' ich die Grünen, lehr' ich die Schlaffen!«
Und im Potsdamer Schritt, mit Heldenpomade,
Marschiert' er hinein in die Kanonade,
Räumte fein auf zwischen Reitern und Rossen,
Und hat keine Kugel ins Blaue verschossen.
Das packte das ganze Re'ment bei der Ehre,
Fest saßen im Anschlag mit eins die Gewehre
Und als man hörte zum Sturmschritt tuten,
War der Alte voraus mitsamt den Rekruten!

Danach richtete Wolzogen seine Ansprache direkt an den Jubilar, um zu sagen, was ihn und viele der »Neuen« jetzt und heute mit dem Namen Fontane verbinde:

Daß du selber der graue Kriegesheld,
Der nimmer das Schwert in die Ecke stellt,
Der lorbeergeschmückte, jungfrische Kämpe,
Der den Rost nicht ehrt an der ruhmreichen Plempe.
Du hast nicht olympisch das Haupt geschüttelt,
Als die Grünen am Tor des Parnaß gerüttelt –
Du hast dich zu ihnen hinab begeben
Und noch einmal hinein in das brausende Leben,
Weil du schauen wolltest mit eigenen Augen,
Was all der Spektakel wohl möchte taugen.
Dann hast du geprüft und wohl überlegt,
Wie der ältere Freund, der weisere pflegt.
Dann hast du gedichtet. Und eh' man's gedacht –
Hast du es einfach besser gemacht!

Nach dem Vortrag brach, so Wolzogen, ein unbeschreiblicher Jubel aus. Hatten bisher »nur Männer über Fünfzig« gesprochen, so hatte seine »Käserede«, wie er sagt, endlich »der Jugend Gehör verschafft«. Nicht nur das – sie hob den Gefeierten endgültig aus dem »Nur-Preußischen« heraus und verwies auf die Gegenwart und Zukunft, auf den Dichter des fortschreitenden Lebens und die darinliegende Vorbildwirkung Fontanes auf eine neue Generation. Die Huldigung nahm der Dichter sichtlich gerührt entgegen. »Der alte Fontane umarmte mich wortlos.« Aber auch die Jüngeren auf dem Feste fühlten sich von dem schwungvollen Bekenntnis berührt, kamen auf Wolzogen zu, »manche mit Tränen in den Augen und dankten mir für mein erlösendes Gebrüll. Es war einer der stolzesten Tage meines Lebens.«

So geschah es, daß das Alte *und* das Neue im Sinnbild des nimmermüden Grenadier-Poeten voll zu ihrem Recht kamen. Erst als Mitternacht vorüber war und Heyden und Lazarus vor den schon leicht ermüdeten Gästen ihre Reden auszubreiten begannen, vom »Rütli bis zu den Pforten der Zukunft«, wurden sie »vom Bruchteil einer Tafel« abgeklatscht. Man wollte endlich Walzer tanzen. Die Zeitungen fanden, es sei trotz dieser durch Händeklatschen bekundeten Sehnsucht nach dem Schluß des Offiziellen ein schönes Fest gewesen »bis in den frühen Morgen«. Auch Fontane hat sich über das »Ausklatschen« seiner alten Freunde nicht weiter aufgeregt und fand den Abend »gut verlaufen«. Selbst mit Lob für den Minister sparte er nicht. Dessen Ansprache sei zwar nicht als »epochemachend« anzusehen, aber immerhin, sie habe »Mut, Freiheit, Hoffnungsblick und Humor« erkennen lassen.

Obwohl er sich »kolossal gefeiert« sah, blieb ein Rest von Unzufriedenheit in ihm zurück, dies spricht er in einem Brief an Pfarrer Heinrich Jacobi, einen seiner Gratulanten aus der Friesacker Gegend, aus. Er bemängelt, daß das »alte Preußen«, dem er durch mehr als vierzig Jahre hin Kriegsbücher, Biographien, Schilderungen und Gedichte gewidmet habe, sich »kaum gerührt« hätte. Es ist die alte Sache, eine der Fontanischen Überforderungen des Lebens, wenn er Dank als zu gering empfindet oder einem trügerischen, selbstsuggerierten Gefühl nachgibt, doch nicht ausreichend ästimiert worden zu sein. Wer aber hätte vom »alten Preußen« zu seinem Geburtstag nach Berlin kommen sollen? Die meisten Adligen, die er von seinen Wanderungen her kannte, bedeckte anno 1889 schon der Rasen. An Mathilde von Rohr hatte er ja selbst schon ein Jahr zuvor, 1888, geschrieben: »... nun ist beinah alles hin, was ich damals im Ruppinschen noch besuchen konnte, Zeuner, Knesebeck, Quast und so viele von den Stadtleuten.« Zwischendurch war nun, im September 1889, auch seine liebe alte Rohr verstorben. Wen gab es denn noch? Sein Gönner, Feldmarschall Prinz Friedrich Karl, lebte schon seit einigen Jahren nicht mehr. Die Generäle, die Fontane von seinen Kriegsbüchern her kannte, lebten, wenn sie noch lebten, irgendwo in einer Kleinstadt oder saßen, hochbetagte Herren, auf ihren Familiengütern, wie der alte Bredow. Deren Enkel oder Urenkel gar sahen keine Veranlassung, Fontane besonders dankbar zu sein, daß er einen Vorfahren der Familie in diesem oder jenem Zusammenhang einmal erwähnt hatte.

Um die Zeit des siebzigsten Geburtstags herum hatte sich das Bild vom Schriftsteller Fontane in der Öffentlichkeit grundlegend gewandelt, die enthusiastischen Verse Wolzogens auf der Geburtstagsfeier im »Englischen Haus« hatten es deutlich erkennen lassen. Wurde Fontane Anfang der achtziger Jahre noch weithin als Wanderungspoet durch die märkische Heimat angesehen, so schätzte man ihn jetzt, am Ausgang des Jahrzehnts, als realistischen Schilderer zeitgenössischen Lebens im Roman. Die Tage, da er resigniert feststellen mußte, daß sich um ihn keine Katze kümmere, nachdem er sich mit ersten Novellen größeren Erzählstoffen zugewandt hatte, waren vorbei, und die weitschauende Erkenntnis Eduard Engels von 1882, daß sich im Gefolge von »L 'Adultera» der deutsche Roman entwickeln könne, war Realität geworden.

Um 1889/90 erschienen mehrere große Aufsätze in verschiedenen Wochenschriften, die Fontanes literarische Leistung in diesem Sinne umfassend und ausführlich würdigten. Am eindrucksvollsten war der Essay von Maximilian Harden, der am 8. Februar 1890 in der *Nation*, der »Wochenschrift für Politik,

Volkswirtschaft und Literatur«, erschien, ein liebenswürdiges Porträt des Mannes Fontane und ein Plädoyer für den Dichter »des allermodernsten Berliner Lebens«. Harden zeichnet in klarer Belichtung den Weg nach, den Fontane in den zurückliegenden zehn Jahren vom »Sturm« zu »Irrungen, Wirrungen«, oder anders gesagt vom breitgemalten Bilderbogen aneinanderaddierter Genreszenen zum Einzelfall eines menschlichen Schicksals zurückgelegt hatte und von *diesem* erst »aufgestiegen ins Ganze«. Der achtundzwanzigjährige Harden sagte, daß ihm der so typische Berliner Roman um Lene Niemptsch und deren kleines, zu bescheidenes Glück großartig gefallen habe, überhaupt habe er den Eindruck gewonnen, daß der Dichter bezüglich der kritischen, gesellschaftsbezogenen Intentionen seiner Romankunst immer mehr fortschreite. Noch hieße es wohl mitten in den »Irrungen, Wirrungen«, alles müsse so sein, wie es ist, denn »Ehe ist Ordnung«, doch klinge hinter diesem Satz ganz leise schon die Frage an, ob denn tatsächlich alles gut sei in der gegenwärtigen Gesellschaft. »Muß man ein prächtiges Geschöpfchen wirklich lassen aus Standes- und Standesamtsvorurteilen? Fontane ist konservativ und mit einem kleinen Seufzer antwortet er: Es muß wohl so sein. Aber ich bin nicht sicher«, führt Harden seinen Gedanken zu Ende, »daß er nicht eines Tages – meinetwegen mit achtzig Jahren – laut und deutlich, und am Ende gar in der *Vossischen Zeitung* sagen wird: Nein.« Und im übrigen: »Wenn schon die konservativen Siebziger anfangen zu kribbeln und zu höhnen, dann kann man wohl getrost sagen: Es geht zu Ende mit der Autoritätsgläubigkeit.«

Der Schriftsteller Wilhelm Bölsche, schon auf dem Wege zum »Friedrichshagener«[41], folgt dem Harden-Gedanken und nennt Fontane in der *Deutschen Rundschau* anhand des neuaufgelegten Gedichtbandes »einen der größten Realisten, die wir je besessen haben«. Er beobachte richtig und sehe die wahre Natur der Dinge. Man lese daher aus seinem Buch mehr heraus als aus dem objektivsten und gelehrtesten Geschichtswerk. Es habe eines Dichters bedurft, die Luft und die Stimmung all dieser Jahre zu erhalten, »und Fontane ist fast der einzige, der es uns erhalten hat«.

Für die Autoren dieser Aufsätze liegen übereinstimmend die

Vorzüge seiner Kunst im genauen Beobachten, in der Echtheit und Natürlichkeit der Empfindung und darin, wie er, frei von Tendenzpredigt und Sittenrichterei, vom Leben erzählt. Nicht nur von Güte und Herzenswärme, so finden Kollegen und Presseleute, seien seine Geschichten getragen, vielmehr auch von heiterer Skepsis und einer aufblitzenden Ironie mit zuweilen fast Rabelais'schen Zügen. Man akzeptierte Fontanes Bekenntnis, daß er Märker, »aber noch mehr Gascogner« sei.

Anerkennung im Sinne poetisch-realistischer Spiegelung des Lebens erfährt auch sein jüngstes Werk »Stine«, das in Fritz Mauthners Zeitschrift *Deutschland*, die als Wortführerin des Naturalismus galt, seit Jahresanfang 1890 abgedruckt wird. Dieser kleine, von der *Vossischen* abgelehnte Berlinroman um Herzens- und Liebesdinge der Näherin Stine, ihrer so ungleichen, lebenstüchtigen Schwester, der Pittelkow, und ihrem gräflichen »Verhältnis«, hat in dem jungen kunstinteressierten Publizisten Theodor Wolff[42], einem der Mitbegründer des Theatervereins »Freie Bühne« aus dem Kreis um Brahm und Schlenther, einen hingerissenen Leser. Für ihn ist es »ein prächtiges Buch, in der ganzen neueren Literatur wohl einzig den ›Irrungen, Wirrungen‹ vergleichbar«, mehr noch, schreibt er, ein »Flug ins romantische Land«. Romantiker? Ja, sagt Wolff, man könne es nicht genug wiederholen – und hier stützt er die Gedanken Maximilian Hardens –, daß Sehnsucht durch jede große Kunst wehen müsse, daß der echte Dichter Romantiker sei, denn »für Theodor Fontane ist die menschliche Welt unendlich groß, und er weiß, daß man ihre Gedanken und Leidenschaften, ihr Sinnen und Empfinden nicht mit der Uhr und dem Raummaß in der Hand bestimmen darf«.

Daß eine Buchkritik über »Stine«, übrigens das erste Werk aus dem Verlag seines Sohnes, aus der Feder Theodor Wolffs im *Berliner Tageblatt* erschien, einer Zeitung, der er sonst sehr skeptisch gegenüberstand, dürfte Fontane überrascht haben. Mit freundlichen Worten bedankt er sich bei Wolff, nochmals ein Grundprinzip seiner Dichtung bekräftigend: »Große Geschichten interessieren mich in der Geschichte; sonst ist mir das Kleinste das Liebste.«

Die Zeit der großen Romane

Vom Januar blieb nach dem Geburtstagsfest nicht mehr viel übrig. Fontane hat sich bei jedem individuell für die Glückwünsche zu bedanken. Erst im Februar hat er sich allmählich von dieser Pflichtkorrespondenz soweit erholt, daß er sich seinen zwei märkischen Aufsätzen über Mathilde von Rohr und Gentzrode wieder zuwenden kann. Das große, eigentliche Projekt des Jahres aber ist sein Roman »Unwiederbringlich«. Emilie war von den Anstrengungen und Aufregungen um den Geburtstag nervlich so mitgenommen, daß sie an der Gürtelrose erkrankte. Fast ein Vierteljahr hat sie daran zu leiden, während sich Fontane schnell wieder in seine Arbeit hineinfindet. Es gab zur Abwechslung zwischendurch eine Landpartie mit den »Zwanglosen«, an der auch Sohn Theo teilnahm, der sich seit längerem wieder in Berlin befand, wo er eine Berufung ins Kriegsministerium erhalten hatte.[43]

Die Entscheidungen in der Familie für die Sommermonate sind mittlerweile getroffen, sie fahren wieder nach Bad Kissingen, da der Kuraufenthalt für Emilie unerläßlich geworden war. Menzels werden auch wieder zugegensein – der Maler, unverheiratet, und seine Schwester, mit der sich Emilie gut stand. Die beiden waren früher schon einmal zusammen zur Kur gefahren und bedachten sich auch sonst in Berlin gegenseitig mit Besuchen. Emilie schuf sich so einen kleinen »Rütli«-Kreis der Damen, in den befreundete Schauspielerinnen vom Hoftheater, die Ehefrauen von Fontanes Verlegern und deren Töchter sowie Reisebekanntschaften von Schlesien und Kissingen her einbezogen waren. Für Mete, die noch immer bei den Eltern wohnte, war das ein Zirkel ganz nach ihrem Geschmack. Mutter und Tochter übernahmen seit längerem schon, die Visiten zu machen, da Fontane die Lust dazu nicht mehr hatte und sich lieber an den Schreibtisch zurückzog. Seine Interessen an Geselligkeit lagen zudem auf anderem Gebiet als die der Damen. Nachdem mit dem Tod des alten Freiherrn von Wangenheim und Pastor Windels in Potsdam der Kreis um ihn abermals kleiner geworden war, blieb ihm im wesentlichen nur noch der Gedankenaustausch mit Zöllner und mit seinem Schmiedeberger Bekannten Friedlaender. Diesen wird er im Juli des Jahres in Schlesien wiedersehen.

Aus Bad Kissingen kann Fontane seinem Verlegersohn Friedrich die Neuigkeit mitteilen, daß im Schaufenster der Buchhandlung am Ort »Stine« stand und daß er sich zusammen mit Menzel in das »Berühmtheitenbuch« der Kurverwaltung habe eintragen müssen, »erst Menzel mit einem Bild, dann ich mit einem Vers auf Kissingen«. Die Menzelsche Zeichnung taxiere er auf wenigstens 500 Mark, seinen eigenen Vers auf 50 Pfennige. Das kennzeichne eben die Stellung der Künste untereinander, fügt er hinzu, denn Verseschreiben, auch gute, sei immer Aschenbrödelei. Bemerkungen solcher Art zur ungleichen Stellung der Schriftstellerei zu den anderen Künsten macht er nicht nur der eigenen Familie gegenüber, sie finden sich häufig auch in der Korrespondenz mit seinen Verlegern und Zeitungsinhabern, nicht bloß als Bonmots gedacht. Seit längerem schon beschäftigt ihn die Frage, wie der Berufsstand der Schreibenden innerhalb der Gesellschaft angesehen wurde und wie er hätte angesehen werden müssen.

In Berlin waren derweil um den Geburtstag herum einige sehr erfreuliche Ereignisse zu verzeichnen. Die *Vossische Zeitung*, für die er nun schon seit den Tagen in England gearbeitet hatte, setzte ihm eine Ehrenpension aus, was er sehr generös fand. Man hatte ihn auch schon gefragt, ob er für die Zeitung nicht seine Autobiographie schreiben wolle. Er schwankte, einerseits war das Honorarangebot der Redaktion dafür sehr gut, andererseits zog es ihn mehr zu dem Buch über die Bredows hin, seine alte Liebe. Im Grunde waren es zwei völlig verschiedene Objekte, wenn er sie aber vergleiche, heißt es in seinem Brief an die Zeitung, würde neben der Bedeutung der Familie Bredow ein »kleines Einzeldasein« wie das seine doch verschwinden. Eine endgültige Entscheidung fällt er 1890 noch nicht, er weiß aber und wird darüber nachdenken, daß sein Leben *auch* ein sehr guter Stoff wäre. Ein anderer Vorschlag hingegen, der ihm von Dominik gemacht wird, seine gesammelten Novellen und Romane in einer geschlossenen Ausgabe herauszubringen, findet sofort seine Zustimmung.

Obwohl die Reisen in die Kurbäder obligat geworden sind, fährt Fontane mit seiner Frau auch weiterhin in die Sommerfrische ins Riesengebirge. Dort verbringen sie 1890 sieben wundervolle Wochen in klarer Höhenluft auf der Brotbaude, »so schön und ärgerlos, wie man's kaum glauben sollte«. Aus Berlin treffen nur angenehme Nachrichten ein. Sein junger Freund Paul Schlenther und Schauspielerin Paula Conrad haben sich verlobt, Maximilian Harden schickt die neue Nummer der *Nation* mit seiner Rezension von »Stine«. Beide erhalten einen liebenswürdigen Brief. An Schlenther heißt es: »In unserer Zeit, wo sich alles um Besitz und Zeremonie dreht«, sei es doppelt erquicklich für ihn, »statt zweier Goldsäcke zwei Herzen sich finden zu sehen.« Harden dankt er dafür, daß er immer so was besonders Nettes und Treffendes über seine Romane zu sagen wisse und Dinge sehe, woran andere vorbeigucken. Von Schlesien aus führt Fontane auch seine geschäftliche Korrespondenz mit den Verlegern und seinen Zeitschriften weiter. Wilhelm Hertz avisiert er die Korrekturfahnen zu »Quitt«, die er sich von der *Gartenlaube* erbeten hat. Sie sind gedacht als Druckvorlage fürs Buch, er möchte sie vorher aber noch einmal durchsehen, um ein paar Korrekturen vorzunehmen. Seine Verleger waren auf solche Mitteilungen vorbereitet, sie wußten, ohne Autorkorrekturen ging es bei Fontane nie ab, selbst dann nicht, wenn das Werk schon einmal veröffentlicht war und er es dafür bereits sorgfältig bearbeitet hatte. Emilie ist während dieser Zeit damit beschäftigt, schon die fertigen Teile des nächsten Romans ins Reine zu schreiben. Als nach sieben Wochen der Tag der Abreise nahte, fahren sie beide noch einmal hoch ins Gebirge, um blauen Enzian für einen Kranz zu pflücken, den Fontane nach der Rückkehr in Berlin zu Georges Grab bringen wird. Am gleichen Tag, da er nach dem Lichterfelder Friedhof hinausfuhr, lesen sie in der *Kreuzzeitung* die Annonce von der Verlobung ihrer Schwiegertochter, der Witwe von George, mit einem Herrn Assessor von Neefe. Für seine Frau muß es schmerzlich gewesen sein, daß die Verlobung ausgerechnet auf den Todestag des Sohnes gelegt wurde, auch Fontane fand es: »... etwas sonderbar«.

Zurück in Berlin wird Fontane am 23. November 1890 Opfer eines ernstzunehmenden Unfalls. Er war zu Fuß unterwegs, eilig wie immer, es lag schon Schnee und war etwas glatt, als er vor dem Blücherschen Palais hinstürzte und sich eine stark blutende Wunde am Kopf zuzog. Zu Hause in der Familie ist helle Aufregung, wie so etwas bloß passieren konnte. Die Weihnachtswoche verbringt er »in Binden und Bandagen«, zwischendurch muß er sich auf die Polizeiwache begeben und mit Unterschrift erklären, daß er gegen den Fürsten Blücher wegen nichterfolgten Aschestreuens keine Strafanzeige zu stellen beabsichtige. Der »Patient« gepflegt von Frau und Tochter, bringt die Feiertage vorwiegend mit Zeitunglesen zu. Die Lektüre erfolge geradezu mit der »Andacht eines Philisters«, plaudert er in einem Brief an Heyse. Es vergehe ihm kein Tag, wo nicht aus diesem elenden Löschpapier etwas Hochpoetisches zu ihm spräche. Er zählt auf: die Auseinandersetzungen zwischen dem Kaiser und Bismarck um die Sozialgesetzgebung, das Treiben der Hofpredigerpartei um Stoecker, die Große-Kurfürsten-Feier und der Dampfschiffverkehr auf dem Victoria-See. Das alles lasse ihm das Herz höher schlagen, wenn er dabei an die dreißiger Jahre, seine Jugend, zurückdenke, wo ganz Berlin vierzehn Tage lang von einem Beckmannschen Witz[44] oder von »Freiheit und Gleichheit un Roochen in 'n Tiergarten«[45] gezehrt habe. Das Leben in Berlin, das ihm lange Zeit als recht eintönig vorgekommen war, gewinnt wieder an Reiz, es ist dieselbe Situation wie damals in London, das Leben immerzu in dynamischer Bewegung, alles großartig. »Daß ich das jetzt wieder stärker empfinde, hängt wohl damit zusammen, daß das Leben unter unsrem jungen Kaiser doch viel bunter, inhaltreicher, interessanter geworden ist. Immer ist etwas los.«

Die Heilung der Kopfwunde verläuft gut, trotz Verband kann Fontane sich seinem neuen Roman »Unwiederbringlich« widmen, der im Dezember abgeschlossen ist. Im Winter des Jahres hat sich nunmehr auch ein alter Wunsch von ihm erfüllt: Seine gesammelten Novellen und Romane in zwölf Bänden sind erschienen. Eine langfristige Bindung an einen Verleger mit dem Ziel einer Gesamtausgabe hatte er schon seit 1882 angestrebt. Bei Friedrich in Leipzig war nichts daraus geworden, und Hertz in Berlin war nicht dazu zu bewegen gewesen. Erst jetzt, nach acht Jahren, ließ sich das Vorhaben realisieren.

Das Jahr 1890 endete, was die Schriftstellerei betraf, mit dem Erscheinen des Romans »Quitt«, der in den letzten Novembertagen bei Hertz herauskam. Fontane war schon ungeduldig, daß nicht sofort Kritiken erschienen und schreibt enttäuscht ins Tagebuch: »Die Welt nimmt wenig Notiz davon.« Zwar habe die *Vossische* darüber etwas gebracht, sonst aber habe er »noch nicht recht was gelesen«, heißt es an Friedlaender nach Schmiedeberg.

Daß »die Welt« sehr wohl Notiz davon nahm und das in sehr kontroverser Debatte, sollte das neue Jahr 1891 zeigen. Die besten Besprechungen bekommt er wieder aus dem Kreis der »Freien Bühne« um Otto Brahm und von den Kritiker- und Schriftstellerkollegen, die der »jungen Bewegung« des Naturalismus nahestanden. Bruno Wille stellte »Quitt«, die Geschichte einer Läuterung eines jungen Mannes, der zum Mörder an einem andern geworden war, in eine vergleichende Betrachtung zu Dostojewskis großem Epos »Schuld und Sühne«. Was bei dem russischen Dichter aber ins Dämonische reiche, werde bei Fontane eher preußisch abgehandelt, ruhig, zuweilen trocken, ohne Ekstase. Der zurückgenommene Erzählstil ändere jedoch nichts daran, daß das Buch den Leser in einer unermüdlichen Spannung halte. Auch er als Kritiker, bekennt Wille, habe »eine nachhaltige Ergriffenheit empfunden«.

Fast jeder von den Kritikern weist auf den Punkt hin, daß der Roman augenfällig in zwei Hälften auseinanderfalle, eine, die in Schlesien spielt, dramatisch angelegt, und eine, die in Nordamerika unter Mennoniten angesiedelt ist, zu sehr Idylle, was auch mit humoristisch satirischen Zügen in der Zeichnung einzelner Nebenfiguren nicht ausgeglichen würde. Die Rezensionen zum Buch erscheinen bis in den Juli hinein, auch ablehnende Stimmen sind darunter. Es sei diesmal »nicht echter Fontane«, befand die Zeitschrift *Deutsche Dichtung*. Ein Mißgriff sozusagen, zuviel konstruierte Gestalten, Schemen, von denen der Held umgeben sei. Alles Charaktere, wie sie nicht in der ernsthaften Literatur zu finden seien, eher in der *Gartenlaube*. Die Empfehlung des Rezensenten lautete: Lieber »Irrungen, Wirrungen« zweimal lesen und »Quitt« ungelesen liegenlassen.

Fontane war amüsiert, was manche von den Kritikern aus seinem Roman herausgelesen zu haben glaubten oder mit heiligem Eifer in ihn hineininterpretierten. Wilhelm Bölsche von den Naturalisten, einer der großen Bewunderer Fontanes, untersuchte das Schuldthema vom moralisch-ethischen Standpunkt aus und sprach von »Sünde gegen das Mitleid«, über die im Buch gerichtet werde. Fontane schrieb daraufhin einen Brief an Bölsche, daß er davon durchaus nichts wisse, daß so etwas in seinem Buch stünde, da er absolut untendenziös schreibe. Nur Kunst interessiere ihn, und sonst weiter nichts. Bölsche fand nun seinerseits ein solches Unmaß an Untertreibung abwegig und hielt Fontane einen Ausspruch von Theodor Vischer, dem Literaturästhetiker des 19. Jahrhunderts, entgegen, daß ein Dichter immer gescheiter sei als er selbst, freilich aber auch dümmer als er selbst.

Von allen Meinungen und Äußerungen zu der Förster-Wilddieb-Geschichte war die von Paul Heyse am merkwürdigsten. Nicht weil Heyse, ein Mann des formstrengen Denkens in der Kunst, darauf hinwies, was jeder ästhetische Lehrjunge auf der Stelle merke, daß die Gesamtkonzeption »ganz gegen alle Regeln« in zwei Teile zerfalle, »zwischen denen der Ozean rollt«, sondern weil er Vorbehalte gegen die unerforschlichen Wege der Fontanischen Phantasie hatte. Offensichtlich konnte Heyse mit dem Roman nichts anfangen, sein Brief vom Dezember 1890 an Fontane ist eine in liebenswürdige Form gekleidete Ironie. Gleich nach der Lektüre, so schreibt er dem Freund, habe er einen Sturmlauf durch den frischgefallenen Schnee gemacht und »diesen west-östlichen Roman« in sich nachklingen lassen. »Hab schönsten Dank, lieber Theodor.« Wie gern er den alten Freund aus den Zeilen des Romans plaudern höre, versichert er, »überall deine klare frische Menschenstimme« und daß er nur die Hände über dem Kopf zusammenschlagen könne »vor Staunen und Grauen über deine unheimlichen Kenntnisse und Bewandertheit hüben und drüben des Weltmeers«. Leicht boshaft spöttelnd heißt es weiter mit Blick auf die Buntheit der Personen – Märker, Schlesier, Franzosen, Amerikaner – sowie darauf, wie Fontane Schlesien mit dem amerikanischen Kontinent zusammenkoppelt, also ein Gebirgsdorf bei Krummhübel mit einer Mennonitengemeinde auf Indianergrund: »Freilich als Mann der neuen Zeit und halb und halb der ›neuesten Richtung‹ hast du eine feine Witterung dafür, daß der Roman der Zukunft einen internationalen, ethnographischen Charakter tragen und zu seinem Genuß die Beherrschung von mindestens drei lebenden Sprachen nötig sein wird.« In Heyses Worten wird erkennbar, wie weit sich die beiden Dichter in ihren Kunstauffassungen voneinander unterschieden und daß Heyse der künstlerischen Gedankenwelt Fontanes kaum zu folgen vermochte.

Das Jahr 1891 bringt für den Schriftsteller Fontane eine grundlegende Wende. Es beginnt nunmehr die Zeit der Nachauflagen seiner Bücher. »L'Adultera« macht bei Schottlaender im Januar 1891 den Anfang. »Irrungen, Wirrungen« folgen im Dezember bei Steffens. Eine erfreuliche Zusammenarbeit ergibt sich auch mit Julius Rodenberg, dem Herausgeber der *Deutschen Rundschau*. Ihm bietet Fontane den Abdruck seiner neuen Arbeit »Unwiederbringlich« an, über deren Inhalt Rodenberg schon seit zwei Jahren unterrichtet war. Den Stoff zu diesem Roman hatte Fontane von einer Geheimrätin aus seinem Bekanntenkreis erhalten. Es geht, wie Fontane schildert, um folgende Geschichte: »Baron Plessen-Ivenack, auf Schloß Ivenack in Strelitz, Kavalier comme il faut, lebte seit achtzehn Jahren in einer glücklichen Ehe. Die Frau 37, noch schön, etwas fromm. ... Er Kammerherr. Als solcher wird er zu vorübergehender Dienstleistung an den Strelitzer Hof berufen. Hier macht er die Bekanntschaft eines jungen pommerschen Fräuleins, von Dewitz, eines Ausbundes nicht von Schönheit, aber von Pikanterie. Den Rest brauche ich Ihnen nicht zu erzählen. Er ist behext, kehrt nach Ivenack zurück und sagt zu seiner Frau: sie müßten sich trennen, so und so. Die Frau, tödlich getroffen, willigt in alles und geht. Die Scheidung wird gerichtlich ausgesprochen. Und nun kehrt der Baron nach Strelitz zurück und wirbt in aller Form um die Dewitz. Die lacht ihn aus. Sie steht eben auf dem Punkte, sich mit einem ebenso reichen, aber unverheirateten Herrn aus der Strelitzer Gesellschaft zu verloben. … Alles weg. Er geht ins Ausland, ist ein unglücklicher, blamierter und halb dem Ridikül verfallener Mann. Inzwischen aber ist die älteste Tochter, die beide Eltern gleich schwärmerisch liebt, herangewachsen. … Versöhnungsversuche drängen sich, und das Ende vom Lied ist: es soll alles vergessen sein. Zwei Jahre sind vergangen. Die Frau willigt ein, und unter nie dagewesner Pracht, darin sich der Jubel des ganzen Landes Strelitz mischt, wird das geschiedne Paar *zum zweiten Male getraut*. … Telegramme von Gott weiß woher, Musik und Toaste. Plötzlich aber ist die wieder Getraute, die wieder Strahlende, die wieder scheinbar Glückliche von der Seite ihres Mannes verschwunden, und als man nach ihr sucht, findet man sie tot am Teich. Und auf ihrem Zimmer einen Brief, der nichts enthält als das Wort: *Unwiederbringlich*.«

Mit diesem Roman, wiederum ein Epos um Schicksal und Schuld, verläßt Fontane Berliner Terrain und wählt Dänemark als Schauplatz der Handlung. Zeitgenössischer Hintergrund sind die Jahre um den Ausbruch des Deutsch-Dänischen Krieges, als er Gelegenheit hatte, sich mit dänischen Verhältnissen näher vertraut zu machen. Der Vorabdruck lief noch, als in der Redaktion aus Zürich ein Brief von Conrad Ferdinand Meyer eintraf. Er schrieb, es sei »wohl das Vorzüglichste, was die ›Rundschau‹ in der reinen Kunstform des Romans *je* gebracht« habe. Romankunst – das bedeutete für den großen schweizer Erzähler und Lyriker »feine Psychologie, feste Umrisse, höchst lebenswahre Charaktere und über alles doch ein gewisser poetischer Hauch«. An dem Tag, da Fontane von dem Brief Kenntnis bekam, war er am Morgen recht elend aufgestanden, fühlte sich aber sogleich besser. Bei aller Freude darüber wandelte ihn wiederum auch eine Sentimentalität an, denn fast ein ganzes Leben lang, »oder doch jedenfalls seit 1876, wo ich meine Akademie-Stellung aufgab«, habe er einer Anerkennung wie dieser zugestrebt. Gekommen war sie nie.

Der Roman erhielt auch nach seinem Erscheinen in Buchform wieder eine Reihe nobler Rezensionen. Paul Schlenther ernannte den Verfasser zum »Pleinairisten« unter den deutschen Erzählern, der mit seinen 72 Jahren gerade darin so taghell modern wirkte, »trotz allerhand romantisch-altfränkisch-großpapahaften Allüren«.

Im privaten Leben Fontanes gibt es jenseits des Siebzigsten keine außergewöhnlichen Ereignisse mehr. Gelegentlich geht er, eingeladen von Emil Pindter, dem Chefredakteur der *Norddeutschen Allgemeinen Zeitung*, in den Geheimratsklub, wo sich Berliner Presseleute zusammenfinden oder auf Gesellschaften seines Malerfreundes August von Heyden, der weitaus mehr Neigung zu Geselligkeit und Plauderei erkennen ließ als der schweigsam knorrige Menzel. Da sich nun aber Menzel wieder mit Heyden nicht gut stand und Lazarus als die ausgleichende Kraft nicht mehr in Berlin war, hatten auch die »Rütli«-Runden ihren einstigen Glanz verloren. Es sind mitunter nur noch drei Personen, die sich zusammenfinden. Die interessanten Ereignisse finden außerhalb der Wohnung statt. Fontane wird am 24. Februar auf einem Empfang zu Ehren Bismarcks im Habsburger Hof dem Reichskanzler vorgestellt und bedankt sich am übernächsten Tag bei Pindter, der die Einladung für ihn arrangiert hatte. Sonst ist das Leben im Johanniterhaus das herkömmliche, ab und an Theater, mal eine Kunstausstellung, wenig Besucher, dafür viele Briefe. Als im April Unter den Linden eine Ausstellung mit Bildern von Franz Stuck eröffnet wird, schaut er sich mit sachlichem Urteil die einzelnen Gemälde an, besonders die, die umstritten sind. Ein Ministerialbeamter aus seinem Bekanntenkreis, Geheimrat Stöckhardt, der zur Ablehnungsfront gehörte und jenen Kreisen das Wort redete, die gegen die »Stuckschen Schmierereien« zu Felde zogen, hatte seine Ablehnung mit den Worten begründet, daß die Kunst doch das Schöne zu wollen habe, was Fontane in seiner Korrespondenz mit Tochter Mete zu dem ärgerlichen Kommentar veranlaßt: »Solch Blech darf man nicht mehr aussprechen, auch nicht mal, wenn man Geheimrat ist.«

Ende April 1891 steht Fontane abermals eine Ehrung bevor. Er erhält den begehrten Schillerpreis, zusammen mit dem niederdeutschen Dichter Klaus Groth. In jenem Jahr wurde der Preis an keinen Dramatiker vergeben; der vorgeschlagene Sudermann war vom Kaiser nicht akzeptiert worden.[46] Nach Paul Heyse war Fontane nun der zweite aus dem Kreis der Rütlionen, der die Auszeichnung, die mit 3000 Mark dotiert war und ihn offiziell in die erste Reihe der deutschen Dichter stellte, in Empfang nehmen konnte. Das Preisrichter-Kollegium, zu dem die Schriftsteller Gustav Freytag und Paul Heyse sowie die Professoren Dilthey, Schmidt und Treitschke gehörten, verhalf damit insbesondere dem Novellen- und Romanwerk Fontanes zu einer Anerkennung, die, wie man wußte, kaiserliche Gutheißung besaß. »Wir sind nun hier seit drei Tagen ganz ›Schillerpreis‹, schreibt er an die Tochter angesichts der Telegramme, ministeriellen wie privaten Glückwunschschreiben und der Besucher, die kamen. »Die ganze Geschichte müßte mich ja eigentlich *sehr* glücklich machen, aber es kommt ein bißchen zu spät und fällt bei mir in eine Stimmung hinein, die doch bei aller Heiterkeit schmerzlich ist.«

Zum Philosophieren über die »Nichtigkeit alles Irdischen« bleibt indes nicht viel Zeit. Auf seinem Schreibtisch liegt der inzwischen begonnene neue Roman »Frau Jenny Treibel«. Er kommt aber mit der Überarbeitung nicht recht voran, »weil beständiger Blutandrang nach dem Kopf mich daran hindert«. Auch verschiedene kleine Novellen, die er abschließen möchte, gelangen über Anläufe nicht hinaus. So sieht er sich im Mai gezwungen, die große Arbeit an den Bredows und dem Ländchen Friesack endgültig aufzugeben. Er wäre gern noch einmal auf den Spuren brandenburgischer Geschichte durch das Land der Havel gewandert, doch ging es nicht mehr. Es sei etwas zu Zeitraubendes, meint er, und das Sich-Einlogieren auf den Edelhöfen habe mit beinahe 72 doch sein Mißliches und Genierliches. So bedankt er sich bei Max von Bredow für die Hilfe, die er von ihm erhalten hat, und bittet um Verständnis dafür, daß er die Flinte ins Korn geworfen habe.

Fontane will alle weiteren Entscheidungen über den Fortgang der Arbeit zurückstellen, bis er mit seiner Frau von der Kur in Bad Kissingen wieder zurück ist. Am Ort sind in diesem Jahr keine Bekannten, mit denen sie hätten verkehren können, alles deshalb etwas langweilig für sie. Wohl im Großen und Ganzen alles nette und ordentliche Leute, aber eigentlich passen sie nicht recht zu uns, befindet er über ein Buchhändlerehepaar, das sie als Tischnachbarn haben. Dafür begegnet er auf der Promenade dem ehemaligen Zivilkabinettschef des alten Kaisers Wilhelm, von Wilmowski, der sich 1876 »so rücksichtslos« gegen ihn benommen hatte, als Fontane wegen eines kaiserlichen Gnadenbeweises vorstellig geworden war. Fontane hatte ihm das auch nach sechzehn Jahren nicht vergessen. Ihn zu grüßen kam deshalb nicht in Frage, er erlaubte sich, den hohen Herrn ganz unhonorig zu übersehen.

Mit der Arbeit ging es bei der Rückkehr nach Berlin nicht so voran, wie er dachte, weil in ihrem Haus Reparaturarbeiten begannen. Durch einen angrenzenden Neubau waren in den Wohnungen Schäden aufgetreten, nun wirtschafteten die Maurer und Maler herum. Fontane läßt seine Frau mit dem abzuschreibenden »Jenny-Treibel«-Manuskript und dem Regiment über die Handwerker in der Wohnung zurück und begibt sich auf die Reise nach Wyk auf der Insel Föhr – die Insel deshalb, weil sich hier sein Freund Friedlaender aus Schmiedeberg in der Sommerfrische aufhielt. Einen besseren Gesellschafter konnte er sich nicht wünschen. Zu Friedlaender, 24 Jahre jünger als er, hat er eine Anhänglichkeit, wie sie im Leben sonst nur unter Kommilitonen oder Regimentskameraden anzutreffen ist, die, nachdem sie einmal zueinander gefunden, sich fürs Leben verbinden, weil sie im andern einen Teil der eigenen Persönlichkeit gespiegelt sehen und sich in den eigenen Urteilen, Interessen und Abneigungen bestätigt finden. In den zehn Jahren ihrer Bekanntschaft, die man Freundschaft nennen konnte, war kein Schatten, nichts Unangenehmes auf ihre Beziehung gefallen. Dr. jur. Friedlaender, ein feiner, vornehmer Herr, gebildet, an allem Geistigen interessiert und von tadellosen Umgangsformen, hatte Fontane viele interessante Bekanntschaften vermittelt, auch den Stoff zu der Wilddiebgeschichte, die den Ausgangspunkt zu »Quitt« bildete. Fontanes Tochter Mete schien, diesmal ganz entgegen ihrem Vater, keine besonderen Sympathien für den Schmiedeberger Amtsgerichtsrat zu empfinden, muß sich deshalb im Brief sagen lassen, daß Friedlaender mit all seinen Schwächen erheblich besser sei, als sie denke. »Was mich an F. fesselt, ist einfach seine ganz glänzende Beobachtungsgabe für *alles*, was ihn umgibt, seine Schilderungen kleinstädtischer Kreise, die Aufgeblasenheit junger Referendare, der Dünkel durchschnittsmäßiger Secondeleutnants, die hundert Formen des geeichten und abgestempelten Borussismus ... die Bilder, die er entrollt, sind wunderbar gut, wenigstens seh' ich all das in ganz gleichem Lichte.« An Friedlaender gefiel Fontane vor allem aber, obwohl dieser so großen Wert auf gutsitzende Hosen legte, daß er im Grunde seines Wesens unbourgeoishaft war, »ein Vorzug, der mir, je älter ich werde, immer mehr bedeutet«.

Über vierzehn Jahre hin entfaltet sich zwischen Berlin und Schmiedeberg ein Briefwechsel, der, als er herausgegeben wurde, einen stattlichen Band füllen sollte.[47] Die beiden Briefpartner zeigen sich als narrative Naturen, denen das Erzählenkönnen angeboren war. Vertieft wurde die gegenseitige Beziehung noch, als Friedlaender wegen seines kleinen Erinnerungsbuches aus dem 1870er Krieg – er hatte es Fontane gewidmet – von ehemaligen Vorgesetzten Schwierigkeiten gemacht bekam. Man warf ihm, einem mit dem Eisernen Kreuz ausgezeichneten Reserveleutnant, ungenügenden Patriotismus vor, weil er wahrheitsgemäß auch die mangelnde Kriegsbegeisterung bei den eingezogenen Reservisten in seinem Buch über die Erlebnisse im Deutsch-Französischen Krieg geschildert hatte. Fontane ergriff uneingeschränkt Partei für den Freund, versuchte ihn über die schwere Kränkung hinwegzutrösten. In seinen Briefen ist die Ablehnung des in Deutschland der siebziger und achtziger Jahre auch im Zivilleben forcierten militärischen Akzents deutlich spürbar. Er sieht diese Entwicklung mit Abneigung, meint zu Friedlaender: »... wir sind aus dem Elend, der Armut und Polizeiwirtschaft heraus, alles gut, aber neben unserer neuen Größe läuft eine Kleinheit, eine Enge und Unfreiheit her, die die verachtete Stillstands- und Polizeiperiode der 20er und 30er Jahre nicht gekannt hat. Besonders die militärische Welt überschlägt sich ... Selbstsucht und rücksichtsloses Strebertum sind an die Stelle feinen Ehrgefühls und vornehmer Milde getreten.«

Die von Fontane so hochgestellten idealistischen Werte sind auf fast allen gesellschaftlichen Gebieten im Schwinden begriffen, er sieht es nüchtern, ohne jede Illusion. Die Verurteilung dieser Deformationen einerseits läßt seiner politisch-journalistischen Objektivität andrerseits auch die Freiheit zu sagen, daß die Zeiten nicht so schlimm seien wie sie scheinen. »Allem Schimpfen ungeachtet, an dem man gelegentlich redlich teilnimmt«, stehe es doch so, »daß die Welt nie glücklichere Tage gesehn hat.« Es gebe wohl eine Masse von Elend und Unglück, räumt er ein, was aber mit den staatlichen und gesellschaftlichen Zuständen in keinem Zusammenhang stehe. Wer ehrlich arbeiten wolle, für den sei gesorgt. Diesen Brief schreibt er an Friedlaender 1890 mit Blick auf den Kalender und den herannahenden 1. Mai »mit seinen Arbeiterbataillonen«. Den revolutionären, sozialdemokratischen Bestrebungen erteilt er eine Absage, sein Credo ist, daß der Mensch, »von seiner Arbeit schlecht und gerecht leben können« müsse, und mehr sei nicht nötig. »Und für all das ist jetzt über und über gesorgt, namentlich bei denen, die den Radau inszenieren.«

Da es sich bei Friedlaender um einen christlichen Bürger mit jüdischen Ahnen handelt, wird naturgemäß das Thema »Juden« häufig erwähnt. Obwohl Fontane viel Schmeichelhaftes über die ihm angenehmen und geistvollen jüdischen Gesellschaften sagt, finden sich in den Briefen auch kritische, ja wenig gerechtfertigte Urteile, etwa darüber, daß die europäische Presse eine »einzige Judenmacht« sei. Dieses Urteil trifft er im Zusammenhang mit der Dreyfuß-Affäre in Frankreich. Daß Fontane sich trotz gelegentlicher positiver Bemerkungen zum Jüdischen von seinen antisemitischen Vorurteilen, selbst seinem Freund Friedlaender gegenüber, nie befreit hat, offenbart der Brief, den er am 12. Mai 1898, im Jahr seines Todes, an den Berliner Philosophieprofessor Friedrich Paulsen richtete und in dem er Georg Friedlaender als einen »Stockjuden« bezeichnete, der seine »jüdische Gesinnung« nicht loswerden könne.

Wenn auch Fontane für sich privat diese Bemerkung über ihn offensichtlich störende oder irritierende Züge im Wesen des Menschen Friedlaender machen zu müssen glaubte, so bleibt dessen Verdienst doch unbestritten. Er war, wenn man ihn nicht darüber hinausgehend würdigen möchte, Stichwortgeber für einen bedeutsamen Teil des Fontanischen Briefwerkes. In der Friedlaender-Korrespondenz offenbart sich das zur Vollendung gelangte »talent epistolaire« Fontanes, gleichzeitig wird auch deutlich, daß er von Meinungen, die er noch in den siebziger und achtziger Jahren vertreten hat, abzurücken beginnt. Mehr und deutlicher als in anderen Teilen seines Werkes ist in seinen Altersbriefen seine Distanz zum Adel als Stand wie zur Bourgeoisie als tonangebender Schicht des wilhelminischen Kaiserreichs artikuliert. Dies häufig sehr bissig und sarkastisch. Diese private Korrespondenz, die das Spätwerk des Romanciers Fontane flankiert, ist ihrem Inhalt nach ein eminent aufschlußreiches, gedanklich wie literarisch brillantes Zeitzeugnis und Lebenszeugnis, auch in den widersprüchlichen Äußerungen.

Die vier Wochen auf Föhr mit seinen »guten Friedlaenders« gestalteten sich trotz regnerischen Wetters sehr angenehm, da auch Unterkunft und Verpflegung gut waren. Das Manuskript zu »Mathilde Möhring« hat er auf alle Fälle mitgenommen, doch nicht nur die Arbeit, auch die Unterhaltung mit gleichgestimmten Menschen ist ihm zum Leben wichtig. Es sei ihm aufs neue klargeworden, daß es, wenn er an Kissingen zurückdenke, ohne passende Gesellschaft eben nicht ginge. Hinzu kam, daß sich Fontane als Mensch des Nordens empfand und sich auf den Nordfriesischen Inseln Amrum und Föhr gern aufhielt, der Landstrich habe für ihn etwas Angenehmes, bekennt er, da er schon an die Kultur und das Wohlleben der Skandinavier und Hanseaten streife. Zufrieden kommt er wieder nach Berlin zurück. Die nächsten Wochen in der renovierten Berliner Wohnung sehen ihn wieder am Manuskript. Zwei Monate Arbeit hat er noch an »Jenny Treibel«, deren Abschrift Emilie in der Zwichenzeit beendet hat, zu wenden, dann ist auch dieses Werk abgeschlossen.

Erstaunlich ist, daß mit dem zunehmenden Erfolg seiner großen Romane, wie sie seit 1887 Jahr für Jahr zügig hintereinander erscheinen, auch das Interesse an seinem Gedichtband zugenommen hat. Er geht so gut, daß Hertz schon 1891 eine weitere Auflage, es ist bereits die vierte, herausbringen kann, wiederum im Umfang erweitert. Aus den 296 Seiten, die der Band ursprünglich einmal hatte, sind mittlerweile 447 geworden. Unter den neuen Gedichten, die Fontane in die vierte Auflage aufnahm, befand sich auch das kleine humoristische Poem, wie man sich früher den »echten« Dichter dachte.

Ein Dichter, ein echter, der Lyrik betreibt,
Mit einer Köchin ist er beweibt,
Seine Kinder sind schmuddlig und unerzogen,

Kommt der Mietszettelmann, so wird tüchtig gelogen,
Gelogen, gemogelt wird überhaupt viel,
»Fabulieren« ist ja Zweck und Ziel.

Und ist er gekämmt und gewaschen zu Zeiten,
So schafft das nur Verlegenheiten,
Und ist er gar ohne Wechsel und Schulden
Und empfängt er pro Zeile 'nen halben Gulden,
Oder pendeln ihm Orden am Frack hin und her,
So ist er gar kein Dichter mehr.
Eines echten Dichters eigenste Welt
Ist der Himmel und – ein Zigeunerzelt.

Zu diesen Spottversen gab es noch ein Gegenstück, das moderne Schriftstellerdasein betreffend. Als 1890 Ludwig Pietsch, der Kunstkritiker der *Vossischen Zeitung* und jahrelang deren Reise- und Berichterstatter, auch bei Hofe, für seine journalistische Lebensleistung den Kronenorden IV. Klasse erhält – an Fontane war er schon vor über zwanzig Jahren verliehen worden – schreibt Fontane das satirisch eingefärbte Lied, das frei nach Schiller den Refrain hat: »Es soll der Dichter mit dem König gehn.«

Und endlich kommt der größte aller Tage,
Bei zwei Behörden schwankt die stille Waage,
Ob Titel oder Orden soll geschehn.
Hofrat ist schon zuviel für diese Masse,
Gebt ihm den Kronenorden vierter Klasse –
Es soll der Dichter mit dem König gehn.

Der Stand der Schriftsteller innerhalb der Gesellschaft war ein allgemein debattiertes Thema. Nicht von ungefähr hatte der Berichterstatter der *Volks-Zeitung* zu Fontanes siebzigsten Geburtstag dessen Orden erwähnt und geschrieben, daß die meisten Anwesenden im »Englischen Haus« dem Minister von Goßler nur leere Frackaufschläge vorweisen konnten, auf denen auffällig »etwas fehlte«. Vielleicht war der Applaus auf die Ministerrede damals deshalb so spontan, weil mancher der Anwesenden sie als Aussicht auf eine künftig höhere Anerkennung der eigenen Person deuten konnte.

Fontane hat das Thema des Schriftstellers in seiner sozialen Stellung als ein sehr aktuelles Problem empfunden und sich mehrfach in seinen Briefen recht kritisch dazu geäußert. Um die Diskussion in der Öffentlichkeit anzuregen, ließ er am 26. 12. 1891 im *Magazin für Literatur* einen Aufsatz drucken unter der Überschrift »Die gesellschaftliche Stellung des Schriftstellers«. Die Veröffentlichung erfolgte anonym, Fontane wollte nicht, daß sein Name genannt wurde, um den Verdacht zu vermeiden, daß es ihm um die eigene Person zu tun sei. In dem Aufsatz geht er der Frage nach, warum es im Bewußtsein der Öffentlichkeit so wenig Respekt vor dem Schriftstellerberuf gebe und man ihn im Vergleich zu anderen Künsten wie etwa der Malerei, der Musik oder der Bildhauerei nicht als vollwertige Kunst gelten lassen wolle. Es könne doch nicht sein, argumentiert er, daß Männer der Feder nur dann etwas gelten, wenn sie eine Stellung im Staat haben, oder daß »immer bloß Bankiers aus der Tiergartenstraße sich unserer annehmen«. Auch andere Stellen müßten sich den Schreibenden öffnen, und hier sei der Staat aufgefordert, Wandel zu schaffen. Nicht gutzuheißen sei, daß die Macht des sogenannten amtlichen Ansehens immer mehr um sich greife und nur noch dem, wo der Staat dahinterstehe, wie Ämter, Orden, Titel und dergleichen Wert und Bedeutung zugemessen würde. Wie die Verhältnisse zu ändern seien, weiß er auch nicht. Um aber aus dem Aschenbrödeltum herauszukommen, erteilt er den Schriftstellern für den Fall, daß die Approbation[48] versage und nicht zu einer Veränderung führe, den idealistischen Rat: »Größere Achtung vor uns selber!«

Fontane hatte für sich die gesellschaftliche Anerkennung aus weitgehend eigener Kraft herbeiführen können. Der Preis, den er dafür zu zahlen hatte, war hoch. Die jahrelangen pausenlosen Anstrengungen machten sich nicht zuletzt an seiner Gesundheit bemerkbar. Seine Kräfte nahmen auf den fünfundsiebzigsten Geburtstag hin spürbar ab. Seinem alten »Rütli«-Genossen Heyden gesteht er, daß ihn das Alter »seit einiger Zeit doch scharf in den Klauen« halte, zu seinen Nachmittagsspaziergängen durch den Tiergarten, wie sie zu seinem Lebensritual gehörten, seit er die Wohnung in der Potsdamer Straße bezogen hatte, könne er sich an manchen Tagen nur mit Anstrengungen aufraffen.

Dieses Nachdenken über die Mühsal des Schriftstellerberufs mag ihn auch bei seinen täglichen Spaziergängen bewegt haben. Wenn er so durch die Baumalleen des Tiergartens dahinpromenierte, dachte er mitunter zurück, was sich in seinem Leben alles begeben hatte. Auf der einen Seite sehr viel, auf der anderen Seite sehr wenig, denn eigentlich sei er doch mit 74 Jahren noch immer, was »damals ich war«, nämlich:

Ein Lichtlein auf demselben Altar,
Aus den Leutnants aber und Studenten
Wurden Generäle und Chefpräsidenten.

Und mitunter, auf stillem Tiergartenpfade,
Bei »Kön'gin Luise« trifft man sich grade.

»Nun, lieber F., noch immer bei Wege?«
»Gott sei Dank, Exzellenz, ... Trotz Nackenschläge ...«

»Kenn ich, kenn ich. Das Leben ist flau ...
Grüßen Sie Ihre liebe Frau.«

Fontane hat zu Jahresbeginn 1891 gerade seine neue Novelle »Die Poggenpuhls« beendet und sich den Wanderungsband »Ruppin« für die fünfte Auflage vorgenommen, als er im März an der Grippe erkrankte. Es sollte ein schlimmes Jahr für ihn werden. Während sich seine Frau, viel schwerer davon betroffen, wieder erholte, zeigte sich für ihn keine Besserung. Die Situation wurde schlimmer, als infolge eines Apothekerversehens eine Vergiftung durch eine überstarke Dosis Morphium eintrat und dazu ein Rückfall, der das Schlimmste befürchten ließ. Fontanes Gesundheit war zum ersten Mal in seinem Leben ernstlich bedroht, aber es ging alles scheinbar vorüber. Er und Emilie waren der Meinung, daß es das Richtige sei, zur Rekonvaleszenz schon Ende Mai nach Schlesien zu fahren. Friedlaenders hatten für sie in der Nähe von Schmiedeberg eine Villa gemietet und Fontane hoffte, daß er in der schönen Gebirgsluft Heilung finden würde. Alles kam anders. »Ich wurde ganz elend, beinah schlaflos, und so verbrachten wir vier schlimme Monate.« In dieser schweren Zeit haben die Friedlaenders der Familie Fontane alle Hilfe, die man sich denken kann, zukommen lassen.

Man zog eine Kapazität, Professor Hirth aus Breslau, zu Rate, der eine »elektrische Kur« empfahl. Die Behandlung zeigte aber nur geringe Wirkung. »Die Tage waren schrecklich und wollten kein Ende nehmen.« Fontane glaubte schon nicht mehr an eine Rückkehr nach Berlin. Carl Robert Lessing von der *Vossischen Zeitung* unterrichtete er dahingehend, daß er den Entschluß gefaßt habe, Berlin aufzugeben und in Schmiedeberg zu bleiben, da seine Kraft ganz gebrochen sei. Die gesamte Last des Alltags lag wieder einmal auf den Schultern Emiliens. Er bewundert ihre Energie und sagt dazu in einem Brief an Mete. »Die Alte resolut wie immer und mir ein Vorbild.«

Im September hat sich sein Befinden soweit gebessert, daß sie nach Berlin zurückreisen können. Viel eher wäre es ohnehin nicht gegangen, da tropische Hitze herrschte und die Cholera grassierte. Die Schlafstörungen und Schwindelanfälle als Folge einer Gehirnanämie gehen allmählich zurück, er kann sich über die Kunst der Ärzte bereits wieder lustig machen. Nur Kalbfleisch, Hühnerbrust, Hühnerbrühe und auf keinen Fall Wein, sagt der eine. Jeden Tag eine Flasche Rotwein, sagt der andere. Die galvanische Behandlung, sagt der eine, sei klug, der andere sagt: völliger Unsinn. »Kurzum, eine jammervolle Geschichte, ... es ist alles das reine Lotto.« Als Paul Schlenther im Oktober einen Vortrag in der »Freien Literarischen Gesellschaft« über ihn hält, zu dem nur Emilie hingehen kann, bedankt er sich bei ihm mit den Worten: »Bewegt kam meine Frau nach Haus und unter dem Berichte, den sie mir gab, fielen Alter und Krankheit auf Augenblicke von ihr ab. In all dem Freundlichen, das sie hören durfte, lag so vieles, was sie beim Rückblick auf unser Leben hatte fühlen lassen: es war doch gut so, wie's war.«

In dem Dreivierteljahr der Krankheit hat Fontane so gut wie nichts an seinen Büchern arbeiten können. Daß ihm die Kraft dazu überhaupt noch einmal wiederkommen würde, hat er selbst nicht geglaubt. »Man ist eben das gelbe Blatt am Baum, um die Zeit, wo der Spätherbst einsetzt.« Aber – hatte er noch am 22. Oktober 1892 gegenüber Rodenberg erklärt, »meine Kräfte sind dahin«, so bietet er ihm bereits acht Tage später »Autobiographisches« zur Veröffentlichung an. Rückerinnerungen an seine Kinderjahre hatten ihn schon im Jahr zuvor auf Föhr einmal beschäftigt, er begann bereits dort eine »Lebensübersicht« aufzustellen, jetzt meinte sein Hausarzt: »Sie sind ja gar nicht krank, Ihnen fehlt nur die gewohnte Beschäftigung.« Als im Oktober schließlich »Frau Jenny Treibel« erscheint, mit so unerwartetem Erfolg, daß sein Sohn noch im gleichen Jahr eine Neuauflage herausbringen kann, kehrt die Lust am Schreiben zurück. Er legt alles Überflüssige beiseite und beginnt den Roman seiner Kindheit zu schreiben. Er selbst als Junge in Neuruppin und Swinemünde ist der »Held« seines Buches, von dem er später sagen wird, daß er sich daran »wieder gesund geschrieben« habe. Genau ein halbes Jahr betrug die Zeit für die Niederschrift. Im November 1892, an einem kritischen Punkt seines Lebens, hat er sie begonnen, im Mai des folgenden Jahres beendet. Im Dezember lag das Buch in den Schaufenstern.

Während es Fontane jetzt gesundheitlich wieder ganz leidlich geht, er auch den Schlaf wieder hat, kann er über Frau und Tochter weniger Gutes nach Schmiedeberg berichten. Mete liegt mit Influenza und Mandelentzündung darnieder, dazu, »das alte Nervenelend« bei ihr, das den Eltern schon immer die größte Sorge gemacht hat. »Wir sind alt«, seufzt Fontane, »und möchten uns an einem bißchen Freude um uns herum aufrichten«, doch blieb es ihnen versagt. Emiliens Leber- und Gallenleiden beginnt sich wieder zu verschlimmern, dazu treffen sehr deprimierende Nachrichten ein, die nicht geeignet sind, die drückende Stimmung in der Familie zu heben. Wilhelm Lübke ist verstorben, und kurz darauf verlieren sie auch »Onkel Witte«, den ältesten Freund, der in Rostock einem Krebsleiden erlegen war.

Wenn es sich ergibt und das Wetter nicht zu kalt ist, geht Fontane hin und wieder zum Frühschoppen der *Voss*-Redakteure in die Raehmelsche Weinstube oder zum Stammtisch der Geheimräte mit seinem Kollegen Metzel von der einstigen Zentralpressestelle. Unter Menschen zu sein, sagt er, tue ihm wohl, das Unsicherheitsgefühl fiele dann von ihm ab, weshalb er die Gesellschaftlichkeit wieder mehr kultiviert, die er in den letzten Jahren oft ärgerlich abgelehnt hatte. Anregung und Erholung brachte in diesem Jahr auch die Kur in Karlsbad, wo sie sich mit Friedlaenders trafen und angenehme Bekanntschaften mit Professorenfamilien schließen konnten.

Ein reizvoller literarischer Ertrag seiner vielen Reisen, die er in den zurückliegenden Jahren gemacht hatte, waren die Impressionen und Plaudereien, die er unter dem Titel »Von, vor und nach der Reise« zu einem kleineren Sammelband zusammenstellte. Die *Deutsche Rundschau* beginnt im Herbst mit dem Vorabdruck. Noch im gleichen Jahr erscheint in der Vorweihnachtszeit sein autobiographisches Buch, Verleger Hertz war der erste, der ihm dazu gratulierte. »Mir steht jede Person, jedes Erlebnis aus Ihrem Buch so deutlich und sicher vor Augen, daß ich das Paradoxon nicht scheue: Ihr Buch ist nicht geschrieben, es ist gemalt, von einem Maler, der die Eigenschaften des Chodowiecki[49] modern besitzt.« Die Kindheitserinnerungen waren ein so großer Erfolg, daß im Jahr darauf schon eine zweite Auflage gedruckt werden konnte, abermals in der üblichen Höhe von tausend Exemplaren. Vom Autor Fontane lagen nun, alle Veröffentlichungen seit 1849 zusammengerechnet, 32 Bücher vor, von den rein erzählenden Werken, wie sie 1878 mit dem »Sturm« begonnen hatten, war es das dreizehnte.

»Es reißt nicht ab«, so hatte Fontane im Jahr zuvor zu den häufigen Krankheitsfällen in seiner Familie gemeint und sollte damit recht behalten. Jahresanfang 1894 stürzte Emilie schwer. Sie kann beim Fest der »Zwanglosen« zu deren zehnjährigem Bestehen nicht zugegen sein, da sie sich bei dem Unfall das Gesicht aufgeschlagen hat. Es sah toll aus, befand die Familie. Mete, noch immer kränkelnd, hat sich wieder zu den Wittes nach Rostock aufgemacht, und Sohn Theodor, inzwischen hoher Militärbeamter, ist nach drei Jahren Berlin aus dem Kriegsministerium nach Hannover versetzt worden. Somit ist es um die beiden Alten in der Potsdamer Straße ziemlich still geworden. *Ihm* ist es eigentlich ganz recht, da er die Ruhe zum Arbeiten zu schätzen wußte und im Gefühl des Alters der Ansicht war: »Man kriecht am liebsten hinter den eigenen Ofen.« Solche Bemerkungen pflegte er besonders dann zu machen, wenn man ihn zu einer Sache gewinnen wollte, auf die er nicht Wert legte, meistens Artikel, Gelegenheitsdichtungen oder Teilnahme an irgendetwas, wozu er nicht mehr die Lust hatte und auch nicht mehr die Zeit.

Nach wie vor blieb ihm auch jetzt der kritische, modern denkende Friedlaender der liebste Brief- und Gesprächspartner. In der Korrespondenz, die zwischen Berlin und Schmiedeberg ziemlich regelmäßig hin und her geht, werden die alten Themen zur preußisch-deutschen Politik aus aktuellen Anlässen heraus abgehandelt. An den Briefen läßt sich ablesen, daß Fontane seine Sympathie, die er früher für Bismarck hegte, nach dessen Entlassung 1890 ganz auf den jung-forschen Kaiser Wilhelm II. übertragen zu haben schien. Auch den Adel als politische Klasse beurteilt er mit Beginn der neunziger Jahre zunehmend schärfer. Dieser habe seiner Ansicht nach im Gegensatz zum Königtum »gar keine Wurzel mehr im Volk«. Vom hohenzollernschen Königtum wünscht er sich sogar das »Zerbrechen dieser aufgesteiften, falschen Adelsmacht«, notfalls mit dem Rigorismus des Soldatenkönigs Friedrich Wilhelm I. – »diesen könnten wir jetzt gebrauchen, selbst auf die Gefahr hin, daß ein Stück bürgerlicher Freiheit mit in die Quist ginge«. Fontanes diffuse Vorstellung von der Gesellschaft, die nur noch das Königtum als »richtigen Adel« anerkennt, geht einher mit der Ablehnung von Schichten, die in seinen Augen negative Erscheinungen sind, wie »Spießbürger, Bourgeois, Beamter und vor allem auch der ›schlechtweg Gebildete‹«.

Zwei Manuskripte gelangen bis Mitte 1894 peu à peu zum Abschluß: Der Roman »Effi Briest« wird im Mai an Rodenberg abgeschickt, und im Juli ist auch die Überarbeitung seines kleinen pommerschen Familienromans »Die Poggenpuhls« beendet. Es bleibt vor der Abreise nach Karlsbad noch etwas Zeit, die er dem Malprofessor Hanns Fechner widmet. Es sind etliche Sitzungen für ein neues Porträt zu absolvieren, nachdem das erste nicht recht gefallen hatte. Fechner erinnert sich an die Begegnungen mit Fontane in seinem Buch »Menschen, die ich malte«. Kommen sollte er, wenn's am besten mit den Lichtverhältnissen sei, hatte Fontane ihm geschrieben. Er freue sich. Mit seinen Malutensilien bepackt, stieg Fechner alsbald die Treppen in den dritten Stock hinauf. Wie viele Besucher vor und nach ihm sollte auch er erleben, daß die Gegenwart des Dichters ihn vollkommen in den Bann zog. »Anfangs nur ein paar Striche Arbeit.

Genießen und Aufnehmen hielten mich im Bann. Wundersames Erzählen – freudiges Zuhören! Und wie glänzten die jungen Augen des Weißhaarigen jetzt auf, wenn sie, den Erinnerungswegen folgend, hinausschauten über die mächtigen Baumwipfel vor den Fenstern zu den hellen, sich ruhig im Blau wiegenden Wolken. Hoch über aller Unrast der Straße, von der gedämpft das Gebimmele und Gerassele der Wagen heraufklang und der große summende Ton arbeitshastender Menschen.«

Das Porträt hatte sich Fechner folgendermaßen gedacht: ein einfaches Bücherregal, davor, halb angelehnt mit einem Buch in der Hand, Fontane. Das volle Licht auf seinem Gesicht. Ins Bild kommen sollte noch irgendwo in einer Ecke die Kaffeeblechkanne aus den Tagen des Deutsch-Französischen Krieges. Poesie und ein Stück prosaischer Alltagswelt – so sollte, ja so mußte der Dichter in der Auffassung seines Malers im Bilde wiedererstehen. Denn das war er: »Er mit sich. Ganz daheim. Wie ihn die schlichten Möbel seines Stübchens kannten, wie ihn das Stückchen Himmel liebte, das durchs Fenster hineinlugte zu ihm.« Wie ihm Fechner sagte, sollte das Porträt nach der Fertigstellung in der Kunsthandlung von Schulte Unter den Linden ausgestellt werden. Fontane meinte, er wolle dann hingehen und es sich ansehen, aber so, daß er nicht vor dem eigenen Bild auffiele. Als er schließlich dazu kam, in die Kunsthandlung zu gehen, war das Porträt schon nicht mehr ausgestellt.

Der Tag der Abreise zur Kur war inzwischen wieder herangekommen. In Karlsbad, das ihnen mittlerweile vertraut war, logierten die Fontanes auch 1894 wieder in der »Silbernen Kanne«. Sohn Friedel wird im Brief dahingehend unterrichtet, daß es mit dem Befinden ganz leidlich gehe. »Wir trinken unsren Brunnen, gehen viel spazieren und sitzen nachmittags stundenlang im Freien, ... auch für gute Gesellschaft ist ausreichend gesorgt.« Daß er seine Bücher im Schaufenster liegen sieht, findet er gut, aber auch wieder gar nicht gut, weil er daraus den Schluß ziehen muß, daß sie nicht gekauft werden, »sonst wären sie eben weg.«

In Karlsbad erreicht ihn ein Brief des Decker Verlags, der Fontanes erstes Kriegsbuch über den Schleswig-Holsteinschen Krieg von 1864 neu auflegen möchte. Genau dreißig Jahre lagen nun zurück, seit er es geschrieben hatte. Eine Wiederherausgabe unter Beifügung so und so vieler, vielleicht vorgedruckter fürstlicher oder ministerieller Handschreiben, wie der Verlag es sich womöglich dachte, fände er schrecklich, schreibt er zurück, auch wisse er nicht recht, was in einem »Vorwort« von ihm gesagt werden solle. Damals habe er das Buch so gut gemacht, wie er konnte, jetzt sehe er nur noch seine Mängel und Fehler, und das könne er ja in einer »Vorrede« nicht schreiben. Zwischen den Zeilen hieß das, er wollte sich die Arbeit des Durchsehens gar nicht erst machen, weil er von vornherein wußte, daß er an dem Buch herumkorrigieren würde, so oder so. Also lautete die Antwort: nein. Daß er mit der Ablehnung einer zu schwierig zu bearbeitenden Nachauflage nicht generell von seinen Kriegsbüchern abgerückt ist, geht daraus hervor, daß er im Dezember, nur wenige Monate nach dem Briefwechsel mit Decker, einem Journalisten, der etwas Biographisches über ihn schreiben wollte, freistellt, »entweder den Lied- und Balladendichter oder den märkischen Wanderer oder den Kriegsbuchautor oder den Romanschriftsteller« zu betonen.

Im Berliner Theaterleben gibt es mit Beginn der Spielzeit 1894 ein aufsehenerregendes Ereignis. Im Deutschen Theater findet die erste öffentliche Vorstellung der »Weber« von Gerhart Hauptmann statt. Die Zensur hatte das Stück auf Gerichtsbeschluß freigeben müssen. Fontane ist jetzt nicht mehr Kritiker der *Vossischen Zeitung*, aber er bespricht das Schauspiel, so wie er sich schon in den zurückliegenden fünf Jahren für Hauptmann eingesetzt hatte. Über den jungen schlesischen Dichter hieß es schon 1889 in einem Brief an Stephany, daß er der »neue Räuberhauptmann« sei, »neben dem Ibsen bloß ein Kadett« wäre. Fontane ließ die Besprechung der »Weber« – es war die letzte Rezension, die er schrieb – in der Pressekorrespondenz von J. Ettlinger, die der Verlag seines Sohnes herausbrachte, erscheinen, ohne daß sein Name darunter stand. Der wichtigste Satz darin betraf das Stück als Kunstwerk. »Was Gerhart Hauptmann für seinen Stoff begeisterte, das war zunächst wohl das Revolutionäre darin; aber nicht ein berechnender Politiker schrieb das Stück, sondern ein echter Dichter, den einzig das Bild von Druck und Gegendruck reizte.« Otto Brahm gegenüber, unter dessen Direktion die Aufführung stattgefunden hatte, bekräftigte er sein Plädoyer für den Autor nochmals mit den Worten: »Das Stück ist vorzüglich, epochemachend. Ob jemand dran herumtadelt, meinetwegen selbst mit Recht, ist gleichgültig. An Bismarck wird auch herumgetadelt (ich mit), er bleibt aber Bismarck, und das ist gerade genug. Sprechen Sie dem liebenswürdigen Dichter, der mal wirklich einer ist und ein Mensch dazu, meinen herzlichsten Dank aus.«

Daß Fontane sich am Ende seines Lebens für die »Freie Bühne« und die Kunst der Jungen mit solcher Vehemenz einsetzte, wurde von allen Zeitgenossen hoch gewürdigt. Hauptmann selbst schreibt in seinen Lebenserinnerungen: »Von Beginn meiner sogenannten Laufbahn an ist Theodor Fontane mein höchster Protektor gewesen.« Wilhelm Bölsche rühmt Fontane in seinem Buch »Hinter der Weltstadt« im Rückblick auf jene Zeit der Kämpfe und Auseinandersetzungen als klarblickenden Geist. »Dieser schlichte alte Mann, ein Siebziger an Jahren, bewies endgültig, daß er nicht bloß in der Mark und der preußischen Legende, sondern überhaupt in der Dichtung daheim sei und unabhängig von aller Tendenz Gold von Talmi zu unterscheiden wisse.« Es sei das Abendrot seines Kritikertums gewesen, und zwar ein prachtvolles Abendrot – »eine wahre letzte Ehrenerklärung, daß die ganze Armseligkeit und Verknöcherung des konventionellen Kritisierens diesen schlichten Kopf nicht untergekriegt hatte«.

Im Spätherbst des Jahres 1894, nachdem der Vorabdruck von »Effi Briest« begonnen hatte, wendet sich Fontane allmählich dem zweiten Band seiner autobiographischen Erinnerungen zu. Mitten in dieser Arbeit überrascht ihn die Nachricht, daß ihn die Philosophische Fakultät der Kaiser-Wilhelm-Universität zum Doktor ehrenhalber promoviert habe. Der von Professor Erich Schmidt formulierte Antrag war von den Professoren Schwendener, Weinhold, Kirchhoff, Herman Grimm, Theodor Mommsen und Heinrich von Treitschke unterzeichnet und von allen 51 Mitgliedern der Fakultät gebilligt worden. Es hieß: »Die Unterzeichneten beantragen, die Philosophische Fakultät möge dem

Schriftsteller Theodor Fontane in Berlin, einem der hervorragendsten Erzähler und Lyriker, in dem Erbgüter der französischen Colonie mit deutschen Gaben zu eigentümlicher Anmut verschmolzen sind, der die Landschaften und historischen Erinnerungen der Mark als emsiger Forscher, treuer Patriot, feinsinniger Maler dargestellt und altes wie neues Leben seiner Heimat in mannigfaltigen Dichtwerken gespiegelt, der einer stattlichen Reihe autobiographischer, auch den deutschen Kriegen und der Literaturgeschichte Berlins gewidmeter Denkmäler neulich als Fünfundsiebzigjähriger durch die Schilderung seiner Kindheit jugendfrischen Anfang und Abschluß gegeben hat, die Doktorwürde honoris causa erteilen.«[50]

Am 24. November, es war zehn Tage nach Emiliens siebzigsten Geburtstag, überbrachten der Dekan der Fakultät Professor Freiherr von Richthofen und Professor Schmidt die Ehrenurkunde. In der Zeitung war zu lesen, daß die Ehrung anläßlich seines fünfundsiebzigsten Geburtstags erfolgt sei und daß man ihn bei der Überreichung des Diploms als einen magister artium liberalium im eigentlichen Sinne des Wortes gewürdigt habe. Seiner Frau wurde als nachträgliches Geburtstagsgeschenk der deutsche Wortlaut der lateinischen Urkunde, zierlich eingebunden, überreicht. Der »Ulk«, die humoristische Beilage des *Berliner Tageblatts*, gab einen Ulkvers gratis dazu:

> Fontane ist nun schön heraus,
> Doktor wurde das alte Haus,
> Und will er nicht bürgerlich mehr bleiben,
> So kann er sich auch *von Tane* schreiben.

Gleichzeitig mit dem Dr. h.c. erfolgte die Gewährung einer lebenslänglichen Ehrenpension durch das preußische Kultusministerium. Die Fontanes waren damit aller möglichen materiellen Sorgen ihres weiteren Lebens enthoben. Seiner Frau hatte Fontane zum Siebzigsten einen Ring geschenkt, der von dem Spruch begleitet war: »An das Leben, an mich und an das Glück / Bind' er Dich noch ein gutes Stück.«

Das Alterswerk

Als Fontane seinen fünfundsiebzigsten Geburtstag beging, hatte er Grund, sich über die vielen Glückwünsche seiner jungen und alten Verehrer zu freuen, die sich mit ihm und seinen Romanen, seinen »Wanderungen« und Balladen verbunden fühlten. Nur betrübte es ihn, wie schon fünf Jahre zuvor, daß zu wenig »Adel« darunter war. Über ein Zuwenig an Anerkennung wollte er sich freilich generell auch nicht beklagen, war aber, wie er im Gedicht sagt, angesichts der Glückwünsche »etwas verwundert über die Namen / und über die Plätze, woher sie kamen«. Von sich selbst war er der Meinung, er sei der Mann der »Wanderungen«, der Mann der märkischen Geschichte und der märkischen Gedichte:

Du bist der Mann der Jagow und Lochow,
Der Stechow und Bredow, der Quitzow und Rochow,
Du kanntest keine größren Meriten
Als die von Schwerin und vom alten Zieten,
Du fandst in der Welt nichts so zu rühmen
Als Oppen und Groeben und Kracht und Thümen,
An der Schlachten und meiner Begeisterung Spitze
Marschierten die Pfuels und Itzenplitze,
Marschierten aus Uckermark, Havelland, Barnim,
Die Ribbecks und Kattes, die Bülow und Arnim,
Marschierten die Treskows und Schlieffen und Schlieben,
Und über alle hab ich geschrieben.

Wo war dafür nun die offizielle, die, wie er meinte, angemessene Ehrung von dieser Seite, mit der er – trotz seiner Distanz zum preußischen Junkertum – insgeheim doch gerechnet hatte? Es kamen wohl viele, ja –

Aber die zum Jubeltag da kamen,
Das waren doch sehr sehr andre Namen,
Auch »sans peur et reproche«, ohne Furcht und Tadel,
Aber fast schon von prähistorischem Adel:
Die auf »berg« und auf »heim« sind gar nicht zu fassen,
Sie stürmen an in ganzen Massen,
Meyers kommen in Bataillonen,
Auch Pollacks und die noch östlicher wohnen;
Abram, Isack, Israel,
Alle Patriarchen sind zur Stell,
Stellen mich freundlich an ihre Spitze,
Was sollen mir da noch die Itzenplitze!
Jedem bin ich was gewesen,
Alle haben sie mich gelesen,
Alle kannten mich lange schon,
Und das ist die Hauptsache …, »kommen Sie, Cohn«.

Zur Nachfeier des Fünfundsiebzigsten war ein kleiner Kreis in die Wohnung zu einem Abendessen geladen, darunter Paul Schlenther, Professor Erich Schmidt, Otto Brahm, der Protektor Hauptmanns und mittlerweile bedeutendster Theaterdirektor Berlins, sowie der mit der Familie Fontane befreundete Rechtsanwalt und Notar Paul Meyer, Freund und Studienkollege von Sohn Theo. Sie waren die ersten, die das neue Gedicht »An meinem 75. Geburtstag« kennenlernten, vom Dichter an diesem Abend selbst vorgetragen. Wegen der Schlußzeile »Kommen Sie, Cohn« kam es zu einem Disput. Meyer war der Ansicht, daß das Gedicht einen antisemitischen Zug in sich trüge und sprach sich deshalb, im Gegensatz zu den anderen Geburtstagsgästen, nicht dafür aus, es veröffentlichen zu lassen, worüber Fontane sich zunächst verwundert zeigte. Meyer versuchte ihm deutlich zu machen, worin die Herabsetzung lag: »Gut. Wir werden hoffentlich noch den Achtzigsten erleben. Die Itzenplitze, Bredows und die andern vom Adel haben inzwischen ihr Unrecht gegen Sie eingesehen und erscheinen in Massen. Sind dagegen Ihre jüdischen Verehrer weniger zahlreich angetreten, so werden Sie ein Gedicht machen, das die Enttäuschung zum Ausdruck bringt, daß statt der erwarteten Pollacks und Meyers die

Bredows und Itzenplitze erschienen seien. Vielleicht mit der Schlußpointe: ›Kommen Sie, Itzenplitz!‹« Da mußte Fontane lachen. Er räumte nun ein: »Sie haben natürlich recht. Das geht nicht. Der Adel wird als höherstehendes Element behandelt.« Fontane respektierte die Empfindungen Meyers und hat das Gedicht nicht veröffentlichen lassen.[51]

Zu seinem Geburtstag erschien Anfang Januar 1895 in der *Breslauer Zeitung* ein »Berliner Brief«, der noch einmal deutlich machte, in welchem Maße der alte Fontane von den Jungen umschwärmt und bewundert wurde. Der Verfasser des Artikels war der siebenundzwanzigjährige Alfred Kerr, Kritiker und Kunstrichter, der für das kommende Theaterzeitalter den »Seelenschauspieler« forderte und das Wort vom »Ewigkeitszug« in der Kunst prägen sollte. Kerr war um diese Zeit schon Mitarbeiter am *Magazin für Literatur*, wohlwollend von Fontane begleitet, der der Redaktion gegenüber geäußert hatte, er lese immer mit Vergnügen, was Kerr im *Magazin* schreibe. Auch in den Straßen Berlins sind sich die beiden Schriftsteller wiederholt begegnet, der »Brief« berichtet davon: »Ein alter, großgewachsener Herr ist Theodor Fontane, mit schmalem Seitenbärtchen und grauem Schnurrbart. Ein großes Tuch um den Hals gelegt, das über dem dicken Mantel sitzt, schreitet er die Potsdamer Straße entlang. ... Er hat etwas Altfränkisch-Militärisches. Er hat das Gesicht eines friedlichen pensionierten Offiziers aus den dreißiger Jahren. Über dem ganzen Mann schwebt im Äußeren, auch in der Kleidung, bis auf Halsbinde und Kragen ein Hauch der guten alten Zeit.« Das Staunenswerte sei, daß diese unmoderne Persönlichkeit unglaublich moderne Ansichten habe. »Der älteste unter den deutschen Literaten ist zugleich der entschlossenste Parteigänger der jüngsten. Er wird von ihnen geliebt wie kein zweiter.« Auch Kerr fühlte sich zu ihm hingezogen, bewunderte die Kunst »ehrlicher Lebensabschilderung und feinerer Seelenkunde«.

Im Februar 1895 – er arbeitete an seinem zweiten biographischen Band »Von Zwanzig bis Dreißig« – engagierte sich Fontane öffentlich in einer politischen Debatte. Er bezog eine oppositionelle Haltung gegenüber der Regierungspolitik, indem er einen

Aufruf von Künstlern und Schriftstellern gegen die sogenannte »Umsturzvorlage« unterzeichnete. Dieser Gesetzentwurf war von einem freikonservativen Abgeordneten, dem Unternehmer Stumm, im Dezember 1894 im Reichstag eingebracht worden und sah eine Verschärfung der Strafen für politische Delikte wie Aufreizung zum Klassenhaß, Aufforderung zur Begehung strafbarer Handlungen sowie Verächtlichmachung des Staates und seiner Organe vor. Vordergründig richtete sich die »Umsturzvorlage« gegen anarchistische und sozialdemokratische Umtriebe, in ihren Weiterungen bedeutete sie jedoch eine gravierende Beschneidung der Freiheit des künstlerischen Schaffens und damit bürgerlicher Grundrechte. Fontane unterzeichnete die von Freund Schlenther mitinitiierte Petition und bot darüber hinaus seine Vermittlung zu den beiden »Rütli«-Prominenten Menzel und Heyden an. Menzel gab seine Unterschrift ohne Zögern, auch Heyden in seiner Eigenschaft als Staatsrat unterzeichnete den Protest. Fontane selbst stand noch unter dem Eindruck der Kampagne gegen Hauptmann und dessen »Weber«, die halb und halb die Begründung für die »Umsturzvorlage« hergeben sollten, und machte seinem Ärger nun in den Worten Luft: »Ich bin sonst nicht für Demonstrationen und Proteste«, heißt es in einem Brief an seinen »lieben Heyden«, »weiß auch recht gut, daß der Brei nicht so heiß gegessen wird, wie er gekocht wurde. Trotzdem ist die bloße Idee, das berühmte Volk der ›Dichter und Denker‹, das Volk Luthers, Lessings und Schillers mit solchem Blödsinn beglücken zu wollen, eine Ungeheuerlichkeit und eine Blamage vor Europa, fast vor China.« Die Vorlage kam im Reichstag nicht durch, sie scheiterte, weil die Forderung der katholischen Zentrumspartei, auch Angriffe auf die christliche Religion und die Kirche in die Strafverschärfung einzubeziehen, von den Liberalen abgelehnt wurde.

Neben der Politik geht die literarische Arbeit weiter. Das Manuskript, das sich Fontane im Frühjahr und Sommer nach längerer Zeit wieder vornimmt, sind die »Likedeeler«. Darüber hatte er sich schon vor acht Jahren zu Chefredakteur Stephany geäußert, daß sei nun das Nächste, was er schreiben wolle. Das »Nächste« war es damals nicht geworden, obwohl er sich mit dem Stoff schon seit mehr als dreizehn Jahren beschäftigte; die frühesten Skizzen reichten sogar noch länger zurück. Nun, im März 1895, scheint es damit ernst zu werden. Dem Sohn von Verleger Hertz kündigt er an: »Ich will einen neuen Roman schreiben (ob er fertig wird, ist gleichgültig), einen ganz famosen Roman, der von allem abweicht, was ich bisher geschrieben habe«, abweichend, indem er »eine Aussöhnung sein soll zwischen meinem ältesten und romantischsten Balladenstil und meiner modernsten und realistischen Romanschreiberei.« Und weiter sagt er zu dem Thema: »Er heißt ›Die Likedeeler‹[52], eine Gruppe von an Karl Moor und die Seinen erinnernden Seeräuber, die unter Klaus Störtebeker fochten und 1402 auf dem Hamburger Grasbrook *en masse* hingerichtet wurden. Alles steht mir fest, nur eine Kleinigkeit fehlt noch: das Wissen.« Diese Mitteilung nimmt er zum Anlaß, ein paar Tage darauf Hans Hertz um die Beschaffung verschiedener Bücher zum Thema zu bitten. Doch es geht ihm mit dem offensichtlich sozialutopisch eingefärbten, historischen Roman um die Gestalt Störtebekers wie mit den Bredows, der Stoff ist zu umfangreich, das Quellenstudium zu aufwendig, die Zeit, die er daran wenden müßte, zu knapp. Er fühlt, daß mit den dahineilenden Jahren seine Kräfte immer geringer werden. Das alte Bibelwort »Was Du tun willst, tue bald!« zitiert er jetzt des öfteren in seinen Briefen an die Freunde, *vor* den »Likedeelern« ist aber noch ein anderer Roman zum Abschluß zu bringen.[53]

Im Sommer 1895 schreibt Fontane aus aktuellem Anlaß heraus ein balladenartiges Gedicht, das zu den wenigen Poemen seiner Feder gehört, die eine öffentliche Auseinandersetzung zur Folge hatten. Das Gedicht hieß »Die Balinesenfrauen auf Lombok« und erschien im *Pan*, der anspruchsvollen Kunstzeitschrift von Otto Julius Bierbaum und Julius Meier-Graefe.[54] Nach der Veröffentlichung erfolgte ein Angriff im Berliner *Börsen-Courier.* Fontane hatte die niederländischen Kolonialmethoden bei der Niederwerfung eines Aufstands auf der Sundainsel Lombok angeprangert. Besonders der selbstaufopfernde Widerstand der balinesischen Frauen fand in Fontane seinen Sänger.

Die Kugeln durchschlagen Trepp und Dach,
»Wozu hier noch warten, feig und schwach?«
Und die Türen auf und hinab ins Tal,
Hoch ihr Kind und hoch den Stahl
(Am Griffe funkelt der Edelstein),
So stürzen sie sich in des Feindes Reihn.
Die Hälfte fällt tot, die Hälfte fällt wund,
Aber jede will sterben zu dieser Stund,
Und die Letzten, in stolzer Todeslust,
Stoßen den Dolch sich in die Brust.

Mynheer derweilen, in seinem Kontor,
Malt sich christlich Kulturelles vor.

Das holländische Blatt, dem Fontane die Vorgänge entnommen hatte, klagte ihn des unfreundlichen Akts gegen ein »freundnachbarliches Volk« an, der Berliner *Börsen-Courier* stimmte darin ein, sogar eine Entschuldigung wurde verlangt.[55] Jetzt ärgerte sich Fontane, daß er dem Gedicht nicht, wie er ursprünglich wollte, noch einen Nachreim angefügt hatte, der so lautete: »Wo liegt Lombok? Nun irgendwo, / Übrigens machen es *alle* so.«

Im August des Jahres halten sich Emilie und Theodor Fontane abermals zur Kur in Karlsbad auf. *Er* findet es wieder sehr schön dort, für *sie* dagegen sind die vier Wochen weniger erholsam, da ihr der gesellschaftliche Verkehr nicht zusagte. Er blieb im wesentlichen auf die Friedlaender-Familie beschränkt, die auch angereist war. Den Ansprüchen Emiliens konnten die Schmiedeberger jetzt nicht mehr recht genügen, sie fand den lokalen schlesischen Familientratsch von den Grossers und Richters bis zum Prinzen Reuß und die altbekannten Anekdoten, alle schon dutzendmal gehört, langweilig und verdrießlich. Er aber meint, wären die Friedlaenders nicht dagewesen, hätte Emilie alles noch viel schlimmer gefunden. Ihre gereizte Stimmung, aus den Leber- und Gallenbeschwerden heraus verständlich, übertrug sich auf alle Personen ihrer Umgebung, die Friedlaenders waren ihr daher mehr eine Anstrengung als Erholung. »*Ihn* findet sie schrecklicher denn je und die kichrige, ewig hohl-begeisterte Tochter mißfällt ihr fast noch mehr«, berichtet Fontane in den Briefen an Tochter Mete. Für ihn als Künstlernatur, immer auf der Suche nach Romanfiguren, Charakteren und menschlichen Eigenheiten blieb alles interessant und brauchte auch nicht unbedingt neu zu sein. In diesem Punkt konnte es naturgemäß zwischen ihm und Emilie keine Übereinstimmung geben. In jenem Jahr scheint es aber mit den Meinungsverschiedenheiten besonders krass gewesen zu sein. Die Mißstimmung hielt vor, Emilie kam dadurch um die ganze Kur, was fortdauernden Ärger auch in Berlin noch zur Folge hatte. Das geht aus dem Geburtstagsgedicht zu ihrem Einundsiebzigsten hervor, mit dem Fontane im November den häuslichen Frieden wiederherzustellen versuchte.

Vieles wünschen und versprechen
Könnt ich dir, doch eines nur:
Nichts soll störend unterbrechen
Deine nächste Mühlbrunn-Kur.

Wird's dadurch auch etwas öder,
Eines schwör ich dir beim Zeus:
Nichts mehr von dem Grafen Roeder,
Nichts mehr von dem Prinzen Reuß.

Der Oktober 1895 ist eine der großen Zäsuren im Leben des Dichters Fontane. Es erscheint »Effi Briest« als Buchausgabe. Für den Verlag des Sohnes wird es ein glänzender Erfolg, der Roman bringt es in weniger als einem Jahr zu fünf Auflagen. Keines von den Werken Fontanes je zuvor hatte diesen Rekord erreicht. »Der erste wirkliche Erfolg, den ich mit einem Romane habe«, heißt es im Tagebuch. Über »Effi Briest«, das Meisterwerk der Fontanischen Romankunst, geschaffen von einem Siebzigjährigen, wird Thomas Mann 25 Jahre später meditieren: »Heißt es nicht, kein Gebilde aus Menschenhand sei vollkommen? Und doch, so sehr man gestimmt sein mag, der Menschheit Bescheidung anzuraten, – der Satz ist falsch, es gibt das Vollkommene, als Künstler bringt der Mensch es träumerisch zuweilen hervor. Das sind seltenste Glücksfälle, wie gesagt, eine unglaubwürdige Gunst und Gnade der feinsten Umstände ist nötig, damit es geschehe: es stimmt einmal alles, es schießt zusammen, und der Kristall ist rein. Fontane hat als alter Mann das Glück und die Wehmut dieser Konstellation, die das Absolute und Souveräne zeitigt, gekostet. Auch ihre Wehmut. Denn er wußte: das kommt nicht wieder.«[56] Fontane selbst hat an Hans Hertz zu dem »Geheimnis« seines Bucherfolgs gemeint: »Ja, die arme Effi! Vielleicht ist es mir so gelungen, weil ich das Ganze träumerisch und fast wie mit einem Psychographen geschrieben habe. Sonst kann ich mich immer der Arbeit, ihrer Mühe, Sorgen und Etappen erinnern – in *diesem* Falle gar nicht. Es ist so wie von selbst gekommen.«

Noch ein anderer Brief mit Bekenntnischarakter existiert dazu. Er schrieb ihn an Maximilian Harden, der in seinem großen Aufsatz über den Dichter gerade an diese wehmutsvollen Worte Fontanes erinnert: »Es gibt ein Raimundisches Stück, wo der Held in rührender Weise von der Jugend Abschied nimmt, die er im Hintergrunde als ein reizendes Balg in rosafarbenem Tüll verschwinden sieht. So nehme ich Abschied von Effi; es kommt nicht wieder. Das letzte Aufflackern eines Alten.« »Effi« – das war der poetische Abschiedsgruß an seine geliebte märkische Adelswelt. Zum Schluß war es so gut wie gleichgültig, daß der Roman wirkliches Geschehen behandelte – eine Duell-Affäre um die Freifrau von Ardenne –, es war die Macht der romantischen Mädchengestalt Effi, die Fontane hinanzog, das Urbild jenes Wesens, das er in Thale am Hotelbalkon erschaut und in die Seele aufgenommen hatte. Effi existierte längst schon vor dem Roman in seinen Gedichten. Als er auf die selbstgestellte Frage, ob ihm auf der Welt überhaupt noch etwas gefallen könne, entgegenhielt: Doch, »jedes Frühjahr das Tiergartengrün oder wenn in Werder die Kirschen blühn, Kuckucksruf, im Wald ein Reh, Paraden und der Schapersche Goethekopf – und ein Backfisch mit einem Mozartzopf«.

Während er am Ende des Jahres die Geschenkexemplare des Buches zusammenpackt – eins davon mit besonderer Widmung erhält die Frau von Zeitungsverleger Lessing, der er die Kenntnis der Personen sowie der Ereignisse um das Duell verdankte –, lief in der Familienzeitschrift *Vom Fels zum Meer* bereits ein neuer »Fontane«. Die Fortsetzungsgeschichte um »Die Poggenpuhls«, so hieß das neue Werk, war von der Redaktion in der ersten Oktobernummer erst an dritter Stelle *nach* einem Roman von Bianca Bobertag, »Moderne Jugend«, und einer Novelle von Wildenbruch, »Waldgeschichte«, plaziert, nicht an der Spitze des Heftes, wie man bei dem Namen Fontane annehmen könnte.

Der Vorabdruck des im märkisch-pommerschen Milieu spielenden kleinen 176-Seiten-Romans dauerte bis in den März 1896 hinein. Ursprünglich war die Romanzeitschrift *Daheim* für die Veröffentlichung vorgesehen, es scheiterte jedoch, weil die Redaktion die Befürchtung hatte, daß ein beträchtlicher Teil ihrer Leser daran keinen Gefallen finden würde. Fontane erzählt von der Familie eines im Krieg gefallenen preußischen Offiziers, niederer, unvermögender Adel, der in sehr bescheidenen Verhältnissen lebt. Söhne wie Töchter müssen sich den gegebenen Bedingungen, jeder auf seine Art, anpassen, bis ihnen der Zufall durch eine Erbschaft eine Besserung ihrer materiellen Lage verschafft. Hatte die Leipziger Redaktion von *Daheim* aus dem Roman eine gewisse Verspottung des Adels herausgelesen, so lobte die Stuttgarter Zeitschrift *Über Land und Meer* den Autor wegen seiner warmherzigen Schilderung des ostelbischen Kleinadels, wie er vorwiegend im Militär- oder Staatsdienst stand, und meinte, die ganze Verwandtschaft der Poggenpuhls könnte Fontane für diese objektive, ehrliche und symphatische Schilderung dankbar sein. Entgegen den Erwartungen verkaufte sich auch dieses Buch wieder sehr gut. Sohn Friedrich konnte noch 1897 die vierte Auflage, das heißt das vierte Tausend, an die Buchhandlungen ausliefern.

Am 7. Dezember 1895 stand Menzels achtzigster Geburtstag bevor. Fontane schreibt zu diesem Anlaß einen Aufsatz für Hardens Zeitschrift *Die Zukunft*. Es war nicht, sieht man von den Gedichten ab, seine erste Veröffentlichung über den von ihm verehrten Maler, aber seine bedeutungsvollste, da sie im Spiegel des Menzelschen Werkes auch viel über Fontane selbst aussagt, was ethische und moralische Kriterien des künstlerischen Schaffens betrifft. Fontane hat in den langen Jahren ihrer Verbindung mit anderen »Rütli«-Freunden den Maler häufig im

Atelier aufgesucht, wenn ein fertiggestelltes Gemälde zu besichtigen war.[57] In der *Kreuzzeitung* und der *Vossischen* hat er seit den sechziger Jahren gelegentlich darüber berichtet, wenn Menzel eine Ausstellung in der Kunstakademie hatte, auch schrieb er Kurzbiographien über ihn und, in den sechziger Jahren schon, zwei Aufsätze über das »Krönungsbild«. Der beiderseitige Ärger über die »Treppe von Sanssouci« war allmählich verflogen, der neue Geburtstagsaufsatz lenkte den Blick auf die geistigen Dimensionen der Menzelschen Malkunst und stand ganz im Zeichen der sie beide vereinenden Zuneigung zu Friedrich dem Großen und seiner Zeit. Fontane würdigt Menzel als den »Maler der friederizianischen Epoche par excellence«. Interessant dabei ist, daß er als Balladendichter von den Friedrichs-Gemälden gerade das Hochkirch-Bild, die Niederlage der preußischen Armee, am dramatischsten findet und es wegen der Kraft und Leidenschaft, die daraus spricht, am höchsten stellt. Wie die Grenadiere, schon verwundet, sich wieder erheben und in die Linie begeben, wie der König, ohne Hut, das Haar im Wind, aus der Dorfgasse herausgesprengt kommt, in einem Moment, da es um die Rettung der Armee geht – das reiße doch die Seele des Besuchers mit fort, gerade wenn man daran denke, daß die meisten Schlachtenbilder, wie sie in den Museen hängen, einen von der Wand her nur angähnen. Fontane erkennt zugleich den historischen Rang Menzels auch als den eines überragenden Malers der modernen Arbeitswelt und sieht im »Eisenwalzwerk« eines der »epochemachendsten Bilder«, mit dem etwas gegeben werde, das weit über die dargestellten Menschen und deren Tun hinausreiche.

Ebenso bewundernde Worte findet Fontane für den Menschen Menzel. Für ihn ist er ein Mann mit Mut und Charakter, eine moralische Institution, von Kopf zu Fuß loyal, aber auch allem »Marchandieren«[58] fremd, »durch und durch ein Mann der Freiheit und als solcher immer da zu finden, wo von alter Zeit her die richtigen Preußen, die Leute von festem Rückgrat, gestanden haben«.

Von dem hohen, nahezu heiligen Arbeitsethos des Malers sprach Fontane wiederholt schon in früheren Aufsätzen. Was die eigentliche Größe an ihm ausmache, so stellte er bereits 1863 fest, sei die »Verquickung von Genius und peinlicher Gewissenhaftigkeit, von Angeborenem und Angeeignetem, von Flug des Geistes und Fleiß der Hand«, alles Eigenschaften, über die kein anderer besser zu urteilen vermochte als der ehemalige Apotheker Fontane, der, auf nichts gestellt, in die Welt der Poesie eingetreten war – genauso wie der Maler Menzel ins Reich der Malerei – ohne Akademie und ohne jahrelanges Studium, und gerade doch von ihm könne man lernen, was Kunst ist und wie man sie auszuüben hat. Freiheit des Urteils und Wahrhaftigkeit der Darstellung – in diesem Sinne sieht Fontane Menzel als sein großes Vorbild.

Der Menzel-Aufsatz ist Fontanes letzte Veröffentlichung zum Thema bildende Kunst, mit deren Behandlung er in seinen Londoner Tagen begonnen hatte, als er die Turnerschen Landschaften[59] für die preußischen Zeitungen schilderte und über die »Gallery of British Portraits« berichtete. Eine große Studie über den Maler Carl Blechen hinterließ er unvollendet als Fragment.

Während den Winter 1895/96 über die »Poggenpuhls« als Zeitschriftenroman liefen, beendete Fontane den zweiten Teil seiner Erinnerungen, der mit der Schilderung seiner Hochzeitsfeier endet. Er gibt das Buch zur Veröffentlichung wieder seinem Sohn, obwohl er sich von seinen alten Verlegern trotz der familieneigenen Verlagsgründung ursprünglich nicht trennen wollte. Zeitlich parallel dazu beginnt er die Kapitelentwürfe zum »Stechlin« niederzuschreiben, der sein letzter großer Roman werden sollte. Im ersten Entwurf ist das Buch im Herbst 1896 fertig konzipiert. Er vermerkt in der Weihnachtswoche in einem Brief an Sohn Theo, daß er seit vier bis fünf Wochen »wie toll gearbeitet« und in dieser verhältnismäßig kurzen Zeit einen ganzen Roman niedergeschrieben habe. Nebenher geht auch die Beschäftigung mit seinem Gedichtband weiter, er sollte nunmehr in fünfter Auflage bei Hertz herauskommen. In seinem Zettelkasten, den er sich als Hilfsmittel eingerichtet hat und der ihm über die Jahre hinweg als Speicher von Stichworten und Entwürfen diente, waren auch »lyrische Einfälle« festgehalten. Er zog gewissermaßen die betreffende »Karte«, wenn er etwas für die Arbeit abberufen wollte. Soweit die Stoffe aus dem Stadium des

Entwurfs hinauswaren, kamen sie in gesonderte Couverts mit dem Vermerk »Abschrift machen«.

Zwei fertige Gedichte gibt er 1896 wieder an den *Pan*. Das eine davon hieß »Auf der Kuppe der Müggelberge« und war eine Vision von dem Wanderungszug der germanischen Semnonen. Die Anregung dazu gab ihm das Gemälde Carl Blechens, »Semnonenlager am Müggelsee«, das in den »Wanderungen« beschrieben ist. Das andere Gedicht, unter der Überschrift »Arm oder reich«, war eine ins Heiter-Satirische abgebogene Absage an das liberalistische Ideal ungehemmter Profitmaximierung, deren Erscheinungsformen ihn schon in seinen England-Jahren zum Nachdenken veranlaßt hatte. Damals sprach er vom »goldenen Kalb«, jetzt findet sich in seinen Briefen dafür das Wort »Mammonismus«. Wie nun sieht er sich als Nichtbesitzender in die Welt des großen Reichtums einbezogen? Seine Antwort: mit dem kleinen Stil um ihn herum kann er sich nicht abgeben.

Mein Interesse für Gold und derlei Stoff
Beginnt erst beim Fürsten Demidoff,
Bei Yussupoff und Dolgorucky,
Bei Sklavenhaltern aus Süd-Kentucky,
Bei Mackay und Gould, bei Bennet und Astor,
– Hierlandes schmeckt alles nach Hungerpastor –
Erst in der Höhe von Van der Bilt
Seh ich *mein* Ideal gestillt:
Der Nil müßte durch ein Nil-Reich laufen,
China würd ich meistbietend verkaufen,
Einen Großadmiral würd ich morgen ernennen,
Der müßte die englische Flotte verbrennen,
Auf daß, Gott segne seine Hände,
Das Kattun-Christentum aus der Welt verschwände.
So reich sein, *das* könnte mich verlocken –
Sonst bin ich für Brot in die Suppe brocken.

Fontane nimmt in seinen letzten Lebensjahren wieder Verbindung zu seinem früheren Londoner Bekannten, dem Arzt James Morris auf, mit dem er einst auf Wechselseitigkeit deutsch-englischen Sprachunterricht praktizierte. Damals schon, als er sich als »Literary gentleman« in der *Times* annoncierte, war die Politik ein Kardinalthema ihrer Konversation gewesen. Jetzt, vierzig Jahre älter geworden, setzen die beiden Gentlemen den Gedankenaustausch darüber fort. Morris schickt in die Potsdamer Straße regelmäßig Zeitungsnummern von *Daily News, Daily Graphic* und *Illustrated London News*. Einmal auch den *Labour Reader* mit interessanten Artikeln, die Fontane Veranlassung gaben, sich zur Arbeiterfrage, dem zentralen Thema des ausgehenden Jahrhunderts, zu äußern. Auf die Lektüre der englischen Arbeiterzeitung bezogen, sagt er in einem Brief an Morris vom 22. Februar 1896, daß alles Interesse heutzutage beim vierten Stand ruhe. Der Bourgeois sei furchtbar, Adel und Klerus hausbacken und immer wieder dasselbe. Die neue, bessere Welt fange erst beim vierten Stande an. Er begründet das so: »Sie, die Arbeiter, packen alles neu an, haben nicht bloß neue Ziele, sondern auch neue *Wege*.« Eine sehr ähnliche Bemerkung hatte er schon im Jahr zuvor aus sehr reservierter Betrachtung der sogenannten feinen Gesellschaft heraus, als er in Karlsbad weilte, seiner Tochter Mete gegenüber gemacht. »Die Menschheit fängt nicht beim Baron an, sondern nach unten zu, beim vierten Stand; die drei andern können sich begraben lassen.« Damit hat Fontane für sich eine präzisierte Antwort auf jene Frage gefunden, die ihm einmal Henriette von Merckel, das lag dreißig Jahre zurück, gestellt hatte. Fontane sagte damals, daß die Macht des Adels zu Ende gehe und mit der »neuen Zeit« die Herrschaft des Geldes an seine Stelle trete. Auf die Frage der Henriette von Merckel, was denn danach komme, hatte er ihr aus optimistischer Lebenshaltung heraus ganz allgemein geantwortet: »Vielleicht das Gute.«[60]

In der Korrespondenz Fontanes findet sich Mitte der neunziger Jahre wiederholt der von Friedrich Nietzsche geprägte epochemachende Begriff von der Umwertung aller Werte. Für sich legt er ihn so aus, daß er mit dem Abrücken von Bourgeoisie und Adel keineswegs der Monarchie Valet sagt. Er begrüßt im Hinblick auf die Verhältnisse in Deutschland zwar »den totalen Bruch mit dem Alten« durch den Kaiser, kann sich aber nicht damit abfinden, daß Wilhelm II., von dem er vor kurzem noch gehofft hatte, er würde mit dem Adel aufräumen, »das Uralte«

wiederherstellen will. Über das kaiserliche Deutschland als Staatswesen sagt er, daß »aller Mängel und Ledernheiten zum Trotz es *im ganzen* doch wohl bei uns am besten« ist. Man kann hinsichtlich der Ambivalenz solcher Urteile, sowohl was einzelne Menschen seiner Umgebung wie auch Fragen des politischen und sozialen Lebens betrifft, auch in diesem Punkt wieder nur auf die von Fontane geprägte Sentenz in seinen Gedichten verweisen, wenn er – als Betrachter selbst frei von Irritation – geruhsam konstatiert: »So stellen zu Zeiten die Fragen sich ein, / und ich sage dann ›ja‹ und sag auch ›nein‹.«

Im März 1896 werden die Schreibtage am »Stechlin« durch ein willkommenes Ereignis unterbrochen. Max Liebermann, Berlins prominenter Maler, möchte Berlins prominentesten Autor porträtieren. Sitzungstage, Maltage, Fontane freut sich darauf, »weil es nun doch endlich mal ein richtiger Maler ist, dem ich in die Hände falle, dann weil Liebermann ein ebenso liebenswürdiger wie kluger Mann ist«. Vor allem, könnte man hinzufügen, ein Mann der pointierten Ausdrucksweise, dessen Berlinertum für Fontane von ganz eigenem Reiz gewesen sein dürfte. Im Liebermannschen Atelier am Brandenburger Tor erfuhr er sogleich auch das Neueste über Bismarck, von dem es hieß, daß er nur noch über den Kaiser schimpfe und sich nur deshalb über jeden Besuch freue, weil er dann sofort wieder mit seinen Invektiven loslegen könne.

War Liebermann ein erfreuliches Ereignis, so war der stark verkürzte Abdruck des »Tunnel«-Abschnitts seiner Autobiographie, der das Mittelstück und den Hauptinhalt des Buches bildete, in der *Deutschen Rundschau* eine herbe Enttäuschung. Ursprünglich war an das Ganze gedacht, jetzt fand er nur noch knapp die Hälfte von dem abgedruckt, was er eingesandt hatte. Fontane ist gekränkt, findet Rodenbergs Verhaltensweise rücksichtslos, weil nur auf den eigenen Vorteil bedacht und beschließt, sich künftighin andere Zeitschriften zu suchen, obwohl die *Rundschau* alles Beste bisher von ihm veröffentlich hatte und in der literarischen Welt so etwas wie der Herold Fontanes gelten durfte. Nun aber ging ihm das, was sich Rodenberg mit ihm an vermeintlich Unzumutbarem erlaubte, an die Ehre.

Über den Ärger mit Rodenberg ist er hinweg, als er Ende Mai mit Emilie und Mete wieder im Zug nach Karlsbad sitzt. Berlin liegt erst einmal hinter ihm. Es treffen erfreuliche Nachrichten von Sohn Friedrich über den Verkauf der »Poggenpuhls« ein, die er mit der salomonischen Feststellung quittiert: »Geld und Erfolg sind mir gleich angenehm.« Karlsbad verläuft zu seiner Zufriedenheit, obwohl die unterhaltsamen Friedlaenders nicht zugegen sind. In der Korrespondenz mit Paul Heyse ist dennoch, absichtsvoll geschönt, zu lesen, er erlebe mit Emilie »wie herkömmlich glückliche Tage«. Zu Hause nach der Rückkehr erwartet ihn wieder die Arbeit am »Stechlin«, die ihn jeden Vormittag nach seinen eigenen Worten fest an den Schreibtisch nagelte. Nach solchen Arbeitsstunden fühlt er sich so matt, daß er, ehedem »der Mann der langen Briefe«,[61] nicht mehr die Kraft findet, Freunden und Bekannten prompt zu antworten, mancher muß länger als gewohnt auf eine Nachricht von ihm warten. Von allen Jahreszeiten sei ihm deshalb am liebsten der Hochsommer, beste Zeit zum Arbeiten, alles verreist, man wird nirgends eingeladen, Besucher bleiben aus, selbst von den Schreibereien kleiner Pensionsfräuleins bliebe man verschont. »Diese furchtbare Dichter-Repräsentationskorrespondenz«, flucht er.

Mit Ende des Sommers 1896 verlassen die Fontanes noch einmal Berlin und fahren nach der alten mecklenburgischen Kleinstadt Waren am Müritzsee. Von dieser Stadt und ihrer landschaftlichen Umgebung ist der Wanderer Fontane höchst angetan, er schwärmt seinem geliebten »Chevalier« ganz im Stile seiner Bücher vor, von jedem Punkt der Erde aus habe er ihm geschrieben, sogar von Neapel, und was Neapel recht ist, sei Waren billig. »Zwei Badestege laufen weit und klapprig in die Müritz hinein; am Ende der zwei Stege stehen zwei Badehäuser und über die Badehäuser weg kucken die zwei Warener Türme, vom andern Ufer her, herüber. Auf dem, was dazwischen liegt, treibt die Zille ihr Wesen. Es ist sehr schön hier, eine frische Luft, eine behäbige Bevölkerung und eine feudale Verpflegung, an der sich Milachen erst gesund und dann leider auch wieder krank gegessen hat.« Es gefiel ihnen unter den Mecklenburgern so gut, daß sie beschlossen, noch etwas zuzulegen und bis Mitte September zu bleiben.

Da Emilie in dem Jahr noch einmal verreist, wieder zu ihren Bekannten nach Dresden, begibt sich Fontane nach seiner Arbeit, die in der Regel nachmittags um drei mit dem Mittagessen beendet ist, außer Haus zu kleinen Exkursionen durch die Stadt. Ihn zieht es an die Stätten seiner Jugend zurück. Er schaut sich wandernden Schrittes das historische Altberlin um die Heilige-Geist-Kapelle und das Spandauer Tor an, wo er einst bei Prinzipal Rose an der Queckenkesselsuppe stand, lenkt die Schritte nach der Parochialkirche, wo er als Kaiser-Franz-Grenadier bei Studiosus Max Müller in der Klosterstraße die kostspieligen belegten Brote verzehrte und ihm dafür von der altenglischen Poesie vorschwärmte, auch lockten ihn die malerischen Gassen von Altkölln nach der Spree zu, wo er einmal auf nächtlicher Tour mit Lepel vor Morgengrauen den Wirt einer italienischen Kneipe aus dem Bett holte, damit er ihnen eine »Cioccolata« zubereitete, für die Lepel als Italianissimus so schwärmte.[62] An einem andern Tag begibt Fontane sich »mutterseelenallein« nach Treptow und verbringt dort sechs Stunden in den weitläufigen Parkanlagen, um den schönen Herbsttag zu genießen. Drüben über der Spree grüßte ihn der Kirchtum von Alt-Stralau, an dem er so oft per Schiff vorübergezogen war, meist in Richtung Hankels Ablage, doch auch weiter stromaufwärts nach Köpenick, um von dort aus an Bord der »Sphinx« die Eichenwälder der Dubrow, das Jagdrevier des Soldatenkönigs, aufzusuchen. Ansonsten bleibt ihm nur der tägliche Spaziergang durch den Tiergarten, nicht weit von seiner Wohnung entfernt. Zog es ihn als jungen Mann einst fort in die Weite – er sagt: »Mehr als Weisheit aller Weisen / galt mir reisen, reisen, reisen« – so begnügt er sich nun mit dem abgezirkelten Karree um seinen Häuserblock. »Jetzt zwischen Link- und Eichhornstraße / meß ich meine bescheidenen Maße, / höchstens bis Königin Luise / wag ich mich vor, umschreitend diese ...« Allerlei geht ihm durch den Kopf, ehe er wieder heimkehrt in seine Dreitreppenklause.

Tu ich einen Spaziergang machen,
Beschäft'gen mich immer allerlei Sachen.
In das Kommende sich versenken,
Tod und Sterben überdenken,

Gibt es so was wie Fortschritt auf Erden,
Oder werden wir alle russisch werden,
Sollen wir was für den Himmel tun,
Alle diese Fragen ruhn,
Immer nur allerkleinste Sachen
Dürfen einen Anspruch machen.
Warum sind Müllers ausgeblieben?
Warum hatte Schulze nicht geschrieben?
Werd ich der Meyer im Park begegnen?
Wird es schön Wetter oder wird es regnen?
Und im immer weitern Schreiten
Wechseln so die Nichtigkeiten.

Eine Überraschung erwartete ihn, als er an einem Novembertag die Leipziger Straße entlangging. In dem Schaufenster einer Buchhandlung sieht er den soeben erschienenen Essayband »Literatur und Theater« von Maximilian Harden, in dem auch ein großes Kapitel über ihn enthalten ist. Zum sofortigen Kauf kann er sich nicht entschließen, hat auch seine Gründe dafür. Er beauftragt seinen Sohn Friedel mit der Bestellung, weil ihn die Berliner Verkäufer »durch ihre Manier, die keine ist«, ärgern. Die Bestellung erledigte sich, da Harden inzwischen ein persönliches Exemplar an ihn geschickt hatte. Im Lichtschein des grünen Lampenschirms liest Emilie noch am gleichen Abend daraus vor, und er, im Großvaterstuhl sitzend, hört zu: »Fontanes Wesen ist die Verneinung aller korrekten Pedanterie; und ich bin überzeugt, er weiß erst, was er geschaffen hat, wenns fix und fertig vor ihm steht. So wenigstens wirkt es: unmittelbar und mühelos bei aller Neigung zur Reflexion. Man vergißt die sechs Schöpfungstage mit ihrer Last und freut sich nur des siebenten.« Fontane bekommt noch einmal gesagt, daß er ein mutiger Mann sei, indem er gesellschaftlich heikle Stoffe im Roman aufgegriffen habe, und welch weites Feld sich mit seinem Gedichtwerk zwischen dem schottischen Hochland und den märkischen Stoppelfeldern vor dem Leser auftue, und wie wahr doch seine Worte seien, daß nicht in der »absoluten Wahrheit« die Wirkung in Kunst und Leben beruhe, sondern allein in der »Macht der Überzeugung«. Und im übrigen, schließt Harden seine Hommage:

»Ich bin überzeugt, jeder schreibt gern über Fontane, nicht nur, weil er meist fruchtbares Neuland betritt, sondern auch, weil er das Köstlichste entdeckt und das Seltenste in unserer uniformierten Zeit: eine ganze und eine ganz poetische Persönlichkeit.«

Weihnachten, Geburtstag und Neujahr gehen mit dem Versand seines jüngsten Buches über die »Poggenpuhls« dahin. Große Besuche bei Zöllners oder Heydens werden nicht mehr gemacht, er empfindet es jetzt sogar als Segen, daß der »Rütli«, zuletzt nur noch eine sporadische Kaffeerunde von zwei oder drei Personen, eingeschlafen ist. Warum? »Er war seit Jahren ein Trauerbild; je mehr ich, rückblickend, an ihm hänge, je mehr darf ich dies vielleicht aussprechen, ohne undankbar zu sein.« Das Tagebuch gibt die Auskunft, daß ihn ab Neujahr 1897 ausschließlich der »Stechlin« beschäftigte, bis in den Mai hinein. Der Roman ist weit vorangeschritten, einige Kapitel sind noch zu schreiben, ansonsten nimmt ihn die Bearbeitung dieses sehr umfangreichen Werkes voll in Anspruch. Alles andere hat dahinter zurückzustehen, selbst wenn ihm in der Familie wieder der Vorwurf der Egozentrik oder der Lieblosigkeit den Freunden gegenüber gemacht wird. Er wird sich eben bei Zöllner, zu dieser Zeit bereits ein schwerkranker Mann, wegen der seit Wochen unterbliebenen Besuche entschuldigen und ihm ehrlich sagen, daß er sich nach seinen Tiergartenrunden nicht mehr imstande fühle, zu ihm zu einer »five o'clock Conversation« in die Wohnung zu kommen. Erwartungen gar von seiten der Verwandtschaft, daß er doch auch einmal eines von den Enkelkindern als Logiergast zu sich nach Berlin einladen könnte, weist er mit dem Bescheid ab, daß er und seine Frau dies nicht gut könnten. »Wir sind zu alt und anfällig und leben ganz eingesponnen.« Klein-Fritzchen von der Nichte Marianne können sie deshalb nicht aufnehmen.

Daß dieses, vornehmlich Außenstehenden gegebene Bild von Philemon und Baucis so wörtlich nicht zu nehmen war und ihn die »majestätische Müdigkeit«, von der Thomas Mann spricht, keineswegs für den Alltag und die Lebensprobleme in der eigenen Familie gleichgültig gemacht hatte, lassen die Auseinandersetzungen mit Sohn Friedel wegen dessen Braut erkennen. Die

Eltern sind nach langen Disputen bis in die späte Nacht hinein zu der Meinung gekommen, daß es nicht die richtige Verbindung ist und mit den Beziehungen zu ihr Schluß gemacht werden müsse. Sohn Friedrich wird per Rohrpost um sein Erscheinen gebeten. Mete, die wieder außerhalb Berlins weilte, bekommt von ihrem Vater genauen Bericht erstattet, wie die Aussprache ablief. »Was ich ihm gesagt habe, lief darauf hinaus: ›Wir haben gar nichts gegen sie, ja, sie gefällt uns fast, weil wir sie für freiweg und ehrlich halten, – *sie paßt nur nicht zu uns.*‹« In diesem Zusammenhang bekommen auch die anderen Schwiegertöchter des Hauses wenig schmeichelhafte Beurteilungen ab. Bei Martha Robert, der ehemaligen Frau von George, »war alles Justizratstum«, bei Martha Soldmann, der Frau von Theo, »alles Beamten-Borussismus« und bei der Neuen, Frieda Lehmann, ist »alles Berliner Bourgeoistum«. Weiteres Pech mit den Schwiegertöchtern muß ausgeschlossen werden, in diesem Punkt gab es für Fontane kein Marchandieren, denn »Bourgeoisie-Größenwahn«, den er dahinterstehen sieht, geht nicht. »Welt- und Gesellschaftsanschauung der unsrigen diametral entgegengesetzt«. Also weiterer Verkehr unmöglich. Der Sohn, achtunddreißig Jahre alt und längst selbständiger Geschäftsmann, hat am Ende erstaunlicherweise die gleiche Meinung und fügt sich, zur Verwunderung seines Vaters, der gar nicht geglaubt hätte, daß sich »dieser doch auch an gewissen Überschraubungen leidende Mensch«, wie er den Sohn betitelt, »so musterhaft« benehmen würde. In diesem Punkt war der andere Sohn, Theo, mit Neigung zum Widerspruch, kein Musterknabe. Auch über ihn macht sein Vater wiederholt mißbilligende, herabsetzende Bemerkungen wie »preußisch-conventionell abgestempelter ProgrammMensch«, »Prinzipienreiter«, mit dem er als Kollege nicht auskommen könne. Als Vater würde es ja gehen, da er das Gespräch immer abbreche, wenn es dahin komme.

Die Sommerfrische in Krummhübel haben die Fontanes seit den schweren Krankheitsmonaten von 1892 aufgegeben. Anstelle des Riesengebirges haben sie Mecklenburg zur Erholung gewählt. Dort waren sie schon im Vorjahr und weil es ihnen zusagte, fahren sie auch Anfang Juni 1897 wieder hin. Ihr Ferienort ist diesmal Neubrandenburg, sowohl landschaftlich mit seinen Wäldern und Seen wie auch als Ort der Geschichte für Fontane interessant. In einem Brief an Morris nach London beschreibt er dem englischen Freund die mecklenburgischen Verhältnisse, obgleich damals sprichwörtlich wegen ihrer sozialen Verwerfungen und der großen Armut in den landwirtschaftlichen Gebieten, als angenehm, die Bevölkerung, dies absolut abwegig, als »sehr wohlhabend«. In der Adelsherrschaft in Mecklenburg, die er als »patriarchalisches Regiment« kennzeichnet, empfindet er – nach den wiederholt erklärten Verdikten gegen den Adel höchst verwunderlich bei ihm zu lesen – gar Lebensformen, die hier »beglückender« seien »als anderswo«. »Man freut sich seines Daseins, trinkt Rotwein und liest kleine Blätter.« Selbst für einen wohlwollenden »Wanderer« wird das Leben, für die Menschen ein schweres Dasein, zu einer patriarchalischen Idylle stilisiert, das landwirtschaftlich-junkerliche Mecklenburg ohne die tatsächlichen Realitäten gesehen. Ist es der Blick zurück in die ersehnte Harmonie eines konstruierten Gesellschaftsideals adliger Gutsherrschaft? Ausdruck einer auf die Ruhe hin gerichteten inneren seelischen Verfassung? Verlust an kritischem Einschätzungsvermögen? Nur nach außen gekehrter Protest gegen Großstadt, Geldwirtschaft und Bourgoisietum? Oder dachte er, weil der Brief nach England ging, einen Moment an das mittelalterliche Warwickshire in merry Old-England, das er einmal vor mehr als dreißig Jahren in seiner Rede zum Shakespeare-Fest mit so großer Hingabe auferstehen ließ? Die Antworten darauf müssen alle offenbleiben.

Nach Neubrandenburg hat er sich den »Stechlin« und den Gedichtband zur Durchsicht für die bevorstehende fünfte Auflage mitgenommen. Emilie, ganz Pflichtgefühl, ist wie immer in der Sommerfrische mit der Reinschrift beschäftigt. Im Lagebericht an Mete heißt es: »Mama sitzt fest am Schreibtisch.« Er bewundere ihren Fleiß, nicht aber ihre Stimmung, sie leide unter kolossaler Langeweile, deren Zutagetreten weder schmeichelhaft noch förderlich für ihn sei. Wenn er noch einen weiteren Roman schreiben sollte, würde er sich einen Abschreiber nehmen. Ansonsten scheint ihm das Sommerdomizil im Lande Strelitz die Auffassung zu bestätigen, wie er sie schon aus der

Erfahrung mit Krummhübel gewonnen hatte, daß der ganze kostspielige Plunder in den Modeorten mit ihrem Table-d'hôte-Unsinn, den überteuerten Preisen, den sieben Gängen und sonst was für den Normalmenschen völlig entbehrlich sei.

Nach sechs Wochen erholsamer Spaziergänge durch die Kornfelder und am Ufer des Tollensees entlang ist der Urlaub beendet. Der Kutscher ihrer Pension Augusta-Bad bringt sie wieder an die Bahn. Seine Liebeserklärung an die Heimat des niederdeutschen Dichters Fritz Reuter hatte Fontane schon zuvor in einem Brief an seinen Verleger Hertz niedergelegt. »Ich bin gern in Mecklenburg, wie in allen Ländern und Städten, die man in dem öden und dämlichen Berlinertum unsrer Jugend für Plätze zweiten Ranges hielt, während sie unsrem elenden Nest – *damals* gewiß ›elendes Nest‹ – immer überlegen waren.« Im übrigen stelle er sowieso den »Onkel Bräsig« höher als den ganzen Borussismus. Dieser ist für ihn jetzt weiter nichts als »niedrigste Kulturform, die je da war«.

Nach der Rückkehr in die Potsdamer Straße wird das Manuskript des »Stechlin« aus dem kleinen schwarzen Reisekoffer herausgenommen und als Paket nach Stuttgart an die Redaktion *Über Land und Meer* verschnürt. Es wurde dort sehr freundlich aufgenommen, »man schrieb mir Schmeichelhafteres, als sonst wohl Redaktionen und Verleger zu schreiben pflegen«. Als er die Mitteilung erhielt, es sei angenommen, drahtete er zurück: »Ihr Telegramm hat mich sehr beglückt. ›Verweile doch, du bist so schön‹ – ich darf es sagen, denn ich sehe in den Sonnenuntergang. Herzlichen Dank.« Der Wortlaut kam ihm am nächsten Tag doch etwas zu larmoyant vor, er korrigierte sich bei den Stuttgartern, entschuldigend für den sentimentalen Ton, aber er sei einfach zusammengeklappt. Was in den Tagen danach kam, war ein stundenlanger, sich ständig wiederholender quälender Nervenhusten und das Eingeständnis, »daß ich recht elend bin«. Er kann sich nicht einmal dazu aufraffen, zu Emilie Zöllner zu gehen. Es war jetzt schon acht Wochen her, daß der Freund Karl Zöllner verstorben war, einen Kondolenzbesuch ist er noch immer schuldig. Von Neubrandenburg hatte er der Familie zwar schon sein Beileid ausgesprochen, was er geschrieben hatte, war aber so formal und in jeder Weise merkwürdig, sowohl, was den

Stil seines Briefes, die gewählten Worte als auch den völlig unpersönlichen, beamtenhaften Ton betraf – »… aber ich möchte doch auch noch aussprechen, wie sehr wir die neue Lücke …« Unmittelbar im Anschluß an diesen bürokratischen Satz erfolgte die Beschreibung seines schönen Urlaubsaufenthaltes. Es schien so, als ob alles Mitgefühl, alle Empfindungen seines Herzens ausschließlich den Figuren seines Romans vorbehalten waren, für die Menschen seiner Umwelt blieb nichts übrig.

1897 fuhr Fontane mit seiner Frau noch einmal zur Kur nach Karlsbad. Die Redaktion schickt ihm die Korrekturfahnen des »Stechlin« dorthin. Kur macht er nebenher. Es ist sowieso schlechtes Wetter. Der Vorabdruck seines großen Werkes, das er selbst als »einen politischen Roman« bezeichnet, wird nun bald beginnen.

Das letzte Jahr

Woche für Woche erhielten die Leser von *Land und Meer* ab Oktober 1897 die Kapitel des neuen Romans ins Haus geliefert. Das heißt ein Roman im herkömmlichen Sinne war der »Stechlin« eigentlich nicht, viel eher eine weitflächig gemalte Bilderfolge wechselnder Orte, darin eingewoben die Erzählungen vom Lebensgang der Helden und ihrer in immer neu aufblühenden Plaudereien und Dialogen vorgeführten Ansichten über die Zeit und die Welt. Fontane war sich der Sonderheit seines Romans bewußt und von daher etwas besorgt, wie er wohl von den Lesern aufgenommen werden würde. Es gab keine vordergründigen Verwicklungen und Konflikte und eigentlich auch keine Handlung. »Zum Schluß stirbt ein Alter und zwei Junge heiraten sich«, das sei so ziemlich alles, was auf den 500 Seiten geschehe. Aber es hebt an wie ein wundersames, verheißungsvolles Märchen, wenn Fontane seiner Redaktion den tieferen, symbolischen Gehalt seiner Schöpfung ankündigt. »In einem Waldwinkel der Grafschaft Ruppin liegt ein See, ›Der Stechlin‹. Dieser See, klein und unbedeutend, hat die Besonderheit, mit der zweiten Welt draußen in einer halb rätselhaften Verbindung zu stehen, und wenn in der Welt draußen ›was los ist‹, wenn auf Island oder auf Java ein Berg Feuer speit und die Erde bebt, so macht der ›Stechlin‹, klein und unbedeutend, wie er ist, die große Weltbewegung mit und sprudelt und wirft Strahlen und bildet Trichter. Um dies – so ungefähr fängt der Roman an – und um *das* Thema dreht sich die ganze Geschichte.«

Um seinen Helden, den ehemaligen Kavallerieoffizier Dubslav von Stechlin und dessen Familie – Sohn Woldemar, einen aktiven Kavalleristen, und Halbschwester Adelheid, Domina eines Adelsstiftes – gruppiert Fontane seine Figuren, die über das Alte und das in der Mark Einzug haltende Neue debattieren.

Dabei wird keine der zeitgenössischen politischen Richtungen ausgeblendet, weder die in Wahlen nach vorn drängenden Sozialdemokraten, noch die dem Kapital verpflichteten Fortschrittler oder die Altkonservativen, deren Einfluß immer mehr dahinschwindet. Selbst die Nebenfiguren wie Pastor Lorenzen oder Portier Hartwig übernehmen noch die Aufgabe, Fontanes Ansichten in Rede und Widerrede auf den Leser zu übertragen. »Der Bourgeois tut nichts für die Menschheit. Und wer nichts für die Menschheit tut, der muß abgeschafft werden«, das ist eines der mehrfach wiederholten Postulate aus den letzten Lebensjahren des Dichters, wie sie sich wortwörtlich im »Stechlin« wiederfinden. Das gilt auch für die Feststellung des alten Stechlin, der seinen Unabhängigkeitsposten mit den Worten umschreibt: »Ich bin nicht für die patentierte Freiheit der Parteiliberalen, aber ich bin doch für ein bestimmtes Maß von Freiheit überhaupt.« Reflexionen dieser Art sind es, die den »Stechlin« zu einem »politischen Roman« werden lassen. In der Grundhaltung nennt Fontane sein Buch »patriotisch«, nur es »schneidet die Wurst«, wie er sagt, »von der andren Seite an und neigt sich mehr einem veredelten Bebel- und Stoeckertum, als einem alten Zieten- und Blüchertum zu«. Im Roman findet diese Intention ihre Entsprechung darin, daß Fontane den sozialdemokratischen Wahlverein im Wahlbezirk Rheinsberg, zu dem die fiktive Gutsherrschaft Stechlin gehört, über die Konservativen und Freisinnigen siegen läßt.

Die Notizen Fontanes im Tagebuch für die Jahreswende 1897/98 lauten: »Weihnachten verging ruhig, auch Silvester; punschlos, einen einzigen Pfannkuchen in der Hand, traten wir ins neue Jahr. Beim Eintritt ins neue Jahr war mir noch ganz leidlich. Aber es dauerte nicht lange; Husten, Asthma und, was das schlimmste war, eine totale Nervenpleite stellten sich ein. Das ging so durch zwei Monate; ein Glück, daß die gesamte Stechlinkorrektur bereits hinter mir lag.«

Ab Ende Mai kommen seine Briefe und Postkarten aus Dresden, dorthin hat er sich in Lahmanns Sanatorium auf dem Weißen Hirsch zur Kur begeben, zusammen mit seiner Frau und Tochter Mete. Die bei Lahmann praktizierten, für die moderne

Medizin bahnbrechenden physikalisch-diätischen Behandlungsmethoden in Verbindung mit Naturheilverfahren waren ihm in Berlin als die bei seinem Zustand bestgeeignete Therapie angeraten worden. Er hat Ozon und Sonne, aber begeisternde Äußerungen über die sechs Wochen Dresden existieren darüber hinaus nicht. Seine Lektüre dort sind zwei Bücher deutscher Professoren, eines über den Philosophen Kant und eines mit der Edition von Briefen Friedrich des Großen, die in seiner Korrespondenz entsprechenden Niederschlag finden. Die Tage vergehen ruhig. Arbeit hatte er nicht mitgenommen. Ein wenig amüsiert es ihn, daß seine beiden Damen vom »Sächsischen« ihrer Umgebung nichts wissen wollen, während ihn die Mentalität der Leute recht gut an seine Apothekerjahre in Leipzig und Dresden erinnert und er sich bis auf die Mehlpampe der sächsischen Küche ein bißchen »daheeme« fühlt. Er spürt auch die alte Kultur heraus, die sich ihm »an einem Grad von Manierlichkeit« äußert und die einer Kolonistenstadt wie Berlin fehlte, auch wenn die Preußen glaubten, daß sie die Überlegenen seien.

In Berlin sind unterdessen seine Erinnerungen Band zwei erschienen, weitgehend zu seiner Zufriedenheit. Keine Druckfehler, Einband gut, die Seiten »klar und gefällig«. Selbst von der anwesenden Familie gab es keine Einwendungen oder Unzufriedenheiten. »Mama rührt mich dadurch, daß sie mit allem, was sie betrifft, einverstanden ist und an dem ›Mächen mit de Eierkiepe‹ und Ähnlichem keinen Anstoß nimmt, was ich anfangs fürchtete.« Von Dresden kann er nun »sein Neuestes« an die Freunde und Bekannten versenden.

Die Lebenserinnerungen »Von Zwanzig bis Dreißig« sind das einzige Buch, in dem er sich, wenn auch in einer Fußnote zum »Hesekiel«-Kapitel versteckt, zum ersten Mal seit den *Kreuzzeitungs*-Tagen öffentlich zu einer politischen Richtung bekennt: Es heißt dort: »Meine politischen Anschauungen – allerdings zu allen Zeiten etwas wackliger Natur – haben sich meist mit dem Nationalliberalismus gedeckt. ... In meinen alten Tagen indes bin ich immer demokratischer geworden.« Die Kritiker vermochten mit diesem Eingeständnis, bisher von ihm in der Öffentlichkeit immer vermieden, wenig anzufangen, sei es, daß man ihn dieser Richtung ohnehin zuordnete, sei es, was zutreffender sein dürfte, daß sein Bild sich über die letzten zwanzig Jahre als »Wanderer« und Romanautor der naturalistischen sprich realistischen Schule, als Causeur und Mann mit konservativen Gesellschaftsansichten so verfestigt hatte, daß jeder aus ihm das herauslas, als was Fontane ihm erschien.

Daß von ihm zwei so umfängliche Werke fast gleichzeitig erschienen, ja daß er diese ihm so am Herzen liegenden Arbeiten überhaupt geschafft hatte, darüber meditiert er in einem kleinen Gedicht, mehr Sinnspruch für sich selbst:

»1200 Seiten auf einmal,
Und mit 78 (beihnah ein Skandal),
Konntest es doch auf viermal verteilen« –
Ihr könnt es. Aber bei mir heißt's eilen,
Allerorten umklingt mich wie Rauschen im Wald:
»Was Du tun willst, tue bald.«

In seiner Korrespondenz erweist sich Fontane auch im allerletzten Lebensabschnitt als der alte, das Geschehen rund um den Globus aufmerksam betrachtende außenpolitische Redakteur, noch immer würden manche seiner Gedanken dem Leitartikel einer großen Zeitung Ehre machen. Die Anregungen zu seinen Ausführungen und Kommentaren kommen besonders von Morris und den Materialien, die er seit 1897 schickt. Mit den sich zuspitzenden Interessenskonflikten zwischen den europäischen Großmächten, dem ausufernden Kolonialismus und der sich in den globalen Prozeß einbindenden neuen Weltmacht USA sieht er bedrohliche Probleme auf Europa zukommen. Über die jüngsten Kaiserreden, die Wilhelm II. im Dezember 1897 und im März 1898 in Kiel hielt, sagt er, wenn er das lese, werde ihm »himmelangst«. Flottenbauprogramm, wozu überhaupt, fragt er sich – »wir könnten unser bißchen Geld besser anlegen«.

Auf der anderen Seite registriert er aber auch »mit Schrekken« die englischen Rüstungen und die Tatsache, »daß das so welt- und lebenskluge England schließlich auch in diesen modernen Unsinn verfällt«. Vor diesem Hintergrund des forcierten Weltherrschaftsstrebens kommt er zu der Feststellung, die über die englische Kolonialpolitik hinausgreift und die russische, französische sowie deutsche einbezieht: »Die ganze Kolonisationspolitik ist ein Blödsinn«, die Menschheit habe zu den natürlichen Zuständen zurückzukehren. »Das aber, womit am ehesten (weil unerträglich geworden) gebrochen werden muß, ist der Militarismus.«

Mit Morris tauscht Fontane sehr detailliert seine Ansichten über »die politischen Schwierigkeiten Englands« aus, die er in einer Karikatur des *Daily Graphic* auf den Punkt gebracht sah – ein Hawaii-man mit einer Sternenbannerweste, auf dem Schwanz des britischen Löwen herumtanzend. »How long will he stand it?« Wie lange er das noch aushalten würde, das wäre die Frage, und wie lange würden die *anderen* »die immer bedrücklicher werdenden Weltherrschaftsaspirationen Englands noch aushalten?«, fragt er. »Ein furchtbares Gewitter zieht sich zusammen ... Weltherrschaften sind immer gefährdet, auch wenn sie sich (was selten zutrifft) eines philanthropischen Charakters rühmen dürfen.« Zu der gegen Spanien gerichteten Politik der USA in Latein- und Mittelamerika sowie im Pazifik, die im Mai 1898 zum Spanisch-Amerikanischen Krieg führte, gab er den Kommentar, daß die größte Gefahr für das englische Weltreich nicht von Rußland ausgehe, sondern von Amerika.

Gegenüber seinem Korrespondenzpartner macht sich Fontane in den Interessenskonflikten der Großmächte zum Verteidiger der nationalen Belange Deutschlands gegenüber England. »Wenn Deutschland morgen vernichtet wäre«, so hatte es 1897 in der *Saturday Review* gestanden, »gäbe es übermorgen nicht einen Engländer auf der Welt, der nicht reicher geworden wäre.« Dieses enthüllende Statement hatte für großes Aufsehen in der Öffentlichkeit gesorgt. Fontane, mit der intrikaten englischen Politik seit den Tagen des Krimkriegs bestens vertraut, macht Morris darauf aufmerksam, daß es für England an der Zeit sei, die Veränderungen in Europa zu beachten. Den alten Zustand von vor 1864, 1866 und 1870 gebe es nicht mehr, damit »ist gründlich aufgeräumt, und statt fünfzig Millionen Deutscher, die sich untereinander auffraßen, sind jetzt fünfzig Millionen Deutscher da, die dieselben *nationalen* Ansprüche erheben, die man bei andern Völkern als natürlich und selbstverständlich ansieht. Dies ist der ungeheure Umschwung.«

Jüngste deutsche Geschichte tritt noch einmal in den Mittelpunkt seiner Betrachtung, als am 30. Juli die Nachricht durch Berlin geht, daß Bismarck gestorben sei. »Papa sitzt und weint«, so beschreibt Mete die Stimmung im Hause. Der Tod eines großen, von ihm trotz aller Charaktermängel bewunderten Mannes ging Fontane sehr nahe. In dieser Situation kommt ein Brief von Ernst Heilborn, einem befreundeten Publizisten seines Kreises, mit der Bitte, zu Bismarck ein Gedicht für die Zeitschrift *Cosmopolis* zu schreiben. Fontanes Antwort ist abschlägig. Er könne das nicht, da müsse viel Wasser die Spree hinunter, eh Bismarck überhaupt wieder ein Stoff geworden sei. Er meinte das generell und auch für sich selbst. Aber welche Überraschung: Am 3. August war in der Abendausgabe der *Vossischen* ein Bismarck-Gedicht von Theodor Fontane zu lesen. Die kontroverse Debatte in der Öffentlichkeit um die letzte Ruhestätte, ob Berliner Dom oder auf seiner Väter Grund im Park Friedrichsruh, hatte Fontane in den Widerstreit der Meinungen hineingezogen.

Nicht in Dom oder Fürstengruft,
Er ruh in Gottes freier Luft
Draußen auf Berg und Halde,
Noch besser tief, tief im Walde;
Widukind lädt ihn zu sich ein:
»Ein Sachse war er, drum ist er *mein*,
Im *Sachsenwald* soll er begraben sein.«

Nun ist ein erklärender Brief an Heilborn fällig. Wie kam es? Zu dem Gedicht seien ihm am Morgen beim Tee wie von ungefähr die ersten beiden Zeilen eingefallen, die Strophe habe sich ihm dann geformt, er müsse sich für seine Absage entschuldigen. Alles »aus den Wolken gefallen, ein Geschenk, auf das ich vorher nicht rechnen konnte«. Das Epitaph auf Bismarck wurde Fontanes letztes zu Lebzeiten gedrucktes Gedicht.

Von den Werken der Prosa wäre wohl nun jetzt »Das Ländchen Friesack« das nächste geworden, nachdem der »Stechlin« vollendet und die Flinte aus dem märkischen Korn wieder herausgeholt worden war. Ein Brief einer Frau von Bredow aus Landin traf ein, ihr kann er mitteilen, daß er sich »in allerletzter Zeit wieder viel mit Landin und dem ›Ländchen Friesack‹ beschäftigt« habe und ihm »das Wiederaufnehmen einer alten Liebe sehr zu paß« komme. »Ob es was wird, wer weiß?« Jedenfalls beglücke es ihn zu wissen, daß ihm die Tore wieder so freundlich geöffnet seien wie vordem.

Noch einmal weilt das Ehepaar Fontane 1898 in Karlsbad zur Kur. Die Heimreise von dort Mitte September erfolgt getrennt. Emilie will noch ihre alte Freundin Johanna Treutler in Dresden auf ein paar Tage besuchen, ihn zieht es zurück ins heimatliche Berlin. Hier nimmt er sich aus landeskundlichem Interesse den »Fidicin«, die historische Darstellung der Territorien der Mark Brandenburg, und den »Berghaus«, das Landbuch der Mark Brandenburg, vor, findet jedoch wie meist in den ledernen wissenschaftlichen Schmökern, wie er murrt, nichts, was »Leben« ist, nichts, was er zum Schreiben verwenden könnte. Wie oft ist er dagegen in kleinen, unscheinbaren Schriften von Heimatkundlern, Lehrern oder Pfarrern fündig geworden. Für solche Literatur muß er nun auf Suche gehen.

Es ist der 13. September 1898, da er in einem Plauderbrief an Emilie von seinem Tagesablauf berichtet. Vormittags beschäftige er sich immer mit Friesack und habe schon wieder eine Menge notiert. »Habe ich nur erst den ganzen Stoff zusammen – was allerdings sehr mühsam ist und noch lange dauern wird – so ist das Schreiben ein Vergnügen.« Nach zwanzigjährigem Verweilen in Roman und Novelle will er nun noch einmal zu seinen alten und ältesten Göttern zurückkehren, sie waren es schließlich, die dem alten Dubslav seinen Namen verliehen hatten: ruhmvolle, heilige Eiche, nach den slawisch-wendischen Wortstämmen »dub« – Eiche und »slawa« – Ruhm.

Am 16. September, Emilie hält sich noch in Dresden auf, fand in der Wohnung in der Potsdamer Straße die offizielle Verlobung von Tochter Mete mit dem sechzigjährigen Architekten Professor Dr. Ing. Karl E. O. Fritsch statt. Ein angesehener Mann der Berliner Gesellschaft, mit dem sich, wie Fontane seinem Sohn Theo gegenüber meinte, ein guter Faden spinnen ließe. Fritsch war Witwer und zwanzig Jahre älter als Mete. Die Verlobung des Paars bestand schon seit Januar des Jahres, mußte aber aus Schicklichkeitsgründen, weil die Frau von Fritsch erst zwei Monate zuvor verstorben war, geheimgehalten werden. Aus der Vorgeschichte dieser Verlobung erklärt sich vielleicht auch, warum Emilie Fontane, in ihren Anschauungen sonst immer streng auf Familie bedacht, an der Verlobungsfeier ihrer einzigen Tochter nicht teilnahm; merkwürdig bleibt es freilich doch. Das Dienstmädchen Anna, seit Jahren nun schon in Stellung bei ihnen, nimmt mit Mete zusammen die Vorbereitungen für die Feier in die Hand. Alles verlief »kolossal gemütlich«, ungezwungen, mit einer »sehr reizenden« kleinen Ansprache Paul Schlenthers, der eingeladen war. Fontane mußte auf der Feier sein Gedicht »Kommen Sie, Cohn« vortragen und blieb hin und wieder stecken, weil ihn »ein paar Stellen beim Lesen selbst erheiterten«. Zur neuen Lebenssituation der Tochter befindet er dem Sohn Theo gegenüber: »Martha, wie sich's geziemt, ist sehr glücklich und hat, glaub ich, auch alle Ursach dazu. Fritsch ist ein kluger und gescheiter Mann von guter Gesinnung und sogar guter Kasse.«

Mete, vierzig Jahre alt, wohnte zu diesem Zeitpunkt noch immer bei den Eltern, ihr bisheriges Dasein hatte sie im wesentlichen als Erzieherin und Hausdame in gutsbesitzerlichen Familien zugebracht, dort wegen ihrer Liebenswürdigkeit und gesellschaftlichen Talente als Haustochter behandelt, von allen Menschen verwöhnt. Sehr häufige Krankheiten, dazu eine labile Psyche, die zwischen übernervöser Betriebsamkeit und Apathie ständig hin und her wechselte, verbunden mit periodisch wiederkehrenden nervlichen Krisen, machten ihr die kontinuierliche Betätigung in einem Beruf so gut wie unmöglich. Da sie der Liebling ihres Vaters war, von den übrigen Kindern bevorzugt, konnte sie in allen kritischen Situationen mit Verständnis und Entgegenkommen im Elternhaus rechnen, wenn Fontane ihr auch hin und wieder wegen ihrer Neigung zum Chaiselonguedasein Vorhaltungen machte und sie nachdrücklich zur Disziplin ihren Stimmungen gegenüber ermahnte. Das Sorgenkind der Eltern blieb sie trotzdem. Ihre Lebensproblematik lag darin, daß sie eine starke Vaterbindung hatte und bei den ihr angeborenen Gaben des Intellekts eine gewisse Hochmuts-, mindestens aber Überlegenheitsstellung gegenüber ihrer Umwelt einnahm, die ihr das Eingehen privater Bindungen zu männlichen Partnern ihres Jahrgangs sehr erschwerte. Einerseits meinte sie in ihren Briefen,[63] daß sie die jungverheirateten Frauen auf den Gütern, wo sie war, um deren Männer nicht beneide, andererseits litt sie darunter, wie sie ihrem Vater eingestand, daß sie sich ihrer »geistigen und herzlichen Fähigkeiten gerne lebhafter bewußt« werden würde, immer habe sie das Gefühl eines Menschen, der Klavier spielen könne, aber kein Klavier habe. Die vermögenslose Lage des Elternhauses stand der Finanzierung eines freien, künstlerisch geprägten Lebensstils im Wege, auch lagen Anspruchshaltung und sozial gezogene Grenzen bei ihr im Widerspruch miteinander. Wehmütig sprach sie einmal davon, daß sie eigentlich doch »ein ganz armes Mädchen« sei. Die Ausstrahlung ihrer sympathischen Persönlichkeit auf ihre Umwelt wurde dadurch nicht beeinträchtigt, wie die Erinnerung von Justizrat Meyer, der viel im Haus Fontane verkehrte, belegt: »Martha Fontane«, fand er, »ist eine der interessantesten Frauen, die mir im Leben begegnet sind. Keine Schönheit, aber von guter Figur, mit lebendigen, geistvollen Augen und von großer körperlicher und geistiger Beweglichkeit, und zwar diese in einem Maße vereinigt, daß die Anregung, die von ihr ausging, immer wohltuend und reizvoll war.«

Obwohl Fontane gesundheitlich auf den ersten Blick wieder »ganz gut bei Wege« zu sein schien, hat er zu Unternehmungen, die mit Anstrengung verbunden waren, keine Lust mehr. Seine Frau meinte von Dresden aus, statt des »ewigen Friesack« sollte er sich doch lieber um Geheimrat Lessing kümmern, um den es sehr schlecht stand. Ach, den Willen dazu habe er wohl, »aber Du vergißt meine 34 Pulsschläge«. Selbst wo sogenannte Vergnüglichkeiten in Aussicht stünden, sei sein Trost: »Um neun ist alles aus.« Es fehle die rechte Freudigkeit, das vorherrschende Gefühl bleibe doch immer: »Lägst du nur erst wieder im Bett.« Das schreibt er in seinem letzten Brief am 20. September 1898 an seine Frau. Um die Mittagszeit herum unternimmt er einen kurzen Tiergartenspaziergang bis zur Rousseau-Insel. Unterwegs begegnet er seinem Sohn Theo, dem »Intendanten«,[64] der in Richtung Kriegsministerium unterwegs war.

Der jüngste Sohn Friedrich war am Vormittag dagewesen.

Wie er berichtet, sei das Gespräch noch einmal auf den »Stechlin« gekommen. Sein Vater habe wieder Zweifel geäußert, ob damit seinen Lesern nicht zuviel zugemutet würde, habe dann aber gesagt: »Das ist das Buch, das ich für mich geschrieben habe. Mir gefällt's. Das ist mir noch bei keinem meiner Bücher passiert.«

In der Wohnung waren am 20. September nur das Hausmädchen Anna und Tochter Mete. In ihrem Beisein nahm Fontane in seinem Arbeitszimmer einen kleinen Abendimbiß ein. Danach begab er sich aus dem Zimmer in den Alkoven, um sich einen Gilka aus dem Schrank zu holen. Die Tür ließ er angelehnt. Da er nicht wieder zurückkam, ging Mete nachschauen. Sie fand ihn im Schlafzimmer tot über sein Bett gelehnt. Die alte Familienuhr im Arbeitszimmer schlug neun Uhr.[65]

Die Beerdigung fand am 24. September – es war der Todestag seines Sohnes George – auf dem Friedhof der Französischen Gemeinde in der Liesenstraße statt. Für die Predigt gewann Sohn Theo seinen ehemaligen Seminarkollegen, Konsistorialasessor Devarenne. Mit Friedrich zusammen wählten sie die letzte Ruhestätte für ihren Vater aus, sie befand sich nahe der Friedhofsmauer, ein Platz, von einer sich sanft neigenden Akazie überschattet. Die Zeitungen berichteten, daß eine große Trauergemeinde dem Dichter das letzte Geleit gab. Abordnungen der Berliner Bühnen, die Chefredakteure der Berliner Zeitungen, Vertreter der Schillerstiftung, Mitglieder der Literarischen Gesellschaft, der Französischen Kolonie, des Vereins der Freien Bühne und vieler anderer Vereinigungen. Der Chef des Kaiserlichen Zivilkabinetts, Geheimrat von Lucanus, legte, darüber berichteten sämtliche Zeitungen, einen Kranz Wilhelms II. nieder, auffällig durch das große goldene W mit einer Krone darüber. Gerhart Hauptmann, der nicht zur Beerdigung kommen konnte, hatte ein aus Rosen geflochtenes großes Kreuz überbringen lassen.

Am Tage der Beerdigung hielt sich die Enkelin der Rostocker Freundesfamilie Witte in der Wohnung auf, die fünfzehnjährige Gertrud Mengel, von »Onkel Fontane« wegen ihrer strahlenden Schönheit bewundert und sehr geliebt. Alle vierzehn Tage durfte sie sonntags zu ihm auf Besuch kommen, ihm vom Schulunterricht im Luisenstift, das sie besuchte, erzählen. Mit »Tante Emilie« blieb sie allein in der Wohnung zurück. »Sie war als zu alt und ich als zu jung befunden, um mit auf den Friedhof zu fahren. Ihre Kinder hatten mir gesagt: ›Sei gut zu unserer Mutter.‹ Es lastete auf meiner Seele, wie ich das tun sollte. Die Aufgabe wurde mir abgenommen. Die alte Frau trat ins Zimmer und sagte: ›Mein Kind, er hat auch dich sehr geliebt, ich will dir seine schönsten Balladen vorlesen.‹ Und mit fester Stimme las sie die Gedichte, die ihr die liebsten waren – eine mir unvergeßliche Totenfeier.«[66]

An jenem Vormittag des 24. September 1898 erklangen die Schulbuchverse von dem alten Herrn von Ribbeck auf Ribbeck, das Evangelium fortwirkender Güte und Liebe, mit dem sich Theodor Fontane, »ein Märkischer« von wahrem Adel, selbst ein Denkmal gesetzt hat.

Herr von Ribbeck auf Ribbeck im Havelland,
Ein Birnbaum in seinem Garten stand,
Und kam die goldene Herbsteszeit
Und die Birnen leuchteten weit und breit,
Da stopfte, wenn's Mittag vom Turme scholl,
Der von Ribbeck sich beide Taschen voll,
Und kam in Pantinen ein Junge daher,
So rief er: »Junge, wiste 'ne Beer?«
Und kam ein Mädel, so rief er: »Lütt Dirn,
Kumm man röwer, ick hebb 'ne Birn.«

So ging es viele Jahre, bis lobesam
Der von Ribbeck auf Ribbeck zu sterben kam.
Er fühlte sein Ende, 's war Herbsteszeit,
Wieder lachten die Birnen weit und breit,
Da sagte von Ribbeck: »Ich scheide nun ab.
Legt mir eine Birne mit ins Grab.«
Und drei Tage drauf, aus dem Doppeldachhaus,
Trugen von Ribbeck sie hinaus,
Alle Bauern und Büdner, mit Feiergesicht,
Sangen »Jesus meine Zuversicht«,
Und die Kinder klagten, das Herze schwer,
»He is dod nu. Wer giwt uns nu 'ne Beer?«

So klagten die Kinder. Das war nicht recht;
Ach, sie kannten den alten Ribbeck schlecht,
Der *neue* freilich, der knausert und spart,
Hält Park und Birnbaum streng verwahrt,
Aber der *alte*, vorahnend schon
Und voll Mißtraun gegen den eigenen Sohn,
Der wußte genau, was damals er tat,
Als um eine Birn ins Grab er bat,
Und im dritten Jahr, aus dem stillen Haus,
Ein Birnbaumsprößling sproßt heraus.

Und die Jahre gehen wohl auf und ab,
Längst wölbt sich ein Birnbaum über dem Grab,
Und in der goldenen Herbsteszeit
Leuchtet's wieder weit und breit.
Und kommt ein Jung übern Kirchhof her,
So flüstert's im Baume: »Wiste 'ne Beer?«
Und kommt ein Mädel, so flüstert's: »Lütt Dirn,
Kumm man röwer, ick gew di 'ne Birn.«

So spendet Segen noch immer die Hand
Des von Ribbeck auf Ribbeck im Havelland.

Dank

Das vorliegende Buch verfolgt die Absicht, das Leben Theodor Fontanes in Form einer chronologischen Darstellung nachzuzeichnen. Es folgt dabei in großen Zügen der von Hermann Fricke, dem ehemaligen Leiter des Fontane-Archivs der Brandenburgischen Provinzialverwaltung, erstmals erarbeiteten, 1960 herausgegebenen Fontane-»Chronik«. Die Anregung für das Zustandekommen der biographischen Lebensdarstellung verdankt die Autorin dem 1986 verstorbenen Fontane-Forscher und stellvertretenden Leiter der Bibliothek der Humboldt-Universität zu Berlin, Dr. Joachim Krueger, sowie ihrer Lektorin vom ehemaligen Verlag der Nation Berlin, Ingeborg Harnisch. Ihnen gilt dafür Dank, ebenso wie Katharina Krueger, die die Jahrgänge der Fontane-Blätter und andere Materialien für jahrelange Arbeiten großzügig zur Verfügung stellte.

Anmerkungen

Teil eins 1819–1859

1 Fontanes Großvater Pierre Barthélemy Fontane (1757–1826), geboren und bis zu seinem Tode wohnhaft in Berlin. Er diente seit 1793, zum ersten kronprinzlichen Kammerdiener bestimmt, bei Hofe. In dieser Eigenschaft hatte er auch die kleinen Rechnungen und die weniger wichtige Korrespondenz der Kronprinzessin zu besorgen. 1806 bekam er das Amt des Kastellans von Schloß Niederschönhausen vor den Toren Berlins.

2 Die beiden Gesuche, unterzeichnet mit »Ludwig Heinrich Fontane«, sind im Staatsarchiv Potsdam in einer Akte zum Apothekenwesen Neuruppins erhalten geblieben. Vollständiger Wortlaut in: Karen Bellin: »2 Originalbriefe Louis Henri Fontanes. Mosaiksteine zum ›Bild des Vaters‹ Theodor Fontanes«. Fontane-Blätter, Band 5, Heft 2/1982.

3 Hier wurde im Siebenjährigen Krieg Friedrich der Große von den Österreichern unter Feldmarschall Daun 1758 besiegt.

4 Frz. = weil sowas uns Vergnügen macht.

5 »Autobiographische Schriften« in drei Bänden mit Anmerkungen, Zeittafel und Register, herausgegeben von Gotthard Erler, Peter Goldammer und Joachim Krueger. Berlin und Weimar 1982.

6 Details über die Aktivitäten und die Biographien der einzelnen Mitglieder des Klubs in den Aufsätzen von Christa Schultze: »Fontanes ›Herwegh-Klub‹ und die studentische Progreßbewegung 1841/42 in Leipzig«. In: Fontane-Blätter, Bd. 2, Heft 5/1971, sowie: »Fontane und Wolfsohn. Unbekannte Materialien«. In: Fontane-Blätter, Bd. 2, Heft 3/1970.

7 Das John-Prince-Manuskript. In: Theodor Fontane, »Aufsätze zur Literatur«. Frankfurt/Main, Berlin, Wien 1979.

8 Chartistenbewegung: die frühe englische Arbeiterbewegung, benannt nach ihrer Charta (The People's Charte) von 1838.

9 Auszüge aus Max Müllers Tagebuch (Nachlaß, Bodleian Library Oxford) erstmals veröffentlicht in dem Aufsatz von Charlotte

Jolles: »Friedrich Max Müller und Theodor Fontane. Begegnung zweier Lebenswege«, in: Fontane-Blätter Bd. 4, Heft 7/1980.

10 Fünf der hier angeführten Generäle Friedrichs des Großen schmückten als Standbilder den Wilhelmplatz in Berlin.

11 Das vertraut-freundschaftliche Verhältnis zwischen Theodor Fontane und Wilhelm Wolfsohn ist dokumentiert in: »Theodor Fontanes Briefwechsel mit Wilhelm Wolfsohn«. Herausgegeben von Christa Schultze. Berlin und Weimar 1988.

12 Aufstand zur Befreiung Polens von der russischen Herrschaft; endete 1831 mit einer Niederlage.

13 Winkelried: schweizer Nationalheld, gilt als Symbol für todesmutigen Freiheitskampf. In der Schlacht bei Sempach 1386 soll er die feindlichen Spieße auf sich gezogen und damit eine Bresche geschlagen haben, die den Sieg der schweizer Eidgenossen über Herzog Leopold III. von Österreich entschied.

14 Nachdem Waldecks Antrag, den Belagerungszustand Berlins aufzuheben, von der Zweiten Kammer angenommen worden war, wurde diese kurzerhand aufgelöst.

15 Goldmünze im Wert eines Fünftalerstücks.

16 Die Protokolle des »Tunnels«, ediert nach den Beständen der Bibliothek der Humboldt-Universität zu Berlin, wurden erstmals herausgegeben von Joachim Krueger, in: »Theodor Fontane. Autobiographische Schriften«, Bd. I–IV. Berlin 1982.

17 Fontane über sein gutes Verhältnis zu Merckel in einem Brief an Paul Lindau vom 24. November 1878: »Ich kannte Wilhelm von Merckel wie meinen Vater (liebte ihn auch fast so).«

18 Currentis, lat. = des laufenden Jahres.

19 Lat. = im nachhinein.

20 Für den Abdruck der Ballade »Der Tag von Hemmingstedt« in der Zeitschrift *Deutsches Museum* seines Freundes Wolfsohn.

21 Für die Herausgabe des »Deutschen Dichter-Albums«, gedruckt 1851, zahlte ihm der Verleger Otto Jancke 150 Taler, wovon die erste Hälfte im Juni 1851 einging.

22 Die poetischen Auffassungen Fontanes, die mit dem Jahr 1813 beginnende Konzeption seines Buches als Sammlung rein lyrischer, liedhafter Gedichte, Balladen einbezogen, sowie die Gemeinsamkeiten bzw. Unterschiede zu anderen zeitgenössischen Gedichtanthologien (u.a. von Gustav Schwab, Kletke und Echtermeyer) sind in dem Aufsatz von Joachim Krueger, »Theodor Fontanes Deutsches Dichter-Album«, in: Fontane-Blätter, Heft 2/1982 untersucht worden.

23 Sekretär der königlichen Landwirtschafts-Gesellschaft; wurde wegen Veruntreuung seines Amtes enthoben und starb am 28. Juni 1859 unter mysteriösen Umständen. Über Fontanes Beziehung zu ihm siehe Aufsatz von John Phillips: »James Hudson – Fontanes rätselhafter Bekannter«. In: Fontane-Blätter Nr. 7/1972.

24 Fontane hielt sich vor der Überfahrt einige Tage in Brüssel, Antwerpen und Gent auf, wo er eine Kunstausstellung und das Klosterspital der Beghinen besichtigte. Notizen darüber finden sich auch in seinem London-Tagebuch für seinen Vater von 1852.

25 Erschienen 1851/52 in zwei Bänden unter dem Titel »England und Schottland. Reisetagebuch«.

26 Fontanes Vater, dessen Apotheke 1850 von Schwiegersohn Hermann Sommerfeldt übernommen wurde, zog danach von Letschin nach Eberswalde-Neustadt.

27 Dem »Ellora«-Kreis gehörten an: als Gründer Friedrich Eggers, Kunstwissenschaftler, Herausgeber des *Deutschen Kunstblatts*; Wilhelm Lübke, Kunsthistoriker, Lehrer an der Bauakademie; Richard Lucae, Professor, Direktor der Berliner Bauakademie; Karl Zöllner, Stadtgerichtsrat, in der Nachfolge Fontanes später Sekretär der Preußischen Akademie der Künste; Otto Roquette, Dichter, Literaturhistoriker, Professor an der Kriegsakademie.

28 Ellora ist der Name einer Ortschaft in Indien mit zahlreichen Höhlentempeln aus dem 4. bis 10. Jahrhundert.

29 Der Königspalast der Stuarts in der Nähe von Edinburgh, bei Fontane beschrieben in seinem Schottland-Buch »Jenseits des Tweed«.

30 Thronrede des preußischen Königs.

31 Julius Schweitzer, ein in den Diensten der Pharmazeutischen Gesellschaft Großbritanniens stehender deutscher Apotheker, der für Fontane als Übersetzer tätig war.

32 Chef der Zentralen Pressestelle in Berlin, Fontanes vorgesetzter Behörde.

33 Frz. = im Grunde.

34 Die Übersiedlung der Familie erfolgte Anfang des Jahres 1856. Emilie traf mit Kind und Schwägerin Elise am 25. Januar 1856 ein und blieb längere Zeit in London.

35 Über die Beziehungen Fontanes zur englischen Presse sowie die Gründe des Scheiterns der Zusammenarbeit mit dem *Morning Chronicle*, der sich nicht konsequent an die Abmachungen hielt, finden sich ausführliche Passagen in dem Buch von Charlotte Jolles, »Fontane und die Politik. Ein Beitrag zur Wesensbestimmung Theodor Fontanes«. Berlin 1983.

36 Betrifft eine Episode aus dem Siebenjährigen Krieg. Nach der Schlacht von Leuthen überraschte Friedrich der Große völlig verdutzte österreichische Offiziere auf Schloß Lissa mit den Worten »Bon soir, Messieurs!« und machte sie damit aktionsunfähig.

37 Die vorher unter diesem Namen erscheinende Zeitung, die sogenannte *Adler-Zeitung*, Organ des Ministeriums Manteuffel, hatte schon 1853 aufgehört zu existieren.

Teil zwei 1860–1877

1 Die Bekanntschaft mit ihr verdankte Fontane seinem Freund Lepel, der ihn 1852 in ihren Berliner Salon in der Behrenstraße eingeführt hatte. Mathilde von Rohr entstammte einer alten, in der Priegnitz und der Uckermark ansässigen Adelsfamilie, die ihren Stammbaum bis in das 12. Jahrhundert zurückführte. Die sehr enge, von Liebenswürdigkeit und gegenseitigem Vertrauen getragene Freundschaft blieb auch bestehen, nachdem Mathilde von Rohr das Stift Dobbertin zu ihrem Domizil gewählt hatte.

2 Max, Apotheker in Kriescht im Oderbezirk, starb am 20. Mai 1860 im Alter von 34 Jahren.

3 Fontanes neunzehn Jahre jüngere Schwester Elise, geboren am 23. April 1838, war noch unverheiratet und konnte die Familie bei Umzügen, Krankheit und auch sonst im Haushalt vielfach unterstützen.

4 Einen umfassenden Überblick über Fontanes Jahre bei der *Kreuzzeitung* mit eingehender Analyse seiner Arbeiten und Positionen gibt das in zwei Bänden vorliegende Werk »Theodor Fontane. Unechte Korrespondenzen«, herausgegeben von Heide Streiter-Buscher, Verlag Walter de Gruyter, Berlin/New York, 1995.

5 Lat./frz. = Tadel, Rüge.

6 »Theodor Fontane. Tagebücher 1866–1882 und 1884–1898«. Herausgegeben von Gotthard Erler unter Mitarbeit von Therese Erler. Berlin 1994. Darin auch die aus den dreißiger Jahren stammenden Exzerpte von Charlotte Jolles aus verschollenen Teilen der Fontane-Tagebücher.

7 Fontane gehörte dem Wahlbüro an. Unter dem 15. April 1862, zwei Wochen vor der Wahl, ist im Tagebuch notiert: »Versammlung einiger konservativer Urwähler bei mir: Herr v. Ledebur, v. Puttkamer (!), Geh. R. Brandl etc.«

8 Zur Adaption der »Wanderungen« durch die *Kreuzzeitung* siehe

Luise Berg-Ehlers: »Theodor Fontane und die Literaturkritik«. Winkler Verlag, Bochum 1990.

[9] Detaillierte Angaben zu dieser Wohnung, ergänzt von persönlichen Erinnerungen des Fontane-Sohns Theodor, finden sich in dem Aufsatz von Hans-Werner Klünner, »Theodor Fontanes Wohnstätten in Berlin«, veröffentlicht in: Fontane-Blätter, Heft 2/1977.

[10] Die hier zitierten Aufzeichnungen wurden erstmals veröffentlicht als »Reisenotizen aus Schleswig-Holstein 1864« nach den im Potsdamer Fontane-Archiv befindlichen Notizbüchern Fontanes, herausgegeben und kommentiert von Sonja Wüsten in: Fontane-Blätter, Heft 5/1979.

[11] Parallel zu den Befestigungen angelegte Laufgräben, die hier zusätzlich durch Palisadenreihen gesichert waren. Die Tiefe der Gräben betrug 12 Fuß, die Breite 20 Fuß.

[12] Friedrichsdor: preußische Goldmünze im Wert von 5 bis 5 2/3 Silbertalern.

[13] Erstveröffentlichung unter dem Titel »Reisen in Thüringen«, herausgegeben und kommentiert von Sonja Wüsten, in: Fontane-Blätter, Sonderheft 3/1973. Darin auch Exzerpte aus Notizbüchern von einer zweiten Thüringenreise 1873, gedacht für einen Sagenband.

[14] Hermann Sommerfeldt, verheiratet mit Fontanes Schwester Jenny, lebte nach dem Verkauf der Letschiner Apotheke seit 1864 wieder in Berlin; hier Besitzer der Luisenstädtischen Apotheke.

[15] Die Prachtausgabe kostete 20 Taler. Vom Verlag wurde außerdem noch eine billige Volksausgabe hergestellt.

[16] Otto Metzler, preußischer Beamter, war mit Fontane aus den gemeinsamen Jahren in der Zentralpressestelle gut bekannt.

[17] Johanna Jachmann-Wagner, Opernsängerin am königlichen Schauspielhaus, trug auf ihren Liederabenden und zu offiziellen Anlässen die von Loewe vertonte Ballade vor.

[18] Heinrich Kurz, Verfasser der »Handbücher zur deutschen Nationalliteratur«, würdigte Fontane in seinem »Leitfaden zur Geschichte der deutschen Literatur«, Leipzig 1873, als Balladendichter und Lyriker mit den Formulierungen: schöne Gestaltungsgabe, Gedankenreichtum, glückliche Behandlung der Form und einfache, aber stets edle Sprache. Abgedruckt sind als Lesebeispiele vier Gedichte: »Die arme Else«, »Treu-Lischen«, »Die Hamiltons« und »Archibald Douglas«. Zu den Reise- und Wanderungsbüchern Fontanes heißt es, daß sie sich durch »gefällige Darstellung und interessante Inhalte« auszeichnen.

[19] Über die Beziehungen zwischen den beiden Familien siehe John

A. S. Philipps, »Die Familie Merington – Fontanes Freunde in der Not«, in: Fontane-Blätter, Heft 4/1971.

20 »Ich hätte eine so gute Stellung als Ehefrau von Dir, daß ich eine andere gar nicht wolle.«

21 Friedrich Wilhelm Gubitz (1786–1870), begründete das *Berliner Pfennigmagazin*, eine illustrierte Romanzeitung, und galt seit Jahrzehnten mit seiner Kritik als eine Institution der *Vossischen Zeitung*.

22 Im alten Rom Amts- und Ehrensessel der höchsten Beamten, ursprünglich die Bezeichnung für den Königsthron.

23 Frz. = Eifer, Zugeneigtheit, Verbundenheit.

24 Frz. = Passion für die Jungfrau.

25 Wortlaut nach den Akten des Staatsarchivs zu Washington, zitiert in: Hans-Heinrich Reuter, Fontane. Berlin 1968.

26 George Fontane: Feldpostbriefe 1870–1871. Erschienen 1914 im Verlag seines Bruders Friedrich Fontane.

27 Ernst Dohm (1819–1883), Publizist, Satiriker, maßgeblicher Kopf des *Kladderadatsch*, der das liberale oppositionelle Witzblatt durch die Klippen der Verbote und Maßregelungen steuerte.

28 Julius Rodenberg (1831–1914), eigentlich Julius Levy, Schriftsteller, gründete 1874 die *Deutsche Rundschau*, in der mehrere Romane Fontanes im Vorabdruck erschienen.

29 Verwaltungsbezirk geistlicher Ritterorden, umfaßte mehrere Komtureien.

30 Ein anonymer Brief an den »Theaterfremdling« Th. F. aus den Beständen des Potsdamer Fontane-Archivs, erstmals veröffentlicht in: Fontane-Blätter, Heft 3/1974.

31 »Die Märker und die Berliner und wie sich das Berlinertum entwickelte«, 1888 im Umfeld der »Wanderungen« entstanden, veröffentlicht im *Deutschen Wochenblatt* Nr. 47/1889.

32 Ludwig Pietsch, »Von Berlin bis Paris. Kriegsbilder 1870–1871.« Berlin 1871. Fontane nannte es »das beste, frischeste, lesbarste unter allem Erschienenen«.

33 Über die persönlichen Beziehungen beider Autoren und die Rezensionen im einzelnen siehe Christa Schultze, »Theodor Fontanes Briefe an Ludwig Pietsch«, in: Fontane-Blätter, Heft 1/1969.

34 »Die Welt als Wille und Vorstellung«, das Hauptwerk Schopenhauers, veröffentlicht 1818, war 1859, ein Jahr vor dem Tode des Philosophen, in dritter Auflage erschienen.

35 Die alten Junggesellen.

36 Frz. = Theaternarr.

37 Moritz Lazarus, als »Tunnel«-Mitglied schon seit 1857 mit Fon-

tane bekannt, war Mitbegründer des wissenschaftlichen Zweigs der Völkerpsychologie und mehrere Jahre als Lehrer an der Berliner Kriegsakademie tätig. Seit 1873 hielt er in seinem Fach Vorlesungen an der Berliner Universität. Lepel und Fontane besuchten die Eröffnungsvorlesung gemeinsam.

[38] Zitiert nach: »Theodor Fontane, Gedichte«, Bd. I, herausgegeben von Joachim Krueger und Anita Golz, Berlin 1989.

[39] Über Garibaldi, insbesondere dessen Aktivitäten in London, berichtete Fontane schon in den sechziger Jahren in den englischen Korrespondenzen der *Kreuzzeitung*.

[40] Frz. = Helden der universellen Freiheit.

[41] Um 1870 vielgespielter Schwank- und Lustspielautor. Fontane rezensierte ihn wiederholt in der *Vossischen Zeitung*.

[42] »Theodor Fontane und die Preußische Akademie der Künste. Ein Dossier aus Briefen und Dokumenten des Jahres 1876«. Herausgegeben von Walther Huder, Berlin 1971.

[43] Der englische Historiker Gordon A. Craig weist in seinem Vorwort zur Neuausgabe des vierbändigen Werkes »Der Krieg gegen Frankreich 1870–1871«, Zürich 1985, auf die sorgfältige Arbeit Fontanes hin, der genauer zitiere und objektiver im Urteil sei als Heinrich von Treitschke.

[44] Siehe dazu »Fontanes bürgerliches Armeeverständnis«, in: Gerhard Friedrich, »Fontanes preußische Welt. Armee – Dynastie – Staat«, Herford 1988.

Teil drei 1878–1898

[1] Das Schauspielerensemble des Meininger Hoftheaters, in den Theaterkritiken Fontanes vielfach erwähnt, war Inbegriff für die Erneuerung des klassischen Dramas. Berühmtheit erlangten die Meininger durch ihre Gastspiele.

[2] Der Berliner Kongreß, von Bismarck im Juni 1878 einberufen zur Beilegung der Orientkrise.

[3] Ludwig Tschech, ehemaliger Bürgermeister aus dem Ackerbürgerstädtchen Storkow in der Mark, unternahm 1844 ein Attentat auf König Friedrich Wilhelm IV. Das Bänkellied darauf hat die Anfangszeilen: »War wohl je ein Mensch so frech / wie der Bürgermeister Tschech.«

[4] Camphausen (1818–1885), aus einer Meisterklasse der Düsseldorfer Akademie hervorgegangen, begründete seinen künstleri-

schen Ruhm mit Darstellungen zum Dreißigjährigen Krieg und zur englischen Geschichte unter Cromwell, bevor er sich 1846 der preußischen Geschichte zuwandte; nahm als Schlachtenzeichner an den Kriegen von 1864, 1866 und 1871/72 teil. Seine Kunstblätter waren weit verbreitet, seine Kolossalstiche der Reitergeneräle galten als etwas Außergewöhnliches in der Kunstgeschichte des Jahrhunderts.

5 Albert Emil Brachvogel (1824–1878), einer der meistgelesenen und auflagenstärksten Unterhaltungsschriftsteller der Fontane-Zeit. Verfasser eines Kompendiums mit dem Titel »Die Männer der neuen Zeit. Eine Sammlung von Biographien unserer Fürsten, Staatsmänner und Helden«, erschienen 1873–1875.

6 Karl Scheffler: »Berlin – ein Stadtschicksal«. Nachdruck der Erstauflage von 1910. Fannei & Walz Verlag, Berlin 1989.

7 Die Ravenésche Gemäldesammlung, begründet von dem Eisen- und Metallgroßhändler Peter Louis Ravené, befand sich in der Wallstraße nahe dem Spittelmarkt. Sie umfaßte ca. 200 Gemälde des frühen 19. Jahrhunderts, darunter das Bild von Menzel »Friedrich der Große auf Reisen«.

8 Mißtrauisch anderen gegenüber.

9 Eugenie Marlitt (1825–1887), verfaßte als Autorin der »Gartenlaube« die meistgelesenen Frauen-Unterhaltungsromane der Fontane-Zeit.

10 Ring, Max (1817–1901), Schriftsteller und Arzt, Autor von Gesellschaftsromanen und Lustspielen, darunter der Einakter »Der verlorene Sohn«, ein Stück um Lessing und die Neuberin, das Fontane 1875 in der *Vossischen Zeitung* besprochen hat.

11 Eduard Engel: »Menschen und Dinge. Aus einem Leben«. Leipzig 1929.

12 Siehe dazu: Manfred Hellge: »Fontane und der Verleger Wilhelm Friedrich«, in: Fontane-Blätter, Heft 1/1973.

13 Lustspiel von Leopold Günther (1825–1902), Schauspieler und Bühnenautor.

14 Fontane hatte in anderem Zusammenhang, 1879, über das Geheimnisvolle jeder großen Kunst gesagt: »Man soll dem Geheimnis der Kunst nachgehen, aber nicht zu weit. Das Letzte bleibt eben immer ein Verschleiertes, das wir ahnen, aber nicht schauen sollen.«

15 Cordon: frz. = Kette, breites Band.

16 Die Stoffdispositionen dazu, von der Zeit der Wenden bis zu Kaiser Wilhelm reichend, sind publiziert in: »Theodor Fontane. Wanderungen durch die Mark Brandenburg. Das Ländchen Frie-

sack und die Bredows«. Herausgegeben von Gotthard Erler unter Mitarbeit von Therese Erler. Berlin 1991.

[17] 1691 errichtetes Kavallerieregiment. Galt als das vornehmste der Preußischen Armee.

[18] Frz. = Schicklichkeit, ehrenhaftes Verhalten.

[19] Angehörige der Familie von Hertefeld standen seit dem frühen 17. Jahrhundert als Oberjägermeister und Kammerherren im Dienst der brandenburgischen Kurfürsten.

[20] Zur Biographie siehe Helmut Luther: »Friedrich Karl von Preußen«. Berlin 1995.

[21] Der Maler Paul Meyerheim und seine Familie.

[22] Paula Conrad heiratete 1892 den Publizisten und späteren Theaterleiter Paul Schlenther.

[23] Im Verlag Müller-Grote erschien 1885 Fontanes Kriminalnovelle »Unterm Birnbaum«.

[24] Franz Skarbina (1849–1910) stellte auf seinen Bildern detailgetreu jenes Milieu der Berliner Gesellschaft der 80er und 90er Jahre dar, in dem die Romane und Novellen Fontanes spielen.

[25] Kaffeetitscher: die sächsische Gewohnheit, beim Essen die Semmeln, das Brot oder den Kuchen in die Kaffeetasse »einzutitschen«.

[26] Detaillierte Ausführungen zum Verlauf der Feier sowie zur Tätigkeit der Schillerstiftung siehe Moritz Lazarus' Lebenserinnerungen. Bearbeitet von Nahida Lazarus und Alfred Leicht. Berlin 1906.

[27] Zur Entstehung und Wirkungsgeschichte des Romans siehe Anhang des betreffenden Bandes innerhalb der Werksausgabe: »Theodor Fontane. Romane und Erzählungen in acht Bänden«. Herausgegeben von Peter Goldammer, Gotthard Erler, Anita Golz und Jürgen Jahn. Berlin und Weimar 1969.

[28] In einer zweistündigen Rede vor dem Reichstag, in der er sich auch gegen russische Drohungen wandte, begründete Bismarck die Außenpolitik des Reiches. In dieser Rede fiel der historisch gewordene Satz: »Wir Deutschen fürchten Gott, aber sonst nichts in der Welt; und die Gottesfurcht ist es schon, die uns den Frieden lieben und pflegen läßt.«

[29] Die *Vossische Zeitung* identifizierte sich in ihrem politischen Teil wie auch in ihren wirtschaftspolitischen Ansichten weitgehend mit den Auffassungen der Deutschen Freisinnigen Partei. Diese war 1884 aus dem Zusammenschluß der Deutschen Fortschrittspartei mit der Liberalen Vereinigung hervorgegangen. Zu ihren Anführern gehörten unter anderen Freiherr von Stauffenberg und Rudolf Virchow.

30 Otto Graf von Stolberg-Wernigerode (1837–1896), preußischer Politiker, zeitweilig Stellvertreter des Reichskanzlers, Kanzler des Johanniterordens.

31 Wilhelm Fürst zu Putbus (1833–1907); auf Einladung des Fürsten konnte Bismarck im Herbst 1866 auf Schloß Carlsburg in ruhiger Atmosphäre die Grundzüge der Verfassung des Norddeutschen Bundes entwerfen (Putbuser Protokolle).

32 Prinz Viktor zu Hohenlohe-Schillingsfürst, Herzog von Ratibor (1818–1893), preußischer Politiker, zeitweilig Präsident des Preußischen Abgeordnetenhauses.

33 Adolf Stoecker (1835–1909), Theologe, zeitweise Hof- und Domprediger in Berlin, mehrfach Mitglied des Reichstags, antisemitischer und sozialer Demagoge; von Bismarck und Wilhelm II. abgelehnt, verlor 1896 sein Amt als Hofprediger und wurde aus der Deutsch-Konservativen Partei ausgeschlossen.

34 Vornehme Fontanische Umschreibung für impertinente, beleidigende Äußerungen.

35 Zitiert nach: »Theodor Fontane. Gesammelte Werke in Einzelausgaben«. Band »Fünf Schlösser«. Herausgegeben von Gotthard Erler und Rudolf Mingau, Berlin 1991.

36 Lobredner vergangener Zeiten.

37 Friedrich Fontane: »Potsdamer Straße 134c III 1«. In: Brandenburgische Jahrbücher, Berlin 1938/39. Ergänzend dazu siehe auch Hermann Fricke: »Der Meditationsstuhl und eine Bronzehand. Theodor Fontanes Schriftstellerwerkstatt in der Potsdamer Straße 134c«, in: »Der Bär von Berlin. Jahrbuch des Vereins für die Geschichte Berlins«. 23. Folge, 1974.

38 »Bund der Jugend« hieß eines der frühen, programmatisch ausgerichteten Schauspiele Ibsens von 1869.

39 Fontane gehörte bis nach Mitte der achtziger Jahre zu den Kritikern, die nichts von Wildenbruchs »Genialität« hielten. In seinen Rezensionen sprach er wiederholt von dramaturgischen Willkürlichkeiten. Erst die »Quitzows« änderten seine Meinung und fanden künstlerisch wie dramaturgisch Fontanes uneingeschränkte Zustimmung.

40 Ernst von Wolzogen, Jahrgang 1855, hatte damals bereits zwei Romane veröffentlicht; er berichtet die hier geschilderte Episode in seinem Buch »Verse zu meinem Leben«. F. Fontane & Co., Berlin 1907.

41 Um die Mitte der neunziger Jahre gründete sich im Zeichen der naturalistischen Erneuerung der Kunst sowie des Protestes gegen

erstarrte Lebens- und Gesellschaftsformen in Friedrichshagen bei Berlin der »Friedrichshagener Dichterkreis«; Wilhelm Bölsche gehörte zu seinen führenden Köpfen.

42 Theodor Wolff (1868–1943), Redakteur, Auslandskorrespondent, später Chefredakteur des großen *Berliner Tageblatts*; einflußreichster deutscher Publizist in der ersten Hälfte des 20. Jahrhunderts, Mitbegründer der Deutschen Demokratischen Partei. Wurde als deutscher Emigrant jüdischer Herkunft von Frankreich 1942 an Deutschland ausgeliefert und verstarb 1943 im jüdischen Krankenhaus in Berlin.

43 Über den Bildungsgang, die militärische Laufbahn und die Beziehungen des Fontane-Sohne Théodore Henri zum Elternhaus siehe den Aufsatz von Ursula von Forster, veröffentlicht in den Fontane-Blättern Heft 8/1981 unter der Überschrift: »Theo«. Aus dem Leben ihres Großvaters Th. Fontane jun. berichtet eine Enkelin.

44 Der Schauspieler Friedrich Beckmann vom Königstädtischen Theater, ein Berliner Original, kreierte 1832 als erster auf der Bühne die Figur des Eckenstehers Nante und wurde mit selbstverfaßten Szenen im Stile Glaßbrenners populär.

45 Im Vormärz war das Rauchen auf den Straßen Berlins noch verboten.

46 Der Schillerpreis war eine private Stiftung Kaiser Wilhelms I., die er 1859, noch als Prinz von Preußen, eingerichtet hatte.

47 »Theodor Fontane. Briefe an Georg Friedlaender«. Herausgegeben und erläutert von Kurt Schreinert. Heidelberg 1954.

48 Bestätigung, Anerkennung durch den Staat.

49 Daniel Nikolaus Chodowiecki (1726–1801), berühmter Kupferstecher der Goethezeit, gab mit seinen feingemalten Genreszenen ein minutiöses Abbild des bürgerlichen Lebens seiner Epoche.

50 Siehe Hans-Erich Teitge: »Zur Ehrenpromotion Theodor Fontanes«. In: Fontane-Blätter Heft 4/1967.

51 Paul Meyer: »Erinnerungen an Theodor Fontane«. Herausgegeben von H. Sternheim. Berlin 1936. Justizrat Meyer, der auch von Fontane als Testamentsvollstrecker bestellt war, beantwortet die Frage nach dem Verhältnis Fontanes zum Judentum in diesem Aufsatz wie folgt: »War Fontane Antisemit? Mit einer seiner beliebten, oft angewandten Formeln würde er auf diese Frage geantwortet haben. ›Ja und nein!‹.«

52 Fontane ergänzt im gleichen Brief dazu: »Likedeeler, Gleichteiler, damalige – denn es spielt anno 1400 – Kommunisten«.

53 Der Störtebeker-Roman blieb unvollendet. Die Fragmente wur-

den aus Fontanes Nachlaß von Hermann Fricke, dem damaligen Leiter des Fontane-Archivs, 1938 erstmals publiziert.

[54] Fontane gehörte mit Richard Dehmel und anderen Künstlern zum Redaktionsausschuß der Zeitschrift, die ab 1896 im Verlag seines Sohnes Friedrich Fontane & Co. erschien.

[55] Siehe dazu den Aufsatz von G. M. Rossum: »Fontane und der Balinesische Krieg«, in: Fontane-Blätter, Heft 3/1974.

[56] Thomas Mann: »Anzeige eines Fontane-Buches« (1920), in: »Altes und Neues. Kleine Prosa aus fünf Jahrzehnten«. Berlin 1956.

[57] Nach den Angaben von Gisold Lammel (»Menzel und seine Kreise«, Dresden/Basel 1993) befanden sich im Besitz der Fontane-Familie mehrere Blätter von der Hand Menzels: »Lesende Dame«, Emilie Fontane darstellend (Deckfarben), »Wirtshaus zur Douglashütte« (Wasserfarben), das Albumblatt »Der Alte Dessauer« (Kreide und Wasserfarben) sowie »Der Auszug« (Ölgemälde).

[58] Paktieren.

[59] William Turner (1775–1851), englischer Landschaftsmaler, einer der genialsten Künstler der Romantik, als Freilichtmaler bahnbrechend für das 19. Jahrhundert.

[60] »Die Fontanes und die Merckels. Ein Familienbriefwechsel 1850–1870«. Herausgegeben von Gotthard Erler, Berlin 1987.

[61] Eine zusammenfassende Betrachtung zur Briefschreibekunst Fontanes gibt Gotthard Erler in dem Aufsatz: »Ich bin der Mann der langen Briefe. Bekanntes und Unbekanntes über Fontanes Briefe«, in: Fontane-Blätter, Heft 7/1968.

[62] Diese nächtlichen Abenteuer beschreibt Fontane in dem Aufsatz »Cafés von heut und Konditoreien von ehemals«, in: »Theodor Fontane. Autobiographische Schriften«. Herausgegeben von Gotthard Erler, Peter Goldammer und Joachim Krueger, Berlin 1982.

[63] »Mete Fontane: Briefe an die Eltern. 1880–1882«. Herausgegeben nach den Handschriften und erläutert von Edgar E. Rosen, Berlin 1973.

[64] Théodore Fontane stand im Range eines Intendanturrats der preußischen Armee und war 1898 in der Stellung eines Vortragenden Rats im Kriegsministerium tätig. Er wohnte mit seiner Familie in Berlin, wo er am 16. Mai 1933 verstorben ist.

[65] Friedrich Fontane: »Wie mein Vater starb«, in: Fontane-Blätter, Heft 4/1978.

[66] Gertrud Schacht, geb. Mengel: »Meine Erinnerungen an Theodor Fontane«, in: Jahrbuch für brandenburgische Landesgeschichte, 2 (1951).

Literatur

Für das Buch wurden folgende Werkausgaben, Erstausgaben, Teilsammlungen, Briefeditionen, Chroniken, Monographien, zeitgenössische Memoiren, Jahrbücher, Kataloge, Zeitungen und Zeitschriften benutzt:

Theodor Fontane: Sämtliche Werke. Herausgegeben von Edgar Groß, Kurt Schreinert, Charlotte Jolles, Rainer Bachmann, Jutta Neuendorff-Fürstenau und Peter Bramböck. 24 Bände. München 1959ff. (Nymphenburger Ausgabe).

Theodor Fontane: Werke, Schriften und Briefe. Herausgegeben von Walter Keitel und Helmuth Nürnberger. 20 Bände. München 1962ff. (Hanser-Ausgabe).

Theodor Fontane: Werke und Schriften. Frankfurt/Main, Berlin, Wien 1976ff. Taschenbuch-Edition der Hanser-Ausgabe (Ullstein Fontane Bibliothek).

Theodor Fontane: Romane und Erzählungen in acht Bänden. Herausgegeben von Peter Goldammer, Gotthard Erler, Anita Golz und Jürgen Jahn. Berlin und Weimar 1969 (Aufbau-Ausgabe).

Theodor Fontane: Autobiographische Schriften. Herausgegeben von Gotthard Erler, Peter Goldammer und Joachim Krueger. Bd. I–III/2. Berlin und Weimar 1982.

Theodor Fontane: Wanderungen durch die Mark Brandenburg. Herausgegeben von Gotthard Erler und Rudolf Mingau. 6 Bände. Berlin und Weimar 1976.

Theodor Fontane: Wanderungen durch die Mark Brandenburg. Dörfer und Flecken im Lande Ruppin. Das Ländchen Friesack und die Bredows. Herausgegeben von Gotthard Erler unter Mitarbeit von Therese Erler. 2 Bände. Berlin und Weimar 1991.

Theodor Fontane: Gedichte. Herausgegeben von Joachim Krueger und Anita Golz. 3 Bände. Berlin und Weimar 1989.

Theodor Fontane: Tagebücher. Herausgegeben von Charlotte Jolles und Gotthard Erler unter Mitarbeit von Rudolf Muhs und The-

rese Erler. 2 Bände. Berlin 1994 (Große Brandenburger Ausgabe des Aufbau-Verlages).
Theodor Fontane: Der Schleswig-Holsteinsche Krieg im Jahre 1864. Berlin 1866.
Theodor Fontane: Der deutsche Krieg von 1866. Berlin 1870–1871.
Theodor Fontane: Der Krieg gegen Frankreich 1870–1871. 2 Bände. Berlin 1873–1876.
Theodor Fontane: Der Krieg gegen Frankreich 1870–1871. Bd. 1–4. Herausgegeben von Gordon A. Craig. Zürich 1985 (Manesse Bibliothek der Weltgeschichte).
Theodor Fontane: Von der schönen Rosamunde. Dessau 1850.
Theodor Fontane (Hrsg.): Deutsches Dichter-Album. Berlin 1852.
Theodor Fontane: Aus England. Studien und Briefe über Londoner Theater, Kunst und Presse. Stuttgart 1860.
Wilhelm Camphausen: Vaterländische Reiterbilder aus drei Jahrhunderten. Texte von Theodor Fontane. Berlin 1880.
Theodor Fontane: Burg. Federzeichnungen von Theodor Fontane. Faksimile-Ausgabe für die Mitglieder der Maximilian-Gesellschaft. Nachwort von Ludwig Sternaux. Berlin 1928.
Theodor Fontane: Theodor Fontane hat es aus geschrieben gans allein. Fontanes erstes »Geschichten-Buch«. Herausgegeben von Helmuth und Elisabeth Nürnberger. Wiesbaden 1995 (Veröffentlichung der Staatsbibliothek zu Berlin – Preußischer Kulturbesitz).
Theodor Fontane: Unechte Korrespondenzen. Herausgegeben von Heide Streiter-Buscher. 2 Bände. Berlin, New York 1995.
Theodor Fontane: Briefe an Georg Friedlaender. Herausgegeben und erläutert von Kurt Schreinert. Heidelberg 1954.
Theodor Fontane: Briefe. Herausgegeben von Kurt Schreinert. Zu Ende geführt und mit einem Nachwort versehen von Charlotte Jolles. 4 Bände. Berlin 1968–1971 (Propyläen-Ausgabe).
Theodor Fontane: Briefe in zwei Bänden. Ausgewählt und erläutert von Gotthard Erler. Berlin und Weimar 1968 (Bibliothek Deutscher Klassiker).
Theodor Fontane: Briefe an Julius Rodenberg. Eine Dokumentation. Herausgegeben von Hans-Heinrich Reuter. Berlin und Weimar 1969.
Der Briefwechsel zwischen Theodor Fontane und Paul Heyse. Herausgegeben von Gotthard Erler. Berlin und Weimar 1972.
Theodor Fontane: Die Fontanes und die Merckels. Ein Familienbriefwechsel 1850–1870. Herausgegeben von Gotthard Erler. 2 Bände. Berlin und Weimar 1987.

Theodor Fontanes Briefwechsel mit Wilhelm Wolfsohn. Herausgegeben von Christa Schultze. Berlin und Weimar 1988.
Theodor Fontane: Briefe an den Verleger Rudolf von Decker. Herausgegeben von Walter Hettche. Heidelberg 1988.

Luise Berg-Ehlers: Theodor Fontane und die Literaturkritik. Zur Rezeption eines Autors in der zeitgenössischen konservativen und liberalen Berliner Tagespresse. Bochum 1990.
Maria von Bunsen: Die Welt, in der ich lebe. Erinnerungen aus glücklichen Jahren 1860–1912. Leipzig 1929.
Eduard Engel: Menschen und Dinge. Aus einem Leben. Leipzig (1929).
Ernst Engelberg: Bismarck. Urpreuße und Reichsgründer. Berlin 1985.
Hanns Fechner: Menschen, die ich malte. Berlin-Zehlendorf (1927).
Hubertus Fischer: Gegen-Wanderungen. Streifzüge durch die Landschaft Fontanes. Frankfurt/Main, Berlin 1986.
Michael Fleischer: Fontane auf Norderney. Norderney 1995.
Hermann Fricke: Emilie Fontane. Eine deutsche Dichtersfrau. Rathenow 1937 (Veröffentlichung aus dem Theodor-Fontane-Archiv der Brandenburgischen Provinzialverwaltung).
Hermann Fricke: Theodor Fontane. Chronik seines Lebens. Berlin-Grunewald 1960.
Gerhard Friedrich: Fontanes preußische Welt. Armee – Dynastie – Staat. Herford 1988.
George Fontane: Feldpostbriefe 1870–1871. Berlin 1914.
Mete Fontane: Briefe an die Eltern 1880–1882. Herausgegeben und erläutert von Edgar R. Rosen. Berlin 1973.
Christian Grawe: Führer durch Fontanes Romane. Ein Lexikon der Personen, Schauplätze und Kunstwerke. Stuttgart 1996 (Reclams Universal-Bibliothek).
Maximilian Harden: Literatur und Theater. Berlin 1896.
Maximilian Harden: Theodor Fontane. Berlin 1928 (Sonderdruck).
Ernst Heilborn (Hrsg.): Das Fontane-Buch. Berlin 1919.
Walter Huder: Theodor Fontane und die preußische Akademie der Künste. Ein Dossier aus Briefen und Dokumenten des Jahres 1876. Berlin 1971 (Berliner Handpresse).
Charlotte Jolles: Fontane und die Politik. Ein Beitrag zur Wesensbestimmung Theodor Fontanes. Berlin und Weimar 1983.
Charlotte Jolles: Theodor Fontane. Stuttgart–Weimar 1993 (Sammlung Metzler).

Heinrich Kurz: Deutsche Dichter. Leipzig 1867.
Heinrich Kurz: Geschichte der neuesten deutschen Literatur von 1830 bis auf die Gegenwart. Leipzig 1873.
Gisold Lammel: Adolph Menzel und seine Kreise. Dresden–Basel 1993.
Moritz Lazarus' Lebenserinnerungen. Bearbeitet von Nahida Lazarus und Alfred Leicht. Berlin 1906.
Wilhelm Lübke: Lebenserinnerungen. Berlin 1891.
Helmut Luther: Friedrich Karl von Preußen. Berlin 1995.
Paul Meyer: Erinnerungen an Theodor Fontane. Aus dem Nachlaß seines Freundes und Testamentsvollstreckers, herausgegeben von Hans Sternheim. Berlin 1936.
Walther Migge: Theodor Fontane 1819–1969. Stationen seines Werkes. Ausstellungskatalog des Deutschen Literaturarchivs Marbach am Neckar. München 1969.
Helmuth Nürnberger: Theodor Fontane. Reinbek bei Hamburg 1991.
Helmuth Nürnberger: Theodor Fontane. Märkische Region & Europäische Welt. Katalog zur Ausstellung. In Zusammenarbeit mit dem Theodor-Fontane-Archiv Potsdam. Berlin 1993.
Ludwig Pietsch: Von Berlin bis Paris. Berlin 1871.
Ludwig Pietsch: Wie ich Schriftsteller geworden bin. 2 Bände. Berlin 1898.
Hans-Heinrich Reuter: Fontane. 2 Bände. Berlin 1968.
Otto Roquette: Siebzig Jahre. Geschichte meines Lebens. 2 Bände. Darmstadt 1894.
Manfred Schlenke (Hrsg.): Preußische Geschichte. Eine Bilanz in Daten und Deutungen. Freiburg–Würzburg 1991.
Hans-Joachim Schoeps: Preußen. Geschichte eines Staates. Frankfurt/Main–Berlin 1995 (Ullstein-Buch).
Joachim Streisand: Deutsche Geschichte in einem Band. Berlin 1970.
Ernst von Wolzogen: Verse zu meinem Leben. Berlin 1907.
Wiege der Kreuzzeitung. Berlin 1908.

Zeitungen, Zeitschriften, Jahrbücher:
Berliner Tageblatt, Freisinnige Zeitung, Neue Preußische (Kreuz)-Zeitung, Vossische Zeitung, Brandenburgische Jahrbücher, Daheim, Das Magazin für die Literatur des In- und Auslandes, Der Bär von Berlin, Die Gartenlaube, Die Gegenwart, Die Zukunft, Fontane-Blätter, Nord und Süd.

Personenregister